China's Listed Companies
Intellectual Property Index Report 2021

中国上市公司知识产权指数报告2021

中国科学院武汉文献情报中心
科技大数据湖北省重点实验室◎研发

钟永恒　刘　佳　王　辉　等◎著

科学出版社
北　京

内 容 简 介

本书的主要内容分为四大部分：第一部分是上市公司知识产权竞争力整体评价报告。本部分从上市公司的研发投入和研发产出两方面展开，并对其基本数据进行分析与可视化展示。第二部分是中国上市公司知识产权指数省域报告。本部分以省（自治区、直辖市）上市公司为研究对象，基于上市公司的技术生产力、技术规模、技术活跃度、技术稳定性、技术新颖度对我国省域的上市公司知识产权竞争力进行评价分析与排名，分析我国各省（自治区、直辖市）上市公司的竞争力情况。第三部分是中国上市公司知识产权指数产业报告。本部分以中国证券监督管理委员会发布的《2020年3季度上市公司行业分类结果》对上市公司分布的47个产业分类为研究对象，基于上市公司的技术生产力、技术规模、技术活跃度、技术稳定性、技术新颖度，对各产业的上市公司知识产权竞争力进行评价分析与排名。第四部分是中国上市公司知识产权指数企业报告。

本书适合科研机构科研人员、科技管理部门管理者、科技服务部门工作者阅读和参考。

图书在版编目（CIP）数据

中国上市公司知识产权指数报告. 2021 / 钟永恒等著. —北京：科学出版社，2021.10

ISBN 978-7-03-069664-9

Ⅰ. ①中…　Ⅱ. ①钟…　Ⅲ. ①上市公司-知识产权-指数-研究报告-中国-2019　Ⅳ. ①D923.404

中国版本图书馆 CIP 数据核字（2021）第 177401 号

责任编辑：张　莉 / 责任校对：郑金红
责任印制：徐晓晨 / 封面设计：有道文化

科学出版社 出版
北京东黄城根北街 16 号
邮政编码：100717
http://www.sciencep.com

北京中石油彩色印刷有限责任公司 印刷
科学出版社发行　各地新华书店经销

*

2021 年 10 月第 一 版　开本：787×1092 1/16
2021 年 10 月第一次印刷　印张：18 1/2
字数：438 000

定价：98.00 元

（如有印装质量问题，我社负责调换）

《中国上市公司知识产权指数报告 2021》研究组

组　　长　钟永恒

副 组 长　刘　佳　王　辉

成　　员　李贞贞　孙　源　李晓妍　赵展一

江玲玲　宋姗姗　徐　凯

研发单位　中国科学院武汉文献情报中心

科技大数据湖北省重点实验室

前 言

中国上市公司作为推动我国经济增长的一股重要力量，其知识产权创造创新与运用能力对于中国经济高质量发展至关重要且影响巨大。

2021年3月发布的《中华人民共和国国民经济和社会发展第十四个五年规划和2035年远景目标纲要》指出，展望2035年，我国将基本实现社会主义现代化。经济实力、科技实力、综合国力将大幅跃升，经济总量和城乡居民人均收入将再迈上新的大台阶，关键核心技术实现重大突破，进入创新型国家前列。该纲要对未来5年的知识产权工作做出了明确部署，相关内容在历次规划中最多，充分表明知识产权工作在国家经济社会发展中的重要作用更加凸显。《中华人民共和国国民经济和社会发展第十四个五年规划和2035年远景目标纲要》指出，“十四五”时期我国将坚持创新驱动发展，全面塑造发展新优势，提升企业技术创新能力，完善技术创新市场导向机制，强化企业创新主体地位，促进各类创新要素向企业集聚，形成以企业为主体、市场为导向、产学研用深度融合的技术创新体系。

中国上市公司是中国企业界的优秀代表，是中国实体经济的基本盘，也是中国经济的支柱力量，为中国经济高质量发展做出了重大贡献。伴随着资本市场的发展壮大和改革开放的深入推进，我国上市公司数量稳步增长、质量不断提升。目前，我国沪深两市已经有超过4000家上市公司，A股市值规模位居全球第二。同时，还有许多企业在国外和中国香港资本市场上市。不断提升上市公司质量，不仅是企业自身发展的内在要求，也是资本市场长期健康稳定发展的重要保证，更是中国技术创新、产业升级和经济高质量发展的战略需求。为进一步发挥上市公司的创新作用，不断提升上市公司的知识产权竞争力，掌握和攻克更多的关键核心技术，促进传统产业的转型升级并培育更多的战略性新兴产业，推动中国经济的高质量发展，不断形成新技术、新业态、新模式、新经济，需要持续监测中国上市公司知识产权发展态势，全面系统分析和研究上市公司的知识产权现状、技术布局与优势产业技术分布、关键核心技术需求、优势与不足、问题与对策等。

中国科学院武汉文献情报中心长期开展知识产权理论研究与实践应用，开展了一系列知识产权战略研究与知识产权评估等工作，并为政府、企业、高校和科研机构提供了多种形式的知识产权服务。《中国上市公司知识产权指数报告2021》是其中的成果之一。本书基于中国上市公司的专利数据，构建上市公司知识产权指数，对我国上市公司的知识产权竞争力展开分析。

本书的主要内容分为四大部分：第一部分是上市公司知识产权竞争力整体评价报告。本部分从上市公司的研发投入和研发产出两方面展开，并对其基本数据进行分析与可视化展示。第二部分是中国上市公司知识产权指数省域报告。本部分以省（自治区、直辖市）上市公司为研究对象，基于上市公司的技术生产力、技术规模、技术活跃度、技术稳定性、技术新颖度对我国省域的上市公司知识产权竞争力进行评价分析与排名，分析我国各省（自治区、直辖市）上市公司的竞争力情况；然后以省域为单元，分别从产业领域、专利申请量、国际专利分类号对各省（自治区、直辖市）区域内的优势产业分布、优势技术领域、核心企业分布展开分析。第三部分是中国上市公司知识产权指数产业报告。本部分以中国证券监督管理委员会发布的《2020年3季度上市公司行业分类结果》对上市公司分布的47个产业分类为研究对象，基于上市公司的技术生产力、技术规模、技术活跃度、技术稳定性、技术新颖度，对各产业的上市公司知识产权竞争力进行评价分析与排名；然后以产业为单元，分别从专利申请人、有效专利量、国际专利分类号对产业内的重点创新机构、关键技术领域进行分析，比较各产业上市公司知识产权的现状。第四部分是中国上市公司知识产权指数企业报告。首先按照上市公司知识产权指数计算公式得到2020年中国上市公司知识产权指数企业排行榜；然后，分别对上市公司知识产权指数十强上市公司的全球专利申请趋势、在华专利申请趋势、重点专利技术领域分布及未来技术发展趋势展开分析。

本书的完成得到了2020年湖北省科技创新"十四五"规划编制研究专题项目"湖北省'十四五'高新技术产业技术预测和发展规划研究""湖北省'十四五'基础研究重点领域和重大部署研究"，以及青海省科技计划项目创新平台建设专项"中国盐湖科技产业智库及锂资源评价大数据平台"的资助，在此一并表示衷心的感谢。

上市公司知识产权涉及领域、学科众多，具有创新性和前瞻性，由于本书作者专业和水平所限，对诸多问题的理解难免不尽完善，如有不妥之处，恳请各位专家和读者提出宝贵意见与建议，以便我们进一步修改和完善。

中国科学院武汉文献情报中心
科技大数据湖北省重点实验室　钟永恒

2021年7月于武汉小洪山

目　录

图目录

表目录

第1章 导 论

1.1 研究目的与意义

中国上市公司是中国企业界的优秀代表，是中国实体经济的基本盘，也是中国经济的支柱力量。伴随着资本市场的发展壮大和改革开放的深入推进，我国上市公司数量稳步增长、质量不断提升。目前，我国沪深两市已经有超过4000家上市公司，A股市值规模全球排名第二。同时，还有许多企业在国外和中国香港资本市场上市。提升上市公司质量，不仅是企业自身发展的内在要求，也是资本市场长期健康稳定发展的重要保证，更是中国技术创新、产业升级和经济高质量发展的战略需求。提升上市公司质量的首要方面，就是提升上市公司的创新能力，掌握核心技术，提升上市公司的知识产权创造与运用能力，形成新技术、新业态、新模式、新经济。

党的十八大以来，习近平总书记多次就知识产权工作做出重要指示，阐述了在全面建设社会主义现代化国家征程中，全面加强知识产权保护工作的重大意义。习近平总书记在主持中央政治局第二十五次集体学习时强调[1]，创新是引领发展的第一动力，保护知识产权就是保护创新。知识产权保护工作关系国家治理体系和治理能力现代化，关系高质量发展，关系人民生活幸福，关系国家对外开放大局，关系国家安全。党中央、国务院把知识产权保护工作摆在更加突出的位置，先后出台了《深入实施国家知识产权战略行动计划（2014—2020年）》《国务院关于新形势下加快知识产权强国建设的若干意见》《“十三五”国家知识产权保护和运用规划》等系列决策部署。在党和国家机构改革中，组建了国家市场监督管理总局，重新组建了国家知识产权局，实现了专利、商标、原产地地理标志等知识产权类别的集中统一管理。在北京、上海、广州成立知识产权法院，最高人民法院挂牌成立知识产权法庭，审理全国范围内的专利等技术类知识产权上诉案件，建成了知识产权专业化审判体系。2021年3月发布的《中华人民共和国国民经济和社会发展第十四个五年规划和2035年远景目标纲要》[2]对未来5年的知识产权工作做了明确部署，相关内容在历次规划中最多，充分表明了知识产权工作在国家经济社会发展中的重要作用更加凸显。一是在规划指标中，将“每万人口高价值发明专利拥有量”作为主要指标列入，替换了“十二五”“十三五”期间的“每万人口发明专利拥有量”指标，这将有力推动我国实现从知识产权引进大国向知识产权创造大国转变，知识产权工作从追求数量向提高质量转变；二是将“健全知识产权保护运用体制”单独作为一节，并部署实施知识产权强国战略等重大任务；三是对鼓励金融机构发展知识产权质押融资、适当加强中央在知识产权保护方面事权、支持香港建设区域知识产权贸易中心等内容进行了专门部署。

我国对知识产权保护的重视程度逐步提高，并取得了显著成效。2019 年，中国专利申请数量为 140 万件，位居世界第一，是专利申请第二大国美国申请量（62.15 万件）的两倍以上；有效商标注册量 2520 万件，位居世界第一[3]。但是，知识产权保护仍然存在不足，主要表现为：全社会对知识产权保护的重要性认识需要进一步提高；随着新技术新业态蓬勃发展，知识产权保护法治化仍然跟不上；知识产权整体质量效益还不够高，高价值知识产权偏少；行政执法机关和司法机关的协调有待加强；知识产权领域仍存在侵权易发多发和侵权易、维权难的现象，知识产权侵权违法行为呈现新型化、复杂化、高技术化等特点；有的企业利用制度漏洞滥用知识产权保护；市场主体应对海外知识产权纠纷能力明显不足，我国企业在海外的知识产权保护不到位。

《中华人民共和国国民经济和社会发展第十四个五年规划和 2035 年远景目标纲要》指出，“十四五”时期推动高质量发展，必须立足新发展阶段，贯彻新发展理念，构建新发展格局。资本市场是我国经济的“晴雨表”，上市公司是中国企业的优秀代表，高质量的发展需要高质量的上市公司。上市公司作为推动我国经济增长的一股重要力量，显示了较为优良的价值创造能力，为我国国民经济高速增长做出了重要贡献。如何进一步发挥上市公司的创新作用，掌握和攻克更多的关键核心技术，促进传统产业的转型升级并培育更多的战略性新兴产业，推动中国经济的高质量发展，需要中国的上市公司不断提升知识创造和技术创新能力。因此，需要对上市公司的知识产权现状、技术布局与优势产业技术分布、关键核心技术需求、优势与不足、问题与对策等进行系统的分析和研究。

为此，中国产业智库大数据中心建成了中国上市公司知识产权大数据平台，开展了上市公司知识产权信息的系统监测，研发了上市公司知识产权指数模型，并形成了《中国上市公司知识产权指数报告 2021》。该报告的价值主要体现在以下三个方面。

一是建立起上市公司数据资源监测与管理体系，建成上市公司知识产权大数据系统，为长期监测我国上市公司发展质量与发展轨迹、总结上市公司发展规律提供数据保障。

二是全面监测和深入掌握我国上市公司知识产权创造、保护和管理的发展情况，研究知识产权制度在提高上市公司竞争力中的核心作用，寻找我国上市公司知识产权发展中存在的问题，服务知识产权、创新及相关政策制定。

三是构建客观可操作的知识产权指数，通过数据分析挖掘，凝练出我国各地区优势产业、优势技术领域和优势企业，支撑产业发展、技术研发、金融发展、区域发展规划与政策制定。

1.2 研究内容

1.2.1 上市公司知识产权相关定义与内涵

1.2.1.1 上市公司定义与内涵

根据《中华人民共和国公司法》相关规定，上市公司（the listed company）是指所公开发行的股票经过国务院或者国务院授权的证券管理部门批准在证券交易所上市交易的股份有限公司。中国上市公司的股票，按照上市地点分为A股、B股、H股、N股、S股[4]。A股的正式名称是人民币普通股票，是由我国境内的公司发行，供境内机构、组织或个人（不含港、澳、台地区的投资者）以人民币认购和交易的普通股股票。B股的正式名称是人民币特种股票，是以人民币标明面值，以外币认购和买卖，在中国境内（上海、深圳）证券交易所上市交易的外资股，B股公司的注册地和上市地都在境内。H股也称国企股，指注册地在内地、上市地在香港的外资股。N股是指在美国纽约证券交易所上市的外资股票，取纽约第一个字母N作为名称。S股指尚未进行股权分置改革或者已进入改革程序但尚未实施股权分置改革方案的股票，在股名前加S，从2006年10月9日起启用。

目前境内居民个人境外投资的主要方式包括港股通、QD通道（QDII/QDIE/QDLP）、中港基金互认、沪伦通，以及即将落地的跨境理财通。其中，港股通包括沪港通和深港通，沪港通即上海证券交易所（简称“上交所”）和香港联合交易所有限公司（简称“联交所”）建立技术连接，使内地和香港投资者可以通过当地证券公司或经纪商买卖规定范围内的对方交易所上市的股票[5]；深港通即深港股票市场交易互联互通机制，指两地投资者委托本所会员或者联交所参与者，通过本所或者联交所在对方所在地设立的证券交易服务公司，买卖规定范围内的对方交易所的上市股票[6]。“跨境理财通”是指粤港澳大湾区内地和港澳投资者通过区内银行体系建立的闭环式资金管道，跨境投资对方银行销售的合资格投资产品或理财产品。跨境理财通分为“北向通”和“南向通”。其中，“北向通”指港澳投资者在粤港澳大湾区内地代销银行开立个人投资账户，通过闭环式资金管道汇入资金购买内地代销银行销售的投资产品；“南向通”指粤港澳大湾区内地投资者在港澳销售银行开立个人投资账户，通过闭环式资金管道汇出资金购买港澳销售银行销售的投资产品[7]。

上市板块可以分为主板、中小板、创业板、新三板、科创板[8]。主板对上市公司的经营期限、股本、盈利、市值等都有较高要求，主板市场被称为“国民经济晴雨表”，说明主板上市公司能够在很大程度上反映国民经济发展的水平。中小板是相对于主板市场来说的，其流通盘比主板小，无法在主板上市，实际上中小板市场是从创业板到主板的一种过渡。创业板是主板的补充，一些暂时无法在主板上市的高科技自主创新型企业，可以在创业板上市。创业板上市公司普遍是高科技企业，成立时间短、规模小、业绩不突出，但成长潜力大，被业界称为“孵化科技型、成长型企业的摇篮”。新三板致力于为创新型、创业型、成长型中小微企业解决融资难题，是我国主板、中小板和创业板市场的有效补充。2018年11月5日，习近平总书记在第一届中国国际进口博览会上宣布在上海证券交易所设立科创板，并试点注册制改革，科创板上市公司主要是攻克我国“卡脖子”技术的优秀企业及行业标杆[9]。2021 年 3 月 31 日，深圳证券交易所宣布自 4 月 6 日起正式实施主板和中小板合并，原中小板上市公司的证券类别变更为“主板 A 股”。2021 年 9 月 2 日，习近平总书记在中国国际服务贸易交易会全球服务贸易峰会上宣布，继续支持中小企业创新发展，深化新三板改革，设立北京证券交易所，打造服务创新型中小企业主阵地[10]。本书对上市公司板块分类仍采用原分类，即主板、中小板、创业板、新三板、科创板。

本书所分析的中国上市公司仅包含 A 股上市公司。

1.2.1.2 知识产权定义与内涵

知识产权（intellectual property，IP）是人们对于自己的智力活动创造的成果和经营管理活动中的标记、信誉依法享有的权利。知识产权制度体系有广义、狭义之分。狭义的知识产权，即传统意义上的知识产权，包括著作权（邻接权）、专利权、商标权三个主要组成部分；广义的知识产权，包括著作权、邻接权、商标权、商号权、商业秘密权、地理标志权、专利权、集成电路布图设计权等各种权利[11]。

（1）著作权

著作权，亦称版权，是指作者或其他著作权人依法对文学、艺术或科学作品所享有的各项专有权利的总称。

在历史上，英美法系国家最早使用“版权”的概念来描述著作权人所享有的基本权利，其本意是禁止他人未经授权而复制或使用作品。大陆法系国家著作权法所采用的“作者权”概念起源于法国。关于“著作权”的称谓，据史料记载，最早是日本学者在翻译西文“版权”一词时引入的，并于 20 世纪初传入我国。

著作权主体，也称著作权人，是指依法对文学、艺术和科学作品享有著作权的人。根据《中华人民共和国著作权法》规定[12]，著作权主体可以是公民、法人或其他组织。著作权客体，是指文学、艺术和科学领域内具有独创性并能以某种有形形式复制的智力创作成果，即作品。作品分为 9 类：①文字作品；②口述作品；③音乐、戏剧、曲艺、舞蹈、杂技艺术作品；④美术、建筑作品；⑤摄影作品；⑥视听作品；⑦工程设计图、产品设计图、地图、示意图等图形作品和模型作品；⑧计算机软件；⑨符合作品特征的其他智力成果。

著作权的内容是著作权制度中最核心的部分，通常是指著作权人基于作品所享有的各项人身权利和财产权利。著作人身权指作者基于作品创作所享有的各种与人身相联系而无直接财产内容的权利。著作人身权具有永久性、不可分割性和不可剥夺性的特点。著作权包括发表权、署名权、修改权、作品保护完整权。著作财产权，又称经济权利，是指著作权人自己使用或者授权他人以一定方式使用作品而获取物质利益的权利。著作财产权不同于著作人身权，可以转让、集成或放弃。著作财产权主要包括复制权、表演权、广播权、展览权、发行权、改编权、翻译权、汇编权、摄制权、出租权、信息网络传播权、放映权，以及应当由著作权人享有的其他权利。

著作权的保护期限，是指著作权受法律保护的时间界限。作者的署名权、修改权、保护作品完整权的保护期不受限制。发表权保护期与著作财产权保护期相同，为作者终身加去世后 50 年。

（2）专利权

专利权，是指法律赋予专利权人对其获得专利的发明创造在一定范围内依法享有的专有权利。专利权的主体，即专利权人，是指依法享有专利权并承担与此相应义务的人。专利权人的产生有两种途径，即专利申请被批准后原申请人成为专利权人、从原专利权人处集成或者受让专利权后成为专利权人。需要特别注意的是，专利权人与专利申请人是两个不同的概念。专利申请人，是指就一项发明创造向国家专利行政主管机关提出专利申请的人。一项技术申请专利后未必都能获得批准成为专利技术，相应地，专利申请人也就未必能够成为专利权人。反之，专利权人未必都曾是专利申请人，因为专利权是可以通过转让或继承获得的。在专利申请被授权后，专利权人则成为专利法律关系的焦点，一切有关专利的活动都是围绕着专利权人展开的。

我国现行《中华人民共和国专利法》（2020年修正）[13]中所指的发明创造包括发明、实用新型和外观设计。发明，是指对产品、方法或者其改进所提出的新的技术方案。实用新型，是指对产品的形状、构造或者其结合所提出的适于实用的新的技术方案。外观设计，是指对产品的整体或者局部的形状、图案或者其结合以及色彩与形状、图案的结合所作出的富有美感并适于工业应用的新设计。

发明专利权的期限为20年，实用新型专利权的期限为10年，外观设计专利权的期限为15年，均自申请日起计算。

（3）商标权

商标是指能够将不同的经营者所提供的商品或者服务区别开来，并可为视觉所感知的显著标记。商标一般由文字、图形或者其组合图案构成，附注在商品、商品包装、服务设施或者相关的广告宣传品上，显著而醒目，有助于消费者将一定的商品或者服务项目与经营者联系起来，使其与其他经营者的同类商品或者服务项目相区别，便于认牌购物，也便于经营者展开正当竞争。

我国现行《中华人民共和国商标法》（2019年修正）[14]规定，经商标局核准注册的商标为注册商标，包括商品商标、服务商标和集体商标、证明商标；商标注册人享有商标专用权，受法律保护。集体商标，是指以团体、协会或者其他组织名义注册，供该组织成员在商事活动中使用，以表明使用者在该组织中的成员资格的标志。证明商标，是指由对某种商品或者服务具有监督能力的组织所控制，而由该组织以外的单位或者个人使用于其商品或者服务，用以证明该商品或者服务的原产地、原料、制造方法、质量或者其他特定品质的标志。集体商标、证明商标注册和管理的特殊事项，由国务院工商行政管理部门规定。

商标权是商标所有人对其商标的使用享有的支配权。商标权的客体以注册商标为主，同时包括未注册商标。商标法以保护注册商标专用权为重点，同时有条件地适度保护未注册商标。商标权在权利内容上分为注册商标专用权和未注册商标的正当权益。注册商标专用权即通常意义上的商标权，包括专用权、禁止权、转让权、使用许可权等。其中，注册商标专用权是一项最基本的权利，其他权利则由专用权派生而来。未注册商标正当权益是指对抗不正当注册的权利和在先使用权。

1.2.1.3 中国上市公司知识产权指数定义与内涵

知识产权指数（intellectual property index，IPI）是知识产权评价中较为常用的指标。利用知识产权指数，可以从国家、区域、企业三个维度分析和评估其知识产权竞争能力。国际知识产权联盟的国际知识产权指数从法律和政治环境、物质财产权、知识产权三方面设计指数体系，在知识产权评价领域受到较广泛的认同[15]。瑞士洛桑国际管理发展学院发布的《世界竞争力年鉴》使用涵盖研发支出、研发人员、技术管理、科学环境、知识产权5个方面的指标测度各个国家和地区的科技国际竞争力[16]。日本经济部产业政策局发布《知识产权战略评价指标》，将专利收益率、成果转换利用率、人均研究开发经费和知识产权的经济产出作为战略实施的评价指标[17]。

国内研究机构和学者对知识产权评价也进行了广泛研究。国家知识产权局知识产权发展研究中心发布的《2019年中国知识产权发展状况评价报告》，从知识产权创造指数、运用指数、保护指数、环境指数 4 个维度构建知识产权发展指数[18]。杨中华等从产出水平、服务水平、创造潜力和创造环境4个方面构建了中国城市知识产权指数指标体系，对15个副省级城市的知识产权发展格局与特征进行了分析[19]。鲍新中等从知识产权创造、运用和管理 3 个方面建立了企业知识产权价值指数，并选择30家高科技企业进行了知识产权价值指数的实证研究[20]。

在现有知识产权指数评价指标体系中，均强调专利在知识产权中的重要地位。基于此，本书构建了中国上市公司知识产权指数，利用专利数据分析了上市公司的技术生产力、技术规模、技术活跃度、技术稳定性、技术新颖度，以此反映上市公司的知识产权竞争能力。

1.2.2 本书的框架结构

本书基于中国上市公司的专利数据，构建上市公司知识产权指数，对我国上市公司的知识产权竞争力展开分析。本书主要内容分为四大部分：第一部分是上市公司知识产权竞争力整体评价报告。本部分从上市公司的研发投入和研发产出两方面展开，并对其基本数据进行分析与可视化展示。第二部分是中国上市公司知识产权指数省域报告。本部分以省（自治区、直辖市）上市公司为研究对象，基于上市公司的技术生产力、技术规模、技术活跃度、技术稳定性、技术新颖度对我国省域的上市公司知识产权竞争力进行评价分析与排名，分析我国各省（自治区、直辖市）上市公司的竞争力情况；然后以省域为单元，分别从产业领域、专利申请量、国际专利分类号对各省（自治区、直辖市）的优势产业分布、优势技术领域、核心企业分布展开分析。第三部分是中国上市公司知识产权指数产业报告。本部分以中国证券监督管理委员会发布的《2020年3季度上市公司行业分类结果》对上市公司分布的47个产业分类为研究对象，基于上市公司的技术生产力、技术规模、技术活跃度、技术稳定性、技术新颖度，对各产业的上市公司知识产权竞争力进行评价分析与排名；然后以产业为单元，分别从专利申请人、有效专利量、国际专利分类号对产业内的重点创新机构、关键技术领域进行分析，比较各产业上市公司知识产权的现状。第四部分是中国上市公司知识产权指数企业报告。首先按照上市公司知识产权指数计算公式得到2020年中国上市公司知识产权指数企业排行榜；然后，分别对上市公司知识产权指数十强上市公司的全球专利申请趋势、在华专利申请趋势、重点专利技术领域分布及未来技术发展趋势进行分析。

1.3 研究方法

1.3.1 中国上市公司知识产权指数

中国上市公司知识产权指数（或称“中国上市公司知识产权企业指数”），以上市公司为分析单元，基于专利数据分析上市公司的技术生产力、技术规模、技术活跃度、技术稳定性、技术新颖度。具体而言，技术生产力用专利申请发明人数量衡量；技术规模用各类专利累计申请量衡量，其中发明专利申请量的系数为 1，实用新型专利申请量的系数为 0.2，外观设计专利申请量的系数为 0.1，授权发明专利量的系数为 2，《专利合作条约》（Patent Cooperation Treaty，PCT）专利申请量的系数为 3；技术活跃度用近三年专利申请量占累计专利申请量的比重衡量；技术稳定性用平均每件申请专利的维持时间来衡量；技术新颖度用有效专利拥有量来衡量。计算公式如下：

$$IPI_{某上市公司-某年}=\sqrt[5]{\frac{A_i}{\overline{A}}\times\frac{B_i}{\overline{B}}\times\frac{C_i}{\overline{C}}\times\frac{D_i}{\overline{D}}\times\frac{E_i}{\overline{E}}} \tag{1-1}$$

式中，A_i 表示截至某年某上市公司专利申请发明人数量，$\overline{A}$ 表示截至某年所有上市公司专利申请发明人数量平均值；B_i 表示截至某年某上市公司累计专利申请量，$\overline{B}$ 表示截至某年所有上市公司专利申请量平均值；C_i 表示某上市公司近三年专利申请活跃度，$\overline{C}$ 表示所有上市公司近三年专利申请活跃度的平均值；D_i 表示截至某年某上市公司平均每件申请专利的维持时间，$\overline{D}$ 表示截至某年所有上市公司每件申请专利维持时间的平均值；E_i 表示截至某年某上市公司有效专利拥有量，$\overline{E}$ 表示截至某年所有上市公司有效专利拥有量平均值。

1.3.2 中国上市公司知识产权指数（省域）

在中国上市公司知识产权指数基础上，构建了针对区域分析的中国上市公司知识产权区域指数，本书以省级为区域分析单元，即为中国上市公司知识产权省域指数，或称中国上市公司知识产权指数（省域）。中国上市公司知识产权指数（省域）的计算公式为：

$$IPI_{某省（自治区、直辖市）-某年}=\sqrt[6]{\frac{A_i}{\overline{A}}\times\frac{B_i}{\overline{B}}\times\frac{C_i}{\overline{C}}\times\frac{D_i}{\overline{D}}\times\frac{E_i}{\overline{E}}\times\frac{F_i}{\overline{F}}} \tag{1-2}$$

式中，A_i 表示截至某年某省（自治区、直辖市）上市公司专利申请发明人数量，$\overline{A}$ 表示截至某年 31 个省（自治区、直辖市）上市公司专利申请发明人数量平均值；B_i 表示截至某年某省（自治区、直辖市）上市公司累计专利申请量，$\overline{B}$ 表示截至某年 31 个省（自治区、直辖市）上市公司专利申请量平均值；C_i 表示某省（自治区、直辖市）上市公司近三年专利申请活跃度，$\overline{C}$ 表示 31 个省（自治区、直辖市）上市公司近三年专利申请活跃度的平均值；D_i 表示截至某年某省（自治区、直辖市）上市公司平均每件申请专利的维持时间，$\overline{D}$ 表示截至某年 31 个省（自治区、直辖市）上市公司申请专利维持时间的平均值；E_i 表示截至某年某省（自治区、直辖市）上市公司有效专利拥有量，$\overline{E}$ 表示截至某年 31 个省（自治区、直辖市）上市公司有效专利拥有量平均值；F_i 表示截至某年某省（自治区、直辖市）上市公司数量，$\overline{F}$ 表示截至某年 31 个省（自治区、直辖市）上市公司数量平均值。

1.3.3 中国上市公司知识产权指数（产业）

上市公司产业分类标准参照中国证券监督管理委员会发布的《2020 年 3 季度上市公司行业分类结果》对上市公司的产业分类属性进行标引。《2020 年 3 季度上市公司行业分类结果》中涉及 19 个一级类别、81 个二级类别。其中，一级类别“制造业”被分为 29 个二级类别，涵盖 2549 家企业。将一级类别“制造业”作为整体分析，不能很好地揭示出制造业内二级类别的知识产权情况，因此，本书将“制造业”二级类别调整为一级类别。调整后，中国上市公司分布于 47 个产业类别。

在中国上市公司知识产权指数基础上，本书以上市公司的产业类别为分析单元，构建了针对产业分析的中国上市公司知识产权指数，即中国上市公司知识产权产业指数，或称中国上市公司知识产权指数（产业）。计算公式为：

$$IPI_{某产业-某年}=\sqrt[6]{\frac{A_i}{\overline{A}}\times\frac{B_i}{\overline{B}}\times\frac{C_i}{\overline{C}}\times\frac{D_i}{\overline{D}}\times\frac{E_i}{\overline{E}}\times\frac{F_i}{\overline{F}}} \tag{1-3}$$

式中，A_i 表示截至某年某产业上市公司专利申请发明人数量，$\overline{A}$ 表示截至某年所有产业上市公司专利申请发明人数量平均值；B_i 表示截至某年某产业上市公司累计专利申请量，$\overline{B}$ 表示截至某年所有产业上市公司专利申请量平均值；C_i 表示某产业上市公司近三年专利申请活跃度，$\overline{C}$ 表示所有产业上市公司近三年专利申请活跃度的平均值；D_i 表示截至某年某产业上市公司平均每件申请专利的维持时间，$\overline{D}$ 表示截至某年所有产业上市公司申请专利维持时间的平均值；E_i 表示截至某年某产业上市公司有效专利拥有量，$\overline{E}$ 表示截至某年所有产业上市公司有效专利拥有量平均值；F_i 表示截至某年某产业上市公司数量，$\overline{F}$ 表示截至某年所有产业上市公司数量平均值。

1.4 数据来源与采集

1.4.1 上市公司数据来源与采集

上市公司数据主要来自中国证券监督管理委员会、深圳证券交易所、上海证券交易所等信息公开披露平台。

本书中的 A 股上市公司名单来自中国证券监督管理委员会发布的《2020 年 3 季度上市公司行业分类结果》中涉及的上市公司。根据该分类，中国共有 4025 家上市公司，去掉 15 家 B 股上市企业，其余 4010 家上市公司为本书所涵盖的上市公司。

为了确保数据准确性，上市公司研发人员、研发费用等研发数据均来自各上市公司最新的年报。部分上市公司年报未公开研发人员数量，并且研发费用支出为 0，本书则将此类上市公司研发人员数量按 0 计算。截至 2021 年 3 月，全部上市公司已公开 2019 年年度报告，仅有少数上市公司公开了 2020 年年度报告。考虑到上市公司研发费用、人员投入与研发成果存在滞后性，本书中上市公司的研发投入数据采用 2019 年数据，专利产出数据采用 2020 年数据。

1.4.2 专利数据来源与采集

上市公司专利数据主要来自国家知识产权局专利信息服务平台。上市公司专利数据以“申请（专利权）人”字段为检索入口，检索词为上市公司的全称。同时，通过国家企业信用信息公示系统逐个检索上市公司的名称变更记录，补全上市公司的曾用名称，避免因上市公司名称变更引起的专利漏检。专利申请时间涵盖所有上市公司的历年专利申请时间。由于专利申请日期和公开日期通常有 18 个月的时滞，所以 2019 年和 2020 年的数据仅供参考。专利数据的采集时间是 2021 年 1 月 19 日。经检索，截至 2020 年，中国上市公司累计申请专利约 135.76 万件，近三年申请专利约 39.88 万件，拥有有效专利约 90.01 万件；发明人约 74.44 万个，发明人人均专利为 0.60 件。

全球主要国家专利数据来源于世界知识产权局统计数据库（WIPO statistics database）。2019 年，全球的专利申请量为 322.42 万件。

所有数据由科技大数据湖北省重点实验室中国产业智库大数据中心采集、清洗、整理和集成。

参 考 文 献

[1] 新华社. 习近平主持中央政治局第二十五次集体学习并讲话[EB/OL][2020-12-01]. http://www.gov.cn/xinwen/2020-12/01/content_5566183.htm.

[2] 新华社. 中华人民共和国国民经济和社会发展第十四个五年规划和 2035 年远景目标纲要[EB/OL][2021-03-13]. http://www.gov.cn/xinwen/2021-03/13/content_5592681.htm.

[3] World Intellectual Property Organization.World Intellectual Property Indicators 2020[EB/R][2020-12-07]. https://www.wipo.int/publications/en/details.jsp?id=4526&plang=EN.

[4] 中国证券监督管理委员会. 什么是 A 股、B 股、H 股？[EB/OL][2006-08-12]. http://www.csrc.gov.cn/pub/gansu/xxfw/tzzzsyd/200608/t20060821_92670.htm.

[5] 上海证券交易所. 港股通介绍[EB/OL][2019-12-20]. http://edu.sse.com.cn/col/shhkconnect/intro/intro/.

[6] 深圳证券交易所. 关于修改《深圳证券交易所深港通业务实施办法》的通知[EB/OL][2019-12-20]. http://www.szse.cn/disclosure/notice/general/t20191220_572780.html.

[7] 中国人民银行深圳市中心支行. 关于《粤港澳大湾区“跨境理财通”业务试点实施细则（征求意见稿）》公开征求意见的通知[EB/OL][2021-05-06]. http://shenzhen.pbc.gov.cn/shenzhen/122805/4242832/index.html.

[8] 冯燕妮，沈沛龙. 我国多层次资本市场体系研究[J]. 经济研究参考，2020，22：111-119.

[9] 朱宝琛. 科创板服务“硬科技”定位不能松[N]. 证券日报，2021-04-19（A02）.

[10] 中华人民共和国商务部. 习近平在 2021 年中国国际服务贸易交易会全球服务贸易峰会上发表视频致辞[EB/OL][2021-09-03]. http://www.mofcom.gov.cn/article/news/202109/20210903194591.shtml.

[11] 吴汉东. 知识产权法学（第七版）[M]. 北京：北京大学出版社，2019：3.

[12] 中华人民共和国司法部. 中华人民共和国著作权法[EB/OL][2021-05-31]. http://www.moj.gov.cn/organization/content/2020-12/24/552_3262692.html.

[13] 国家知识产权局. 中华人民共和国专利法（2020 年修正）[EB/OL][2021-05-31]. https://www.cnipa.gov.cn/art/2020/11/23/art_97_155167.html.

[14] 国家知识产权局. 中华人民共和国商标法（2019 年修正）[EB/OL][2021-05-31]. https://www.cnipa.gov.cn/art/2019/7/30/art_95_28179.html.

[15] Property Rights Alliance. International Property Rights Index 2019 [R/OL][2021-06-01]. https://atr-ipri2017.s3.amazonaws.com/uploads/IPRI+2020+Full+Report.pdf.

[16] 刘辉锋，孙云杰. 从主要国际评价报告透视中国创新能力[J]. 科技管理研究，2017，37（15）：10-14.

[17] 唐杰，黄颖. 日本知识产权战略指标研究[J]. 情报杂志，2009，28（5）：37-41.

[18] 国家知识产权局知识产权发展研究中心. 研究中心发布《2019 年中国知识产权发展状况评价报告》[EB/OL][2020-09-14]. http://www.cnipa-ipdrc.org.cn/article.aspx?id=605.

[19] 杨中华，蔡叶青，向纯洁. 中国城市知识产权发展格局与特征研究——基于 15 个副省级城市的分析[J]. 科学与管理，2020，40（5）：8-13.

[20] 鲍新中，霍欢欢，徐鲲. 科技型企业知识产权价值指数构建及其实证研究[J]. 情报杂志，2018，37（2）：76-80，116.

第2章　中国上市公司知识产权整体分析

本章首先介绍了中国与全球主要国家和地区的知识产权投入产出概况。2019 年，我国研究与试验发展经费投入强度为 2.1%，全球排名与挪威并列第 15 位，较 2018 年（第 14 位）下降了 1 位；每百万人口中的全职研究人员为 1234.8 人，全球排名第 46 位。其次，介绍了我国专利申请的整体情况，以及专利申请的省域分布和专利大类分布。最后，依据上市公司的知识产权指数公式计算得到全部上市公司知识产权指数排行榜，并对比分析了上市公司知识产权指数的省域分布、产业分布、板块分布。

2.1　中国与全球主要国家和地区知识产权产出比较分析

2019 年，全球专利申请 322.42 万件，较 2018 年下降 3%（图 2-1），10 年来首次下跌，这主要是因为中国专利申请量的下降。如果不考虑中国的专利申请量，则全球专利申请量增长 2.3%。

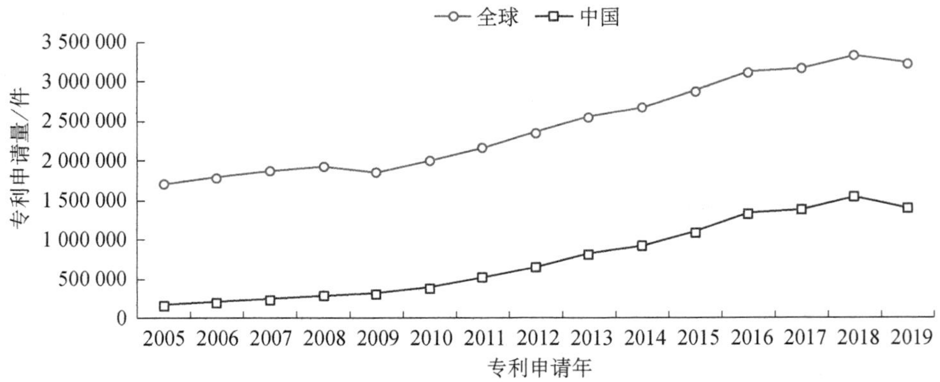

图 2-1　全球专利申请趋势

资料来源：World Intellectual Property Indicators 2020. https://www.wipo.int/publications/en/details.jsp?id=4526

2019年，全球有效专利较2018年增长了7%，达到约1500万件。美国（313.14万件）拥有的有效专利数量最多，排名第二位的是中国（267.08万件），排名第三位的是日本（205.39万件）（表2-1）。美国有超过一半的有效专利来自国外，而日本国内的有效专利约占80%。

表2-1 2015～2019年全球主要国家和地区有效专利拥有量 （单位：件）

国家和地区	2015年	2016年	2017年	2018年	2019年
美国	2 644 697（1）	2 763 055（1）	2 984 825（1）	3 063 494（1）	3 131 427（1）
中国	1 472 374（3）	1 772 203（3）	2 085 367（2）	2 366 314（2）	2 670 784（2）
日本	1 946 568（2）	1 980 985（2）	2 013 685（3）	2 054 276（3）	2 053 879（3）
韩国	912 442（4）	950 526（4）	970 889（4）	1 001 163（4）	1 048 079（4）
德国	602 013（5）	617 307（5）	657 749（5）	703 606（5）	772 358（5）
英国	458 721（7）	485 326（7）	516 965（7）	572 063（7）	641 887（6）
法国	520 069（6）	535 554（6）	563 695（6）	602 084（6）	640 883（7）
意大利	279 336（8）	287 499（8）	297 672（8）	306 768（8）	339 072（8）
俄罗斯联邦	218 974（9）	230 870（9）	244 217（9）	256 419（9）	263 688（9）
瑞士	162 761（11）	193 883（10）	208 022（10）	244 581（10）	246 124（10）
西班牙	115 591（16）	115 070（16）	108 732（18）	95 911（21）	222 666（11）
爱尔兰	118 273（14）	147 125（13）	169 453（12）	196 707（11）	221 884（12）
比利时	90 648（19）	97 639（18）	130 967（16）	155 083（16）	208 313（13）
荷兰	160 214（12）	164 264（12）	165 879（13）	194 393（12）	205 675（14）
加拿大	166 771（10）	175 236（11）	180 727（11）	184 559（13）	187 928（15）
奥地利	121 367（13）	142 875（14）	146 880（14）	167 594（14）	171 654（16）
澳大利亚	117 906（15）	132 994（15）	144 555（15）	156 244（15）	159 244（17）
卢森堡	51 119（25）	65 137（21）	71 708（22）	98 245（20）	145 728（18）
墨西哥	106 648（17）	109 238（17）	112 617（17）	113 286（18）	113 449（19）
摩纳哥	63 777（20）	85 132（20）	88 453（20）	115 893（17）	112 286（20）
瑞典	92 607（18）	93 545（19）	96 876（19）	100 974（19）	107 032（21）
波兰	57 951（22）	65 006（22）	75 982（21）	82 618（22）	91 974（22）
土耳其	54 673（23）	63 575（23）	68 886（23）	75 363（23）	81 685（23）
南非	58 624（21）	58 235（24）	63 151（24）	73 270（24）	76 936（24）
印度	47 113（27）	49 575（26）	60 777（25）	60 865（26）	76 556（25）
丹麦	52 321（24）	55 715（25）	58 494（26）	62 408（25）	65 967（26）
芬兰	48 242（26）	48 588（28）	50 764（27）	52 140（27）	54 501（27）
伊朗	43 335（29）	46 552（29）	42 447（30）	48 859（29）	53 565（28）
捷克共和国	34 837（33）	37 889（32）	41 606（31）	45 016（31）	48 391（30）
新加坡	46 906（28）	48 603（27）	49 514（28）	48 105（30）	47 310（31）
挪威	23 087（39）	27 930（35）	33 150（34）	37 434（33）	42 202（32）
葡萄牙	35 080（32）	35 649（33）	36 821（32）	38 193（32）	40 052（33）
巴西	23 952（37）	24 153（39）	25 664（38）	31 977（36）	39 538（34）
以色列	28 666（34）	30 922（34）	32 764（35）	33 951（34）	34 892（35）
匈牙利	21 851（40）	23 782（40）	26 225（37）	28 677（38）	31 958（36）

续表

国家和地区	2015 年	2016 年	2017 年	2018 年	2019 年
新西兰	40 802（31）	38 906（31）	36 157（33）	33 331（35）	30 519（37）
希腊	26 506（35）	26 479（36）	26 936（36）	27 426（39）	28 321（38）
马来西亚	23 538（38）	25 117（37）	25 313（39）	26 572（40）	27 309（39）
罗马尼亚	17 089（42）	18 906（42）	20 711（42）	22 732（43）	24 809（40）
菲律宾	18 145（41）	19 995（41）	21 254（41）	23 405（41）	24 797（41）
乌克兰	25 737（36）	24 760（38）	23 705（40）	22 977（42）	22 440（42）
斯洛伐克	15 366（44）	16 363（43）	17 815（43）	19 247（44）	20 981（43）
越南	16 149（43）	14 398（44）	15 226（45）	12 965（48）	18 575（44）
泰国	11 681（45）	12 193（46）	16 591（44）	15 696（45）	16 204（45）
智利	11 163（46）	12 512（45）	12 389（47）	13 795（46）	14 438（46）
保加利亚	10 721（47）	11 511（47）	12 039（48）	13 393（47）	14 342（47）
爱沙尼亚	8 356（48）	8 924（48）	9 710（49）	10 452（49）	11 194（48）
克罗地亚	5 621（52）	6 606（52）	7 845（51）	8 945（51）	10 059（49）
拉脱维亚	6 938（50）	7 419（49）	8 808（50）	9 475（50）	9 928（50）
摩洛哥	—	—	4 145（60）	8 364（52）	8 737（51）
冰岛	4 920（55）	5 941（53）	6 613（54）	7 380（55）	8 481（52）
哥伦比亚	7 858（49）	6 623（51）	7 024（53）	7 403（54）	8 211（53）
赞比亚	6 848（51）	7 259（50）	7 705（52）	7 717（53）	7 726（55）
北马其顿	—	—	—	—	7 445（56）
塞尔维亚	3 329（59）	3 790（59）	4 644（59）	5 685（58）	6 773（57）
阿尔巴尼亚共和国	—	1 645（69）	4 946（58）	5 021（59）	6 017（58）
埃及	3 703（58）	5 757（54）	5 779（57）	5 706（57）	5 827（59）
阿尔及利亚	5 145（53）	5 618（56）	2 171（66）	2 084（64）	4 496（60）
沙特阿拉伯	2 664（62）	3 104（61）	3 277（61）	3 383（60）	3 829（61）
秘鲁	2 643（63）	2 779（62）	2 791（62）	3 098（61）	3 432（62）
莫桑比克	1 180（70）	1 582（70）	2 029（68）	2 531（63）	3 041（63）
哈萨克斯坦	3 934（57）	3 218（60）	2 625（63）	—	2 891（64）
博茨瓦纳	1 514（69）	1 999（66）	2 035（67）	2 038（65）	2 040（65）
巴基斯坦	—	1 848（67）	1 745（70）	1 835（68）	1 861（67）
白俄罗斯	2 676（61）	2 503（63）	2 250（65）	1 991（67）	1 813（68）
阿拉伯联合酋长国	653（75）	673（79）	874（78）	1 302（73）	1 592（69）
孟加拉国	961（73）	890（75）	995（75）	990（75）	1 429（70）
巴拿马	1 684（66）	1 358（72）	1 289（72）	1 338（71）	1 343（71）
乌兹别克斯坦	1 081（72）	977（74）	952（76）	966（76）	1 161（72）
蒙古国	4 338（56）	4 324（57）	—	1 030（74）	1 155（73）
哥斯达黎加	—	—	—	—	1 068（74）
格鲁吉亚	1 650（67）	1 394（71）	1 172（73）	1 312（72）	986（75）
危地马拉	867（74）	883（76）	908（77）	914（77）	883（76）
斯里兰卡	—	710（78）	826（79）	850（78）	781（77）

续表

国家和地区	2015 年	2016 年	2017 年	2018 年	2019 年
文莱	—	—	743（81）	778（79）	780（78）
多米尼加共和国	311（86）	265（91）	282（89）	635（81）	758（79）
古巴共和国	—	857（77）	816（80）	727（80）	648（80）
纳米比亚	456（79）	479（81）	451（83）	623（82）	643（81）
约旦	427（81）	463（83）	407（86）	532（83）	554（82）
阿曼	220（89）	45（98）	69（97）	397（85）	506（83）
立陶宛	530（77）	522（80）	—	474（84）	455（84）
马耳他	428（80）	423（84）	—	—	325（86）
摩尔多瓦	348（84）	343（88）	333（88）	324（88）	317（87）
洪都拉斯	—	—	1 654（71）	1 765（69）	267（88）
阿塞拜疆	82（96）	345（87）	236（92）	253（90）	236（89）
马达加斯加	414（82）	386（85）	206（94）	229（93）	234（90）
吉尔吉斯斯坦	347（85）	274（90）	256（91）	253（90）	223（91）
亚美尼亚	248（87）	226（92）	209（93）	209（94）	219（92）
塞舌尔	—	169（93）	198（95）	209（94）	209（93）
波斯尼亚和黑塞哥维那	—	375（86）	367（87）	234（92）	184（94）
巴林	93（95）	66（96）	53（99）	60（99）	130（95）
也门	—	—	—	35（103）	76（96）
厄瓜多尔	—	—	63（98）	65（98）	71（97）
萨摩亚	64（98）	51（97）	51（100）	52（101）	56（98）
伯利兹	128（92）	4（121）	—	16（106）	41（99）
安道尔	—	—	4（128）	10（117）	20（100）
圣文森特和格林纳丁斯	—	—	10（111）	8（119）	19（101）
塞浦路斯	114（93）	79（95）	37（104）	12（112）	16（103）
圣多美和普林西比	—	11（106）	11（110）	19（105）	6（123）
玻利维亚	12（102）	12（105）	10（111）	13（110）	19（101）
萨尔瓦多	12（102）	13（104）	15（107）	15（108）	16（103）
格林纳达	14（101）	7（111）	10（111）	12（112）	15（105）
黑山	7（109）	5（119）	7（116）	12（112）	15（105）
津巴布韦	17（99）	18（102）	17（106）	15（108）	15（105）
阿尔巴尼亚共和国	7（109）	8（108）	43（103）	2（143）	13（108）
阿鲁巴	5（112）	8（108）	6（121）	5（126）	10（109）

数据来源：WIPO statistics database，更新时间：2021 年 1 月

注：表中中国的数据不包括港澳台地区相关数据

中国每千亿美元GDP专利申请量由2000年的544件（第28位）增长到2019年的5520件，仅次于韩国，位居全球第二（表2-2）。

表2-2 全球主要国家和地区每千亿美元GDP专利申请量 （单位：件）

国家和地区	2015年	2016年	2017年	2018年	2019年
韩国	8436（1）	8006（1）	7554（1）	7519（1）	7779（1）
中国	5564（2）	6480（2）	6264（2）	6565（2）	5520（2）
日本	5132（3）	5133（3）	5025（3）	4880（3）	4691（3）
德国	1726（4）	1720（4）	1674（4）	1648（4）	1642（4）
瑞士	1564（5）	1566（5）	1519（5）	1579（5）	1634（5）
美国	1536（6）	1549（6）	1508（6）	1422（6）	1389（6）
瑞典	1159（8）	1080（10）	1089（10）	1089（10）	1130（7）
丹麦	1124（9）	1100（9）	1137（9）	1122（9）	1128（8）
芬兰	1333（7）	1213（8）	1230（8）	1171（8）	1127（9）
荷兰	1031（10）	991（12）	978（12）	951（11）	927（10）
奥地利	914（11）	878（14）	894（13）	879（12）	881（11）
法国	865（12）	843（15）	835（14）	811（14）	786（12）
卢森堡	858（13）	941（13）	1064（11）	869（13）	765（13）
俄罗斯联邦	790（14）	724（16）	605（17）	647（15）	599（14）
英国	681（15）	638（17）	613（16）	604（16）	583（15）
比利时	536（18）	572（18）	547（18）	555（17）	557（16）
意大利	162（53）	523（21）	514（20）	523（18）	535（17）
冰岛	497（21）	400（25）	482（23）	449（22）	480（18）
挪威	518（20）	541（20）	507（22）	503（19）	467（19）
乌克兰	472（23）	454（23）	453（24）	404（24）	389（20）
以色列	407（26）	396（26）	423（26）	429（23）	376（21）
土耳其	284（34）	320（30）	401（27）	332（26）	355（22）
波兰	496（22）	428（24）	383（28）	392（25）	347（23）
新加坡	297（32）	313（31）	302（32）	286（28）	311（24）
吉尔吉斯斯坦	451（24）	301（32）	448（25）	—	295（25）
亚美尼亚	347（27）	386（27）	308（31）	274（30）	290（26）
马耳他	539（17）	509（22）	519（19）	240（33）	275（27）
葡萄牙	329（29）	267（34）	233（35）	252（31）	273（28）
摩尔多瓦	218（39）	297（33）	227（37）	275（29）	245（29）
加拿大	251（35）	237（39）	228（36）	240（33）	230（30）
白俄罗斯	410（25）	338（28）	324（30）	319（27）	226（31）
捷克共和国	287（33）	251（36）	244（34）	220（36）	224（32）
爱尔兰	175（46）	217（42）	178（49）	217（37）	219（33）
蒙古国	330（28）	335（29）	352（29）	217（37）	212（34）
印度	176（45）	171（52）	181（48）	185（44）	211（35）
澳大利亚	200（44）	223（40）	208（39）	223（35）	209（36）
克罗地亚	173（47）	178（48）	144（57）	120（61）	185（37）

续表

国家和地区	2015 年	2016 年	2017 年	2018 年	2019 年
巴西	151（57）	175（49）	182（47）	163（50）	177（38）
拉脱维亚	315（30）	201（44）	190（44）	170（49）	176（39）
匈牙利	246（37）	262（35）	205（41）	174（47）	165（40）
西班牙	248（36）	240（38）	208（39）	175（45）	165（40）
爱沙尼亚	151（57）	173（51）	204（42）	152（54）	164（42）
罗马尼亚	212（40）	208（43）	216（38）	207（40）	159（43）
乌兹别克斯坦	151（57）	175（49）	169（51）	211（39）	159（43）
萨摩亚	86（69）	—	—	81（74）	156（45）
新西兰	637（16）	558（19）	510（21）	493（20）	154（46）
希腊	207（42）	220（41）	192（43）	172（48）	153（47）
格鲁吉亚	211（41）	199（45）	148（56）	194（42）	152（48）
斯洛文尼亚	168（50）	159（58）	128（61）	450（21）	150（49）
塞浦路斯	148（60）	161（56）	185（46）	163（50）	146（50）
塞尔维亚	165（51）	171（52）	156（53）	142（56）	140（51）
苏丹	164（52）	166（55）	158（52）	201（41）	140（51）
阿塞拜疆	154（55）	134（60）	170（50）	131（58）	139（53）
斯洛伐克	173（47）	161（56）	133（60）	153（53）	139（53）
保加利亚	222（38）	170（54）	154（54）	136（57）	137（55）
肯尼亚	75（70）	74（75）	66（75）	113（63）	133（56）
斯里兰卡	87（68）	107（63）	103（64）	123（60）	125（57）
黑山	203（43）	86（72）	—	23（97）	120（58）
马来西亚	169（49）	141（59）	141（59）	129（59）	118（59）
立陶宛	156（54）	133（61）	110（63）	119（62）	115（60）
沙特阿拉伯	59（73）	83（73）	77（72）	105（64）	107（61）
印度尼西亚	40（82）	40（90）	78（71）	46（85）	97（62）
智利	104（62）	89（68）	97（66）	89（69）	95（63）
越南	98（64）	88（70）	87（68）	89（69）	93（64）
波斯尼亚和黑塞哥维那	—	133（61）	188（45）	175（45）	92（65）
埃及	73（71）	90（67）	96（67）	89（69）	87（66）
南非	125（61）	99（64）	101（65）	90（68）	78（67）
摩洛哥	89（67）	93（66）	75（73）	69（78）	71（69）
泰国	92（65）	95（65）	81（70）	72（76）	64（70）
莫桑比克	70（72）	42（88）	65（76）	89（69）	59（71）
哥伦比亚	47（80）	79（74）	85（69）	58（82）	57（72）
墨西哥	58（74）	54（84）	54（79）	62（81）	52（73）
菲律宾	50（79）	41（89）	38（85）	58（82）	52（73）
牙买加	26（91）	68（77）	39（84）	91（67）	49（75）
阿根廷	53（77）	87（71）	38（85）	42（87）	45（76）
塔吉克斯坦	8（113）	47（87）	15（105）	24（94）	44（77）
纳米比亚	54（76）	74（75）	41（83）	86（73）	37（78）

续表

国家和地区	2015 年	2016 年	2017 年	2018 年	2019 年
喀麦隆	34（88）	57（81）	36（87）	45（86）	33（79）
秘鲁	18（100）	19（102）	25（94）	22（99）	33（79）
巴基斯坦	24（92）	23（97）	20（98）	30（92）	31（81）
刚果	27（89）	6（126）	11（108）	6（122）	28（82）
文莱	—	63（78）	31（88）	93（66）	26（83）
加蓬	3（126）	13（111）	6（122）	10（115）	25（84）
巴拿马	12（109）	57（81）	26（93）	104（65）	25（84）
阿尔及利亚	19（97）	22（99）	31（88）	31（91）	23（86）
阿曼	7（118）	3（131）	6（122）	13（112）	23（86）
塞内加尔	35（86）	50（85）	47（81）	38（88）	23（86）
中非	52（78）	25（94）	48（80）	69（78）	22（89）
哈萨克斯坦	310（31）	245（37）	254（33）	190（43）	22（89）
约旦	44（81）	23（97）	27（92）	24（94）	21（91）
哥斯达黎加	19（97）	10（118）	20（98）	8（118）	16（92）
卡塔尔	4（122）	9（120）	10（110）	3（126）	16（92）
多哥	—	89（68）	17（103）	24（94）	16（92）
阿尔巴尼亚共和国	40（82）	61（79）	43（82）	38（88）	15（95）
贝宁	16（101）	12（114）	9（113）	14（110）	15（95）
厄瓜多尔	10（111）	24（95）	8（116）	17（107）	15（95）
阿拉伯联合酋长国	7（118）	4（129）	13（107）	14（110）	15（95）
毛里求斯	4（122）	8（123）	4（125）	57（84）	14（99）
象牙海岸	23（93）	15（107）	18（101）	18（103）	13（100）
多米尼加共和国	16（101）	17（105）	11（108）	9（117）	12（101）
尼日尔	27（89）	29（91）	—	22（99）	11（102）
津巴布韦	22（95）	19（102）	—	—	10（103）

资料来源：WIPO statistics database，更新时间：2021 年 1 月

注：表中中国的数据不包括港澳台地区数据

2.2 中国知识产权的整体情况

2.2.1 中国知识产权主要统计数据

根据国家知识产权局发布的《2020 年年度知识产权主要统计数据》，2020 年，我国发明专利授权 53.0 万件。截至 2020 年底，我国（不含港澳台地区）发明专利有效量 221.3 万件。每万人口发明专利拥有量达到 15.8 件，超额完成《中华人民共和国国民经济和社会发展第十三个五年规划纲要》预期的 12 件目标。2020 年，我国实用新型专利授权 237.7 万件，外观设计专利授权 73.2 万件。

2020 年，我国商标注册 576.1 万件。

2020 年，受理地理标志产品保护申请 10 个，批准保护地理标志产品 6 个，核准使用地理标志专用标志企业 1052 家，核准注册地理标志商标 765 件。截至 2020 年底，累计批准地理标志产品 2391 个，核准专用标志使用企业 9479 家，累计注册地理标志商标 6085 件。

2020 年，我国集成电路布图设计登记申请 14 375 件，同比增长 72.8%；发证 11 727 件，同比增长 77.3%。

2.2.2 中国专利省域分布情况

2019 年，全国专利有效量超过 881 万件①。专利有效量排名前五位的地区依次是广东省（1 803 875 件）、江苏省（1 103 925 件）、浙江省（1 023 110 件）、北京市（653 053 件）、山东省（485 852 件），专利有效量前五位地区连续五年未发生变化（表 2-3）。

表 2-3 2015～2019 年全国及各省（自治区、直辖市）专利有效量 （单位：件）

地区	2015 年	2016 年	2017 年	2018 年	2019 年
全国	4 792 356	5 527 183	6 324 215	7 517 791	8 812 070
广东省	802 493（1）	940 138（1）	1 165 677（1）	1 473 835（1）	1 803 875（1）
江苏省	674 053（2）	740 215（2）	809 379（2）	954 415（2）	1 103 925（2）
浙江省	668 889（3）	732 438（3）	785 190（3）	901 447（3）	1 023 110（3）
北京市	344 916（4）	417 666（4）	494 941（4）	569 929（4）	653 053（4）
山东省	270 920（5）	312 937（5）	351 351（5）	410 240（5）	485 852（5）
上海市	251 157（6）	285 877（6）	329 442（6）	383 928（6）	443 510（6）
福建省	162 451（8）	197 393（7）	226 325（7）	278 470（7）	321 070（7）
安徽省	162 177（9）	188 240（9）	212 785（9）	256 482（9）	302 010（8）
四川省	169 203（7）	193 737（8）	215 601（8）	259 008（8）	292 273（9）
河南省	126 381（10）	148 862（10）	174 998（10）	215 598（10）	255 966（10）
湖北省	119 345（11）	143 802（11）	169 585（11）	202 961（11）	244 552（11）
天津市	103 775（13）	124 443（12）	144 706（12）	168 879（12）	198 946（12）
河北省	86 360（16）	105 490（16）	128 291（14）	159 964（14）	195 377（13）
湖南省	107 088（12）	122 584（13）	142 224（13）	165 460（13）	194 971（14）
重庆市	94 975（14）	116 201（15）	121 604（15）	140 064（15）	158 176（15）
辽宁省	90 970（15）	101 657（17）	113 693（17）	130 112（16）	152 424（16）
江西省	51 824（19）	73 745（18）	94 531（18）	119 286（18）	148 851（17）
陕西省	86 053（17）	116 270（14）	119 892（16）	127 921（17）	146 699（18）
广西壮族自治区	37 215（20）	45 928（20）	54 582（20）	65 627（20）	78 250（19）
云南省	34 045（22）	40 583（21）	50 223（21）	62 470（21）	74 896（20）
黑龙江省	58 789（18）	61 245（19）	65 756（19）	68 588（19）	74 739（21）
贵州省	34 909（21）	37 562（23）	43 048（23）	55 444（22）	70 498（22）
山西省	34 009（23）	38 702（22）	44 848（22）	52 849（23）	61 654（23）
吉林省	29 046（24）	34 101（24）	39 892（24）	46 224（24）	54 066（24）
甘肃省	18 580（26）	22 593（26）	28 222（25）	34 903（25）	40 976（25）
内蒙古自治区	16 799（27）	20 007（27）	23 846（27）	29 496（27）	36 257（26）

① 国家知识产权局公布的最新年度报告为《2019 年知识产权统计年报》，故表 2-3 中统计的省域最新专利有效量数据为 2019 年的。

续表

地区	2015年	2016年	2017年	2018年	2019年
新疆维吾尔自治区	21 681（25）	24 531（25）	28 064（26）	31 853（26）	33 473（27）
宁夏回族自治区	5 317（29）	7 220（29）	10 288（28）	14 032（28）	16 941（28）
海南省	6 416（28）	7 366（28）	8 442（29）	10 277（29）	13 403（29）
青海省	2 975（30）	3 962（30）	5 107（30）	6 958（30）	8 947（30）
西藏自治区	724（31）	989（31）	1 474（31）	2 027（31）	2 779（31）

数据来源：科技大数据湖北省重点实验室、国家知识产权局

注：地区按2019年专利申请量由多到少排序

2019年，全国专利有效量增长率为0.1722。专利有效量增长率排名前十的地区依次是：西藏自治区、海南省、青海省、贵州省、陕西省、新疆维吾尔自治区、广东省、湖南省、宁夏回族自治区、湖北省（表2-4）。

表2-4　2015～2019年全国及各省（自治区、直辖市）专利有效量增长率

地区	2015年	2016年	2017年	2018年	2019年
全国	0.1885	0.1533	0.1442	0.1887	0.1722
广东省	0.1975（22）	0.1715（18）	0.2399（6）	0.2644（5）	0.2239（7）
江苏省	0.1344（29）	0.0982（28）	0.0934（27）	0.1792（18）	0.1567（22）
浙江省	0.1203（30）	0.095（29）	0.072（29）	0.1481（27）	0.1350（27）
北京市	0.2558（13）	0.2109（11）	0.185（11）	0.1515（26）	0.1458（26）
山东省	0.1965（23）	0.1551（20）	0.1228（24）	0.1676（20）	0.1843（14）
上海市	0.1513（27）	0.1382（24）	0.1524（18）	0.1654（22）	0.1552（23）
福建省	0.2869（8）	0.2151（10）	0.1466（19）	0.2304（12）	0.1530（24）
安徽省	0.1944（24）	0.1607（19）	0.1304（23）	0.2054（14）	0.1284（29）
四川省	0.2514（14）	0.145（22）	0.1129（26）	0.2013（16）	0.1775（17）
河南省	0.269（10）	0.1779（16）	0.1756（13）	0.2320（11）	0.1872（13）
湖北省	0.2344（17）	0.2049（12）	0.1793（12）	0.1968（17）	0.2049（10）
天津市	0.2409（16）	0.1992（13）	0.1628（15）	0.1670（21）	0.1780（16）
河北省	0.2981（5）	0.2215（8）	0.2161（8）	0.2469（7）	0.1784（15）
湖南省	0.2062（21）	0.1447（23）	0.1602（16）	0.1634（23）	0.2214（8）
重庆市	0.2873（7）	0.2235（7）	0.0465（30）	0.1518（25）	0.1293（28）
辽宁省	0.1359（28）	0.1175（27）	0.1184（25）	0.1444（28）	0.1715（19）
江西省	0.504（2）	0.423（1）	0.2819（4）	0.2619（6）	0.1468（25）
陕西省	0.2926（6）	0.3511（4）	0.0312（31）	0.0670（30）	0.2478（5）
广西壮族自治区	0.3149（4）	0.2341（6）	0.1884（10）	0.2024（15）	0.1989（11）
云南省	0.2734（9）	0.192（14）	0.2375（7）	0.2439（8）	0.0897（30）
黑龙江省	0.0414（31）	0.0418（31）	0.0737（28）	0.0431（31）	0.1923（12）
贵州省	0.2483（15）	0.076（30）	0.1461（20）	0.2880（4）	0.2715（4）
山西省	0.1696（26）	0.138（25）	0.1588（17）	0.1784（19）	0.1666（21）

续表

地区	2015 年	2016 年	2017 年	2018 年	2019 年
吉林省	0.1775（25）	0.174（17）	0.1698（14）	0.1587（24）	0.1697（20）
甘肃省	0.2323（18）	0.216（9）	0.2491（5）	0.2367（10）	0.1740（18）
内蒙古自治区	0.2232（20）	0.191（15）	0.1919（9）	0.2369（9）	0.0509（31）
新疆维吾尔自治区	0.3167（3）	0.1315（26）	0.144（22）	0.1350（29）	0.2292（6）
宁夏回族自治区	0.2597（12）	0.3579（3）	0.4249（2）	0.3639（2）	0.2073（9）
海南省	0.2682（11）	0.1481（21）	0.1461（20）	0.2174（13）	0.3042（2）
青海省	0.5288（1）	0.3318（5）	0.289（3）	0.3624（3）	0.2859（3）
西藏自治区	0.2313（19）	0.366（2）	0.4904（1）	0.3752（1）	0.3710（1）

数据来源：国家知识产权局、科技大数据湖北省重点实验室

注：地区按 2019 年专利申请量由多到少排序

2.2.3 中国专利大类分布

2020 年授权发明专利中，A 部（人类生活必需）领域专利申请量排名前五的地区依次是广东省、山东省、浙江省、江苏省和福建省。B 部（作业；运输）领域专利申请量排名前五的地区依次是广东省、江苏省、浙江省、山东省和福建省。C 部（化学；冶金）领域专利申请量排名前五的地区依次是广东省、江苏省、山东省、浙江省和福建省。D 部（纺织；造纸）领域专利申请量排名前五的地区依次是浙江省、江苏省、广东省、福建省和山东省。E 部（固定建筑物）领域专利申请量排名前五的地区依次是广东省、山东省、江苏省、浙江省和河南省。F 部（机械工程；照明；加热；武器；爆破）领域专利申请量排名前五的地区依次是广东省、江苏省、浙江省、山东省和福建省。G 部（物理）领域专利申请量排名前五的地区依次是广东省、江苏省、山东省、浙江省和北京市。H 部（电学）领域专利申请量排名前五的地区依次是广东省、江苏省、浙江省、山东省和上海市（表 2-5）。

表 2-5　2020 年中国专利申请技术领域分布

地区	A 部	B 部	C 部	D 部	E 部	F 部	G 部	H 部
广东省	2363（1）	4816（1）	411（1）	180（3）	897（1）	2149（1）	2139（1）	2510（1）
江苏省	1255（4）	4294（2）	381（2）	189（2）	732（3）	1384（2）	1151（2）	1238（2）
浙江省	1353（3）	2935（3）	229（4）	249（1）	637（4）	1311（3）	780（4）	908（3）
北京市	443（10）	716（14）	158（6）	7（18）	418（6）	337（10）	555（5）	333（6）
山东省	1570（2）	2539（4）	248（3）	85（5）	764（2）	873（4）	807（3）	473（4）
上海市	382（11）	1206（7）	135（8）	32（6）	357（8）	419（7）	473（7）	407（5）
福建省	989（5）	1653（5）	163（5）	107（4）	389（7）	561（5）	402（8）	297（9）
安徽省	474（8）	1142（8）	125（10）	30（8）	297（11）	383（9）	314（11）	317（7）
四川省	493（7）	879（11）	127（9）	27（9）	353（9）	305（11）	359（10）	259（10）
河南省	578（6）	1298（6）	143（7）	21（11）	452（5）	456（6）	528（6）	317（7）
湖北省	458（9）	879（11）	103（13）	12（12）	282（12）	277（12）	370（9）	251（11）
天津市	170（24）	970（10）	100（14）	10（14）	156（15）	255（14）	224（17）	246（12）
河北省	377（12）	1092（9）	106（11）	22（10）	307（10）	407（8）	298（12）	221（13）
湖南省	374（13）	677（15）	100（14）	12（12）	173（14）	229（16）	266（14）	170（17）

续表

地区	A 部	B 部	C 部	D 部	E 部	F 部	G 部	H 部
重庆市	262（18）	602（17）	62（18）	3（22）	140（17）	197（17）	185（18）	121（18）
辽宁省	318（14）	630（16）	86（17）	6（21）	145（16）	233（15）	258（15）	178（16）
江西省	274（16）	782（13）	91（16）	31（7）	109（20）	265（13）	229（16）	189（15）
陕西省	261（19）	518（18）	105（12）	9（15）	185（13）	171（18）	283（13）	194（14）
广西壮族自治区	236（21）	263（21）	15（28）	9（15）	77（22）	95（21）	117（23）	67（20）
云南省	255（20）	289（20）	60（19）	3（22）	68（24）	94（22）	115（24）	48（25）
黑龙江省	224（22）	244（22）	32（24）	0（31）	125（19）	143（19）	160（20）	67（20）
贵州省	313（15）	193（25）	31（25）	1（26）	69（23）	67（25）	101（25）	43（26）
山西省	147（25）	311（19）	43（21）	7（18）	138（18）	93（23）	161（19）	63（22）
吉林省	187（23）	228（23）	17（27）	1（26）	64（25）	66（26）	131（22）	50（23）
甘肃省	270（17）	227（24）	43（21）	8（17）	102（21）	100（20）	147（21）	86（19）
内蒙古自治区	113（27）	172（26）	50（20）	1（26）	61（26）	72（24）	81（26）	49（24）
新疆维吾尔自治区	138（26）	134（27）	35（23）	7（18）	31（28）	55（27）	58（27）	42（27）
宁夏回族自治区	32（30）	66（29）	20（26）	3（22）	15（30）	20（30）	14（30）	0（31）
海南省	78（28）	70（28）	12（29）	1（26）	19（29）	33（28）	40（28）	12（30）
青海省	60（29）	61（30）	10（30）	1（26）	50（27）	26（29）	26（29）	19（29）
西藏自治区	5（31）	6（31）	4（31）	0（25）	0（31）	0（31）	2（31）	34（28）

数据来源：国家知识产权局、科技大数据湖北省重点实验室

注：地区按 2019 年专利申请量由多到少排序

2.3 中国上市公司研发投入与产出（专利）概况

2019 年，全国研究与试验发展经费内部支出为 22 143.58 万元，研究与试验发展人员 657.14 万人，人均研究与试验发展经费为 31.06 万元。2019 年，A 股上市公司研发经费投入为 7435.77 万元，研发人员为 225.77 万人，人均研发经费为 32.94 万元，高于全国平均水平。上市公司研发投入强度可用上市公司研发费用总额占营业收入比例衡量。2019 年全国上市公司研发投入强度为 1.77。

截至 2020 年，中国上市公司累计申请专利约 135.76 万件，近三年申请专利约 39.88 万件，拥有有效专利约 90.01 万件；发明人约 74.44 万个，发明人人均专利为 0.60 件。

2.3.1 中国上市公司研发投入产出（专利）省域分布

2020 年，北京市上市公司专利申请发明人数量居全国第一位，广东省上市公司累计专利申请量和有效专利拥有量均居全国第一位，海南省上市公司近三年专利申请活跃度居全国第一位，各地区上市公司平均专利寿命均低于 6 年（表 2-6）。

从上市公司注册地来看，2019 年，研发人员数量最多的地区是广东省，超过 50 万人；研发费用总额方面，广东省排名第二，达到 1407.62 亿元，研发投入强度为 2.63%（表 2-7）。

表 2-6 2020 年中国上市公司研发产出（专利）数据省域分布

地区	IPI（排名）	专利申请发明人数量/个（排名）	累计专利申请数量/件（排名）	近三年专利申请活跃度（排名）	专利寿命/年（排名）	有效专利拥有量/件（排名）
广东省	3.659 4（1）	137 109（2）	376 162.2（1）	0.307 4（8）	4.558 3（10）	250 204（1）
北京市	2.891 1（2）	174 987（1）	225 583.1（2）	0.263 9（13）	4.400 7（16）	154 161（2）
浙江省	1.869 3（3）	48 967（4）	64 559.1（5）	0.330 6（7）	5.076 3（2）	73 935（3）
江苏省	1.779 8（4）	55 296（3）	65 343.5（4）	0.246 3（17）	4.696 9（5）	61 349（4）
山东省	1.583 9（5）	48 340（5）	67 483.8（3）	0.270 0（12）	4.667 3（6）	58 914（5）
上海市	1.256 7（6）	37 495（6）	37 676.4（6）	0.277 9（11）	4.061 9（22）	33 897（6）
安徽省	1.007 2（7）	25 911（7）	34 429.3（7）	0.207 1（24）	4.306 7（18）	33 871（7）
福建省	0.800 3（8）	13 499（14）	19 803.3（8）	0.211 1（22）	4.190 9（21）	19 150（8）
河南省	0.755 4（9）	25 164（8）	17 915.6（10）	0.124 8（31）	4.828 8（4）	17 408（11）
河北省	0.722 8（10）	24 502（9）	13 654.8（14）	0.229 5（21）	4.605 0（7）	18 074（10）
四川省	0.701 5（11）	14 033（13）	16 453.1（12）	0.234 3（19）	4.479 3（13）	16 526（12）
湖南省	0.691 1（12）	11 945（16）	18 929（9）	0.339 8（4）	4.429 6（14）	18 204（9）
湖北省	0.670 8（13）	14 218（12）	14 732.3（13）	0.261 3（14）	4.545 9（11）	12 073（15）
天津市	0.602 6（14）	21 742（10）	16 891.1（11）	0.280 4（10）	4.563 3（9）	14 985（13）
辽宁省	0.574 9（15）	15 005（11）	13 105.7（15）	0.206 1（25）	4.423 1（15）	10 372（16）
重庆市	0.487 5（16）	11 998（15）	11 145.5（16）	0.160 0（29）	3.771 4（24）	13 012（14）
陕西省	0.438 8（17）	9 930（17）	6 600.9（17）	0.342 5（3）	4.223 1（20）	7 142（17）
新疆维吾尔自治区	0.346 4（18）	6 213（20）	3 182.9（21）	0.197 9（27）	3.811 4（23）	4 042（20）
江西省	0.344 6（19）	6 258（19）	3 175.5（22）	0.331 7（5）	3.686 3（27）	4 516（18）
山西省	0.330 9（20）	9 145（18）	4 693（18）	0.208 8（23）	3.734 2（26）	4 094（19）
贵州省	0.281 8（21）	4 579（22）	3 647.3（19）	0.417 6（2）	5.416 1（1）	3 009（22）
广西壮族自治区	0.276 0（22）	4 119（24）	2 508.1（23）	0.306 1（9）	4.996 3（3）	2 254（24）
内蒙古自治区	0.263 6（23）	4 426（23）	3 203.6（20）	0.231 2（20）	3.389 6（29）	3 927（21）
云南省	0.260 1（24）	5 363（21）	2 288.7（24）	0.183 3（28）	4.395 0（17）	2 329（23）
吉林省	0.246 6（25）	2 605（27）	1 787.6（27）	0.331 4（6）	4.525 8（12）	1 620（27）
黑龙江省	0.229 0（26）	3 550（25）	2 232.1（25）	0.239 8（18）	3.596 4（28）	1 964（25）
甘肃省	0.222 2（27）	3 403（26）	2 037.7（26）	0.199 0（26）	3.335 1（30）	1 951（26）
青海省	0.158 9（28）	2 522（28）	570.6（29）	0.253 3（16）	4.571 1（8）	620（28）
宁夏回族自治区	0.121 2（29）	1 062（29）	617.9（28）	0.258 2（15）	3.735 2（25）	452（29）
海南省	0.105 2（30）	412（31）	342.2（31）	0.501 5（1）	2.643 1（31）	281（30）
西藏自治区	0.101 2（31）	510（30）	429.3（30）	0.157 4（30）	4.238 8（19）	275（31）

资料来源：科技大数据湖北省重点实验室

注：地区按知识产权指数降序排名

表 2-7 2019 年中国上市公司研发投入数据省域分布

地区	研发人员数量/人（排名）	研发人员占公司总人数的比例/%（排名）	研发费用总额/亿元（排名）	研发费用总额占营业收入比例/%（排名）
广东省	504 651（1）	10.98（5）	1 407.62（2）	2.63（2）

续表

地区	研发人员数量/人（排名）	研发人员占公司总人数的比例/%（排名）	研发费用总额/亿元（排名）	研发费用总额占营业收入比例/%（排名）
北京市	449 667（2）	6.83（24）	1 933.09（1）	1.40（16）
浙江省	204 344（3）	12.96（2）	696.49（4）	2.73（1）
江苏省	189 176（4）	13.31（1）	512.09（5）	2.32（6）
山东省	122 400（6）	10.81（8）	412.35（6）	2.07（7）
上海市	157 421（5）	8.41（19）	767.38（3）	1.88（10）
安徽省	67 462（7）	9.41（10）	180.11（9）	1.84（11）
福建省	64 437（8）	8.63（15）	188.09（8）	1.07（23）
河南省	47 863（10）	8.42（18）	125.28（11）	2.33（5）
河北省	43 382（13）	9.55（9）	115.93（13）	1.45（14）
四川省	45 933（11）	8.76（13）	143.06（10）	1.97（9）
湖南省	44 938（12）	8.45（17）	122.06（12）	2.00（8）
湖北省	53 161（9）	8.64（14）	203.14（7）	2.48（4）
天津市	26 122（16）	12.47（3）	105.49（14）	1.30（19）
辽宁省	34 091（14）	8.89（12）	62.78（17）	0.72（29）
重庆市	23 940（17）	8.60（16）	65.80（15）	1.43（15）
陕西省	20 777（19）	7.89（20）	41.80（19）	1.38（17）
新疆维吾尔自治区	15 200（21）	6.62（26）	38.32（20）	0.82（25）
江西省	26 266（15）	10.90（7）	63.03（16）	1.13（22）
山西省	23 666（18）	6.56（27）	53.72（18）	1.16（20）
贵州省	9 231（25）	6.08（28）	21.14（25）	1.14（21）
广西壮族自治区	7 979（26）	7.09（22）	34.67（21）	1.36（18）
内蒙古自治区	6 552（27）	3.22（30）	22.69（24）	0.75（27）
云南省	15 261（20）	7.64（21）	15.44（26）	0.44（30）
吉林省	14 325（22）	10.92（6）	28.97（22）	1.69（12）
黑龙江省	10 278（24）	6.83（23）	25.11（23）	1.64（13）
甘肃省	12 860（23）	9.17（11）	14.96（27）	0.81（26）
青海省	5 301（28）	11.19（4）	7.19（30）	0.83（24）
宁夏回族自治区	997（32）	2.67（31）	1.19（31）	0.32（31）
海南省	4 346（29）	3.64（29）	11.22（28）	0.72（28）
西藏自治区	2 494（31）	6.72（25）	10.70（29）	2.59（3）

资料来源：科技大数据湖北省重点实验室

注：地区按知识产权指数降序排名

2.3.2 中国上市公司研发投入产出（专利）产业分布

知识产权指数排名前十的产业依次为：计算机、通信和其他电子设备制造业，电气机械及器材制造业，专用设备制造业，采矿业，汽车制造业，信息传输、软件和信息技术服务业，化学原料及化学制品制造业，医药制造业，通用设备制造业，黑色金属冶炼及压延加工（表 2-8）。

2019 年，全国上市公司研发投入强度排名前十的产业依次为：仪器仪表制造业，信息传输、软件和信息技术服务业，计算机、通信和其他电子设备制造业，科学研究和技术服务业，专用设备制造业，教育，医药制造业，印刷和记录媒介复制业，通用设备制造业，铁路、船舶、航空航天和其他运输设备制造业（表 2-9）。

表 2-8　2020 年中国上市公司研发产出（专利）数据产业分布

产业	IPI（排名）	专利申请发明人数量/个（排名）	累计专利申请数量/件（排名）	近三年专利申请活跃度（排名）	专利寿命/年（排名）	有效专利拥有量/件（排名）	上市公司数量/家（排名）
计算机、通信和其他电子设备制造业	4.111 5（1）	104 334（2）	398 652.9（1）	0.21（34）	5.13（14）	188 044（1）	401（1）
电气机械及器材制造业	3.423 2（2）	75 906（3）	181 646.4（2）	0.37（5）	5.12（15）	179 085（2）	248（5）
专用设备制造业	2.260 2（3）	52 805（5）	70 277.7（5）	0.27（19）	4.96（18）	74 659（5）	254（4）
采矿业	2.192 6（4）	131 186（1）	114 768.9（3）	0.19（39）	3.72（36）	96 739（3）	77（17）
汽车制造业	2.128 7（5）	65 253（4）	80 806.4（4）	0.23（31）	4.91（19）	81 798（4）	136（9）
信息传输、软件和信息技术服务业	1.862 0（6）	39 564（7）	51 484.2（6）	0.32（10）	4.43（24）	31 259（6）	329（2）
化学原料及化学制品制造业	1.403 2（7）	24 245（8）	30 877.2（7）	0.23（32）	5.58（6）	21 562（9）	266（3）
医药制造业	1.337 5（8）	22 818（9）	30 440.6（9）	0.19（41）	6.30（2）	20 431（10）	247（6）
通用设备制造业	1.225 7（9）	20 489（11）	23 976.2（10）	0.27（21）	5.30（11）	24 827（7）	138（8）
黑色金属冶炼及压延加工	1.048 1（10）	40 330（6）	30 572.7（8）	0.25（26）	4.09（31）	23 578（8）	32（32）
建筑业	0.913 8（11）	20 787（10）	11 035.1（15）	0.32（8）	4.38（27）	12 888（13）	99（14）
橡胶和塑料制品业	0.832 1（12）	9 272（17）	15 659.7（11）	0.24（27）	5.42（8）	14 571（12）	86（16）
金属制品业	0.801 2（13）	10 455（15）	13 584.3（12）	0.21（36）	5.64（5）	16 426（11）	69（19）
非金属矿物制品业	0.753 6（14）	9 191（18）	10 837.5（17）	0.27（20）	4.49（23）	11 188（15）	96（15）
有色金属冶炼及压延加工业	0.749 7（15）	17 119（12）	11 764.4（13）	0.19（40）	5.45（7）	8 273（16）	74（18）
金融业	0.734 8（16）	14 874（13）	11 753.8（14）	0.56（1）	2.55（42）	3 771（26）	120（11）
电力、热力、燃气及水的生产和供应业	0.715 9（17）	14 510（14）	7 356.6（18）	0.40（2）	2.90（39）	6 819（19）	114（12）
仪器仪表制造业	0.696 7（18）	7 797（20）	11 009.9（16）	0.27（22）	5.26（12）	11 572（14）	58（22）
科学研究和技术服务业	0.598 1（19）	9 887（16）	6 667.9（21）	0.32（9）	4.40（25）	6 582（20）	53（26）
铁路、船舶、航空航天和其他运输设备制造业	0.585 0（20）	8 352（19）	7 121.6（19）	0.26（24）	4.29（28）	7 726（18）	55（24）
食品制造业	0.513 3（21）	4 362（22）	6 912.5（20）	0.23（33）	5.30（10）	6 542（21）	55（24）
水利、环境和公共设施管理业	0.491 7（22）	5 653（21）	4 963.1（22）	0.28（16）	3.71（37）	5 166（22）	66（20）
农副食品加工业	0.423 8（23）	3 978（24）	4 272.1（23）	0.27（23）	4.56（21）	4 144（25）	48（27）
酒、饮料和精制茶制造业	0.370 5（24）	2 693（26）	2 075.6（29）	0.31（11）	5.36（9）	4 499（23）	44（28）
家具制造业	0.358 0（25）	1 721（32）	2 982.1（25）	0.37（4）	4.17（29）	7 887（17）	24（35）
批发和零售业	0.355 1（26）	2 410（30）	2 349.3（26）	0.26（25）	2.14（44）	2 792（30）	166（7）

续表

产业	IPI（排名）	专利申请发明人数量/个（排名）	累计专利申请数量/件（排名）	近三年专利申请活跃度（排名）	专利寿命/年（排名）	有效专利拥有量/件（排名）	上市公司数量/家（排名）
纺织业	0.337 7（27）	2 978（25）	3 253.5（24）	0.21（35）	4.61（20）	2 970（28）	38（30）
交通运输、仓储和邮政业	0.315 4（28）	4 247（23）	1 229.6（35）	0.35（6）	2.29（43）	1 579（33）	105（13）
造纸及纸制品业	0.286 7（29）	1 884（31）	1 879（30）	0.38（3）	5.17（13）	1 945（31）	29（33）
化学纤维制造业	0.283 0（30）	2 552（28）	2 313.7（27）	0.23（28）	5.70（3）	1 785（32）	26（34）
纺织服装、服饰业	0.278 1（31）	1 337（33）	1 770.9（32）	0.28（17）	4.51（22）	2 886（29）	38（30）
农、林、牧、渔业	0.254 3（32）	2 482（29）	1 691.2（33）	0.20（37）	4.16（30）	1 291（35）	43（29）
文教、工美、体育和娱乐用品制造业	0.238 6（33）	683（36）	2 269.3（28）	0.27（18）	5.07（16）	4 391（24）	14（39）
石油加工、炼焦及核燃料加工业	0.232 8（34）	2 684（27）	1 776.1（31）	0.19（38）	5.66（4）	1 298（34）	17（37）
其他制造业	0.216 1（35）	605（37）	1 584.4（34）	0.30（12）	3.39（38）	3 355（27）	22（36）
租赁和商务服务业	0.172 6（36）	701（35）	691（37）	0.23（30）	2.79（40）	1 045（36）	57（23）
废弃资源综合利用业	0.148 2（37）	569（38）	1 104（36）	0.30（13）	5.07（17）	988（37）	8（44）
房地产业	0.144 6（38）	1 036（34）	606.6（39）	0.10（45）	1.43（46）	584（40）	121（10）
印刷和记录媒介复制业	0.126 9（39）	495（41）	556.7（41）	0.30（14）	3.98（33）	698（39）	13（40）
皮革、毛皮、羽毛及其制品和制鞋业	0.120 4（40）	413（42）	622.2（38）	0.23（29）	3.80（35）	949（38）	10（42）
文化、体育和娱乐业	0.120 3（41）	525（40）	471.2（42）	0.14（44）	2.60（41）	400（43）	59（21）
木材加工及木、竹、藤、棕、草制品业	0.113 6（42）	540（39）	602（40）	0.17（42）	6.80（1）	524（41）	8（44）
教育	0.075 4（43）	207（44）	468.4（43）	0.09（46）	3.99（32）	489（42）	8（44）
卫生和社会工作业	0.070 2（44）	287（43）	204.4（44）	0.29（15）	4.39（26）	94（44）	12（41）
综合	0.036 5（45）	148（45）	70（45）	0.16（43）	1.58（45）	41（45）	16（38）
住宿和餐饮业	0.006 3（46）	6（46）	5.2（47）	0.33（7）	0.45（47）	1（47）	10（42）
居民服务、修理和其他服务业	0.000 0（47）	6（46）	6.8（46）	0.00（47）	3.89（34）	8（46）	1（47）

资料来源：科技大数据湖北省重点实验室

注：产业按知识产权指数降序排名

表 2-9　2019 年中国上市公司研发投入数据产业分布

产业	研发人员数量/个（排名）	研发人员占公司总人数的比例/%（排名）	研发费用总额/亿元（排名）	研发费用总额占营业收入总额比例/%（排名）
计算机、通信和其他电子设备制造业	405 564（1）	17.89（5）	1 315.45（1）	5.27（3）
电气机械及器材制造业	162 490（5）	13.51（11）	602.73（5）	3.49（13）
专用设备制造业	97 786（6）	15.83（7）	347.67（8）	4.85（5）
采矿业	93 366（7）	4.97（33）	376.65（7）	0.53（38）
汽车制造业	187 614（3）	13.87（10）	639.36（3）	2.85（16）
信息传输、软件和信息技术服务业	278 253（2）	25.97（3）	609.09（4）	5.36（2）
化学原料及化学制品制造业	67 040（11）	9.62（19）	241.05（10）	2.03（24）

续表

产业	研发人员数量/个（排名）	研发人员占公司总人数的比例/%（排名）	研发费用总额/亿元（排名）	研发费用总额占营业收入总额比例/%（排名）
医药制造业	89 097（9）	11.43（15）	381.55（6）	4.39（7）
通用设备制造业	51 960（12）	14.12（11）	193.14（12）	3.89（9）
黑色金属冶炼及压延加工	31 204（16）	6.71（30）	281.67（9）	1.76（28）
建筑业	168 563（4）	9.80（20）	1 095.89（2）	1.96（25）
橡胶和塑料制品业	27 859（18）	12.22（15）	91.28（16）	3.56（12）
金属制品业	25 715（20）	10.46（18）	78.41（17）	2.39（20）
非金属矿物制品业	27 439（19）	6.01（33）	91.36（15）	1.36（32）
有色金属冶炼及压延加工业	33 428（15）	8.58（25）	102.10（14）	0.83（35）
金融业	92 557（8）	2.64（49）	14.16（33）	2.08（23）
电力、热力、燃气及水的生产和供应业	29 822（17）	6.02（32）	51.34（19）	0.37（41）
仪器仪表制造业	17 133（23）	20.63（5）	41.04（23）	6.94（1）
科学研究和技术服务业	40 819（13）	28.16（2）	45.27（21）	4.97（4）
铁路、船舶、航空航天和其他运输设备制造业	85 434（10）	17.35（8）	230.94（11）	3.85（10）
食品制造业	8 395（32）	3.71（44）	32.24（27）	1.14（33）
水利、环境和公共设施管理业	12 303（27）	3.50（45）	34.50（25）	1.90（27）
农副食品加工业	13 191（25）	4.16（42）	37.37（24）	0.79（36）
酒、饮料和精制茶制造业	11 349（29）	4.75（40）	12.59（35）	0.38（40）
家具制造业	13 144（26）	9.23（22）	26.99（28）	3.08（15）
批发和零售业	24 034（21）	2.04（51）	104.33（13）	0.25（45）
纺织业	11 051（30）	5.67（34）	24.88（29）	2.28（21）
交通运输、仓储和邮政业	34 114（14）	3.18（47）	46.35（20）	0.29（42）
造纸及纸制品业	11 739（28）	9.89（19）	44.65（22）	2.57（18）
化学纤维制造业	14 408（24）	8.88（24）	63.12（18）	1.41（31）
纺织服装、服饰业	10 310（31）	5.16（37）	23.88（30）	1.47（30）
农、林、牧、渔业	7 896（35）	3.10（48）	14.11（34）	0.71（37）
文教、工美、体育和娱乐用品制造业	3 762（39）	15.02（10）	8.84（39）	3.18（14）
石油加工、炼焦及核燃料加工业	2 088（44）	3.49（46）	6.32（42）	0.28（43）
其他制造业	2 279（42）	6.72（29）	4.57（43）	0.50（39）
租赁和商务服务业	7 520（36）	4.36（41）	16.54（32）	0.25（44）
废弃资源综合利用业	5 464（37）	34.38（1）	7.41（40）	2.58（17）
房地产业	21 718（22）	2.52（50）	33.32（26）	0.14（47）
印刷和记录媒介复制业	2 401（41）	11.13（17）	6.42（41）	3.94（8）
皮革、毛皮、羽毛及其制品和制鞋业	2 146（43）	5.39（35）	3.15（45）	1.91（26）
文化、体育和娱乐业	8 067（34）	4.75（39）	19.99（31）	0.99（34）
木材加工及木、竹、藤、棕、草制品业	1 326（45）	7.42（27）	3.27（44）	1.47（29）
教育	4 029（38）	5.34（36）	8.97（38）	4.80（6）
卫生和社会工作业	8 187（33）	7.66（26）	9.00（37）	2.12（22）
综合	3 265（40）	6.68（31）	12.02（36）	2.50（19）

续表

产业	研发人员数量/个（排名）	研发人员占公司总人数的比例/%（排名）	研发费用总额/亿元（排名）	研发费用总额占营业收入总额比例/%（排名）
住宿和餐饮业	336（46）	0.39（52）	0.65（46）	0.18（46）
居民服务、修理和其他服务业	39（47）	3.92（43）	0.13（47）	3.79（11）

资料来源：科技大数据湖北省重点实验室

注：产业按知识产权指数降序排名

2.3.3 中国上市公司研发投入产出（专利）板块分布

2019 年，从研发人员投入来看，主板上市公司研发人员投入总量排名第一位；科创板上市公司研发人员占公司总人数的比例、研发费用总额占营业收入总额的比例排名均为第一位（表 2-10）。

表 2-10 2019 年中国上市公司研发投入数据板块分布

板块	研发人员数量/个（排名）	研发人员占公司总人数的比例/%（排名）	研发费用总额/亿元（排名）	研发费用总额占营业收入总额的比例/%（排名）
主板	1 341 817（1）	7.27（4）	5 039.41（1）	1.43（4）
中小板	545 131（2）	12.78（3）	1 455.33（2）	2.86（3）
创业板	322 232（3）	18.58（2）	764.79（3）	4.73（2）
科创板	48 524（4）	23.59（1）	176.23（4）	7.99（1）

资料来源：科技大数据湖北省重点实验室

注：板块排序同研发人员数量排序

2020 年，主板上市公司专利申请发明人数量、累计专利申请量、有效专利拥有量均高于其他板块上市公司；科创板近三年专利申请活跃度高于其他板块上市公司（表 2-11）。

表 2-11 2020 年中国上市公司研发产出（专利）数据产业分布

产业	专利申请发明人数量/个（排名）	累计专利申请量/件（排名）	近三年专利申请活跃度（排名）	专利寿命/年（排名）	有效专利拥有量/件（排名）	上市公司数量/家（排名）
主板	515 754（1）	890 772（1）	0.28（4）	10.62（3）	572 273（1）	2 009（1）
中小板	131 783（2）	283 872（2）	0.30（3）	13.33（1）	198 512（2）	966（2）
创业板	79 969（3）	148 159（3）	0.32（2）	10.71（2）	104 911（3）	860（3）
科创板	16 870（4）	34 803（4）	0.46（1）	10.12（4）	24 453（4）	175（4）

资料来源：科技大数据湖北省重点实验室

注：板块排序同专利申请发明人数量排序

2.4 中国上市公司知识产权指数及总体评价

2.4.1 中国上市公司知识产权指数排行榜

按照中国上市公司知识产权指数（企业）公式 $IPI_{某上市公司-某年}=\sqrt[5]{\frac{A_i}{\bar{A}}\times\frac{B_i}{\bar{B}}\times\frac{C_i}{\bar{C}}\times\frac{D_i}{\bar{D}}\times\frac{E_i}{\bar{E}}}$ 计算，

得到全部上市公司知识产权指数企业排行榜，因篇幅所限，本书仅列出上市公司知识产权指数500 强企业（见附录）。知识产权指数排名前十的上市公司依次是：中国石油化工股份有限公司、珠海格力电器股份有限公司、中国石油天然气股份有限公司、京东方科技集团股份有限公司、中兴通讯股份有限公司、美的集团股份有限公司、比亚迪股份有限公司、海尔智家股份有限公司、长城汽车股份有限公司、安徽江淮汽车集团股份有限公司。

2.4.2 中国上市公司知识产权指数地区分布

2020 年，知识产权指数排行榜 100 强的上市公司主要分布在广东省、北京市、山东省；知识产权指数排行榜 200 强的上市公司主要分布在广东省、北京市、江苏省；知识产权指数排行榜 500 强的上市公司主要分布在广东省、浙江省、北京市（表 2-12）。

表 2-12 2020 年中国上市公司知识产权指数排行榜 100 强、200 强、500 强地区分布（单位：家）

地区	100 强上市公司数量（排名）	200 强上市公司数量（排名）	500 强上市公司数量（排名）
广东省	22（1）	42（1）	106（1）
浙江省	4（8）	16（4）	66（2）
北京市	17（2）	31（2）	57（3）
江苏省	5（5）	18（3）	48（4）
山东省	10（3）	13（5）	36（5）
上海市	5（5）	13（5）	25（6）
安徽省	8（4）	11（7）	19（7）
福建省	1（17）	6（9）	18（8）
河南省	5（5）	7（8）	15（9）
河北省	3（9）	6（9）	12（10）
湖北省	2（12）	5（11）	12（10）
湖南省	3（9）	3（14）	11（12）
四川省	1（17）	2（16）	9（13）
天津市	2（12）	2（16）	8（14）
重庆市	2（12）	5（11）	7（15）
陕西省	2（12）	2（16）	7（15）
新疆维吾尔自治区	—	2（16）	5（17）
云南省	—	—	5（17）
贵州省	—	1（21）	5（17）
辽宁省	3（9）	5（11）	5（17）
山西省	2（12）	3（14）	4（21）
广西壮族自治区	1（17）	2（16）	3（22）
吉林省	—	—	3（22）
黑龙江省	—	1（21）	3（22）
内蒙古自治区	1（17）	1（21）	3（22）
江西省	1（17）	1（21）	3（22）
甘肃省	—	1（21）	2（27）

续表

地区	100强上市公司数量（排名）	200强上市公司数量（排名）	500强上市公司数量（排名）
青海省	—	1（21）	2（27）
宁夏回族自治区	—	—	1（29）

资料来源：科技大数据湖北省重点实验室

2.4.3 中国上市公司知识产权指数产业分布

2020年，知识产权指数排行榜100强的上市公司主要分布于计算机、通信和其他电子设备制造业，电气机械及器材制造业，汽车制造业。知识产权指数排行榜200强、500强的上市公司主要分布于计算机、通信和其他电子设备制造业，电气机械及器材制造业，专用设备制造业（表2-13）。

表2-13　2020年中国上市公司知识产权指数排行榜100强、200强、500强产业分布（单位：家）

产业分布	100强上市公司数量（排名）	200强上市公司数量（排名）	500强上市公司数量（排名）
计算机、通信和其他电子设备制造业	19（1）	40（1）	97（1）
电气机械及器材制造业	18（2）	29（2）	63（2）
专用设备制造业	11（4）	27（3）	53（3）
信息传输、软件和信息技术服务业	5（7）	14（5）	34（4）
汽车制造业	13（3）	16（4）	32（5）
通用设备制造业	2（9）	6（8）	22（6）
医药制造业	0	5（9）	19（7）
采矿业	7（6）	9（7）	17（8）
化学原料及化学制品制造业	1（13）	3（14）	16（9）
黑色金属冶炼及压延加工	9（5）	13（6）	15（10）
有色金属冶炼及压延加工业	1（13）	1（21）	14（11）
橡胶和塑料制品业	2（9）	2（18）	13（12）
仪器仪表制造业	0	3（14）	12（13）
建筑业	2（9）	5（9）	11（14）
非金属矿物制品业	1（13）	3（14）	11（14）
金属制品业	2（9）	3（14）	10（16）
科学研究和技术服务业	1（13）	4（11）	9（17）
铁路、船舶、航空航天和其他运输设备制造业	1（13）	4（11）	7（18）
电力、热力、燃气及水的生产和供应业	1（13）	2（18）	7（18）
食品制造业	1（13）	2（18）	6（20）
水利、环境和公共设施管理业	0	0	5（21）
农副食品加工业	0	1（21）	5（21）
金融业	3（8）	4（11）	4（23）
家具制造业	0	0	4（23）
酒、饮料和精制茶制造业	0	1（21）	3（25）
文教、工美、体育和娱乐用品制造业	0	1（21）	2（26）

续表

产业分布	100 强上市公司数量（排名）	200 强上市公司数量（排名）	500 强上市公司数量（排名）
石油加工、炼焦及核燃料加工业	0	1（21）	1（27）
其他制造业	0	0	1（27）
批发和零售业	0	0	1（27）
农、林、牧、渔业	0	0	1（27）
木材加工及木、竹、藤、棕、草制品业	0	0	1（27）
交通运输、仓储和邮政业	0	0	1（27）
废弃资源综合利用业	0	1（21）	1（27）
纺织业	0	0	1（27）
纺织服装、服饰业	0	0	1（27）

资料来源：科技大数据湖北省重点实验室

2.4.4 中国上市公司知识产权指数板块分布

2020 年，知识产权指数排行榜 100 强、200 强、500 强的上市公司数量主要分布在主板（图 2-2）。

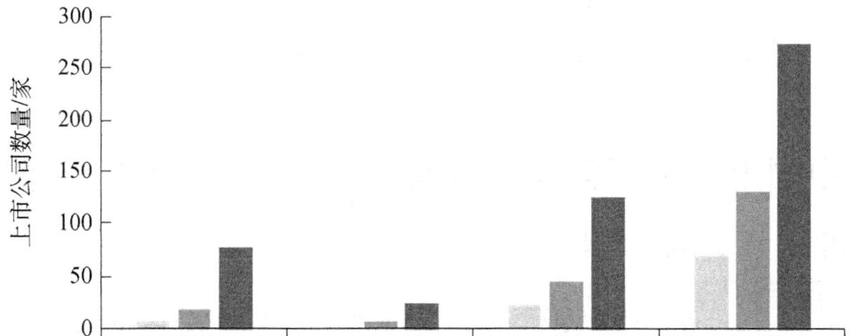

	创业板	科创板	中小板	主板
100强	7	1	22	70
200强	18	7	45	130
500强	78	24	124	274

图 2-2　2020 年中国上市公司知识产权指数排行榜 100 强、200 强、500 强的上市公司板块分布

资料来源：科技大数据湖北省重点实验室

第3章 中国上市公司知识产权指数省域报告

本章首先按照中国上市公司知识产权指数（省域）计算公式，计算得到2020年中国上市公司知识产权指数省域排行榜。然后，对各省（自治区、直辖市）上市公司发明专利申请量、实用新型专利申请量、外观设计专利申请量、有效专利拥有量近十年的变化情况展开分析，并对各省（自治区、直辖市）优势产业的专利数量分布、技术领域分布和上市公司分布进行了分析。

3.1 中国上市公司知识产权指数（省域）2020年排行榜

采用中国上市公司知识产权指数（省域）计算方法 $IPI_{\text{某省(自治区、直辖市)-某年}} = \sqrt[6]{\frac{A_i}{\bar{A}} \times \frac{B_i}{\bar{B}} \times \frac{C_i}{\bar{C}} \times \frac{D_i}{\bar{D}} \times \frac{E_i}{\bar{E}} \times \frac{F_i}{\bar{F}}}$，代入专利申请发明人数量、累计专利申请数量、近三年专利申请活跃度、平均专利维持时间、有效专利拥有量、申请专利的上市公司数量等数据，得出中国上市公司知识产权指数（省域）2020排行榜。

根据2020年中国上市公司知识产权指数（省域）排行榜（图3-1），广东省上市公司知识产权指数为3.6594，北京市上市公司知识产权指数为2.8911，远超其他省（自治区、直辖市），位列全国31个省（自治区、直辖市）的第一梯队。两地在上市公司数量、专利发明人数量、累计专利申请数量、近三年专利申请活跃度等指标方面表现突出。广东省政府高度重视全省知识产权工作布局，大力建设引领型知识产权强省，改革和完善知识产权治理体系和保护体系，全面强化知识产权创造、保护、运用、服务全链条工作[1]。北京市知识产权高质量发展取得新成效，《关于强化知识产权保护的行动方案》以市委办公厅、市政府办公厅名义印发[2]。第二梯队有浙江省、江苏省、山东省、上海市、安徽省，第三梯队有福建省、河南省、河北省、四川省、湖南省、湖北省、天津市、辽宁省，第四梯队有重庆市、陕西省、新疆维吾尔自治区、江西省、山西省、贵州省、广西壮族自治区、内蒙古自治区、云南省、吉林省、黑龙江省、甘肃省，第五梯队有青海省、宁夏回族自治区、海南省、西藏自治区。

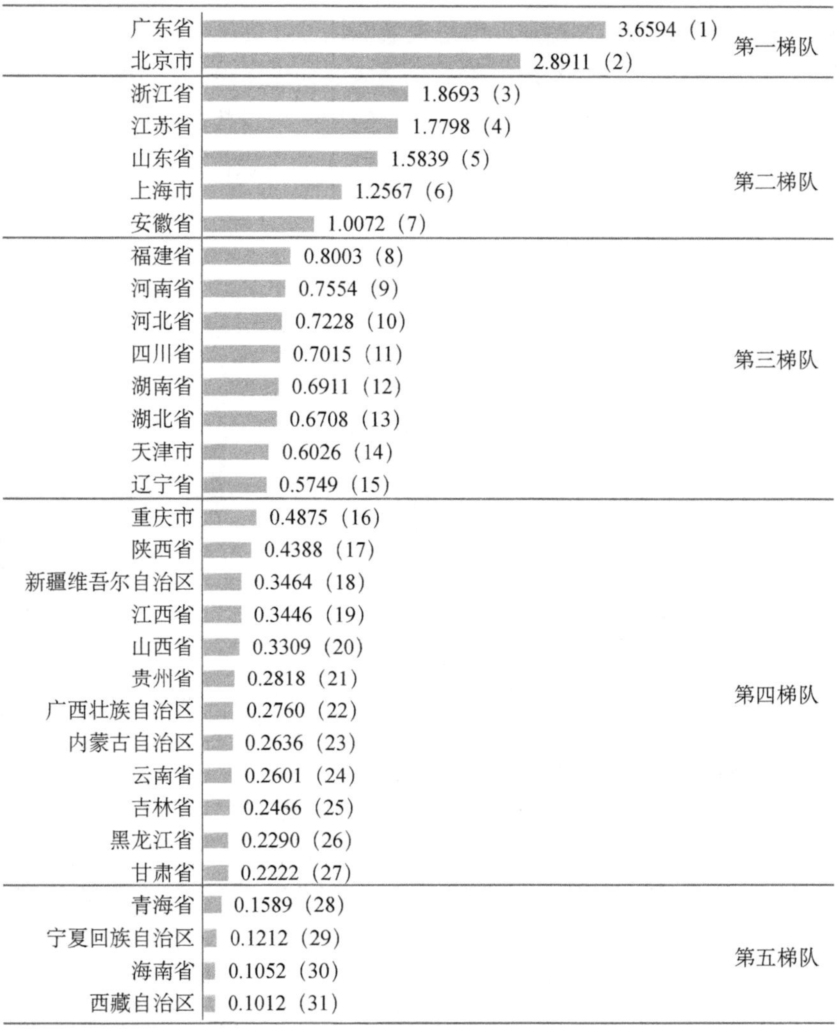

图 3-1　2020 年中国上市公司知识产权指数（省域）排行榜

资料来源：科技大数据湖北省重点实验室

3.2 中国上市公司知识产权指数（省域）排行榜分析

3.2.1 广东省

2020 年，广东省上市公司的知识产权指数为 3.6594，排名第 1 位。2011～2018 年，广东省的上市公司各类型专利申请基本呈现逐年上升的趋势，2019 年有效专利拥有量与发明专利略有回落，实用新型专利与外观设计专利仍旧呈现增长趋势（图 3-2）。广东省上市公司数量总计 656 家，分布在 45 个产业领域中，累计专利申请数量最多的是电气机械及器材制造业领域，有效专利拥有量最多的领域是电气机械及器材制造业，专利申请人与专利申请发明人数量最多的产业领域均为计算机、通信和其他电子设备制造业，平均专利维持时间最长的领域为酒、饮料和精制茶制造业（表 3-1）。广东省的优势产业领域为电气机械及器材制造业，计算机、通信和其他电子设备制造业，汽车制造业，专用设备制造业，金属制品业，信息传输、软件和信息技术服务业，电力、热力、燃气及水的生产和供应业，通用设备制造业，文教、工美、体育和娱乐用品制造业，化学原料及化学制品制造业，知识产权指数最高的企业是珠海格力电器股份有限公司，达到 21.4254，位列全国第 2 名，上市板块为主板，所属产业领域为电气机械及器材制造业（表 3-2）。

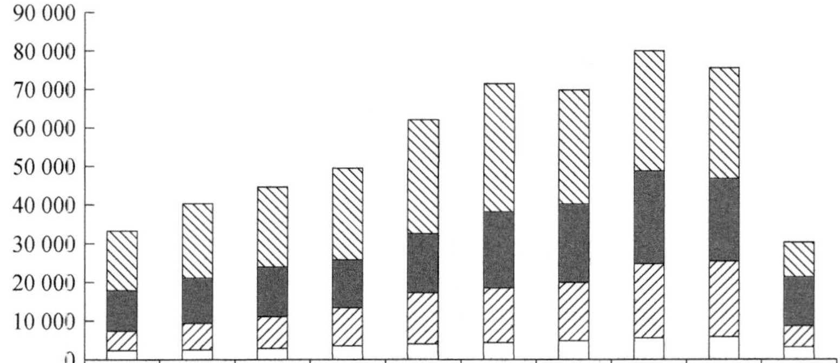

	2011年	2012年	2013年	2014年	2015年	2016年	2017年	2018年	2019年	2020年
▧有效专利拥有量/件	15 489	19 296	20 654	23 788	29 585	33 230	29 592	31 206	28 745	8 976
■发明专利/件	10 348	11 639	12 820	12 313	15 301	19 637	20 252	23 893	21 330	12 639
▨实用新型专利/件	4 996	6 867	8 184	9 815	13 071	14 109	15 039	19 178	19 513	5 370
□外观设计专利/件	2 410	2 518	2 887	3 557	4 049	4 365	4 835	5 557	5 807	3 238

图 3-2 2011～2020 年广东省上市公司不同类型专利申请趋势

资料来源：科技大数据湖北省重点实验室

表 3-1 2020 年广东省上市公司专利产业分布

序号	产业领域	上市公司数量/家	累计专利申请数量/件（排名）	有效专利拥有量/件（排名）	专利申请人数量/个（排名）	平均专利维持时间/年（排名）	专利申请发明人数量/个（排名）
1	计算机、通信和其他电子设备制造业	142	159 103（2）	67 269（2）	139（1）	4.95（22）	78 730（1）
2	信息传输、软件和信息技术服务业	57	9 398（5）	4 702（6）	52（3）	4.49（27）	8 013（6）
3	电气机械及器材制造业	56	169 374（1）	107 271（1）	53（2）	4.97（20）	67 938（2）
4	专用设备制造业	44	21 341（4）	13 661（4）	43（4）	4.98（19）	18 106（4）
5	医药制造业	27	3 942（12）	2 268（11）	26（5）	5.52（10）	4 222（8）
6	化学原料及化学制品制造业	26	4 705（10）	2 462（10）	26（5）	5.86（5）	3 682（11）
7	房地产业	25	234（34）	33（39）	6（26）	1.45（44）	175（36）
8	批发和零售业	22	1 243（20）	675（21）	13（9）	3.15（35）	609（26）
9	建筑业	19	2 837（14）	1 676（14）	18（7）	3.87（33）	3 164（12）
10	交通运输、仓储和邮政业	19	333（33）	212（31）	12（11）	2.41（38）	696（24）
11	租赁和商务服务业	19	399（31）	198（32）	13（9）	3.9（31）	271（31）
12	橡胶和塑料制品业	16	4 368（11）	2 093（12）	16（8）	5.68（6）	3 135（13）
13	电力、热力、燃气及水的生产和供应业	15	7 044（7）	3 703（7）	10（15）	3.11（36）	12 469（5）
14	通用设备制造业	12	5 267（9）	3 673（8）	11（14）	4.8（24）	4 159（9）
15	非金属矿物制品业	12	3 214（13）	1 987（13）	12（11）	5.09（16）	3 094（14）

续表

序号	产业领域	上市公司数量/家	累计专利申请数量/件（排名）	有效专利拥有量/件（排名）	专利申请人数量/个（排名）	平均专利维持时间/年（排名）	专利申请发明人数量/个（排名）
16	金融业	12	571（28）	104（34）	8（18）	2.39（39）	783（22）
17	科学研究和技术服务业	12	1 342（19）	705（20）	12（11）	4.72（25）	1 929（15）
18	汽车制造业	10	34 669（3）	19 555（3）	10（15）	5.65（7）	25 012（3）
19	金属制品业	10	9 159（6）	5 006（5）	10（15）	5.31（12）	7 648（7）
20	有色金属冶炼及压延加工业	8	796（25）	538（25）	8（18）	5.63（8）	1 024（21）
21	仪器仪表制造业	8	2 313（15）	1 391（16）	8（18）	4.96（21）	1 397（17）
22	食品制造业	8	1 473（18）	958（18）	8（18）	6.46（3）	1 542（16）
23	家具制造业	8	1 975（16）	1 409（15）	8（18）	4.06（30）	1 041（20）
24	文教、工美、体育和娱乐用品制造业	8	6 208（8）	2 908（9）	8（18）	5.1（15）	664（25）
25	纺织服装、服饰业	8	489（30）	216（30）	8（18）	6.25（4）	209（34）
26	水利、环境和公共设施管理业	7	762（26）	554（23）	7（25）	4.61（26）	1 248（19）
27	铁路、船舶、航空航天和其他运输设备制造业	6	845（24）	480（26）	6（26）	5.55（9）	297（30）
28	农副食品加工业	5	143（37）	77（36）	3（29）	3.01（37）	119（38）
29	造纸及纸制品业	5	989（23）	621（22）	5（28）	5.3（13）	573（27）
30	其他制造业	3	1 474（17）	1 038（17）	3（29）	5.02（18）	107（39）
31	文化、体育和娱乐业	3	133（38）	9（41）	2（32）	2.13（42）	23（41）
32	印刷和记录媒介复制业	3	540（29）	380（27）	3（29）	4.26（29）	360（28）
33	综合	3	2（44）	0（43）	1（38）	2.32（41）	1（44）
34	纺织业	2	380（32）	262（29）	2（32）	5.14（14）	193（35）
35	化学纤维制造业	2	158（36）	87（35）	2（32）	4.46（28）	305（29）
36	农、林、牧、渔业	2	645（27）	370（28）	2（32）	3.9（32）	1 340（18）
37	废弃资源综合利用业	2	1 171（21）	854（19）	2（32）	5.42（11）	725（23）
38	皮革、毛皮、羽毛及其制品和制鞋业	2	234（34）	126（33）	2（32）	2.36（40）	84（40）
39	卫生和社会工作业	2	106（41）	49（37）	1（38）	1.46（43）	251（32）
40	采矿业	1	118（39）	30（40）	1（38）	6.82（2）	213（33）
41	黑色金属冶炼及压延加工	1	1 118（22）	551（24）	1（38）	3.74（34）	4 085（10）
42	酒、饮料和精制茶制造业	1	114（40）	42（38）	1（38）	8.83（1）	122（37）
43	石油加工、炼焦及核燃料加工业	1	3（43）	0（43）	1（38）	4.82（23）	9（42）
44	木材加工及木、竹、藤、棕、草制品业	1	5（42）	1（42）	1（38）	5.06（17）	4（43）
45	住宿和餐饮业	1	0（45）	0（43）	0（45）	0（45）	0（45）
全省合计		656	460 737	250 204	584	—	259 771

资料来源：科技大数据湖北省重点实验室

表 3-2　2020 年广东省上市公司十强产业及上市公司

序号	产业领域	国际专利分类（IPC）技术领域	上市公司	IPI	IPI 全国排名	上市板块
1	电气机械及器材制造业	23-04（通风和空调设备） F24F1/00（空气调节用房间单元，例如分体式或一体式装置，或接收来自集中式空调站一次空气的装置） 07-02（烹调的器具、器皿和容器） F24F11/00（控制或安全系统布置） F24C15/20［烹调烟气的排除（从烹调器皿中取出或凝结烹调蒸汽的该烹调器皿的元件、零部件或附件入 A47J 36/38）］ A47J27/00［烹调器皿（A47J 29/00 至 A47J 33/00 优先）］ F24F11/64（利用预存储数据） F24F13/20（外壳或盖） F24H9/20［控制或安全装置的配置或安装（控制阀入 F16K；燃烧器的安全装置入 F23D；燃烧控制装置入 F23N；有加热器的系统见有关小类，例如控制供热系统的入 F24D 19/10；电加热设备的自动转换入 H05B 1/02）］ F24F5/00（不包含在 F24F 1/00 或 F24F 3/00 组中的空气调节系统或设备）	珠海格力电器股份有限公司	21.4254	2	主板
			美的集团股份有限公司	15.2760	6	主板
			海洋王照明科技股份有限公司	3.3319	59	中小板
			广东新宝电器股份有限公司	3.0850	65	中小板
			华帝股份有限公司	2.6772	83	中小板
			中山大洋电机股份有限公司	2.0504	137	中小板
			惠州亿纬锂能股份有限公司	1.7991	183	创业板
			深圳市英威腾电气股份有限公司	1.6860	212	中小板
			深圳市汇川技术股份有限公司	1.6191	227	创业板
			广东万和新电气股份有限公司	1.5786	236	中小板
2	计算机、通信和其他电子设备制造业	H04L12/24（用于维护或管理的装置） H04L29/06（以协议为特征的） 14-03（通信设备、无线遥控和无线电放大器） H04L12/56（转入 H04L12/70） H04L29/08（传输控制规程，例如数据链级控制规程） H04L1/00（检测或防止收到信息中的差错的装置） G06F17/30（信息检索及其数据库结构） H04L12/26（监视装置、测试装置） G06F3/041（以转换方式为特点的数字转换器，例如，触摸屏或触摸垫，特点在于转换方法） H04M1/725（无绳电话机）	中兴通讯股份有限公司	18.9167	5	主板
			广州视源电子科技股份有限公司	5.3543	28	中小板
			TCL 科技集团股份有限公司	3.8618	42	主板
			深圳市汇顶科技股份有限公司	3.0674	66	主板
			威创集团股份有限公司	2.8581	78	中小板
			海能达通信股份有限公司	2.6195	87	中小板
			天马微电子股份有限公司	2.4469	102	主板
			康佳集团股份有限公司	2.3326	107	主板
			深南电路股份有限公司	2.0975	132	中小板
			深圳市共进电子股份有限公司	2.0514	136	主板
3	汽车制造业	12-16（其他类未包括的车辆零件、设备和附件） H02J7/00（用于电池组的充电或去极化或用于由电池组向负载供电的装置） 26-06（车辆照明设备） H01M2/10［安装架；悬挂装置；减震器；搬运或输送装置；保持装置（蓄电池与充电装置的结构联接入 H01M 10/46）］ B60R11/02（用于收音机、电视、电话或类似电器及其控制机构的配置） B60K6/36（以传动装置为特征的） B60H1/00［加热、冷却或通风设备（提供其他空气处理的加热、冷却或通风设备，与其他处理有关的入 B60H 3/00；只需打开窗、门、屋顶部件或类似部件的通风入 B60J；用于车辆座	比亚迪股份有限公司	12.3908	7	中小板
			广州汽车集团股份有限公司	5.3002	29	主板
			惠州市德赛西威汽车电子股份有限公司	2.7180	81	中小板
			深圳欣锐科技股份有限公司	1.0266	492	创业板
			广东鸿图科技股份有限公司	0.8396	713	中小板
			深圳市大为创新科技股份有限公司	0.4532	1718	中小板

续表

序号	产业领域	国际专利分类（IPC）技术领域	上市公司	IPI	IPI 全国排名	上市板块
3	汽车制造业	椅的加热或通风设备入 B60N 2/56；利用空气的车窗或挡风玻璃的清洁装置，例如除霜器入 B60S 1/54）] 12-08（汽车、公共汽车和货车） G06K9/00 [用于阅读或识别印刷或书写字符或者用于识别图形，例如，指纹的方法或装置（用于图表阅读或者将诸如力或现状态的机械参量的图形转换为电信号的方法或装置入 G06K 11/00；语音识别入 G10L 15/00）] G06F3/044（通过用电容性方式）	广东迪生力汽配股份有限公司	0.2814	2405	主板
			怀集登云汽配股份有限公司	0.1777	2769	中小板
			光启技术股份有限公司	0.1434	2891	中小板
			广东派生智能科技股份有限公司	0.1349	2923	创业板
4	专用设备制造业	A61B8/00（用超声波、声波或次声波的诊断） B23K26/38（利用镗孔或切削） 15-09（工作母机、研磨和铸造机械） B23K26/70（辅助操作或设备） B23K26/21（焊接的） 24-01（医生、医院和实验室用器具和设备） H01M10/04 [一般结构或制造（H01M10/058，H01M10/12，H01M10/28，H01M10/38 优先）] B23K26/362（激光刻蚀） G01N35/00（不限于用 G01N 1/00 至 G01N 33/00 中任何单独一组提供的方法或材料所进行的自动分析；及材料的传送） 18-99（其他）	大族激光科技产业集团股份有限公司	5.7051	23	中小板
			深圳迈瑞生物医疗电子股份有限公司	3.6062	50	创业板
			深圳市理邦精密仪器股份有限公司	2.0917	134	创业板
			科达制造股份有限公司	1.7773	187	主板
			深圳开立生物医疗科技股份有限公司	1.7100	203	创业板
			广州达意隆包装机械股份有限公司	1.7069	205	中小板
			中国电器科学研究院股份有限公司	1.2340	351	科创板
			广东正业科技股份有限公司	1.1766	377	创业板
			深圳市海目星激光智能装备股份有限公司	1.1016	435	科创板
			深圳市英维克科技股份有限公司	0.9487	564	中小板
5	金属制品业	B65D90/00 [大型容器的零件、部件或附件（B65D 88/34 至 B65D 88/78 优先）] B65D88/12（专门适用于运输的） B65D90/02 [器壁结构（包含器壁内的空腔的泄流指示装置的布置入 B65D 90/501；包含器壁上的多孔空间或者多孔层的泄露指示装置的布置入 B65D 90/505；与器壁上的导电层结合的泄露指示装置的配置入 B65D90/513）] 07-05（熨烫、洗涤和清洁、干燥用具） B65D90/54 [闸门或封口件（用于人孔入 B65D 90/10；一般压力容器的盖或类似的封闭元件入 F16J 13/00）] E04B2/88（幕墙） B65D88/74（具有装入物的加热、冷却、充气或其他调节的装置） B64F1/305（架设在终点站建筑与飞机之间的桥，例如伸缩式的，垂直方向可调的） D06F57/12（附在墙壁、天花板、火炉或其他物体上的） B65D88/52（可折叠的，即带有铰接在一起的或可拆连接的器壁）	中国国际海运集装箱（集团）股份有限公司	5.0639	31	主板
			广东好太太科技集团股份有限公司	1.0287	490	主板
			广东坚朗五金制品股份有限公司	0.8011	769	中小板
			东莞宜安科技股份有限公司	0.7816	810	创业板
			广州海鸥住宅工业股份有限公司	0.7590	853	中小板
			深圳市科达利实业股份有限公司	0.5751	1311	中小板
			祥鑫科技股份有限公司	0.4791	1615	中小板
			方大集团股份有限公司	0.3118	2289	主板
			广东文灿压铸股份有限公司	0.2998	2342	主板
			广东英联包装股份有限公司	0.2349	2550	中小板

续表

序号	产业领域	国际专利分类（IPC）技术领域	上市公司	IPI	IPI全国排名	上市板块
6	信息传输、软件和信息技术服务业	H04L29/06（以协议为特征的） H04L29/08（传输控制规程，例如数据链级控制规程） G06K9/00［用于阅读或识别印刷或书写字符或者用于识别图形，例如，指纹的方法或装置（用于图表阅读或者将诸如力或现状态的机械参量的图形转换为电信号的方法或装置入 G06K 11/00；语音识别入 G10L 15/00）］ 14-02（数据处理设备及其外围的仪器、装置） G06F17/30（信息检索及其数据库结构） 10-05（检验、安全和试验用仪器、设备和装置） H04L12/24（用于维护或管理的装置） 14-03（通信设备、无线遥控和无线电放大器） H04N7/18（闭路电视系统，即电视信号不广播的系统） G06Q10/06（资源、工作流、人员或项目管理，例如组织、规划、调度或分配时间、人员或机器资源；企业规划；组织模型）	广州杰赛科技股份有限公司	2.9119	75	中小板
			深信服科技股份有限公司	2.2777	114	创业板
			远光软件股份有限公司	1.3497	307	中小板
			高新兴科技集团股份有限公司	1.2200	358	创业板
			深圳市捷顺科技实业股份有限公司	1.0700	459	中小板
			深圳达实智能股份有限公司	0.8162	752	中小板
			佳都新太科技股份有限公司	0.8067	763	主板
			深圳市赛为智能股份有限公司	0.7876	793	创业板
			盛视科技股份有限公司	0.7836	802	中小板
			任子行网络技术股份有限公司	0.7689	833	创业板
7	电力、热力、燃气及水的生产和供应业	G21C17/00（监视；测试） G06Q10/06（资源、工作流、人员或项目管理，例如组织、规划、调度或分配时间、人员或机器资源；企业规划；组织模型） G21C15/18（紧急冷却装置；排除停堆余热） G21C17/10（燃料元件、控制棒、反应堆芯或慢化剂结合与灵敏仪器的结构组合，例如用于测量放射性、应变） G06F17/50［计算机辅助设计（静态存储的测试电路的设计入 G11C 29/54）］ G01R31/00（电性能的测试装置；电故障的探测装置；以所进行的测试在其他位置未提供为特征的电测试装置；在制造过程中测试或测量半导体或固体器件入 H01L21/66；线路传输系统的测试入 H04B3/46） G05B23/02（电检验式监视） G21D3/06［在核电厂内对故障的响应（在反应堆中入 G21C 9/02）］ G21D3/00［核发电厂的控制（核反应控制入 G21C 7/00）］ B01D50/00（用于从气体或蒸气中分离粒子的组合器械）	中国广核电力股份有限公司	5.7819	21	中小板
			深圳市燃气集团股份有限公司	1.0248	493	主板
			广州发展集团股份有限公司	1.0178	497	主板
			广州迪森热能技术股份有限公司	0.6746	1027	创业板
			广东梅雁吉祥水电股份有限公司	0.3938	1956	主板
			佛燃能源集团股份有限公司	0.3164	2269	中小板
			东旭蓝天新能源股份有限公司	0.3026	2330	主板
			深圳市兆新能源股份有限公司	0.2238	2595	中小板
			深圳能源集团股份有限公司	0.0379	3296	主板
			广东韶能集团股份有限公司	0.0358	3313	主板
8	通用设备制造业	20-01（自动贩卖机） B23B19/02［工作主轴；与其有关的部件，如支承装置（B23B 13/00 优先）］ 14-02（数据处理设备及其外围的仪器、装置） G07D11/00（接受硬币的装置；对有价纸币进行接收、分发、整理或计数的装置） G07F19/00［完整的银行系统；用于收付现金或类似物，并过账到现存账户的编码卡片通过装置，例如自动出纳机（银行记账的数据处理设备入 G06Q 40/02）］	广州广电运通金融电子股份有限公司	2.4890	97	中小板
			明阳智慧能源集团股份公司	2.0614	135	主板
			广州市昊志机电股份有限公司	1.1977	367	创业板
			广东拓斯达科技股份有限公司	1.1896	369	创业板

续表

序号	产业领域	国际专利分类（IPC）技术领域	上市公司	IPI	IPI 全国排名	上市板块
8	通用设备制造业	15-09（工作母机、研磨和铸造机械） G07D13/00（以 G07D1/00 至 G07D11/00 各组中的每单一小组均不包括的机械装置的组合为特征的硬币或有价纸币的处理） F03D11/00（不包含在本小类其他组中或与本小类其他组无关的零件、部件或附件） G07D7/20［检验其上的图案（G07D 7/004，G07D 7/005 优先）］ B23K9/10（所用的其他电路；保护电路；遥控）	深圳市证通电子股份有限公司	0.8899	633	中小板
			深圳市佳士科技股份有限公司	0.7170	938	创业板
			快意电梯股份有限公司	0.6968	972	中小板
			深圳市瑞凌实业股份有限公司	0.6020	1221	创业板
			南方风机股份有限公司	0.5948	1247	创业板
			广东凌霄泵业股份有限公司	0.2519	2502	中小板
9	文教、工美、体育和娱乐用品制造业	21-01（游戏器具和玩具） A63H1/00［陀螺（空竹或类似抛掷和捕获陀螺或相应的抛掷和捕获装置入 A63B67/16；飞陀螺入 A63H27/127）］ A63H17/00（玩具车，例如能自己驱动的车；其辅助设备） A63H33/00（其他玩具） A63H1/30［能攀升的陀螺，例如溜溜球（YO-YO）］ A63H3/04（具有可变形构架的） A63H17/26［零部件；附件（驱动机构入 A63H29/00）］ A63H33/30（其他类目中不包括的模仿器械，例如电话、称量器或现金出纳器的玩具） A63G21/04（有固定轨道的） 18-99（其他）	奥飞娱乐股份有限公司	1.7497	193	中小板
			中山市金马科技娱乐设备股份有限公司	0.6609	1063	创业板
			广州珠江钢琴集团股份有限公司	0.4544	1715	中小板
			广东高乐股份有限公司	0.4254	1825	中小板
			深圳齐心集团股份有限公司	0.4170	1864	中小板
			实丰文化发展股份有限公司	0.3592	2095	中小板
			广东邦宝益智玩具股份有限公司	0.3586	2096	主板
			广东群兴玩具股份有限公司	0.0929	3074	中小板
10	化学原料及化学制品制造业	C05G3/00（一种或多种肥料与无特殊肥效组分的混合物） 09-01（瓶、长颈瓶、罐、耐酸瓶、细颈坛和附有喷雾器装置的容器） A61K8/9789（双子叶植物纲） H01M10/0567（以添加剂为特征的） C05G1/00（分属于 C05 大类下各小类中肥料的混合物） 09-03［箱、盒、容器、（防腐）罐］ 09-05（袋、香袋、管和囊） A61K8/97（源于藻类、真菌类、地衣类或植物；源于其衍生物） 19-08（其他印刷品） C05G3/04（含有土壤调理剂的）	深圳诺普信农化股份有限公司	1.3675	302	中小板
			深圳市芭田生态工程股份有限公司	1.3630	304	中小板
			深圳新宙邦科技股份有限公司	1.0159	501	创业板
			广州天赐高新材料股份有限公司	0.9177	602	中小板
			广东光华科技股份有限公司	0.7960	777	中小板
			深圳市星源材质科技股份有限公司	0.7289	906	创业板
			广东丸美生物技术股份有限公司	0.7170	936	主板
			名臣健康用品股份有限公司	0.6986	966	中小板
			拉芳家化股份有限公司	0.6802	1011	主板
			广东德美精细化工集团股份有限公司	0.6240	1150	中小板

资料来源：科技大数据湖北省重点实验室

3.2.2 北京市

2020年，北京市上市公司的知识产权指数为2.8911，排名第2位。2012～2015年，北京市的上市公司外观设计专利呈现逐年增长的趋势，实用新型专利数量最大值出现在2014年，达到7214件，发明专利在2011～2018年逐年增长，2019～2020年略有回落（图3-3）。北京市上市公司数量总计374家，分布在36个产业领域中，累计专利申请数量、有效专利拥有量以及专利申请发明人数量最多的产业领域均为采矿业，专利申请人数量最多的产业领域是信息传输、软件和信息技术服务业，平均专利维持时间最长的产业领域是化学原料及化学制品制造业（表3-3）。北京市的优势产业领域为采矿业，计算机、通信和其他电子设备制造业，信息传输、软件和信息技术服务业，汽车制造业，专用设备制造业，非金属矿物制品业，金融业，建筑业，科学研究和技术服务业，电气机械及器材制造业，知识产权指数最高的企业是中国石油化工股份有限公司，达到22.5947，位列全国第1名，上市板块为主板，所属产业领域为采矿业（表3-4）。

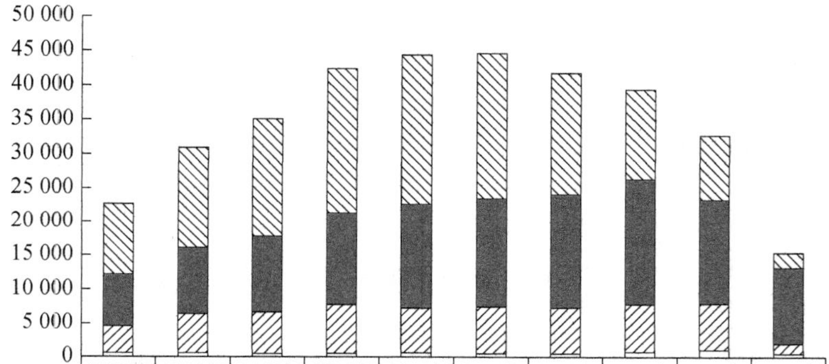

	2011年	2012年	2013年	2014年	2015年	2016年	2017年	2018年	2019年	2020年
有效专利拥有量/件	10 547	14 837	17 333	20 998	21 695	21 096	17 589	13 063	9 363	2 251
发明专利/件	7 578	9 656	11 075	13 619	15 376	16 032	16 824	18 484	15 367	11 098
实用新型专利/件	4 308	6 149	6 203	7 214	6 627	6 973	6 756	7 044	6 833	1 529
外观设计专利/件	276	251	454	517	609	483	517	767	1 068	480

图3-3　2011～2020年北京市上市公司不同类型专利申请趋势

资料来源：科技大数据湖北省重点实验室

表3-3　2020年北京市上市公司专利产业分布

序号	产业领域	上市公司数量/家	累计专利申请数量/件（排名）	有效专利拥有量/件（排名）	专利申请人数量/个（排名）	平均专利维持时间/年（排名）	专利申请发明人数量/个（排名）
1	信息传输、软件和信息技术服务业	86	16 976（3）	9 177（3）	78（1）	4.33（17）	13 255（4）
2	计算机、通信和其他电子设备制造业	38	65 025（2）	40 415（2）	38（2）	6.1（6）	40 716（2）
3	建筑业	21	4 150（8）	2 651（8）	19（3）	3.92（18）	6 555（7）
4	金融业	21	11 017（4）	2 663（7）	16（5）	3.1（28）	18 225（3）
5	医药制造业	20	1 145（16）	569（20）	19（3）	7.27（2）	1 755（15）
6	专用设备制造业	17	7 726（6）	3 537（5）	16（5）	5.87（7）	9 247（6）
7	采矿业	14	124 427（1）	72 211（1）	11（7）	4.7（15）	221 352（1）
8	批发和零售业	14	100（28）	45（28）	6（14）	2.49（30）	72（27）
9	电力、热力、燃气及水的生产和供应业	13	2 902（12）	1 844（11）	11（7）	3.29（27）	6 068（8）

续表

序号	产业领域	上市公司数量/家	累计专利申请数量/件（排名）	有效专利拥有量/件（排名）	专利申请人数量/个（排名）	平均专利维持时间/年（排名）	专利申请发明人数量/个（排名）
10	租赁和商务服务业	13	333（22）	295（22）	4（17）	1.73（32）	114（26）
11	科学研究和技术服务业	12	3 844（9）	2 485（9）	11（7）	4.93（13）	4 730（11）
12	铁路、船舶、航空航天和其他运输设备制造业	12	1 756（14）	1 196（13）	10（10）	3.75（21）	1 527（16）
13	房地产业	12	5（33）	3（32）	2（22）	1.11（34）	12（29）
14	文化、体育和娱乐业	11	104（27）	73（26）	6（14）	3.4（25）	189（24）
15	电气机械及器材制造业	10	3 266（10）	2 171（10）	10（10）	5.54（9）	5 780（9）
16	非金属矿物制品业	7	5 018（7）	3 222（6）	7（12）	5.52（10）	4 044（12）
17	水利、环境和公共设施管理业	7	1 991（13）	1 355（12）	7（12）	4.71（14）	2 111（14）
18	仪器仪表制造业	6	1 019（19）	706（18）	6（14）	5.71（8）	902（19）
19	化学原料及化学制品制造业	4	1 102（17）	571（19）	4（17）	7.67（1）	559（20）
20	有色金属冶炼及压延加工业	4	3 244（11）	890（14）	4（17）	5.45（11）	4 747（10）
21	交通运输、仓储和邮政业	4	132（25）	78（25）	4（17）	3.59（23）	180（25）
22	汽车制造业	3	7 894（5）	4 877（4）	1（26）	2.07（31）	9 703（5）
23	酒、饮料和精制茶制造业	3	185（23）	117（23）	2（22）	3.78（20）	327（21）
24	纺织服装、服饰业	3	130（26）	98（24）	3（21）	3.34（26）	194（22）
25	教育	3	3（34）	0（34）	1（26）	6.22（5）	0（34）
26	住宿和餐饮业	3	6（32）	1（33）	1（26）	1.49（33）	6（31）
27	金属制品业	2	1 230（15）	787（16）	2（22）	6.61（3）	1 494（17）
28	食品制造业	2	163（24）	57（27）	2（22）	5.42（12）	192（23）
29	农、林、牧、渔业	2	0（35）	0（34）	0（35）	0（35）	0（34）
30	黑色金属冶炼及压延加工	1	986（20）	788（15）	1（26）	3.74（22）	2 991（13）
31	农副食品加工业	1	1 064（18）	779（17）	1（26）	6.52（4）	1 182（18）
32	家具制造业	1	810（21）	441（21）	1（26）	4.56（16）	22（28）
33	其他制造业	1	28（29）	25（30）	1（26）	2.56（29）	4（32）
34	印刷和记录媒介复制业	1	28（29）	26（29）	1（26）	3.55（24）	4（32）
35	综合	1	0（35）	0（34）	0（35）	0（35）	0（34）
36	居民服务、修理和其他服务业	1	18（31）	8（31）	1（26）	3.89（19）	8（30）
全市合计		374	267 827	154 161	307	—	358 267

资料来源：科技大数据湖北省重点实验室

表 3-4　2020 年北京市上市公司十强产业及上市公司

序号	产业领域	IPC 技术领域	上市公司	IPI	IPI 全国排名	上市板块
1	采矿业	E21B43/00（从井中开采油、气、水、可溶解或可熔化物质或矿物泥浆的方法或设备） E21B47/00（测量钻孔或井） E21B43/20（用水取代的） G01V1/28（地震数据的处理，例如，分析、用于解释、用于校正）	中国石油化工股份有限公司	22.5947	1	主板
			中国石油天然气股份有限公司	20.9197	3	主板
			中国神华能源股份有限公司	6.8585	12	主板
			中海油能源发展股份有限公司	6.5410	15	主板

续表

序号	产业领域	IPC技术领域	上市公司	IPI	IPI全国排名	上市板块
1	采矿业	E21B49/00（测试井壁的性质；地层测试；专用于地表钻进或钻井以便取得表土或井中液体试样的方法或设备） E21B33/03（井口；其配置） G01V1/30［分析（G01V1/50优先）］ E21B43/26（通过形成裂隙或裂缝） E21B43/22（使用化学品或细菌活动） E21B43/24（使用热能，例如，注入蒸汽）	北京昊华能源股份有限公司	1.0369	486	主板
			中石化石油工程技术服务股份有限公司	0.5335	1434	主板
			金诚信矿业管理股份有限公司	0.5098	1514	主板
			恒泰艾普集团股份有限公司	0.4221	1839	创业板
			中国有色金属建设股份有限公司	0.2137	2640	主板
			潜能恒信能源技术股份有限公司	0.1891	2736	创业板
2	计算机、通信和其他电子设备制造业	H01L27/32（具有专门适用于光发射的组件，例如使用有机发光二极管的平板显示器） G06F3/041（以转换方式为特点的数字转换器，例如，触摸屏或触摸垫，特点在于转换方法） G09G3/36（采用液晶） H01L27/12（其衬底为非半导体的，例如为绝缘体的） G02F1/1335（与液晶单元结构相连的光学装置，例如偏振器、反射器） G09G3/20（用于显示许多字符的组合，例如用排列成矩阵的单个元件组成系统构成的页面） G02F1/1362（有源矩阵寻址单元） H01L51/52（器件的零部件） G02F1/13（基于液晶的，例如单位液晶显示单元） G02F1/13357（照明装置）	京东方科技集团股份有限公司	19.0394	4	主板
			航天信息股份有限公司	3.3940	54	主板
			汉王科技股份有限公司	2.0026	144	中小板
			北京兆易创新科技股份有限公司	1.8922	168	主板
			瑞斯康达科技发展股份有限公司	1.6669	216	主板
			北京东土科技股份有限公司	1.3959	284	创业板
			北京大豪科技股份有限公司	1.1637	389	主板
			北京佳讯飞鸿电气股份有限公司	1.1225	418	创业板
			利亚德光电股份有限公司	1.0577	471	创业板
			北京中科三环高技术股份有限公司	1.0571	474	主板
3	信息传输、软件和信息技术服务业	G06F17/30（信息检索及其数据库结构） H04L29/06（以协议为特征的） H04L29/08（传输控制规程，例如数据链级控制规程） 14-02（数据处理设备及相关的仪器、装置） H04L9/32（包括用于检验系统用户的身份或凭据的装置） H04L12/24（用于维护或管理的装置） G06F9/44（用于执行专门程序的装置） H04L12/26（监视装置；测试装置） G06F9/445（程序的装载或启动） 14-03（通信设备和无线电放大器）	奇安信科技集团股份有限公司	2.2215	119	科创板
			北京思特奇信息技术股份有限公司	2.1499	127	创业板
			用友网络科技股份有限公司	1.9770	152	主板
			北京神州泰岳软件股份有限公司	1.7310	199	创业板
			绿盟科技集团股份有限公司	1.7085	204	创业板
			掌阅科技股份有限公司	1.6792	213	主板
			北京四维图新科技股份有限公司	1.6241	226	中小板
			北京万集科技股份有限公司	1.5068	258	创业板
			北京金山办公软件股份有限公司	1.3940	287	科创板
			飞天诚信科技股份有限公司	1.3370	308	创业板
4	汽车制造业	B60R16/02（电气的） E04G21/04（既能用于输送又能用于布配的设备） B60L11/18（使用初级电池、二次电池或燃料电池供电的）	北汽福田汽车股份有限公司	5.1625	30	主板
			北京威卡威汽车零部件股份有限公司	0.0100	3379	中小板

续表

序号	产业领域	IPC 技术领域	上市公司	IPI	IPI 全国排名	上市板块
4	汽车制造业	F16H59/02（选择器装置） B60H1/00（加热、冷却或通风设备） G05B23/02（电检验式监视） B62D21/02（由纵向和横向布置的车架构件组成的） H02J7/00（用于电池组的充电或去极化或用于由电池组向负载供电的装置） B28C5/42（专门适用于装在车上用于在运输时搅拌的装置） B21D37/10（模具组；导向支柱）	北汽蓝谷新能源科技股份有限公司	0.0100	3379	主板
5	专用设备制造业	E04G21/04（既能用于输送又能用于布配的设备） H01L21/67（专门适用于在制造或处理过程中处理半导体或电固体器件的装置；专门适合于在半导体或电固体器件或部件的制造或处理过程中处理晶片的装置） E04G21/02（混凝土或能装载或浇注成型的类似物料的输送或作业） E01D21/00（专用于架设或装配桥梁的方法或设备） B28C5/42（专门适用于装在车上用于在运输时搅拌的装置） A61F2/16（眼内晶体） E21C41/18（褐煤或硬煤用的） A61M16/01（专用于麻醉的） G05B19/418［全面工厂控制，即集中控制许多机器，例如直接或分布数字控制（DNC）、柔性制造系统（FMS）、集成制造系统（IMS）、计算机集成制造（CIM）〔6〕］ E21C25/06（仅由可往返或不可往返的一个或数个旋转移动通过煤层的截割杆或截割滚筒掏槽的机械）	天地科技股份有限公司	2.5592	94	主板
			中铁高新工业股份有限公司	2.1658	125	主板
			三一重工股份有限公司	2.1652	126	主板
			北京华力创通科技股份有限公司	0.9564	557	创业板
			北京金自天正智能控制股份有限公司	0.9284	585	主板
			北方华创科技集团股份有限公司	0.8172	750	中小板
			北京天智航医疗科技股份有限公司	0.7150	940	科创板
			北京沃尔德金刚石工具股份有限公司	0.5959	1242	科创板
			北京华峰测控技术股份有限公司	0.5553	1368	科创板
			爱博诺德（北京）医疗科技股份有限公司	0.4897	1585	科创板
6	非金属矿物制品业	25-01（建筑材料） C04B35/66（含有或不含有黏土的整块耐火材料或耐火砂浆） E04B9/06（以支承结构的构造为特征的） E04B2/74（可拆卸的非承重墙；上部边缘不固定的隔墙） C04B28/14（含硫酸钙水泥的） 08-08（其他类未包括的扣紧、支撑或安装装置） B28B17/00（材料成型装置的零部件或附件；与上述成型有关的辅助措施） E04B2/00（建筑物的墙，例如，间壁墙；隔绝墙的构造；专门用于墙的连接） C04B28/04（硅酸盐水泥） 25-02（预制或预装建筑部件）	北新集团建材股份有限公司	3.0478	67	主板
			北京东方雨虹防水技术股份有限公司	1.3959	285	中小板
			瑞泰科技股份有限公司	1.2813	328	中小板
			北京利尔高温材料股份有限公司	0.9952	519	中小板
			北京韩建河山管业股份有限公司	0.4843	1599	主板
			北京金隅集团股份有限公司	0.3540	2123	主板
			中铁装配式建筑股份有限公司	0.2155	2634	创业板
7	金融业	G06Q40/02（银行业，例如，利息计算、信贷审批、抵押、家庭银行或网上银行） G06F17/30（信息检索；及其数据库结构） G06F11/36（通过软件的测试或调试防止错误） H04L29/08（传输控制规程，例如数据链级控制规程） H04L29/06（以协议为特征的）	中国建设银行股份有限公司	7.5143	25	主板
			中国工商银行股份有限公司	3.1224	79	主板
			中国银行股份有限公司	1.4800	220	主板
			中国农业银行股份有限公司	0.6976	566	主板
			经纬纺织机械股份有限公司	0.6366	643	主板
			中信银行股份有限公司	0.4301	993	主板

续表

序号	产业领域	IPC 技术领域	上市公司	IPI	IPI 全国排名	上市板块
7	金融业	G07F19/00［完整的银行系统；用于收付现金或类似物，并过账到现存账户的编码卡片通过装置，例如自动出纳机（银行记账的数据处理设备入 G06Q40/02）〔5〕］ G06Q10/06（资源、工作流、人员或项目管理，例如组织、规划、调度或分配时间、人员或机器资源；企业规划；组织模型） G06Q40/00（金融；保险；税务策略；公司或所得税的处理） G06Q20/40（授权，例如，支付人或收款人识别，审核客户或商店证书；支付人的审核和批准，例如，信用额度或拒绝清单的检查） G06Q40/04（交易，例如，股票、商品、金融衍生工具或货币兑换）	中国邮政储蓄银行股份有限公司	0.3515	1235	主板
			中国民生银行股份有限公司	0.2663	1570	主板
			中国光大银行股份有限公司	0.2047	1919	主板
			华夏银行股份有限公司	0.1009	2656	主板
8	建筑业	E04B2/88（幕墙） E04B2/96（包括过门窗的竖柱或横樘装到建筑物上的墙板） E01D21/00（专用于架设或装配桥梁的方法或设备） E02D17/04（基础坑边缘的修砌或加固） C02F9/14（至少有一个生物处理步骤） E01F8/00（道路或铁路交通的经空气传导的噪声的吸收或反射装置） E06B3/46（水平滑动的翼扇） E04B2/58（带长条形金属构件） 25-01（建筑材料） E04B2/00（建筑物的墙，例如，间壁墙；隔绝墙的构造；专门用于墙的连接）	中国建筑股份有限公司	2.5958	89	主板
			江河创建集团股份有限公司	1.6641	218	主板
			中国中铁股份有限公司	1.2350	350	主板
			中国铁建股份有限公司	0.9019	618	主板
			森特士兴集团股份有限公司	0.8791	648	主板
			中工国际工程股份有限公司	0.7104	946	中小板
			北京万邦达环保技术股份有限公司	0.7073	948	创业板
			中国交通建设股份有限公司	0.6926	982	主板
			北京嘉寓门窗幕墙股份有限公司	0.6366	1126	创业板
			中铝国际工程股份有限公司	0.5456	1406	主板
9	科学研究和技术服务业	G06F17/50（计算机辅助设计） G01N23/223（通过用 X 射线辐照样品以及测量 X 射线荧光） H03K19/177（矩阵式排列的） G01N30/02（柱色谱法） F16K5/06（带有球形表面的塞子；其所用填料） G01N3/08（施加稳定的张力或压力） C10B53/04（粉煤的） G11C7/10［输入/输出（I/O）数据接口装置，例如，I/O 数据控制电路，I/O 数据缓冲器（电平转换电路一般入 H03K19/0175）］ C10J3/48（设备；装置） H03K19/173（应用基本逻辑电路作组件的）	阿尔特汽车技术股份有限公司	2.9347	72	创业板
			华电重工股份有限公司	1.7654	190	主板
			中国建材检验认证集团股份有限公司	1.1535	393	主板
			航天长征化学工程股份有限公司	0.9835	530	主板
			钢研纳克检测技术股份有限公司	0.7570	858	创业板
			中公高科养护科技股份有限公司	0.5681	1333	主板
			谱尼测试集团股份有限公司	0.5172	1492	创业板
			恒信东方文化股份有限公司	0.4091	1894	创业板
			能科科技股份有限公司	0.2749	2427	主板
			北京三联虹普新合纤技术服务股份有限公司	0.1664	2810	创业板
10	电气机械及器材制造业	H02J13/00（对网络情况提供远距离指示的电路装置，例如网络中每个电路保护器的开合情况的瞬时记录；对配电网络中的开关装置进行远距离控制的电路装置，例如用网络传送的脉冲编码信号接入或断开电流用户） H02H7/26［电缆或线路系统的分段保护，例	北京四方继保自动化股份有限公司	3.3343	58	主板
			北京石头世纪科技股份有限公司	1.0134	505	科创板
			北京双杰电气股份有限公司	0.9011	619	创业板

续表

序号	产业领域	IPC 技术领域	上市公司	IPI	IPI 全国排名	上市板块
10	电气机械及器材制造业	如当发生短路、接地故障或电弧放电时切断一部分电路（定电缆故障位置入 G01R31/08）］ G01R31/08（探测电缆、传输线或网络中的故障） A47L11/24（机动扫地机械） G01R31/00（电性能的测试装置；电故障的探测装置；以所进行的测试在其他位置未提供为特征的电测试装置） H02J3/00（交流干线或交流配电网络的电路装置） H02J3/24（在网络中防止或减少功率振荡的装置） G05D1/02（二维的位置或航道控制） H02J3/36（通过高压直流链路在交流网络之间传递电力的装置） G05B19/418［全面工厂控制，即集中控制许多机器，例如直接或分布数字控制（DNC）、柔性制造系统（FMS）、集成制造系统（IMS）、计算机集成制造（CIM）］	北京科锐配电自动化股份有限公司	0.6882	996	中小板
			北京亿华通科技股份有限公司	0.6445	1102	科创板
			北京当升材料科技股份有限公司	0.6154	1174	创业板
			北京新雷能科技股份有限公司	0.5116	1509	创业板
			首航高科能源技术股份有限公司	0.5000	1543	中小板
			北京合康新能科技股份有限公司	0.4752	1634	创业板
			北京合纵科技股份有限公司	0.4314	1803	创业板

资料来源：科技大数据湖北省重点实验室

3.2.3 浙江省

2020 年，浙江省上市公司的知识产权指数为 1.8693，排名第 3 位。2011～2019 年，浙江省的上市公司发明专利、实用新型专利均呈逐年增长的趋势，有效专利拥有量自 2011 年的 3863 件迅速增长至 2018 年的 10 087 件，2019 年略有回落，但仍有 9710 件之多（图 3-4）。浙江省上市公司数量总计 492 家，分布在 40 个产业领域中，累计专利申请数量与专利申请发明人数量最多的产业领域是计算机、通信和其他电子设备制造业，有效专利拥有量与专利申请人数量最多的是电气机械及器材制造业领域，医药制造业领域的平均专利维持时间最长（表 3-5）。

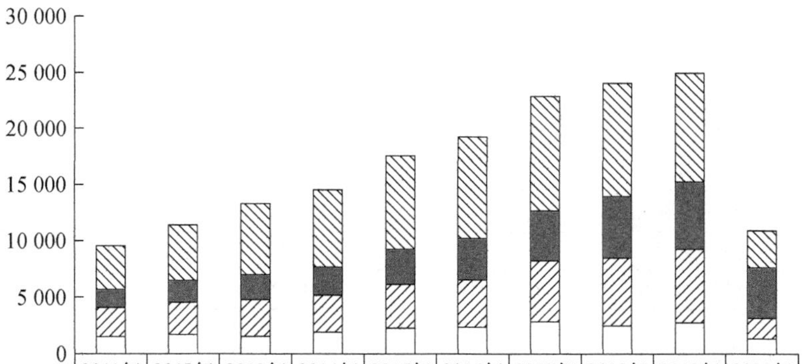

	2011年	2012年	2013年	2014年	2015年	2016年	2017年	2018年	2019年	2020年
▨有效专利拥有量/件	3 863	4 920	6 312	6 873	8 294	9 019	10 201	10 087	9 710	3 263
■发明专利/件	1 601	1 919	2 180	2 484	3 112	3 688	4 450	5 488	6 004	4 493
▨实用新型专利/件	2 572	2 846	3 241	3 268	3 847	4 181	5 374	5 985	6 486	1 803
□外观设计专利/件	1 495	1 689	1 538	1 893	2 276	2 342	2 832	2 478	2 745	1 323

图 3-4　2011～2020 年浙江省上市公司不同类型专利申请趋势

资料来源：科技大数据湖北省重点实验室

浙江省的优势产业领域为电气机械及器材制造业，计算机、通信和其他电子设备制造业，专用设备制造业，通用设备制造业，金属制品业，家具制造业，汽车制造业，建筑业，仪器仪表制造业，信息传输、软件和信息技术服务业，知识产权指数最高的企业是杭州海康威视数字技术股份有限公司，达到 5.7441，位列全国第 22 名，上市板块为中小板，所属产业领域为计算机、通信和其他电子设备制造业（表 3-6）。

表 3-5　2020 年浙江省上市公司专利产业分布

序号	产业领域	上市公司数量/家	累计专利申请数量/件（排名）	有效专利拥有量/件（排名）	专利申请人数量/个（排名）	平均专利维持时间/年（排名）	专利申请发明人数量/个（排名）
1	电气机械及器材制造业	40	17 317（2）	11 368（1）	40（1）	5.52（14）	12 937（2）
2	通用设备制造业	38	10 202（4）	6 356（4）	38（2）	5.7（10）	8 086（3）
3	专用设备制造业	36	12 956（3）	8 124（3）	36（3）	4.97（25）	7 634（4）
4	计算机、通信和其他电子设备制造业	34	18 400（1）	11 133（2）	34（4）	5.92（6）	13 356（1）
5	信息传输、软件和信息技术服务业	34	5 882（8）	2 418（10）	30（6）	4.58（29）	5 027（7）
6	医药制造业	32	4 407（9）	2 314（11）	32（5）	7.1（1）	6 574（5）
7	汽车制造业	30	7 970（6）	4 366（7）	29（8）	5.18（20）	6 197（6）
8	化学原料及化学制品制造业	30	3 508（12）	2 004（12）	30（6）	6.62（3）	4 571（8）
9	橡胶和塑料制品业	17	2 732（13）	1 925（13）	17（9）	5.91（7）	2 002（12）
10	仪器仪表制造业	14	4 254（10）	2 458（9）	14（10）	5.16（22）	4 224（9）
11	金属制品业	13	8 127（5）	5 092（5）	13（11）	5.66（11）	3 220（10）
12	批发和零售业	13	16（40）	4（40）	3（26）	2.12（37）	23（40）
13	建筑业	11	3 557（11）	2 576（8）	11（12）	5.16（21）	2 540（11）
14	纺织服装、服饰业	11	2 082（14）	1 259（14）	11（12）	5.19（18）	1 219（16）
15	租赁和商务服务业	11	568（24）	255（24）	5（20）	2.61（36）	417（22）
16	房地产业	11	309（27）	156（30）	3（26）	1.12（40）	369（25）
17	文化、体育和娱乐业	11	247（31）	83（33）	3（26）	1.59（38）	106（35）
18	纺织业	10	1 263（18）	669（18）	10（14）	5.58（12）	778（21）
19	金融业	9	83（35）	31（36）	4（22）	1.33（39）	141（31）
20	家具制造业	9	7 446（7）	4 872（6）	9（15）	4.07（31）	1 643（13）
21	造纸及纸制品业	8	775（22）	489（21）	8（16）	5.09（23）	816（19）
22	非金属矿物制品业	7	757（23）	427（23）	5（20）	3.96（33）	805（20）
23	有色金属冶炼及压延加工业	7	1 544（16）	877（16）	7（17）	5.56（13）	1 573（14）
24	化学纤维制造业	7	915（21）	550（19）	7（17）	5.49（15）	1 347（15）
25	水利、环境和公共设施管理业	6	1 124（20）	454（22）	6（19）	4.81（26）	973（17）
26	电力、热力、燃气及水的生产和供应业	5	272（29）	165（28）	4（22）	3.38（34）	374（24）
27	农副食品加工业	4	120（34）	33（35）	4（22）	6.12（4）	119（32）
28	交通运输、仓储和邮政业	4	519（25）	227（26）	3（26）	4.67（27）	72（36）
29	其他制造业	4	1 743（15）	945（15）	4（22）	4.44（30）	243（29）
30	卫生和社会工作业	4	83（35）	8（39）	3（26）	5.34（17）	28（39）
31	黑色金属冶炼及压延加工	3	237（32）	141（31）	3（26）	5.71（9）	366（26）
32	铁路、船舶、航空航天和其他运输设备制造业	3	1 204（19）	836（17）	3（26）	5.4（16）	911（18）

续表

序号	产业领域	上市公司数量/家	累计专利申请数量/件（排名）	有效专利拥有量/件（排名）	专利申请人数量/个（排名）	平均专利维持时间/年（排名）	专利申请发明人数量/个（排名）
33	食品制造业	3	199（33）	92（32）	3（26）	6.8（2）	272（28）
34	酒、饮料和精制茶制造业	3	256（30）	163（29）	3（26）	5.19（19）	117（33）
35	皮革、毛皮、羽毛及其制品和制鞋业	3	1 365（17）	543（20）	3（26）	4.65（28）	333（27）
36	采矿业	2	65（37）	37（34）	2（36）	6.05（5）	144（30）
37	文教、工美、体育和娱乐用品制造业	2	300（28）	231（25）	2（36）	5.86（8）	115（34）
38	科学研究和技术服务业	1	32（38）	27（37）	1（38）	2.62（35）	59（37）
39	石油加工、炼焦及核燃料加工业	1	32（38）	25（38）	1（38）	4.02（32）	35（38）
40	木材加工及木、竹、藤、棕、草制品业	1	399（26）	202（27）	1（38）	5.07（24）	403（23）
全省合计		492	123 267	73 935	445	—	90 169

资料来源：科技大数据湖北省重点实验室

表 3-6　2020 年浙江省上市公司十强产业及上市公司

序号	产业领域	IPC 技术领域	上市公司	IPI	IPI 全国排名	上市板块
1	电气机械及器材制造业	13-03（配电和控制设备） F24C15/20［烹调烟气的排除（从烹调器皿中取出或凝结烹调蒸汽的该烹调器皿的元件、零部件或附件入 A47J 36/38）］ H01H71/10（操作或释放机构） H01H71/02（外罩；外壳；底座；支架） 07-02（烹调的器具、器皿和容器） 23-03（供热设备） 23-04（通风和空调设备） 26-05（灯、落地灯、树枝形吊灯、墙壁和天花板嵌灯、灯罩、反光罩、照相和电影用聚光灯） 13-01（发电机和电动机） H05B33/08（并非适用于一种特殊应用的电路装置）	浙江正泰电器股份有限公司	3.0013	71	主板
			横店集团东磁股份有限公司	2.5701	93	中小板
			卧龙电气驱动集团股份有限公司	2.3146	109	主板
			杭州老板电器股份有限公司	2.2057	121	中小板
			浙江天正电气股份有限公司	1.5449	247	主板
			公牛集团股份有限公司	1.5079	257	主板
			浙江阳光照明电器集团股份有限公司	1.4862	261	主板
			横店集团得邦照明股份有限公司	1.3042	322	主板
			浙江南都电源动力股份有限公司	1.1603	390	创业板
			奥普家居股份有限公司	1.1392	402	主板
2	计算机、通信和其他电子设备制造业	16-01（照相机和电影摄影机） G06K9/00［用于阅读或识别印刷或书写字符或者用于识别图形，例如，指纹的方法或装置（用于图表阅读或者将诸如力或现状态的机械参量的图形转换为电信号的方法或装置入 G06K 11/00；语音识别入 G10L 15/00）］ H04N5/225（电视摄像机） H04N7/18（闭路电视系统，即电视信号不广播的系统） 14-02（数据处理设备及其外围的仪器、装置） H05B37/02（控制） 14-03（通信设备、无线遥控和无线电放大器） 10-05（检验、安全和试验用仪器、设备和装置） H04N5/232［控制摄像机的装置，如遥控（H04N 5/235 优先）］ 20-01（自动贩卖机）	杭州海康威视数字技术股份有限公司	5.7441	22	中小板
			浙江大华技术股份有限公司	4.5765	35	中小板
			杭州士兰微电子股份有限公司	1.7668	189	主板
			东方通信股份有限公司	1.6049	230	主板
			宁波江丰电子材料股份有限公司	1.4789	263	创业板
			三维通信股份有限公司	1.2056	365	中小板
			中新科技集团股份有限公司	0.9826	531	主板
			温州意华接插件股份有限公司	0.8823	643	中小板
			英飞特电子（杭州）股份有限公司	0.8687	670	创业板
			浙江水晶光电科技股份有限公司	0.8596	686	中小板

续表

序号	产业领域	IPC 技术领域	上市公司	IPI	IPI 全国排名	上市板块
3	专用设备制造业	15-06（纺织、缝纫、针织和绣花机具及零件） B66F11/04［用于移动式平台或工作室的，如车辆上的，用以使工作人员能到达他们所需要的位置进行工作（用于擦玻璃窗的升降台入 A47L 3/02；用于从大楼中救援人员的装置入 A62B 1/02；服务车辆的车辆方面入 B60P 3/14；用于桥梁的维修车辆入 E01D 19/10；在一可外伸的支架上的脚手架入 E04G 1/22；梯子上用的可提升或可下降的平台入 E06C 7/16）］ D04B15/36（横机用） D05B29/02（压布控制构件） 06-01（床和椅子） D05B65/00（缝纫机中截断上线或下线的机构） D05B71/00（缝纫机用润滑或冷却装置） 15-99（其他） D04B15/00［与纬编机合并在一起的，只限于这类机器的小件或辅助装置（不限于纬编机的小件及辅助装置入 D04B 35/00）］ D05B69/00（缝纫机用传动齿轮；控制装置）	杰克缝纫机股份有限公司	2.4580	101	主板
			浙江大丰实业股份有限公司	1.3124	317	主板
			浙江菲达环保科技股份有限公司	1.1811	375	主板
			杭州制氧机集团股份有限公司	1.0858	447	中小板
			浙江晶盛机电股份有限公司	1.0625	468	创业板
			振德医疗用品股份有限公司	1.0453	482	主板
			浙江众合科技股份有限公司	0.9793	535	主板
			宁波慈星股份有限公司	0.9469	566	创业板
			星光农机股份有限公司	0.9369	577	主板
			浙江迦南科技股份有限公司	0.9241	591	创业板
4	通用设备制造业	15-02（泵和压缩机） B66F9/075（结构特征或零件） F16K31/06（使用磁铁） F25B41/06（流量限制器，例如毛细管；及其配置） 12-05（装载和运输用电梯和升降机） F16K1/00［提升阀，即带有闭合元件的切断装置，闭合元件至少有打开和闭合运动的分力垂直于闭合面（隔膜阀入 F16K 7/00）］ 23-01（液体分配设备） 09-03［箱、盒、容器、（防腐）罐］ B66F9/06［可携带载荷在轮子或类似的物件上移动的，如叉车（车辆方面入 B60 到 B62；主要用于货运及经改装便于装货或卸货的车辆入 B60P 1/00；用于运送货物的低起升手推运货车入 B62B 3/06）］ B23Q3/155（使刀具自动插入或卸除的装置）	浙江三花智能控制股份有限公司	1.8620	172	中小板
			杭叉集团股份有限公司	1.6627	220	主板
			杭州前进齿轮箱集团股份有限公司	1.1701	384	主板
			诺力智能装备股份有限公司	1.1513	394	主板
			浙江运达风电股份有限公司	1.1173	422	创业板
			宁波海天精工股份有限公司	1.0749	453	主板
			天山铝业集团股份有限公司	1.0548	477	中小板
			杭州中亚机械股份有限公司	0.9679	543	创业板
			浙江盾安人工环境股份有限公司	0.9541	561	中小板
			杭州锅炉集团股份有限公司	0.8786	650	中小板
5	金属制品业	07-02（烹调的器具、器皿和容器） 08-03（切削工具和器具） 07-01（陶瓷器、玻璃器皿、餐用盘碟和其他类似物品） 08-05（其他工具和器具） 08-99（其他） A47J27/00［烹调器皿（A47J 29/00 至 A47J 33/00 优先）］ 10-04（其他计测仪器、设备和装置） 26-02（手电筒、手提灯和灯笼） A47G19/22［餐桌上的饮水器皿或茶杯托（玻璃杯或饮水器皿的垫入 A47G 23/03）］ A47J27/08（压力锅；其专用的盖或锁闭装置）	杭州巨星科技股份有限公司	1.3750	299	中小板
			浙江东南网架股份有限公司	1.2548	343	中小板
			爱仕达股份有限公司	1.2530	344	中小板
			浙江苏泊尔股份有限公司	1.1467	399	中小板
			杭萧钢构股份有限公司	0.8309	724	主板
			浙江久立特材科技股份有限公司	0.8178	745	中小板
			浙江金洲管道科技股份有限公司	0.6915	989	中小板
			浙江哈尔斯真空器皿股份有限公司	0.6516	1086	中小板
			杭州华光焊接新材料股份有限公司	0.5926	1254	科创板
			东睦新材料集团股份有限公司	0.5369	1429	主板

续表

序号	产业领域	IPC 技术领域	上市公司	IPI	IPI 全国排名	上市板块
6	家具制造业	06-01（床和椅子） 06-06（其他家具和家具零件） 06-03（桌子及类似家具） 06-02（床） 06-04（存放物品用家具） 25-02（预制或预先组合的建筑零件） A47C7/00［椅子或凳子的部件、零件或配件（安装在地板上的入 A47B 91/08）］ 14-99（其他） 06-09（床垫和垫子） A47C17/04（有可动部件的沙发、长沙发、有靠背及扶手的长椅等；椅式床）	顾家家居股份有限公司	1.3157	316	主板
			喜临门家具股份有限公司	1.0736	454	主板
			乐歌人体工学科技股份有限公司	1.0674	462	创业板
			永艺家具股份有限公司	1.0585	470	主板
			浙江永强集团股份有限公司	0.9635	548	中小板
			麒盛科技股份有限公司	0.9451	568	主板
			恒林家居股份有限公司	0.8673	677	主板
			江山欧派门业股份有限公司	0.5733	1318	主板
			中源家居股份有限公司	0.4749	1637	主板
7	汽车制造业	12-16（其他类未包括的车辆零件、设备和附件） F16H59/02（选择器装置） 09-03［箱、盒、容器、（防腐）罐］ F16D3/16（万向接头，其挠性是借助于枢轴或滑动或滚动连接件产生的） B60N2/68（座椅架） B60N2/48（头枕） 06-01（床和椅子） G01B5/00［以采用机械方法为特征的计量设备（包括在大组 G01B 3/00 中的各式量具本身入 G01B 3/00）］ G01M13/00（机械部件的测试） F16D65/14（至 65/28 的附注）	浙江亚太机电股份有限公司	1.7480	194	中小板
			万向钱潮股份有限公司	1.5318	250	主板
			浙江银轮机械股份有限公司	1.5020	259	中小板
			宁波拓普集团股份有限公司	1.0829	448	主板
			浙江万里扬股份有限公司	1.0360	487	中小板
			浙江万安科技股份有限公司	0.9191	598	中小板
			宁波圣龙汽车动力系统股份有限公司	0.7953	778	主板
			宁波高发汽车控制系统股份有限公司	0.7891	790	主板
			浙江金固股份有限公司	0.7418	886	中小板
			浙江今飞凯达轮毂股份有限公司	0.7219	923	中小板
8	建筑业	25-01（建筑材料） E04F15/02［由若干类似构件组成的地面或地板层（用编织品制作的入 E04F 15/16）］ E04B9/00［顶棚；顶棚的构造，例如，活动顶棚；有关隔绝的顶棚构造（用作制作楼板用的模板的顶棚入 E04B 5/00；顶棚的覆盖或里衬入 E04F 13/00）］ E04B9/06（以支承结构的构造为特征的） E04B2/74［可拆卸的非承重墙；上部边缘不固定的隔墙（框架用墙板入 E04C 2/38）］ E04F13/22（锚固，支撑角材或支柱架） E04F13/073（用于特殊的建筑部分，例如，拐角或圆柱） 25-02（预制或预先组合的建筑零件） E01D21/00（专用于架设或装配桥梁的方法或设备） E04F13/23（可调整的）	浙江亚厦装饰股份有限公司	2.3011	110	中小板
			宏润建设集团股份有限公司	0.8679	673	中小板
			腾达建设集团股份有限公司	0.7610	851	主板
			龙元建设集团股份有限公司	0.5598	1356	主板
			诚邦生态环境股份有限公司	0.4975	1552	主板
			元成环境股份有限公司	0.4522	1720	主板
			浙江省围海建设集团股份有限公司	0.4321	1800	中小板
			浙江交通科技股份有限公司	0.4292	1812	中小板
			杭州园林设计院股份有限公司	0.3311	2205	创业板
			镇海石化工程股份有限公司	0.3238	2234	主板
9	仪器仪表制造业	10-04（其他计测仪器、设备和装置） G01R11/04（外壳；支架；端子装置） G01R35/04（测量功率或电流的时间积分的仪表的测试或校准） G01R11/02（结构零部件） G01R11/00［用于测量电功率或电流的时间积分的机—电装置，例如测量消耗量的时间积分（电动车辆的电消耗监测入 B60L 3/00）］	宁波三星医疗电气股份有限公司	1.8341	178	主板
			聚光科技（杭州）股份有限公司	1.4029	283	创业板
			杭州海兴电力科技股份有限公司	1.1325	411	主板

续表

序号	产业领域	IPC 技术领域	上市公司	IPI	IPI 全国排名	上市板块
9	仪器仪表制造业	G08C17/02（用无线电线路） G01R22/06（采用电子方法） G01F1/66（通过测量电磁波或其他波的频率、相位移或传播时间，例如，超声波流量计） G01J3/28［光谱测试（应用滤色器的入 G01J 3/51）］ G01F25/00（用于测量容量、流量、液面或借助容积进行计量的仪表设备的检定或校正）	宁波水表（集团）股份有限公司	0.8003	772	主板
			浙江威星智能仪表股份有限公司	0.7623	847	中小板
			宁波柯力传感科技股份有限公司	0.6764	1019	主板
			杭州先锋电子技术股份有限公司	0.6728	1029	中小板
			杭州远方光电信息股份有限公司	0.6603	1064	创业板
			宁波永新光学股份有限公司	0.6048	1210	主板
			杭州炬华科技股份有限公司	0.5470	1401	创业板
10	信息传输、软件和信息技术服务业	H04L29/06（以协议为特征的） H04L12/24（用于维护或管理的装置） 05-06（人造和天然材料之片材类） H04L29/08（传输控制规程，例如数据链级控制规程） G06F17/30（信息检索；及其数据库结构） H04L12/26（监视装置；测试装置） G08G1/01［检测要统计或要控制的交通运动（G08G 1/07 至 G08G 1/14 优先；道路收费收费或对车辆、车主的收费入 G07B 15/06）］ H04L29/12（以数据终端为特征的） 25-01（建筑材料） G06F11/36（通过软件的测试或调试防止错误）	杭州迪普科技股份有限公司	2.2879	112	创业板
			杭州安恒信息技术股份有限公司	1.9070	164	科创板
			银江股份有限公司	1.3064	320	创业板
			金卡智能集团股份有限公司	1.1387	404	创业板
			恒生电子股份有限公司	1.0097	510	主板
			杭州当虹科技股份有限公司	0.7963	776	科创板
			信雅达系统工程股份有限公司	0.5607	1353	主板
			杭州顺网科技股份有限公司	0.4649	1687	创业板
			浙江每日互动网络科技股份有限公司	0.4562	1708	创业板
			创业慧康科技股份有限公司	0.4428	1751	创业板

资料来源：科技大数据湖北省重点实验室

3.2.4 江苏省

2020 年，江苏省上市公司的知识产权指数为 1.7798，排名第 4 位。2011～2019 年，江苏省的上市公司实用新型专利、外观设计专利波动幅度不大，发明专利逐年增长至 2018 年，2019 年数量有所回落（图 3-5）。江苏省上市公司数量总计 461 家，分布在 41 个产业领域中，累计专利申请数量与专利申请人数量最多的产业领域是计算机、通信和其他电子设备制造业，有效专利拥有量最多的产业领域是专利设备制造业，专利申请发明人数量最多的是信息传输、软件和信息技术服务业，卫生和社会工作业领域的平均专利维持时间最长（表 3-7）。江苏省的优势产业领域为专用设备制造业，计算机、通信和其他电子设备制造业，电气机械及器材制造业，通用设备制造业，汽车制造业，信息传输、软件和信息技术服务业，化学原料及化学制品制造业，建筑业，科学研究和技术服务业，橡胶和塑料制品业，知识产权指数最高的企业是国电南瑞科技股份有限公司，达到 6.1475，位列全国第 20 名，上市板块为主板，所属产业领域为信息传输、软件和信息技术服务业（表 3-8）。

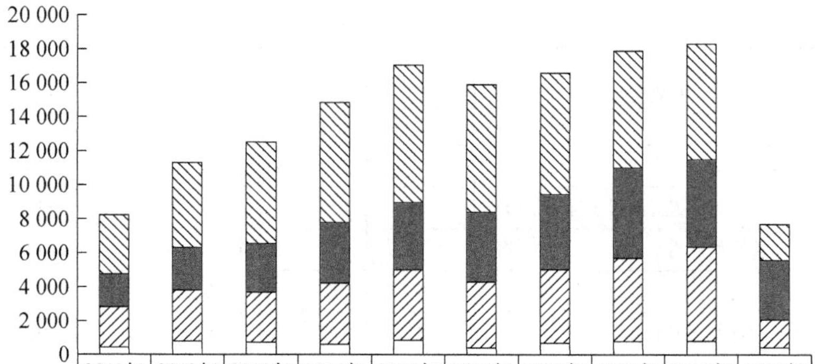

	2011年	2012年	2013年	2014年	2015年	2016年	2017年	2018年	2019年	2020年
▧有效专利拥有量/件	3 478	5 006	5 986	7 048	8 091	7 513	7 142	6 889	6 818	2 131
■发明专利/件	1 936	2 501	2 844	3 578	3 957	4 094	4 423	5 343	5 153	3 514
▨实用新型专利/件	2 395	3 007	2 952	3 606	4 162	3 912	4 354	4 897	5 552	1 650
□外观设计专利/件	421	793	735	612	849	404	681	789	816	416

图 3-5　2011～2020 年江苏省上市公司不同类型专利申请趋势

资料来源：科技大数据湖北省重点实验室

表 3-7　2020 年江苏省上市公司专利产业分布

序号	产业领域	上市公司数量/家	累计专利申请数量/件（排名）	有效专利拥有量/件（排名）	专利申请人数量/个（排名）	平均专利维持时间/年（排名）	专利申请发明人数量/个（排名）
1	计算机、通信和其他电子设备制造业	45	15 866（1）	9 794（2）	44（1）	5.25（15）	10 707（5）
2	电气机械及器材制造业	44	15 326（2）	8 706（3）	44（1）	5.26（14）	12 765（2）
3	化学原料及化学制品制造业	43	5 102（7）	2 957（7）	41（3）	5.29（13）	5 121（8）
4	专用设备制造业	38	15 216（3）	10 095（1）	38（4）	4.42（25）	11 313（4）
5	通用设备制造业	26	7 262（4）	4 039（4）	26（5）	5.01（20）	5 784（6）
6	汽车制造业	24	5 791（6）	3 657（5）	23（6）	4.55（24）	4 954（9）
7	信息传输、软件和信息技术服务业	20	6 289（5）	3 505（6）	19（7）	4.62（22）	15 528（1）
8	金属制品业	19	2 293（13）	1 338（13）	19（7）	5.76（8）	1 431（18）
9	医药制造业	18	3 243（8）	1 532（11）	18（9）	6.3（5）	4 091（10）
10	批发和零售业	17	754（21）	340（22）	8（15）	1.95（38）	1 106（19）
11	橡胶和塑料制品业	14	2 933（10）	1 646（10）	14（10）	5.7（10）	1 583（16）
12	金融业	14	61（34）	12（37）	7（18）	0.73（39）	213（25）
13	水利、环境和公共设施管理业	11	2 050（15）	1 133（16）	10（11）	3.93（29）	2 486（12）
14	有色金属冶炼及压延加工业	10	1 383（19）	688（18）	10（11）	6.11（6）	797（20）
15	科学研究和技术服务业	10	2 563（12）	1 676（9）	10（11）	5.25（16）	5 223（7）
16	交通运输、仓储和邮政业	10	212（29）	128（29）	8（15）	3.31（34）	243（24）
17	非金属矿物制品业	9	1 727（17）	990（17）	9（14）	5.73（9）	1 673（15）
18	房地产业	9	95（33）	74（30）	3（24）	2（37）	61（34）
19	仪器仪表制造业	8	2 011（16）	1 270（15）	8（15）	5.03（19）	1 861（14）
20	铁路、船舶、航空航天和其他运输设备制造业	8	2 140（14）	1 274（14）	7（18）	4.29（26）	2 317（13）
21	建筑业	7	3 161（9）	2 125（8）	7（18）	5.18（17）	11 769（3）
22	纺织业	7	1 655（18）	475（19）	7（18）	4.7（21）	1 494（17）

续表

序号	产业领域	上市公司数量/家	累计专利申请数量/件（排名）	有效专利拥有量/件（排名）	专利申请人数量/个（排名）	平均专利维持时间/年（排名）	专利申请发明人数量/个（排名）
23	化学纤维制造业	7	390（26）	177（26）	6（22）	6.7（4）	209（26）
24	电力、热力、燃气及水的生产和供应业	6	124（32）	68（32）	4（23）	3.68（31）	145（30）
25	文化、体育和娱乐业	5	272（28）	41（33）	3（24）	3.91（30）	42（36）
26	综合	4	5（39）	0（39）	2（29）	0.11（40）	5（39）
27	黑色金属冶炼及压延加工	3	2 721（11）	1 525（12）	2（29）	3.54（33）	3 765（11）
28	酒、饮料和精制茶制造业	3	594（22）	452（20）	3（24）	5.31（12）	354（22）
29	家具制造业	3	493（23）	441（21）	3（24）	4.1（27）	153（29）
30	纺织服装、服饰业	3	807（20）	290（23）	3（24）	4.61（23）	198（27）
31	租赁和商务服务业	3	294（27）	179（25）	2（29）	3.59（32）	178（28）
32	食品制造业	2	437（24）	265（24）	2（29）	5.38（11）	490（21）
33	其他制造业	2	184（30）	157（28）	2（29）	3.25（35）	91（33）
34	木材加工及木、竹、藤、棕、草制品业	2	435（25）	161（27）	2（29）	7.03（2）	260（23）
35	农副食品加工业	1	32（37）	24（34）	1（35）	4.09（28）	101（32）
36	文教、工美、体育和娱乐用品制造业	1	153（31）	70（31）	1（35）	5.16（18）	24（37）
37	农、林、牧、渔业	1	37（36）	14（36）	1（35）	2.38（36）	137（31）
38	石油加工、炼焦及核燃料加工业	1	52（35）	19（35）	1（35）	6.9（3）	54（35）
39	皮革、毛皮、羽毛及其制品和制鞋业	1	12（38）	12（37）	1（35）	5.86（7）	7（38）
40	卫生和社会工作业	1	4（40）	0（39）	1（35）	13.1（1）	0（40）
41	住宿和餐饮业	1	0（41）	0（39）	0（41）	0（41）	0（40）
全省合计		461	104 179	61 349	420	—	108 733

资料来源：科技大数据湖北省重点实验室

表 3-8　2020 年江苏省上市公司十强产业及上市公司

序号	产业领域	IPC 技术领域	上市公司	IPI	IPI 全国排名	上市板块
1	专用设备制造业	B23K37/00［非专门适用于仅包括在本小类其他单一大组中的附属设备或工艺（戴在操作者身体上的或手持的焊工用眼罩入 A61F 9/00；用于金属加工的机械但不是钎焊、焊接、火焰切割机械的入 B23Q；其他防护罩入 F16P 1/06）］ H01L31/18（专门适用于制造或处理这些器件或其部件的方法或设备） H01M10/04［一般结构或制造（H01M10/058，H01M10/12，H01M10/28，H01M10/38 优先）］ A61B8/00（用超声波、声波或次声波的诊断） 24-01（医生、医院和实验室用器具和设备） 15-04（建筑机具） F15B15/14（直缸型的） F15B13/02［以适用于伺服马达的控制为特征的流体分配或供给装置（多路阀入 F16K11/00）］ H01L21/677（用于传送的，例如在不同的工作站之间）	徐工集团工程机械股份有限公司	3.6463	47	主板
			无锡先导智能装备股份有限公司	1.7467	196	创业板
			江苏新美星包装机械股份有限公司	1.5572	241	创业板
			无锡奥特维科技股份有限公司	1.2706	334	科创板
			江苏鱼跃医疗设备股份有限公司	1.1152	425	中小板
			苏州华兴源创科技股份有限公司	1.1139	427	科创板
			南微医学科技股份有限公司	1.0721	457	科创板
			苏州天准科技股份有限公司	0.9266	588	科创板

续表

序号	产业领域	IPC 技术领域	上市公司	IPI	IPI 全国排名	上市板块
1	专用设备制造业	E01C19/28［振动压路机或受到诸如锤冲击的压路机（E01C 19/29 优先）］	无锡祥生医疗科技股份有限公司	0.9203	597	科创板
			江苏久吾高科技股份有限公司	0.8587	687	创业板
2	计算机、通信和其他电子设备制造业	H01L23/495（引线框架的） G09G3/36（采用液晶） G02F1/13（基于液晶的，例如单位液晶显示单元） 14-03（通信设备、无线遥控和无线电放大器） H01L23/31（按配置特点进行区分的） H01L23/367（为便于冷却的器件造型） G02F1/13357（照明装置） G02B6/44［用于为光导纤维提供抗拉强度和外部保护的机械结构，例如，光学传输电缆（配有导电体和光纤的缆线入 H01B 11/22）］ G02F1/1333［构造上的设备（G02F 1/135，G02F 1/136 优先）］ G06F3/041（以转换方式为特点的数字转换器，例如，触摸屏或触摸垫，特点在于转换方法）	昆山龙腾光电股份有限公司	3.6362	48	科创板
			苏州科达科技股份有限公司	1.9909	149	主板
			南京熊猫电子股份有限公司	1.7965	184	主板
			江苏长电科技股份有限公司	1.6953	210	主板
			南京华东电子信息科技股份有限公司	1.4953	260	主板
			通富微电子股份有限公司	1.3170	313	中小板
			苏州苏大维格科技集团股份有限公司	1.3055	321	创业板
			南京华脉科技股份有限公司	1.1718	383	主板
			恒宝股份有限公司	0.9688	542	中小板
			苏州安洁科技股份有限公司	0.9042	613	中小板
3	电气机械及器材制造业	G02B6/44［用于为光导纤维提供抗拉强度和外部保护的机械结构，例如，光学传输电缆（配有导电体和光纤的缆线入 H01B 11/22）］ 15-05（工业用洗涤、清洁和干燥机具） 05-06（人造和天然材料之片材类） F25B15/06（从盐溶液，例如溴化锂中气化水蒸气作制冷剂） H01L31/18（专门适用于制造或处理这些器件或其部件的方法或设备） A47L9/00（吸尘器的零件或辅助用具，例如控制吸尘作用或产生振动作用的机械装置；吸尘器专用的储尘装置或其部件；专门用于吸尘器的装运车） H01B7/04（可弯曲的电缆、导体或软线，如牵引电缆） H01B9/00（电力电缆） A47L1/02（动力驱动的机械或装置） H01B7/00（按形状区分的绝缘导体或电缆）	天合光能股份有限公司	2.2653	117	科创板
			江苏中天科技股份有限公司	2.0368	140	主板
			江苏亨通光电股份有限公司	2.0292	141	主板
			科沃斯机器人股份有限公司	1.7237	200	主板
			国电南京自动化股份有限公司	1.3947	286	主板
			通鼎互联信息股份有限公司	1.3851	293	中小板
			江苏神马电力股份有限公司	1.3621	305	主板
			江苏中利集团股份有限公司	1.2464	348	中小板
			双良节能系统股份有限公司	1.1435	401	主板
			江苏雷利电机股份有限公司	1.0669	463	创业板
4	通用设备制造业	F16K5/06（带有球形表面的塞子；其所用填料） B66B11/02［轿厢（控制出入轿厢的门、厅门或其他装置入 B66B 13/00）］ 15-01（引擎） B65G35/00（其他类不包含的机械输送机） B66B23/00（自动扶梯或移动人行道的零部件） F16K1/22（旋转轴线与阀元件交叉，如蝶形阀） B66B5/00（升降机中检测、故障纠正或安全装置的应用） B66B29/00（自动扶梯或移动人行道的安全装置） 15-09（工作母机、研磨和铸造机械） F16K1/00［提升阀，即带有闭合元件的切断装置，闭合元件至少有打开和闭合运动的分力垂直于闭合面（隔膜阀入 F16K 7/00）］	康力电梯股份有限公司	1.4631	267	中小板
			天奇自动化工程股份有限公司	1.3926	288	中小板
			江苏神通阀门股份有限公司	1.2856	326	中小板
			中核苏阀科技实业股份有限公司	0.8945	626	主板
			苏州纽威阀门股份有限公司	0.8782	651	主板
			江苏农华智慧农业科技股份有限公司	0.8585	688	主板
			江苏亚威机床股份有限公司	0.8048	764	中小板
			法兰泰克重工股份有限公司	0.7861	796	主板
			江苏五洋停车产业集团股份有限公司	0.7671	835	创业板
			苏州海陆重工股份有限公司	0.7192	931	中小板

续表

序号	产业领域	IPC 技术领域	上市公司	IPI	IPI 全国排名	上市板块
5	汽车制造业	26-06（车辆照明设备） H05B33/08（并非适用于一种特殊应用的电路装置） F02M25/07（加入排出气体的） F21S41/141（发光二极管） F21S8/10（专门适用于车辆） G01B5/00［以采用机械方法为特征的计量设备（包括在大组 G01B 3/00 中的各式量具本身入 G01B 3/00）］ B60K15/03［燃料箱（车架具有液体储存腔的入 B62D 21/16）］ G01M13/00（机械部件的测试） B21J13/02（锻模或其安装） B23P19/027［利用液压或气压装置（B23P 19/033 优先）］	常州星宇车灯股份有限公司	2.2732	115	主板
			航天晨光股份有限公司	1.2369	349	主板
			亚普汽车部件股份有限公司	1.0884	445	主板
			江苏太平洋精锻科技股份有限公司	0.9450	569	创业板
			无锡威孚高科技集团股份有限公司	0.9301	583	主板
			南京越博动力系统股份有限公司	0.7384	892	创业板
			常州光洋轴承股份有限公司	0.6919	987	中小板
			无锡隆盛科技股份有限公司	0.6500	1090	创业板
			江苏奥力威传感高科股份有限公司	0.6130	1179	创业板
			科华控股股份有限公司	0.6095	1190	主板
6	信息传输、软件和信息技术服务业	H02J13/00（对网络情况提供远距离指示的电路装置，例如网络中每个电路保护器的开合情况的瞬时记录；对配电网络中的开关装置进行远距离控制的电路装置，例如用网络传送的脉冲编码信号接入或断开电流用户） H02J3/00（交流干线或交流配电网络的电路装置） G06Q10/06（资源、工作流、人员或项目管理，例如组织、规划、调度或分配时间、人员或机器资源；企业规划；组织模型） G06F17/30（信息检索及其数据库结构） G06Q10/04（预测或优化，例如线性规划、“旅行商问题”或“下料问题”） H02J3/38（由两个或两个以上发电机、变换器或变压器对 1 个网络并联馈电的装置） H04L29/08（传输控制规程，例如数据链级控制规程） G06F17/50［计算机辅助设计（静态存储的测试电路的设计入 G11C 29/54）］ H04L29/06（以协议为特征的） H02H7/26［电缆或线路系统的分段保护，例如当发生短路、接地故障或电弧放电时切断一部分电路（定电缆故障位置入 G01R 31/08）］	国电南瑞科技股份有限公司	6.1475	20	主板
			焦点科技股份有限公司	1.1761	378	中小板
			南京科远智慧科技集团股份有限公司	0.9614	552	中小板
			无锡宝通科技股份有限公司	0.6920	986	创业板
			山石网科通信技术股份有限公司	0.5724	1321	科创板
			苏州麦迪斯顿医疗科技股份有限公司	0.5473	1399	主板
			吴通控股集团股份有限公司	0.4935	1569	创业板
			朗新科技集团股份有限公司	0.4541	1717	创业板
			天泽信息产业股份有限公司	0.4400	1763	创业板
			江苏卓易信息科技股份有限公司	0.3837	1987	科创板
7	化学原料及化学制品制造业	19-08（其他印刷品） C08F283/06（接到聚醚、聚氧化甲烯或聚醛缩醇上） A01N47/36（含有直接连于至少 1 个杂环上的 NCON 基；其硫代类似物） C04B24/38（多糖或其衍生物） C09B67/22（不同颜料或染料的混合或颜料或染料的固体溶液） A01N53/06（C*为无环的且直接连于六元芳环的碳原子上，例如苄基酯；其硫代类似物） A01N43/80（在 1，2 位置上带有 1 个氮原子以及 1 个氧原子或 1 个硫原子的五元环） C04B24/26（仅由碳—碳不饱和键反应得到的） A01N47/38（含有 NCON 基，其中至少 1 个氮原子是杂环的一部分；其硫代类似物） C07C67/08（羧酸或对称酐与有机化合物的羟基或氧—金属基反应）	江苏苏博特新材料股份有限公司	1.9987	145	主板
			江苏扬农化工股份有限公司	1.3807	296	主板
			江苏百川高科新材料股份有限公司	0.8340	720	中小板
			苏州金宏气体股份有限公司	0.7824	807	科创板
			南通江山农药化工股份有限公司	0.6856	1003	主板
			江苏辉丰生物农业股份有限公司	0.6677	1046	中小板
			江苏长青农化股份有限公司	0.6342	1129	中小板
			江苏亚邦染料股份有限公司	0.5779	1305	主板
			红宝丽集团股份有限公司	0.5666	1343	中小板
			苏州世名科技股份有限公司	0.5588	1361	创业板

续表

序号	产业领域	IPC 技术领域	上市公司	IPI	IPI 全国排名	上市板块
8	建筑业	E04B2/88（幕墙） 25-02（预制或预先组合的建筑零件） E04F13/22（锚固，支撑角材或支柱架） E04F13/21（专门适用于覆盖或衬里构件的紧固措施） E04B9/00［顶棚；顶棚的构造，例如，活动顶棚；有关隔绝的顶棚构造（用作制作楼板用的模板的顶棚入 E04B 5/00；顶棚的覆盖或里衬入 E04F 13/00）］ E04F13/23（可调整的） 25-01（建筑材料） E04B9/06（以支承结构的构造为特征的） E04F19/02［缘饰；装修条，例如，串珠状缘饰，浅凹圆槽（保护粉饰的边缘用的入 E04F 13/06）］ E04B2/74［可拆卸的非承重墙；上部边缘不固定的隔墙（框架用墙板入 E04C 2/38）］	苏州金螳螂建筑装饰股份有限公司	3.8378	43	中小板
			苏州柯利达装饰股份有限公司	0.8419	712	主板
			中国中材国际工程股份有限公司	0.7616	848	主板
			花王生态工程股份有限公司	0.5734	1317	主板
			大千生态环境集团股份有限公司	0.4587	1702	主板
			苏州天沃科技股份有限公司	0.3369	2181	中小板
			亚翔系统集成科技（苏州）股份有限公司	0.3233	2236	主板
9	科学研究和技术服务业	E01D19/00（桥梁零件） C04B26/26（沥青材料，例如焦油、沥青） G07F17/00（用于出租物品的投币式设备；投币式器具或设施） E01D21/00（专用于架设或装配桥梁的方法或设备） E01D19/12（桥梁的格栅或桥面；桥上铁路轨枕或轨道的固定） G06F17/50［计算机辅助设计（静态存储的测试电路的设计入 G11C 29/54）］ E04B1/58（用于条形建筑构件的） B62H3/00［自行车停放或存放用的单独支架或固定装置（维修时用的自行车支架入 B25H；建造方面入 E04H）］ E02D17/04（基础坑边缘的修砌或加固） E01D2/04（箱型梁的）	苏交科集团股份有限公司	2.2943	111	创业板
			华设设计集团股份有限公司	1.4530	268	主板
			永安行科技股份有限公司	0.8267	732	主板
			苏州电器科学研究院股份有限公司	0.7353	897	创业板
			中衡设计集团股份有限公司	0.7207	927	主板
			南京市测绘勘察研究院股份有限公司	0.5171	1493	创业板
			启迪设计集团股份有限公司	0.4750	1635	创业板
			苏州市建筑科学研究院集团股份有限公司	0.4463	1735	主板
			江苏中设集团股份有限公司	0.3955	1945	中小板
			无锡药明康德新药开发股份有限公司	0.1894	2735	主板
10	橡胶和塑料制品业	C09J7/02（在载体上） 12-15（车辆轮胎和防滑链） 25-99（其他） 25-01（建筑材料） C08L7/00（天然橡胶的组合物） 25-02（预制或预先组合的建筑零件） C08L23/06（聚乙烯） B32B27/08（不同种类合成树脂的） C08L23/08［乙烯的共聚物（C08L 23/16 优先）］ C08L23/12（聚丙烯）	江苏通用科技股份有限公司	1.1271	414	主板
			苏州赛伍应用技术股份有限公司	0.7113	945	主板
			江苏斯迪克新材料科技股份有限公司	0.6905	992	创业板
			江阴海达橡塑股份有限公司	0.6803	1010	创业板
			江苏德威新材料股份有限公司	0.5955	1245	创业板
			江苏裕兴薄膜科技股份有限公司	0.5376	1426	创业板
			南京聚隆科技股份有限公司	0.4947	1564	创业板
			无锡双象超纤材料股份有限公司	0.4391	1771	中小板
			江苏双星彩塑新材料股份有限公司	0.3683	2059	中小板
			常州朗博密封科技股份有限公司	0.3671	2072	主板

资料来源：科技大数据湖北省重点实验室

3.2.5 山东省

2020 年，山东省上市公司的知识产权指数为 1.5839，排名第 5 位。2011～2019 年，山东省的上市公司实用新型专利呈逐年增长趋势，有效专利拥有量的峰值出现在 2019 年，达到 9903 件（图 3-6）。山东省上市公司数量总计 223 家，分布在 39 个产业领域中，累计专利申请数量、有效专利拥有量以及专利申请发明人数量最多的产业领域均为电气机械及器材制造业（表 3-9）。山东省的优势产业领域为电气机械及器材制造业，计算机、通信和其他电子设备制造业，汽车制造业，专用设备制造业，化学原料及化学制品制造业，医药制造业，橡胶和塑料制品业，黑色金属冶炼及压延加工，通用设备制造业，非金属矿物制品业，知识产权指数最高的企业是海尔智家股份有限公司，达到 8.8231，位列全国第 8 名，上市板块为主板，所属产业领域为电气机械及器材制造业（表 3-10）。

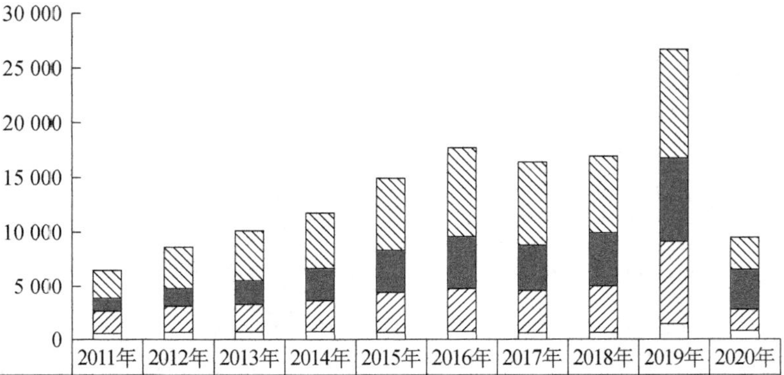

	2011年	2012年	2013年	2014年	2015年	2016年	2017年	2018年	2019年	2020年
有效专利拥有量/件	2 629	3 792	4 566	5 076	6 572	8 131	7 591	6 989	9 903	2 943
发明专利/件	1 253	1 713	2 263	3 025	3 893	4 772	4 166	4 856	7 606	3 742
实用新型专利/件	2 072	2 457	2 591	2 903	3 817	4 082	4 019	4 427	7 694	2 026
外观设计专利/件	552	662	703	741	635	719	615	628	1 426	772

图 3-6 2011～2020 年山东省上市公司不同类型专利申请趋势

资料来源：科技大数据湖北省重点实验室

表 3-9 2020 年山东省上市公司专利产业分布

序号	产业领域	上市公司数量/家	累计专利申请数量/件（排名）	有效专利拥有量/件（排名）	专利申请人数量/个（排名）	平均专利维持时间/年（排名）	专利申请发明人数量/个（排名）
1	化学原料及化学制品制造业	26	7 160（5）	2 748（5）	26（1）	4.63（23）	7 885（5）
2	专用设备制造业	21	9 028（4）	5 773（4）	20（2）	4.89（20）	10 177（4）
3	医药制造业	14	2 738（7）	1 551（6）	14（3）	6.57（3）	3 517（8）
4	电气机械及器材制造业	13	30 319（1）	21 182（1）	13（4）	4.92（19）	15 971（1）
5	通用设备制造业	10	1 787（9）	1 076（9）	10（5）	5.15（17）	2 542（12）
6	橡胶和塑料制品业	10	2 194（8）	1 411（7）	9（6）	4.51（26）	3 274（11）
7	计算机、通信和其他电子设备制造业	9	25 697（2）	11 944（2）	8（9）	4.39（28）	13 758（2）
8	信息传输、软件和信息技术服务业	9	1 594（11）	552（12）	9（6）	4.52（24）	3 284（10）
9	非金属矿物制品业	9	1 682（10）	804（10）	9（6）	5.21（14）	1 651（14）
10	汽车制造业	8	9 515（3）	6 209（3）	7（10）	4.4（27）	10 678（3）
11	农副食品加工业	7	537（19）	206（21）	6（11）	4.72（21）	504（23）

续表

序号	产业领域	上市公司数量/家	累计专利申请数量/件（排名）	有效专利拥有量/件（排名）	专利申请人数量/个（排名）	平均专利维持时间/年（排名）	专利申请发明人数量/个（排名）
12	采矿业	6	1 147（12）	647（11）	4（15）	3.96（31）	4 341（7）
13	金属制品业	6	643（17）	348（15）	6（11）	6.46（6）	410（24）
14	批发和零售业	6	0（36）	0（35）	0（36）	0（36）	0（35）
15	交通运输、仓储和邮政业	6	1 092（13）	472（13）	4（15）	1.87（35）	3 424（9）
16	农、林、牧、渔业	6	920（15）	201（22）	6（11）	4.28（29）	758（16）
17	建筑业	5	733（16）	268（17）	5（14）	5.42（13）	639（17）
18	金融业	5	28（33）	21（32）	4（15）	4.52（25）	35（33）
19	造纸及纸制品业	5	456（21）	183（23）	4（15）	5.88（10）	571（20）
20	食品制造业	4	171（28）	105（26）	4（15）	3.77（32）	231（27）
21	酒、饮料和精制茶制造业	4	640（18）	347（16）	4（15）	6.56（4）	530（22）
22	纺织业	4	1 057（14）	471（14）	4（15）	5.21（15）	1 810（13）
23	有色金属冶炼及压延加工业	3	368（22）	166（24）	3（22）	3.72（33）	931（15）
24	铁路、船舶、航空航天和其他运输设备制造业	3	465（20）	268（17）	3（22）	4.28（30）	622（18）
25	化学纤维制造业	3	365（23）	234（20）	3（22）	5.65（12）	570（21）
26	房地产业	3	0（36）	0（35）	0（36）	0（36）	0（35）
27	文化、体育和娱乐业	3	34（32）	9（33）	2（25）	4.68（22）	49（32）
28	电力、热力、燃气及水的生产和供应业	2	255（25）	80（27）	2（25）	6.26（7）	605（19）
29	石油加工、炼焦及核燃料加工业	2	213（26）	159（25）	2（25）	6.11（9）	375（25）
30	综合	2	0（36）	0（35）	0（36）	0（36）	0（35）
31	黑色金属冶炼及压延加工	1	3 056（6）	1 103（8）	1（28）	3.48（34）	6 871（6）
32	水利、环境和公共设施管理业	1	40（31）	25（30）	1（28）	6.53（5）	146（29）
33	文教、工美、体育和娱乐用品制造业	1	329（24）	243（19）	1（28）	5.12（18）	242（26）
34	纺织服装、服饰业	1	72（29）	53（28）	1（28）	5.2（16）	52（31）
35	废弃资源综合利用业	1	185（27）	22（31）	1（28）	6.16（8）	212（28）
36	皮革、毛皮、羽毛及其制品和制鞋业	1	0（36）	0（35）	0（36）	0（36）	0（35）
37	印刷和记录媒介复制业	1	52（30）	27（29）	1（28）	5.76（11）	68（30）
38	木材加工及木、竹、藤、棕、草制品业	1	1（35）	0（35）	1（28）	8.16（2）	0（35）
39	卫生和社会工作业	1	21（34）	6（34）	1（28）	9.05（1）	28（34）
全省合计		223	104 594	58 914	199	—	96 761

资料来源：科技大数据湖北省重点实验室

表 3-10　2020 年山东省上市公司十强产业及上市公司

序号	产业领域	IPC 技术领域	上市公司	IPI	IPI 全国排名	上市板块
1	电气机械及器材制造业	F25D11/02（带有不同温度冷却间隔的） A47J27/00［烹调器皿（A47J 29/00 至 A47J 33/00 优先）］ F25D25/02（使用盘架） 15-07（冷冻机具及设备） A47J43/046（从底部用工具驱动的）	海尔智家股份有限公司	8.8231	8	主板
			九阳股份有限公司	5.3940	27	中小板
			积成电子股份有限公司	1.7061	207	中小板
			青岛特锐德电气股份有限公司	1.5916	233	创业板

续表

序号	产业领域	IPC 技术领域	上市公司	IPI	IPI 全国排名	上市板块
1	电气机械及器材制造业	07-02（烹调的器具、器皿和容器） F25D11/00（与冷却机相关的独立可移动的设备，例如家用电冰箱） F25D23/02［门；盖（F25D 23/08 优先）］ 31-00（烘焙机器等） A47J31/00［饮料制备装置（过滤食料用的家用机械或用具入 A47J 19/00；制备非酒精饮料，如把配料加入水果或蔬菜汁的入 A23L 2/00；咖啡壶或茶壶入 A47G 19/14；沏茶器入 A47G 19/16；啤酒酿造入 C12C；葡萄酒或其他酒精饮料制备入 C12G）］	烟台龙源电力技术股份有限公司	1.5276	251	创业板
			澳柯玛股份有限公司	1.4680	265	主板
			山东圣阳电源股份有限公司	0.7765	817	中小板
			康跃科技股份有限公司	0.6857	1002	创业板
			昇辉智能科技股份有限公司	0.6817	1008	创业板
			青岛汉缆股份有限公司	0.5007	1541	中小板
2	计算机、通信和其他电子设备制造业	H04R9/06（扬声器） 14-03（通信设备、无线遥控和无线电放大器） G06F1/18（封装或电源分配） H04R1/10（受话器口；其所用的附件） H04R19/04［传声器（H04R 19/01 优先）］ H04R9/02（零部件） H04L29/08（传输控制规程，例如数据链级控制规程） G02F1/13357（照明装置） G06F1/16（结构部件或配置） H04N5/64［电视接收机的结构零部件，例如机壳，或防尘罩（家具式样入 A47B 81/06）］	歌尔股份有限公司	6.3843	17	中小板
			海信视像科技股份有限公司	4.5519	36	主板
			浪潮电子信息产业股份有限公司	3.3402	57	主板
			山东新北洋信息技术股份有限公司	2.9014	76	中小板
			共达电声股份有限公司	1.1358	406	中小板
			神思电子技术股份有限公司	0.8165	751	创业板
			烟台睿创微纳技术股份有限公司	0.6125	1181	科创板
			中际旭创股份有限公司	0.0599	3184	创业板
			国美通讯设备股份有限公司	0.0100	3379	主板
3	汽车制造业	15-01（引擎） F01N11/00（排气处理装置的监控或诊断装置） F01N3/20［专门适用于催化转化的（F01N 3/22 优先）］ F01N9/00［排气处理装置的电控（排气处理装置的监控或诊断装置入 F01N 11/00；两个或更多个燃烧发动机功能的电联合控制入 F02D 43/00）］ F01N3/28（催化反应器的结构） F02B77/08［安全、指示或监控装置（绝热入 F02B 77/11，用于排气处理装置的监控或诊断装置入 F01N 11/00）］ F01M13/04（具有空气离开曲轴箱以前对空气净化的装置，如除油） F02D41/00（燃烧发动机的电气控制） G01M15/00（发动机的测试） G05B23/02（电检验式监视）	潍柴动力股份有限公司	6.4768	16	主板
			中通客车控股股份有限公司	1.2182	360	主板
			山东金麒麟股份有限公司	0.8222	739	主板
			天润工业技术股份有限公司	0.7662	838	中小板
			山东隆基机械股份有限公司	0.3935	1958	中小板
			渤海汽车系统股份有限公司	0.3202	2251	主板
			兴民智通（集团）股份有限公司	0.2592	2480	中小板
			中国重汽集团济南卡车股份有限公司	0.0100	3379	主板
4	专用设备制造业	24-01（医生、医院和实验室用器具和设备） E02F3/80（结构部件） A61L2/26（附件） B28D5/04（用非旋转式工具的，例如往复式工具） B29D30/06（气胎或其零件） A61L2/07（蒸汽） A61N5/10［X 射线治疗法，γ 射线治疗法；粒子照射疗法（A61N 5/01 优先）］ E02F3/84（驱动或其控制设备）	山东新华医疗器械股份有限公司	2.6713	84	主板
			山推工程机械股份有限公司	2.4352	103	主板
			软控股份有限公司	1.9682	153	中小板
			山东豪迈机械科技股份有限公司	1.5484	244	中小板
			青岛海尔生物医疗股份有限公司	1.1754	379	科创板
			威海广泰空港设备股份有限公司	1.1726	382	中小板

续表

序号	产业领域	IPC技术领域	上市公司	IPI	IPI全国排名	上市板块
4	专用设备制造业	B29D30/26（附件或零部件，如隔板或传送装置） B29C33/10（有插入的通风装置）	青岛高测科技股份有限公司	0.9272	587	科创板
			山东天鹅棉业机械股份有限公司	0.6585	1068	主板
			烟台艾迪精密机械股份有限公司	0.5185	1483	主板
			山东墨龙石油机械股份有限公司	0.5141	1500	中小板
5	化学原料及化学制品制造业	26-04（电气或非电气光源） 26-01（烛台和烛架） C05G3/00（一种或多种肥料与无特殊肥效组分的混合物） 11-02（小摆设、桌子、壁炉台和墙壁装饰、花瓶和花盆） 09-03［箱、盒、容器、（防腐）罐］ 09-05（袋、香袋、管和囊） A01N43/90（具有两个或更多的相关杂环，自相稠合或具有共同的碳环环系） C09K11/06（含有机发光材料） C08G18/66（属于C08G 18/42、C08G 18/48或C08G 18/52组的化合物） C11C5/00（蜡烛）	万华化学集团股份有限公司	3.2040	61	主板
			中节能万润股份有限公司	1.5442	248	中小板
			金正大生态工程集团股份有限公司	0.8489	706	中小板
			史丹利农业集团股份有限公司	0.7991	773	中小板
			山东华鲁恒升化工股份有限公司	0.7725	825	主板
			海利尔药业集团股份有限公司	0.7551	863	主板
			山东泰和水处理科技股份有限公司	0.7412	888	创业板
			山东阳谷华泰化工股份有限公司	0.7383	893	创业板
			鲁西化工集团股份有限公司	0.6967	973	主板
			山东石大胜华化工集团股份有限公司	0.6556	1079	主板
6	医药制造业	09-03［箱、盒、容器、（防腐）罐］ G01N30/02（柱色谱法） A61K35/36［皮肤；毛发；指甲；皮脂腺；耳屎；表皮；上皮细胞；角化细胞；郎格罕氏细胞；外胚层细胞（胰岛入A61K 35/39）］ A61K8/73（多糖） 09-05（袋、香袋、管和囊） A61K9/08（溶液） A61K9/20（丸剂、锭剂或片剂） A23L33/00（改变食品的营养性质；营养制品；其制备或处理） C07D401/12（被含有杂原子的链作为键链连接的） A61K36/804（地黄属）	东阿阿胶股份有限公司	1.5888	234	主板
			山东新华制药股份有限公司	1.2827	327	主板
			华熙生物科技股份有限公司	0.9288	584	科创板
			华仁药业股份有限公司	0.7905	788	创业板
			辰欣药业股份有限公司	0.7839	801	主板
			山东鲁抗医药股份有限公司	0.7570	859	主板
			山东金城医药集团股份有限公司	0.5783	1302	创业板
			烟台东诚药业集团股份有限公司	0.4153	1872	中小板
			山东山大华特科技股份有限公司	0.4109	1889	主板
			山东步长制药股份有限公司	0.3725	2041	主板
7	橡胶和塑料制品业	12-15（车辆轮胎和防滑链） C08L7/00（天然橡胶的组合物） C08L9/06（与苯乙烯的共聚物） B60C11/03（胎面花纹） C08L23/12（聚丙烯） C08L9/00（共轭二烯烃的均聚物或共聚物的组合物） B29D30/20（用平胎法，即在圆柱形鼓轮上制造） B29D30/08（制造轮胎）	山东玲珑轮胎股份有限公司	1.4057	281	主板
			三角轮胎股份有限公司	1.2689	336	主板
			赛轮集团股份有限公司	1.2084	363	主板
			山东道恩高分子材料股份有限公司	0.5371	1428	中小板
			山东东宏管业股份有限公司	0.5331	1435	主板

续表

序号	产业领域	IPC 技术领域	上市公司	IPI	IPI 全国排名	上市板块
7	橡胶和塑料制品业	B29C35/02［加热或凝固，如交联或硫化（冷硫化入 B29C35/18）］ B29D30/06（气胎或其零件）	青岛森麒麟轮胎股份有限公司	0.5295	1448	中小板
			青岛国恩科技股份有限公司	0.3540	2124	中小板
			山东同大海岛新材料股份有限公司	0.3461	2153	创业板
			英科医疗科技股份有限公司	0.2595	2475	创业板
			青岛双星股份有限公司	0.0100	3379	主板
8	黑色金属冶炼及压延加工	C22C38/02（含硅的） C21C5/46（零件或辅助设备） C21C5/28（转炉炼钢） F27B21/08（零部件、附件或烧结或类似设备特有的装置） B21B45/02（用于润滑、冷却或清洗） B21B39/16（紧接在进入轧道前或离开轧道后） C21B5/00（高炉炼生铁） B22D41/02（衬里） B21B1/08［轧制特殊截面形状的工件，如角钢（轧制专门适用于制造特种产品的形状重复而长度不定的金属入 B21H8/00）］ C22C38/14（含钛或锆的）	山东钢铁股份有限公司	3.5387	51	主板
9	通用设备制造业	B01D25/12（压滤机，即板式或者板框式的） B23Q11/00［适用于保持刀具或机床部件良好的工作状态或者适用于工件冷却的安装在机床附件；专门组合于，或配置于，或专门适用于，有关机床的安全设备（有关镗床或钻床的入 B23B 47/24，B23B 47/32 优先；一般安全设备入 F16P）］ 15-07（冷冻机具及设备） B01D25/32（卸去滤块） B01D25/172［板的松开装置（滤饼卸除入 B01D 25/32）］ B01D25/34（通过移动过滤元件） 15-01（引擎） F04C18/16（带螺旋齿，如人字齿、螺杆式的） B23Q1/01（机架，床身，立柱或类似的部件；导轨的布置） 20-02（陈列和销售设备）	潍柴重机股份有限公司	1.2576	342	主板
			景津环保股份有限公司	1.0065	514	主板
			通裕重工股份有限公司	0.7235	915	创业板
			山东省章丘鼓风机股份有限公司	0.6079	1196	中小板
			冰轮环境技术股份有限公司	0.6023	1218	主板
			青岛海容商用冷链股份有限公司	0.5391	1422	主板
			威海华东数控股份有限公司	0.4709	1656	中小板
			华丰动力股份有限公司	0.2992	2345	主板
			青岛伟隆阀门股份有限公司	0.2210	2606	中小板
			海联金汇科技股份有限公司	0.0458	3255	中小板
10	非金属矿物制品业	07-01（陶瓷器、玻璃器皿、餐用盘碟和其他类似物品） F16L9/14［组合管，即用上述各组中任一组均未完全包括的材料制成（F16L 9/16 至 F16L 9/22 优先）］ H01F41/02（用于制造磁芯、线圈或磁体的） C04B35/66（含有或不含有黏土的整块耐火材料或耐火砂浆） C25C3/12（阳极） 09-01（瓶、长颈瓶、罐、耐酸瓶、细颈坛和附有喷雾器装置的容器） C08L23/28［与卤素或含卤素化合物反应（C08L 23/32 优先）］ C03C25/40（有机硅化合物） C03B9/30［吹制玻璃的各种部件（用于人工吹制入 C03B 9/02）；模具所用的材料］ C03B9/13［采用料滴供料机（C03B 9/28、C03B 9/29 优先）］	山东鲁阳节能材料股份有限公司	0.9559	559	中小板
			山东省药用玻璃股份有限公司	0.9138	606	主板
			索通发展股份有限公司	0.6166	1170	主板
			烟台正海磁性材料股份有限公司	0.5969	1237	创业板
			山东双一科技股份有限公司	0.4636	1688	创业板
			山东玻纤集团股份有限公司	0.4071	1904	主板
			山东金晶科技股份有限公司	0.4016	1920	主板
			山东龙泉管道工程股份有限公司	0.3330	2199	中小板
			山东华鹏玻璃股份有限公司	0.2646	2462	主板

资料来源：科技大数据湖北省重点实验室

3.2.6 上海市

2020 年，上海市上市公司的知识产权指数为 1.2567，排名第 6 位。2014～2019 年，上海市的上市公司实用新型专利呈逐年增长趋势，发明专利逐年增长至 2018 年，2019 年有所回落（图 3-7）。上海市上市公司数量总计 321 家，分布在 41 个产业领域中，累计专利申请数量与专利申请发明人最多的是黑色金属冶炼及压延加工，有效专利拥有量最多的产业领域是专用设备制造业，专利申请人数量最多的产业领域是信息传输、软件和信息技术服务业，石油加工、炼焦及核燃料加工业领域的平均专利维持时间最长（表 3-11）。上海市的优势产业领域为专用设备制造业，电气机械及器材制造业，汽车制造业，黑色金属冶炼及压延加工，信息传输、软件和信息技术服务业，计算机、通信和其他电子设备制造业，通用设备制造业，化学原料及化学制品制造业，建筑业，食品制造业，知识产权指数最高的企业是宝山钢铁股份有限公司，达到 6.2064，位列全国第 19 名，上市板块为主板，所属产业领域为黑色金属冶炼及压延加工（表 3-12）。

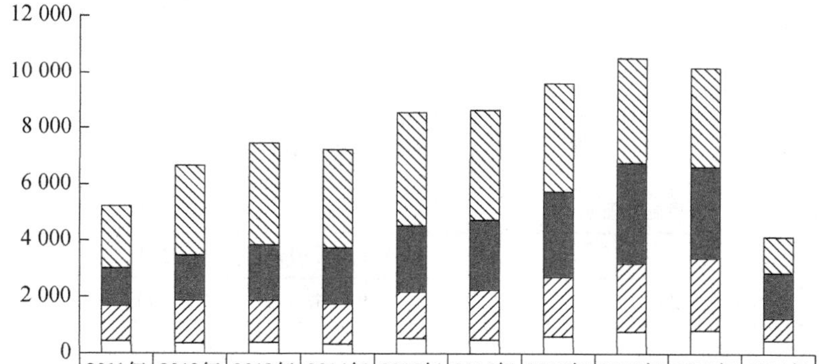

	2011年	2012年	2013年	2014年	2015年	2016年	2017年	2018年	2019年	2020年
▧有效专利拥有量/件	2 216	3 191	3 628	3 495	4 025	3 908	3 874	3 760	3 554	1 278
■发明专利/件	1 327	1 603	1 963	1 999	2 341	2 477	3 033	3 587	3 260	1 613
▨实用新型专利/件	1 259	1 520	1 500	1 408	1 662	1 780	2 122	2 434	2 566	784
□外观设计专利/件	418	346	370	326	515	468	586	757	810	463

图 3-7 2011～2020 年上海市上市公司不同类型专利申请趋势

资料来源：科技大数据湖北省重点实验室

表 3-11 2020 年上海市上市公司专利产业分布

序号	产业领域	上市公司数量/家	累计专利申请数量/件（排名）	有效专利拥有量/件（排名）	专利申请人数量/个（排名）	平均专利维持时间/年（排名）	专利申请发明人数量/个（排名）
1	信息传输、软件和信息技术服务业	41	5 293（5）	2 468（5）	38（1）	4.54（20）	5 906（4）
2	计算机、通信和其他电子设备制造业	22	3 997（6）	2 104（6）	21（3）	5.65（9）	4 001（6）
3	专用设备制造业	22	8 454（2）	5 891（1）	22（2）	4.53（21）	6 850（3）
4	批发和零售业	21	195（24）	94（23）	8（9）	1.4（35）	461（17）
5	房地产业	20	310（20）	40（33）	4（14）	1.13（36）	236（21）
6	电气机械及器材制造业	19	8 036（3）	5 761（2）	18（4）	4.61（18）	5 131（5）
7	化学原料及化学制品制造业	19	3 559（7）	1 492（8）	18（4）	5.89（6）	2 730（8）
8	交通运输、仓储和邮政业	18	168（26）	89（25）	7（11）	2.17（34）	394（18）
9	金融业	17	699（16）	236（17）	12（8）	3.16（31）	1 066（12）

续表

序号	产业领域	上市公司数量/家	累计专利申请数量/件（排名）	有效专利拥有量/件（排名）	专利申请人数量/个（排名）	平均专利维持时间/年（排名）	专利申请发明人数量/个（排名）
10	医药制造业	16	1 433（12）	587（12）	15（6）	5.54（10）	1 678（10）
11	汽车制造业	13	6 467（4）	3 974（3）	13（7）	5.34（13）	11 779（2）
12	建筑业	11	2 285（9）	1 223（9）	8（9）	3.49（28）	3 076（7）
13	通用设备制造业	8	3 188（8）	1 651（7）	7（11）	4.59（19）	2 726（9）
14	橡胶和塑料制品业	7	1 222（13）	468（13）	7（11）	6.31（4）	862（14）
15	文化、体育和娱乐业	6	116（29）	93（24）	2（23）	0.87（38）	87（32）
16	食品制造业	5	1 581（10）	892（10）	4（14）	5.83（7）	873（13）
17	租赁和商务服务业	5	92（32）	60（31）	4（14）	3.15（32）	128（28）
18	采矿业	4	726（15）	298（15）	3（17）	3.71（26）	725（15）
19	纺织服装、服饰业	4	281（23）	176（20）	3（17）	3.29（30）	266（20）
20	电力、热力、燃气及水的生产和供应业	3	116（29）	79（28）	2（23）	2.63（33）	200（24）
21	非金属矿物制品业	3	289（22）	171（21）	3（17）	5.34（12）	212（22）
22	科学研究和技术服务业	3	58（35）	18（35）	3（17）	5.11（15）	134（26）
23	铁路、船舶、航空航天和其他运输设备制造业	3	59（34）	9（38）	2（23）	6.18（5）	26（37）
24	水利、环境和公共设施管理业	3	304（21）	180（18）	3（17）	5.26（14）	108（30）
25	纺织业	3	525（17）	154（22）	3（17）	4.18（23）	184（25）
26	黑色金属冶炼及压延加工	2	9 767（1）	3 724（4）	1（30）	4.1（24）	12 121（1）
27	金属制品业	2	37（36）	32（34）	1（30）	3.54（27）	58（36）
28	有色金属冶炼及压延加工业	2	26（37）	12（36）	1（30）	0.88（37）	103（31）
29	仪器仪表制造业	2	401（19）	287（16）	2（23）	7.36（2）	595（16）
30	酒、饮料和精制茶制造业	2	127（27）	89（25）	2（23）	6.69（3）	122（29）
31	农、林、牧、渔业	2	119（28）	76（29）	1（30）	3.3（29）	71（35）
32	造纸及纸制品业	2	71（33）	58（32）	2（23）	5.4（11）	72（34）
33	印刷和记录媒介复制业	2	190（25）	86（27）	2（23）	5.77（8）	133（27）
34	综合	2	23（38）	11（37）	1（30）	5.08（16）	15（38）
35	文教、工美、体育和娱乐用品制造业	1	1 565（11）	754（11）	1（30）	3.91（25）	331（19）
36	化学纤维制造业	1	436（18）	178（19）	1（30）	5.03（17）	210（23）
37	石油加工、炼焦及核燃料加工业	1	1 172（14）	309（14）	1（30）	10.01（1）	1 327（11）
38	其他制造业	1	0（39）	0（39）	0（39）	0（39）	0（39）
39	木材加工及木、竹、藤、棕、草制品业	1	102（31）	73（30）	1（30）	4.41（22）	78（33）
40	教育	1	0（39）	0（39）	0（39）	0（39）	0（39）
41	住宿和餐饮业	1	0（39）	0（39）	0（39）	0（39）	0（39）
全市合计		321	63 489	33 897	247	—	65 075

资料来源：科技大数据湖北省重点实验室

表 3-12　2020 年上海市上市公司十强产业及上市公司

<table>
<tr><th>序号</th><th>产业领域</th><th>IPC 技术领域</th><th>上市公司</th><th>IPI</th><th>IPI 全国排名</th><th>上市板块</th></tr>
<tr><td rowspan="10">1</td><td rowspan="10">专用设备制造业</td><td rowspan="10">H01J37/32［充气放电管（放电加热的入 H05B）］
G07D13/00（以 G07D1/00 至 G07D11/00 各组中的每单一小组均不包括的机械装置的组合为特征的硬币或有价纸币的处理）
26-05（灯、落地灯、树枝形吊灯、墙壁和天花板嵌灯、灯罩、反光罩、照相和电影用聚光灯）
G07D11/00（接受硬币的装置；对有价纸币进行接收、分发、整理或计数的装置）
26-03（公共场所照明装置）
H01L21/67（专门适用于在制造或处理过程中处理半导体或电固体器件的装置；专门适合于在半导体或电固体器件或部件的制造或处理过程中处理晶片的装置）
F26B5/06（需要冷冻过程的）
B23K37/04（用于工件的固定或定位）
H05H1/46［应用外加电磁场的，例如高频能或微波能（H05H 1/26 优先）］
B66C1/10（用机械装置）</td><td>上海振华重工（集团）股份有限公司</td><td>3.4551</td><td>53</td><td>主板</td></tr>
<tr><td>中微半导体设备（上海）股份有限公司</td><td>1.7614</td><td>191</td><td>科创板</td></tr>
<tr><td>上海古鳌电子科技股份有限公司</td><td>1.2753</td><td>332</td><td>创业板</td></tr>
<tr><td>华荣科技股份有限公司</td><td>0.9467</td><td>567</td><td>主板</td></tr>
<tr><td>上海神开石油化工装备股份有限公司</td><td>0.9030</td><td>615</td><td>中小板</td></tr>
<tr><td>上海东富龙科技股份有限公司</td><td>0.9009</td><td>620</td><td>创业板</td></tr>
<tr><td>上海奕瑞光电子科技股份有限公司</td><td>0.8673</td><td>676</td><td>科创板</td></tr>
<tr><td>上海天永智能装备股份有限公司</td><td>0.6778</td><td>1013</td><td>主板</td></tr>
<tr><td>上海凯利泰医疗科技股份有限公司</td><td>0.6494</td><td>1092</td><td>创业板</td></tr>
<tr><td>上海创力集团股份有限公司</td><td>0.6182</td><td>1166</td><td>主板</td></tr>
<tr><td rowspan="10">2</td><td rowspan="10">电气机械及器材制造业</td><td rowspan="10">26-05（灯、落地灯、树枝形吊灯、墙壁和天花板嵌灯、灯罩、反光罩、照相和电影用聚光灯）
F21S2/00(不包含在大组 F21S 4/00 至 F21S 10/00 或 F21S 19/00 中的照明装置系统，例如模块化结构的）
H05B37/02（控制）
F21S8/00［准备固定安装的照明装置（F21S 9/00，F21S 10/00 优先；使用光源串或带的入 F21S 4/00）］
13-03（配电和控制设备）
H01H71/10（操作或释放机构）
26-03（公共场所照明装置）
H05B33/08（并非适用于一种特殊应用的电路装置）
F21S8/04［仅打算镶嵌在顶棚上或类似头顶上方结构上的（F21S 8/02 优先）］
F21K9/20（包含附件的光源）</td><td>欧普照明股份有限公司</td><td>3.2445</td><td>60</td><td>主板</td></tr>
<tr><td>上海良信电器股份有限公司</td><td>1.8540</td><td>175</td><td>中小板</td></tr>
<tr><td>上海新时达电气股份有限公司</td><td>1.3889</td><td>290</td><td>中小板</td></tr>
<tr><td>思源电气股份有限公司</td><td>0.9214</td><td>595</td><td>中小板</td></tr>
<tr><td>上海荣泰健康科技股份有限公司</td><td>0.8583</td><td>689</td><td>主板</td></tr>
<tr><td>科大智能科技股份有限公司</td><td>0.7556</td><td>861</td><td>创业板</td></tr>
<tr><td>上海科泰电源股份有限公司</td><td>0.7516</td><td>867</td><td>创业板</td></tr>
<tr><td>上海飞科电器股份有限公司</td><td>0.6765</td><td>1018</td><td>主板</td></tr>
<tr><td>开能健康科技集团股份有限公司</td><td>0.6307</td><td>1135</td><td>创业板</td></tr>
<tr><td>上海飞乐音响股份有限公司</td><td>0.6101</td><td>1189</td><td>主板</td></tr>
<tr><td rowspan="7">3</td><td rowspan="7">汽车制造业</td><td rowspan="7">B60H1/00［加热、冷却或通风设备（提供其他空气处理的加热、冷却或通风设备，与其他处理有关的入 B60H 3/00；只需打开窗、门、屋顶部件或类似部件的通风入 B60J；用于车辆座椅的加热或通风设备入 B60N 2/56；利用空气的车窗或挡风玻璃的清洁装置，例如除霜器入 B60S 1/54）］
F21S41/141（发光二极管）
G01M17/007［轮式或履带式车辆（G01M17/08 优先）］
26-06（车辆照明设备）
F21S41/25（投影透镜）
F21S41/24（光导）
F21S43/14（发光二极管）
F21S41/20（以折射器、透光盖板、光导或滤光器为特征的）
G05B23/02（电检验式监视）</td><td>上海汽车集团股份有限公司</td><td>4.7118</td><td>34</td><td>主板</td></tr>
<tr><td>华域汽车系统股份有限公司</td><td>1.9779</td><td>151</td><td>主板</td></tr>
<tr><td>上海加冷松芝汽车空调股份有限公司</td><td>1.1354</td><td>407</td><td>中小板</td></tr>
<tr><td>科博达技术股份有限公司</td><td>0.7831</td><td>804</td><td>主板</td></tr>
<tr><td>上海保隆汽车科技股份有限公司</td><td>0.6715</td><td>1036</td><td>主板</td></tr>
<tr><td>上海华培动力科技（集团）股份有限公司</td><td>0.4964</td><td>1555</td><td>主板</td></tr>
<tr><td>上海凯众材料科技股份有限公司</td><td>0.4215</td><td>1844</td><td>主板</td></tr>
</table>

续表

<table>
<tr><th>序号</th><th>产业领域</th><th>IPC 技术领域</th><th>上市公司</th><th>IPI</th><th>IPI 全国排名</th><th>上市板块</th></tr>
<tr><td rowspan="3">3</td><td rowspan="3">汽车制造业</td><td rowspan="3">H05B33/08（并非适用于一种特殊应用的电路装置）</td><td>东风电子科技股份有限公司</td><td>0.4137</td><td>1880</td><td>主板</td></tr>
<tr><td>上海北特科技股份有限公司</td><td>0.3984</td><td>1930</td><td>主板</td></tr>
<tr><td>上海岱美汽车内饰件股份有限公司</td><td>0.2800</td><td>2409</td><td>主板</td></tr>
<tr><td rowspan="2">4</td><td rowspan="2">黑色金属冶炼及压延加工</td><td rowspan="2">C22C38/14（含钛或锆的）
B21B45/02（用于润滑、冷却或清洗）
C22C38/02（含硅的）
C22C38/04（含锰的）
C22C38/58［含大于 1.5（重量）的锰］
B22D11/06［注入带移动壁的铸型，如用辊子、板、皮带、履带（B22D 11/07 优先）］
C04B35/66（含有或不含有黏土的整块耐火材料或耐火砂浆）
B21B37/00［专门适用于金属轧机或其加工产品的控制设备或方法（专门适用于金属轧机的测量方法或设备 B21B 38/00）］
B21B38/00（专门适用于金属轧机的测量方法和装置，如位置检测、产品的检验）
C22C38/50（含钛或锆的）</td><td>宝山钢铁股份有限公司</td><td>6.2064</td><td>19</td><td>主板</td></tr>
<tr><td>上海宽频科技股份有限公司</td><td>0.0100</td><td>3379</td><td>主板</td></tr>
<tr><td rowspan="10">5</td><td rowspan="10">信息传输、软件和信息技术服务业</td><td rowspan="10">H04L29/08（传输控制规程，例如数据链级控制规程）
H04L29/06（以协议为特征的）
G06F17/30（信息检索及其数据库结构）
H04L12/24（用于维护或管理的装置）
H05B33/08（并非适用于一种特殊应用的电路装置）
H04L12/26（监视装置；测试装置）
H04L29/12（以数据终端为特征的）
H05B37/02（控制）
G06F11/36（通过软件的测试或调试防止错误）
G06F9/44（执行特定程序的设计）</td><td>网宿科技股份有限公司</td><td>2.5997</td><td>88</td><td>创业板</td></tr>
<tr><td>上海宝信软件股份有限公司</td><td>1.8998</td><td>165</td><td>主板</td></tr>
<tr><td>晶晨半导体（上海）股份有限公司</td><td>1.0692</td><td>460</td><td>科创板</td></tr>
<tr><td>上海维宏电子科技股份有限公司</td><td>0.8891</td><td>634</td><td>创业板</td></tr>
<tr><td>万达信息股份有限公司</td><td>0.8255</td><td>734</td><td>创业板</td></tr>
<tr><td>上海晶丰明源半导体股份有限公司</td><td>0.7880</td><td>791</td><td>科创板</td></tr>
<tr><td>乐鑫信息科技（上海）股份有限公司</td><td>0.7149</td><td>941</td><td>科创板</td></tr>
<tr><td>优刻得科技股份有限公司</td><td>0.7014</td><td>961</td><td>科创板</td></tr>
<tr><td>芯原微电子（上海）股份有限公司</td><td>0.6405</td><td>1115</td><td>科创板</td></tr>
<tr><td>格尔软件股份有限公司</td><td>0.6198</td><td>1161</td><td>主板</td></tr>
<tr><td rowspan="9">6</td><td rowspan="9">计算机、通信和其他电子设备制造业</td><td rowspan="9">14-03（通信设备、无线遥控和无线电放大器）
C09G1/02（含有磨料或研磨剂）
G03F7/42（剥离或剥离剂）
H02J7/00（用于电池组的充电或去极化或用于由电池组向负载供电的装置）
H01L31/18（专门适用于制造或处理这些器件或其部件的方法或设备）
G01R31/00［电性能的测试装置；电故障的探测装置；以所进行的测试在其他位置未提供为特征的电测试装置；在制造过程中测试或测量半导体或固体器件入 H01L21/66；线路传输系统的测试入 H04B3/46］
H05K9/00［设备或元件对电场或磁场的屏蔽（用于吸收-天线辐射的设备入 H01Q17/00）］
G06F9/445［程序的加载或启动（引导程序入 G06F 9/4401；程序装载或启动的安全装置入 G06F 21/57）］</td><td>环旭电子股份有限公司</td><td>1.3192</td><td>312</td><td>主板</td></tr>
<tr><td>上海华测导航技术股份有限公司</td><td>1.2116</td><td>362</td><td>创业板</td></tr>
<tr><td>上海贝岭股份有限公司</td><td>1.0892</td><td>444</td><td>主板</td></tr>
<tr><td>协鑫集成科技股份有限公司</td><td>0.8900</td><td>631</td><td>中小板</td></tr>
<tr><td>上海剑桥科技股份有限公司</td><td>0.8603</td><td>684</td><td>主板</td></tr>
<tr><td>澜起科技股份有限公司</td><td>0.7423</td><td>883</td><td>科创板</td></tr>
<tr><td>上海移远通信技术股份有限公司</td><td>0.7385</td><td>890</td><td>主板</td></tr>
<tr><td>上海徕木电子股份有限公司</td><td>0.6765</td><td>1017</td><td>主板</td></tr>
<tr><td>聚辰半导体股份有限公司</td><td>0.5792</td><td>1298</td><td>科创板</td></tr>
</table>

续表

序号	产业领域	IPC 技术领域	上市公司	IPI	IPI 全国排名	上市板块
6	计算机、通信和其他电子设备制造业	H05K5/02（零部件） H05K7/20（便于冷却、通风或加热的改进）	南亚新材料科技股份有限公司	0.5725	1320	科创板
7	通用设备制造业	15-09（工作母机、研磨和铸造机械） F04C29/00（不包含在大组 F04C 18/00 至 F04C 28/00 中的专门适用于弹性流体的泵送装置的部件、零件或附件） B23K9/10（所用的其他电路；保护电路；遥控） F04B39/00［不包含在 F04B 25/00 至 F04B 37/00 组中或与上述组无关的专门适用于弹性流体的泵或泵送系统的零件、部件或附件（用于控制入 F04B 49/00）］ F04C23/02［以泵与特定的驱动发动机或电动机的组合，或适用于特定的驱动发动机或电机为特征的（发动机或电动机的主要方面，参见有关类）］ 08-05（其他工具和器具） A61H1/02（锻炼用的伸张或弯曲器具） F04C18/356（带有相对外部元件往复运动的叶片） F25B43/00［分离或净化气体或液体的装置（在分析器或精馏器内的入 F25B 33/00）；气化液态制冷剂剩余物的装置，例如用加热（F25B 40/00 优先）］ F04C18/16（带螺旋齿，如人字齿、螺杆式的）	上海电气集团股份有限公司	2.0942	133	主板
			上海海立（集团）股份有限公司	1.4666	266	主板
			上海沪工焊接集团股份有限公司	0.7804	811	主板
			上海正帆科技股份有限公司	0.6752	1025	科创板
			锐奇控股股份有限公司	0.6600	1066	创业板
			上海柴油机股份有限公司	0.5848	1281	主板
			上海汉钟精机股份有限公司	0.4950	1562	中小板
			上海机电股份有限公司	0.0100	3379	主板
8	化学原料及化学制品制造业	09-01（瓶、长颈瓶、罐、耐酸瓶、细颈坛和附有喷雾器装置的容器） 09-03［箱、盒、容器、（防腐）罐］ 09-05（袋、香袋、管和囊） C09B67/22（不同颜料或染料的混合或颜料或染料的固体溶液） 12-15（车辆轮胎和防滑链） 19-08（其他印刷品） H01L21/67（专门适用于在制造或处理过程中处理半导体或电固体器件的装置；专门适合于在半导体或电固体器件或部件的制造或处理过程中处理晶片的装置） C08F114/06（氯乙烯） C09B67/24（酸性染料或活性染料的制备） C25D3/38（铜的）	上海家化联合股份有限公司	1.1052	432	主板
			上海安诺其集团股份有限公司	0.8631	682	创业板
			上海氯碱化工股份有限公司	0.8177	747	主板
			上海新阳半导体材料股份有限公司	0.7499	872	创业板
			彤程新材料集团股份有限公司	0.5975	1233	主板
			上海天洋热熔粘接材料股份有限公司	0.5839	1287	主板
			上海汇得科技股份有限公司	0.5156	1496	主板
			上海康达化工新材料集团股份有限公司	0.4998	1546	中小板
			上海金力泰化工股份有限公司	0.4765	1630	创业板
			上海雅运纺织化工股份有限公司	0.4590	1701	主板
9	建筑业	E02D17/04（基础坑边缘的修砌或加固） E04G11/28（爬升模壳，即要逐层提升过程中不与已浇灌的混凝土相接触的模壳） E21D9/00［衬砌或不衬砌的隧道或平硐；其掘进的方法或设备（衬砌物本身入 E21D 11/00；防岩石崩塌或雪崩的穿廊入 E01F 7/04）；隧道、平硐的设计布置］ E21D11/10（用混凝土现场浇注；为此所用的模板或其他设备） E21D9/06（通过使用掘进护板） E04G3/28（可移动的脚手架；带有可动平台的脚手架）	上海建工集团股份有限公司	1.9491	159	主板
			上海隧道工程股份有限公司	1.2259	355	主板
			中国海诚工程科技股份有限公司	0.8899	632	中小板
			上海浦东路桥建设股份有限公司	0.6537	1083	主板
			天海融合防务装备技术股份有限公司	0.6235	1153	创业板

续表

序号	产业领域	IPC 技术领域	上市公司	IPI	IPI 全国排名	上市板块
9	建筑业	E04G21/04［既能用于输送又能用于布配的设备（混凝土泵入 F04）］ E02D33/00［基础或基础结构的试验（试验方法和仪器参见 G01 类的有关小类；一般有关功能的试验构筑物或试验仪器入 G01M；一般通过确定其化学或物理性质对材料进行研究或分析入 G01N）］ E04G21/00［建筑材料或建筑构件在现场的制备，搬运或加工；施工中采用的其他方法和设备（石类材料的加工入 B28D；一般运输入 B65G；提升设备入 B66；测量仪表入 G01）］ E02D17/02（基础坑）	上海全筑建筑装饰集团股份有限公司	0.3655	2080	主板
			天域生态环境股份有限公司	0.2553	2489	主板
			中国核工业建设股份有限公司	0.2162	2631	主板
			上海同济科技实业股份有限公司	0.0100	3379	主板
			上海创兴资源开发股份有限公司	0.0100	3379	主板
10	食品制造业	A23C9/13（使用添加物） C12N1/20（细菌；其培养基） A23C9/152［含有添加物（含有添加物的发酵奶配制品入 A23C 9/13）］ A23C9/123［仅应用乳酸杆菌科的微生物；酸奶（A23C9/13 优先）］ A23C19/09［其他干酪配制品；干酪与其他食品的混合制品（保存入 A23C 19/097）］ A23C19/032（以应用特种微生物，或由来源于微生物的酶为特征的） C12Q1/68（包括核酸） A23C9/133（水果或蔬菜） A23C9/127［应用乳酸杆菌科的微生物连同其他微生物或酶，例如酸牛乳酒、马奶酒（A23C9/13 优先）］ C12N1/14［真菌（蘑菇的培养入 A01G 18/00；作为新植物本身入 A01H15/00）；其培养基］	光明乳业股份有限公司	1.9342	162	主板
			爱普香料集团股份有限公司	0.4258	1822	主板
			上海元祖梦果子股份有限公司	0.1615	2825	主板
			上海梅林正广和股份有限公司	0.1460	2885	主板
			上海妙可蓝多食品科技股份有限公司	0.0100	3379	主板

资料来源：科技大数据湖北省重点实验室

3.2.7 安徽省

2020 年，安徽省上市公司的知识产权指数为 1.0072，排名第 7 位。2011～2018 年，安徽省的上市公司发明专利呈逐年增长趋势，但仍保持较高的申请数量（图 3-8）。安徽省上市公司数量总计 122 家，分布在 37 个产业领域中，累计专利申请数量、有效专利拥有量以及专利申请发明人数量最多的是汽车制造业领域，专利申请人数量最多的产业领域是电气机械及器材制造业、化学原料及化学制品制造业，医药制造业平均专利维持时间最长（表 3-13）。安徽省的优势产业领域为汽车制造业，电气机械及器材制造业，专用设备制造业，黑色金属冶炼及压延加工，计算机、通信和其他电子设备制造业，信息传输、软件和信息技术服务业，酒、饮料和精制茶制造业，化学原料及化学制品制造业，橡胶和塑料制品业，通用设备制造业，知识产权指数最高的企业是安徽江淮汽车集团股份有限公司，达到 7.6593，位列全国第 10 名，上市板块为主板，所属产业领域为汽车制造业（表 3-14）。

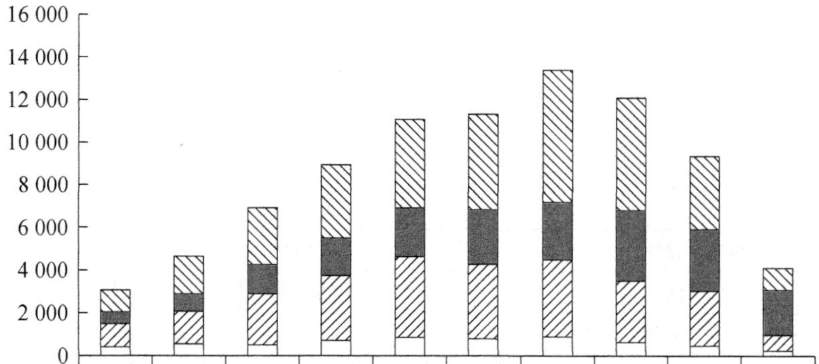

	2011年	2012年	2013年	2014年	2015年	2016年	2017年	2018年	2019年	2020年
⧅有效专利拥有量/件	1 035	1 769	2 647	3 438	4 161	4 497	6 223	5 309	3 441	1021
■发明专利/件	546	811	1 374	1 763	2 297	2 560	2 704	3 294	2 878	2 109
⧄实用新型专利/件	1 079	1 522	2 383	3 017	3 761	3 473	3 582	2 873	2 560	725
□外观设计专利/件	403	542	497	714	852	787	887	622	467	244

图 3-8　2011～2020 年安徽省上市公司不同类型专利申请趋势

资料来源：科技大数据湖北省重点实验室

表 3-13　2020 年安徽省上市公司专利产业分布

序号	产业领域	上市公司数量/家	累计专利申请数量/件（排名）	有效专利拥有量/件（排名）	专利申请人数量/个（排名）	平均专利维持时间/年（排名）	专利申请发明人数量/个（排名）
1	电气机械及器材制造业	9	7 775（2）	4 904（2）	9（1）	5.8（2）	5 630（3）
2	化学原料及化学制品制造业	9	2 120（7）	1 073（8）	9（1）	5.16（9）	2 317（7）
3	计算机、通信和其他电子设备制造业	8	3 385（5）	2 067（5）	8（3）	4.72（14）	3 299（6）
4	专用设备制造业	7	4 492（3）	3 323（3）	7（4）	3.97（23）	3 954（4）
5	通用设备制造业	6	1 450（10）	937（10）	6（5）	4.79（13）	1 729（10）
6	水利、环境和公共设施管理业	6	453（19）	274（20）	4（10）	3.11（29）	542（19）
7	汽车制造业	5	24 033（1）	11 014（1）	5（6）	5.11（10）	16 162（1）
8	信息传输、软件和信息技术服务业	5	3 207（6）	1 439（6）	5（6）	4.35（19）	3 713（5）
9	金属制品业	5	1 228（11）	599（11）	5（6）	5.16（8）	676（15）
10	橡胶和塑料制品业	5	1 490（9）	948（9）	5（6）	5.39（4）	2 299（8）
11	医药制造业	4	261（24）	133（24）	4（10）	6.59（1）	394（21）
12	有色金属冶炼及压延加工业	4	895（13）	497（12）	4（10）	5.26（5）	1 805（9）
13	酒、饮料和精制茶制造业	4	1 725（8）	1 201（7）	4（10）	4.39（18）	1 486（12）
14	批发和零售业	4	355（22）	106（26）	3（15）	2.2（32）	114（29）
15	纺织业	4	673（15）	377（13）	4（10）	3.16（28）	349（22）
16	采矿业	3	955（12）	299（18）	3（15）	4.51（16）	1 542（11）
17	建筑业	3	522（17）	305（17）	3（15）	4.88（12）	1 448（13）
18	非金属矿物制品业	3	702（14）	334（14）	3（15）	3.99（22）	566（18）
19	金融业	3	10（34）	6（34）	1（24）	1.14（33）	11（34）
20	电力、热力、燃气及水的生产和供应业	2	23（33）	9（33）	1（24）	0.73（34）	66（31）
21	仪器仪表制造业	2	539（16）	324（16）	2（19）	5.51（3）	629（17）
22	交通运输、仓储和邮政业	2	30（32）	13（31）	2（19）	3.18（27）	44（33）
23	农、林、牧、渔业	2	90（29）	29（30）	2（19）	4.57（15）	224（24）

续表

序号	产业领域	上市公司数量/家	累计专利申请数量/件（排名）	有效专利拥有量/件（排名）	专利申请人数量/个（排名）	平均专利维持时间/年（排名）	专利申请发明人数量/个（排名）
24	造纸及纸制品业	2	397（21）	295（19）	2（19）	3.02（30）	272（23）
25	房地产业	2	100（28）	47（29）	1（24）	3.75（24）	186（26）
26	文化、体育和娱乐业	2	50（31）	11（32）	2（19）	3.61（26）	63（32）
27	黑色金属冶炼及压延加工	1	3 806（4）	2 227（4）	1（24）	5.17（7）	6 215（2）
28	科学研究和技术服务业	1	238（25）	156（22）	1（24）	2.87（31）	703（14）
29	铁路、船舶、航空航天和其他运输设备制造业	1	108（27）	79（27）	1（24）	4.45（17）	162（28）
30	食品制造业	1	492（18）	223（21）	1（24）	4.31（20）	499（20）
31	农副食品加工业	1	272（23）	107（25）	1（24）	5.08（11）	208（25）
32	家具制造业	1	432（20）	331（15）	1（24）	3.61（25）	177（27）
33	化学纤维制造业	1	218（26）	135（23）	1（24）	5.19（6）	676（15）
34	其他制造业	1	0（35）	0（35）	0（35）	0（35）	0（35）
35	印刷和记录媒介复制业	1	59（30）	49（28）	1（24）	4.29（21）	107（30）
36	教育	1	0（35）	0（35）	0（35）	0（35）	0（35）
37	住宿和餐饮业	1	0（35）	0（35）	0（35）	0（35）	0（35）
全省合计		122	62 585	33 871	112	—	58 267

资料来源：科技大数据湖北省重点实验室

表 3-14　2020 年安徽省上市公司十强产业及上市公司

序号	产业领域	IPC 技术领域	上市公司	IPI	IPI 全国排名	上市板块
1	汽车制造业	12-16（其他类未包括的车辆零件、设备和附件） B23K37/04（用于工件的固定或定位） B21D37/10（模具组；导向支柱） B60R16/02（电气的） G01B5/00［以采用机械方法为特征的计量设备（包括在大组 G01B 3/00 中的各式量具本身入 G01B 3/00）］ B60K5/12（发动机支座的布置） B60H1/00［加热、冷却或通风设备（提供其他空气处理的加热、冷却或通风设备，与其他处理有关的入 B60H 3/00；只需打开窗、门、屋顶部件或类似部件的通风入 B60J；用于车辆座椅的加热或通风设备入 B60N 2/56；利用空气的车窗或挡风玻璃的清洁装置，例如除霜器入 B60S 1/54）］ G01M17/007［轮式或履带式车辆（G01M17/08 优先）］ 15-01（引擎） B25B11/00［不包含在 B25B 1/00 至 B25B 9/00 各组中的工件夹持装置或定位装置，例如，磁性工件夹持装置、真空夹持装置（用于焊接、钎焊或通过局部加热而进行切割的工件的夹持或定位入 B23K 37/04；专门用于机床的入 B23Q 3/00）］	安徽江淮汽车集团股份有限公司	7.6593	10	主板
			安徽安凯汽车股份有限公司	2.5798	91	主板
			芜湖伯特利汽车安全系统股份有限公司	0.7909	786	主板
			合肥常青机械股份有限公司	0.4414	1758	主板
			华菱星马汽车（集团）股份有限公司	0.1812	2758	主板
2	电气机械及器材制造业	15-07（冷冻机具及设备） F25D11/02（带有不同温度冷却间隔的） F25D29/00（控制或安全设备的配置或安装）	阳光电源股份有限公司	3.0134	70	创业板
			长虹美菱股份有限公司	2.7936	80	主板

续表

序号	产业领域	IPC 技术领域	上市公司	IPI	IPI 全国排名	上市板块
2	电气机械及器材制造业	H02J3/38（由两个或两个以上发电机、变换器或变压器对 1 个网络并联馈电的装置） F25D23/02［门；盖（F25D 23/08 优先）］ 15-05（工业用洗涤、清洁和干燥机具） F25D11/00（与冷却机相关的独立可移动的设备，例如家用电冰箱） H02M7/483（具有分别具有两个以上的电压电平的输出的变换器） F25D25/02（使用盘架） D06F37/30（传动装置）	惠而浦（中国）股份有限公司	2.5484	95	主板
			安徽聚隆传动科技股份有限公司	0.6960	975	创业板
			国轩高科股份有限公司	0.4692	1668	中小板
			安徽德豪润达电气股份有限公司	0.3732	2038	中小板
			文一三佳科技股份有限公司	0.3689	2055	主板
			融捷健康科技股份有限公司	0.3613	2091	创业板
			铜陵精达特种电磁线股份有限公司	0.1027	3036	主板
3	专用设备制造业	12-05（装载和运输用电梯和升降机） B66F9/075（结构特征或零件） B07C5/342（根据光学性质，如颜色） B66F9/22（液压装置或系统） 12-16（其他类未包括的车辆零件、设备和附件） B23K37/04（用于工件的固定或定位） B66F9/08（门架；导轨；起重链） B66F9/12（平台；货叉；其他载荷支承或夹持件） 15-99（其他） B23Q3/06［工件夹紧装置（若不专门适用于机床入 B25B）］	安徽合力股份有限公司	3.0250	68	主板
			合肥美亚光电技术股份有限公司	1.2482	346	中小板
			合肥泰禾光电科技股份有限公司	0.9631	550	主板
			瑞鹄汽车模具股份有限公司	0.5564	1364	中小板
			安徽应流机电股份有限公司	0.4553	1711	主板
			合肥科威尔电源系统股份有限公司	0.4192	1854	科创板
			欧普康视科技股份有限公司	0.2843	2398	创业板
4	黑色金属冶炼及压延加工	C22C38/02（含硅的） C22C38/04（含锰的） C22C38/14（含钛或锆的） C22C38/12（含钨、钽、钼、钒或铌的） C21C5/46（零件或辅助设备） C22C38/06（含铝的） F27B21/08（零部件、附件或烧结或类似设备特有的装置） C21B7/24（探料尺或其他检测装置） C21C7/10（真空处理） B21B39/14［工件的导向、定位或对准（B21B 43/12 优先；使工件经受永久性内在扭曲的导向装置入 B21B 15/02）］	马鞍山钢铁股份有限公司	4.7439	33	主板
5	计算机、通信和其他电子设备制造业	H01P1/207［空腔波导滤波器（H01P 1/212，H01P 1/213，H01P 1/215，H01P 1/219 优先）］ H04L9/08（密钥分配） H01P1/208［级联谐振腔；在空腔波导结构中的级联谐振器（H01P 1/205 优先）］ H01P1/20（选频器件，例如滤波器） G06F3/044（通过用电容性方式） H01Q1/12（支持物；安装装置） G01S7/02（与 G01S 13/00 组相应的系统的） G08G1/01［检测要统计或要控制的交通运动（G08G 1/07 至 G08G 1/14 优先；道路收费收费或对车辆、车主的收费入 G07B 15/06）］ G02F1/13357（照明装置） H01Q1/38（在绝缘支架上由导电层构成的）	安徽四创电子股份有限公司	1.9922	148	主板
			大富科技（安徽）股份有限公司	1.7941	185	创业板
			科大国盾量子技术股份有限公司	1.0507	480	科创板
			芜湖长信科技股份有限公司	0.6645	1051	创业板
			安徽芯瑞达科技股份有限公司	0.6325	1131	中小板
			安徽龙磁科技股份有限公司	0.4376	1780	创业板
			安徽铜峰电子股份有限公司	0.4278	1816	主板
			凯盛科技股份有限公司	0.2560	2488	主板

续表

序号	产业领域	IPC 技术领域	上市公司	IPI	IPI 全国排名	上市板块
6	信息传输、软件和信息技术服务业	13-03（配电和控制设备） G06F17/30（信息检索及其数据库结构） G06F17/27（自动分析的，例如语法分析、正射校正的） 14-02（数据处理设备及其外围的仪器、装置） G06K9/00［用于阅读或识别印刷或书写字符或者用于识别图形，例如，指纹的方法或装置（用于图表阅读或者将诸如力或现状态的机械参量的图形转换为电信号的方法或装置入 G06K 11/00；语音识别入 G10L 15/00）］ 14-01（声音或图像的记录或复制设备） H02B11/167［手车型的（H02B 11/127 优先）］ H02B1/26［外壳；它们的部件或相应的配件（适用于单个开关的入 H01H；电缆、电线或母线的外壳入 H02G；配电箱、接线盒或分线盒入 H02G 3/08；一般外壳入 H05K）］ G10L15/26［语音—正文识别系统（G10L 15/08 优先）］ H02B1/30（间隔型外壳；它的部件或其配件）	科大讯飞股份有限公司	3.1102	64	中小板
			安徽中电兴发与鑫龙科技股份有限公司	1.0815	450	中小板
			安徽皖通科技股份有限公司	0.5207	1477	中小板
			科大国创软件股份有限公司	0.4977	1551	创业板
			芜湖三七互娱网络科技集团股份有限公司	0.0961	3059	中小板
7	酒、饮料和精制茶制造业	09-01（瓶、长颈瓶、罐、耐酸瓶、细颈坛和附有喷雾器装置的容器） 09-03［箱、盒、容器、（防腐）罐］ C12G3/02（用发酵法） C12G3/12（用蒸馏法） 09-03-C0152（0） C12L11/00（酒窖用具） C12H6/02（通过蒸馏） C12G3/00（其他酒精饮料的制备） 09-03-C0159（0） G01N30/02（柱色谱法）	安徽古井贡酒股份有限公司	1.7523	192	主板
			安徽金种子酒业股份有限公司	0.6623	1058	主板
			安徽迎驾贡酒股份有限公司	0.4244	1828	主板
			安徽口子酒业股份有限公司	0.2107	2651	主板
8	化学原料及化学制品制造业	C05G3/00（一种或多种肥料与无特殊肥效组分的混合物） C07C59/265（柠檬酸） B01J19/18［具有内部移动元件的固定式反应器（B01J 19/08，B01J 19/26 优先）］ C12P7/48（三羧酸，如柠檬酸） C05G3/04（含有土壤调理剂的） C12N1/20（细菌；其培养基） C09D167/00［基于由主链中形成 1 个羧酸酯键的反应得到的聚酯的涂料组合物（基于聚酯-酰胺的入 C09D 177/12；基于聚酯-酰亚胺的入 C09D 179/08）；基于此种聚合物衍生物的涂料组合物］ C06B21/00［炸药加工（如成型、分割、干燥）的方法或设备］ C12P13/08（赖氨酸；二氨基庚二酸；苏氨酸；缬氨酸） C07C229/26（带有 1 个以上与碳架相连的氨基，例如赖氨酸）	中粮生物科技股份有限公司	1.3848	294	主板
			安徽六国化工股份有限公司	0.9220	594	主板
			中钢天源股份有限公司	0.8030	765	中小板
			安徽广信农化股份有限公司	0.7044	955	主板
			安徽神剑新材料股份有限公司	0.6507	1088	中小板
			安徽省司尔特肥业股份有限公司	0.6076	1198	中小板
			安徽江南化工股份有限公司	0.5125	1505	中小板
			安徽华业香料股份有限公司	0.3723	2045	创业板
			安徽安纳达钛业股份有限公司	0.3704	2051	中小板
9	橡胶和塑料制品业	05-06（人造和天然材料之片材类） D06N3/14（与聚氨基甲酸乙酯） B32B27/32（由聚烯烃组成的） B32B27/08（不同种类合成树脂的） D06N3/00（用高分子材料，如树脂、橡胶或其衍生物覆盖纤维网而制得的人造革、油布或类似物品）	安徽安利材料科技股份有限公司	1.2800	329	创业板
			安徽国风塑业股份有限公司	0.9238	592	主板
			黄山永新股份有限公司	0.8722	667	中小板
			安徽中鼎密封件股份有限公司	0.8685	671	主板

续表

序号	产业领域	IPC技术领域	上市公司	IPI	IPI全国排名	上市板块
9	橡胶和塑料制品业	B32B27/06（作为薄层的主要或唯一的成分，它与另一层由一种特定物质构成的薄层相贴） C08L23/16（乙烯-丙烯或乙烯-丙烯-二烯共聚物） B32B27/36（由聚酯组成的） 25-01（建筑材料） C08L9/02（与丙烯腈的共聚物）	芜湖海螺型材科技股份有限公司	0.3951	1947	主板
10	通用设备制造业	B30B15/00［压力机的零部件或附件；与压制有关的辅助措施（安全装置入F16P）］ B25J19/00［与机械手配合的附属装置，例如用于监控、用于观察；与机械手组合的安全装置或专门适用于与机械手结合使用的安全装置（一般安全装置入F16P；一般防辐射装置入G21F）］ C08L23/06（聚乙烯） C08L27/06（氯乙烯的均聚物或共聚物） B25B27/02（用于连接或卸下靠压配合的物件） B21B35/14［专门适用或专门配置于金属轧机的联轴器、驱动轴或接轴（一般联轴器或轴入F16）］ 15-99（其他） F02F7/00［箱，如曲轴箱（一般发动机的曲轴箱入F16M）］ B30B1/32（用液压柱塞的） F01M13/04（具有空气离开曲轴箱以前对空气净化的装置，如除油）	安徽全柴动力股份有限公司	0.9856	525	主板
			埃夫特智能装备股份有限公司	0.8862	637	科创板
			泰尔重工股份有限公司	0.8469	707	中小板
			合肥合锻智能制造股份有限公司	0.8386	714	主板
			宣城市华菱精工科技股份有限公司	0.4126	1883	主板
			国机通用机械科技股份有限公司	0.1432	2892	主板

资料来源：科技大数据湖北省重点实验室

3.2.8 福建省

2020年，福建省上市公司的知识产权指数为0.8003，排名第8位。2011～2018年，福建省的上市公司发明专利、实用新型专利呈现逐年上升的趋势，2019年均有所下降，但仍保持较高的申请数量（图3-9）。福建省上市公司数量总计144家，分布在38个产业领域中，累计专利

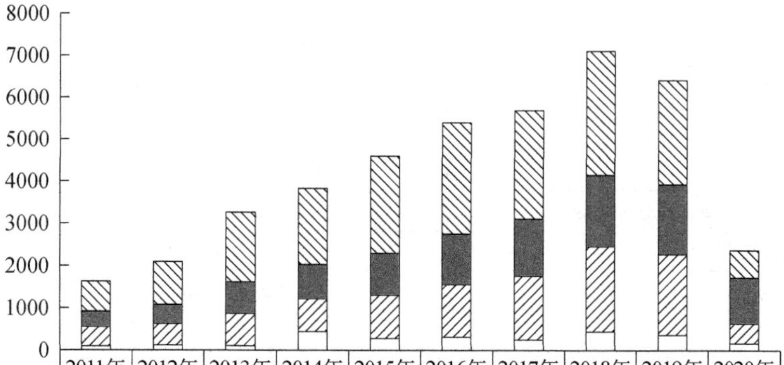

	2011年	2012年	2013年	2014年	2015年	2016年	2017年	2018年	2019年	2020年
▧有效专利拥有量/件	716	1012	1641	1797	2301	2644	2577	2963	2486	642
■发明专利/件	358	457	744	815	989	1199	1355	1692	1653	1085
▨实用新型专利/件	463	501	770	773	1029	1239	1501	2016	1906	467
□外观设计专利/件	93	124	102	441	278	314	252	440	364	173

图3-9 2011～2020年福建省上市公司不同类型专利申请趋势

资料来源：科技大数据湖北省重点实验室

申请数量、有效专利拥有量、专利申请发明人数量最多的电气机械及器材制造业领域，专利申请人数量最多的产业领域是信息传输、软件和信息技术服务业，水利、环境和公共设施管理业领域的平均专利维持时间最长（表 3-15）。福建省的优势产业领域为电气机械及器材制造业，计算机、通信和其他电子设备制造业，橡胶和塑料制品业，专用设备制造业，其他制造业，信息传输、软件和信息技术服务业，纺织服装、服饰业，非金属矿物制品业，仪器仪表制造业，化学原料及化学制品制造业，知识产权指数最高的企业是宁德时代新能源科技股份有限公司，达到4.2227，位列全国第 38 名，上市板块为创业板，所属产业领域为电气机械及器材制造业（表 3-16）。

表 3-15　2020 年福建省上市公司专利产业分布

序号	产业领域	上市公司数量/家	累计专利申请数量/件（排名）	有效专利拥有量/件（排名）	专利申请人数量/个（排名）	平均专利维持时间/年（排名）	专利申请发明人数量/个（排名）
1	计算机、通信和其他电子设备制造业	20	4 614（2）	2 684（2）	17（2）	4.32（23）	3 025（3）
2	信息传输、软件和信息技术服务业	18	1 550（5）	815（6）	18（1）	5.06（11）	1 997（4）
3	批发和零售业	10	1（35）	0（35）	1（24）	0.31（35）	0（35）
4	电气机械及器材制造业	8	6 123（1）	4 279（1）	8（3）	4.51（20）	6 043（1）
5	医药制造业	6	636（14）	320（15）	6（4）	6.55（4）	747（10）
6	非金属矿物制品业	6	1 034（8）	698（8）	5（5）	4.91（14）	1 252（6）
7	专用设备制造业	5	2 185（4）	1 477（4）	5（5）	4.79（15）	3 087（2）
8	化学原料及化学制品制造业	5	900（10）	573（10）	5（5）	6.39（5）	643（13）
9	橡胶和塑料制品业	5	3 664（3）	2 511（3）	5（5）	4.46（21）	1 804（5）
10	电力、热力、燃气及水的生产和供应业	4	68（26）	33（28）	3（10）	5.53（7）	150（23）
11	农副食品加工业	4	869（11）	442（12）	4（9）	4.12（25）	863（7）
12	交通运输、仓储和邮政业	4	0（36）	0（35）	0（36）	0（36）	0（35）
13	纺织服装、服饰业	4	1 000（9）	769（7）	3（10）	3.23（31）	166（20）
14	房地产业	4	28（31）	22（31）	2（14）	1.83（34）	2（34）
15	汽车制造业	3	275（18）	186（17）	2（14）	3.25（30）	226（18）
16	通用设备制造业	3	806（13）	507（11）	3（10）	5.65（6）	658（12）
17	金融业	3	24（32）	3（34）	2（14）	5（13）	41（30）
18	农、林、牧、渔业	3	43（29）	27（30）	2（14）	3.77（27）	55（29）
19	其他制造业	3	1 251（6）	1 022（5）	3（10）	4.7（18）	622（14）
20	采矿业	2	439（16）	263（16）	1（24）	2.93（33）	841（8）
21	有色金属冶炼及压延加工业	2	837（12）	422（13）	2（14）	4.62（19）	712（11）
22	仪器仪表制造业	2	1 046（7）	650（9）	2（14）	3.83（26）	750（9）
23	食品制造业	2	172（20）	124（21）	2（14）	6.78（2）	323（17）
24	家具制造业	2	460（15）	385（14）	2（14）	5.23（8）	224（19）
25	纺织业	2	257（19）	125（20）	2（14）	5.03（12）	161（21）
26	造纸及纸制品业	2	97（24）	62（24）	2（14）	3.16（32）	72（26）
27	黑色金属冶炼及压延加工	1	299（17）	159（18）	1（24）	4.76（16）	458（15）
28	建筑业	1	163（21）	114（22）	1（24）	5.17（10）	332（16）
29	金属制品业	1	33（30）	30（29）	1（24）	6.7（3）	9（33）
30	科学研究和技术服务业	1	24（32）	19（33）	1（24）	3.63（28）	118（24）

续表

序号	产业领域	上市公司数量/家	累计专利申请数量/件（排名）	有效专利拥有量/件（排名）	专利申请人数量/个（排名）	平均专利维持时间/年（排名）	专利申请发明人数量/个（排名）
31	水利、环境和公共设施管理业	1	20（34）	20（32）	1（24）	8.26（1）	18（32）
32	酒、饮料和精制茶制造业	1	57（28）	47（26）	1（24）	4.39（22）	60（28）
33	文教、工美、体育和娱乐用品制造业	1	158（22）	149（19）	1（24）	4.31（24）	26（31）
34	租赁和商务服务业	1	0（36）	0（35）	0（36）	0（36）	0（35）
35	废弃资源综合利用业	1	75（25）	47（26）	1（24）	3.52（29）	64（27）
36	皮革、毛皮、羽毛及其制品和制鞋业	1	157（23）	113（23）	1（24）	4.76（17）	158（22）
37	印刷和记录媒介复制业	1	64（27）	53（25）	1（24）	5.19（9）	88（25）
38	教育	1	0（36）	0（35）	0（36）	0（36）	0（35）
全省合计		144	29 429	19 150	117	—	25 795

资料来源：科技大数据湖北省重点实验室

表 3-16　2020 年福建省上市公司十强产业及上市公司

序号	产业领域	IPC 技术领域	上市公司	IPI	IPI 全国排名	上市板块
1	电气机械及器材制造业	H01M2/10［安装架；悬挂装置；减震器；搬运或输送装置；保持装置（蓄电池与充电装置的结构联接入 H01M 10/46）］ H01M2/04（盖或端盖） H01M10/04［一般结构或制造（H01M10/058，H01M10/12，H01M10/28，H01M10/38 优先）］ H01M2/20（电池的导电联接） H01M10/0567（以添加剂为特征的） H01M2/26（电极的联接） H02J7/00（用于电池组的充电或去极化或用于由电池组向负载供电的装置） 13-02（电力变压器、整流器、电池和蓄电池） H01M2/02（电池箱、套或罩） H01M10/613（冷却或保持低温）	宁德时代新能源科技股份有限公司	4.2227	38	创业板
			科华恒盛股份有限公司	2.1125	129	中小板
			奥佳华智能健康科技集团股份有限公司	1.2951	325	中小板
			红相股份有限公司	0.8729	665	创业板
			麦克奥迪（厦门）电气股份有限公司	0.7629	846	创业板
			福建南平太阳电缆股份有限公司	0.4509	1725	中小板
			太龙（福建）商业照明股份有限公司	0.4120	1886	创业板
			中能电气股份有限公司	0.3850	1985	创业板
2	计算机、通信和其他电子设备制造业	G02B13/00［为下述用途专门设计的光学物镜（有可变放大率的入 G02B 15/00）］ H01L33/00［至少有一个电位跃变势垒或表面势垒的专门适用于光发射的半导体器件；专门适用于制造或处理这些半导体器件或其部件的方法或设备；这些半导体器件的零部件（H01L 51/00 优先；由在一个公共衬底中或其上形成有多个半导体组件并包括具有至少一个电位跃变势垒或表面势垒，专门适用于光发射的器件入 H01L 27/15；半导体激光器入 H01S 5/00）］ H04L29/06（以协议为特征的） 14-03（通信设备、无线遥控和无线电放大器） G06F3/041（以转换方式为特点的数字转换器，例如，触摸屏或触摸垫，特点在于转换方法） G01R31/28［电路的测试，例如用信号故障寻测器（在准备运算或空闲时间期间内测试计算机入 G06F11/22）］ H04N5/64［电视接收机的结构零部件，例如机壳，或防尘罩（家具式样入 A47B 81/06）］	瑞芯微电子股份有限公司	1.9936	147	主板
			厦门乾照光电股份有限公司	1.1013	436	创业板
			厦门盈趣科技股份有限公司	1.0733	456	中小板
			厦门亿联网络技术股份有限公司	0.8790	649	创业板
			福建睿能科技股份有限公司	0.8385	715	主板
			福建福晶科技股份有限公司	0.8013	768	中小板
			厦门力鼎光电股份有限公司	0.6600	1065	主板
			福建火炬电子科技股份有限公司	0.6292	1139	主板
			福建星网锐捷通讯股份有限公司	0.6007	1226	中小板

续表

序号	产业领域	IPC 技术领域	上市公司	IPI	IPI 全国排名	上市板块
2	计算机、通信和其他电子设备制造业	H01L33/14（具有一个载流子传输控制结构，例如高掺杂半导体层或电流阻断结构） H01L33/38（具有特定形状） H04L29/08（传输控制规程，例如数据链级控制规程）	厦门弘信电子科技集团股份有限公司	0.5969	1236	创业板
3	橡胶和塑料制品业	23-02（卫生设备） B05B1/18（洒水器；喷灌头） B05B1/16（具有选择效应的出口） E03D1/34（出口的冲洗阀门；出口阀门的布置） 23-01（液体分配设备） E03D1/32［进水阀门的布置（消声设备入 E03D 9/14）］ A47K13/26［座或盖的固定装置（铰链式的入 A47K 13/12）］ E03C1/06(用来悬挂或支承供水管或淋浴供水软管的装置） F16K11/22（每一个阀有一个操纵元件，如相互连接形成多通阀） E03D5/09（直接用手操纵的）	厦门松霖科技股份有限公司	1.7223	201	主板
			厦门瑞尔特卫浴科技股份有限公司	1.5257	253	中小板
			厦门建霖健康家居股份有限公司	1.5187	255	主板
			茶花现代家居用品股份有限公司	0.4451	1738	主板
			福建纳川管材科技股份有限公司	0.0728	3140	创业板
4	专用设备制造业	B01D50/00（用于从气体或蒸汽中分离粒子的组合器械） E01H1/08［气动去除或取出不希望有的东西（一般吸尘器入 A 47 L 5/00 至 A47L 9/00)；只用加热或气流进行干燥(永久性安装的加热或吹喷装置入 E01C 11/26；筑路或修路用的加热或干燥装置入 E01C 23/14）；用喷射研磨颗粒进行清理（一般喷砂装置入 B24C)］ A61B17/80（外板） 15-04（建筑机具） B01D46/02（由挠性材料制成的空心滤器的粒子分离器，例如聚尘器） B65F3/00（专门适用于收集垃圾的车辆） B03C3/16（湿式） E01H1/10［水力松散或去除不希望有的东西（固定式冲洗设备入 E01H 3/04)；耙或刮的设备（手用工具入 E01H 1/12)］ E01H1/00［喷湿或不喷湿路面清除道路或类似路面上的废物(清除雪或冰块入 E01H 5/00；电车轨道的清洗入 E01H 8/00；安装在车辆上的障碍物清除器入 B60R 19/00；与铺设沥青或类似材料相结合的入 E01C 19/16；与喷涂交通线相结合的入 E01C 23/16)］ B03C3/34（结构零件或附件或其操作）	福建龙净环保股份有限公司	1.8995	166	主板
			福建龙马环卫装备股份有限公司	1.1551	392	主板
			大博医疗科技股份有限公司	0.8505	700	中小板
			厦门厦工机械股份有限公司	0.7245	913	主板
			厦门中创环保科技股份有限公司	0.5547	1370	创业板
5	其他制造业	A44B19/26（滑动头） 02-07（服饰用品和服装附件） A44B19/24（零件） A44B19/30（带有能在适当位置锁紧的装置） A44B19/42（在其他的一个类中，如 B21D 53/50，B21F 45/18，B22D 17/16，B29D 5/00 中不完全包含的加工制造） A44B19/62（在带条上使滑动头安装就位） A44B19/36（把拉链两条带条在顶端永久连合的器件；阻止滑动头在顶端移动的器件） A44B19/44［将金属连锁部件固定于现成的带条上(制造金属拉链部件连同安装入 B21D 53/52)］ C23C14/34（溅射） C25D7/02（拉链）	福建浔兴拉链科技股份有限公司	1.3093	318	中小板
			清源科技（厦门）股份有限公司	0.5671	1338	主板
			福建阿石创新材料股份有限公司	0.3948	1948	创业板

续表

序号	产业领域	IPC 技术领域	上市公司	IPI	IPI 全国排名	上市板块
6	信息传输、软件和信息技术服务业	G06F17/30（信息检索及其数据库结构） H04L29/06（以协议为特征的） H04L29/08（传输控制规程，例如数据链级控制规程） G06K9/00［用于阅读或识别印刷或书写字符或者用于识别图形，例如，指纹的方法或装置（用于图表阅读或者将诸如力或现状态的机械参量的图形转换为电信号的方法或装置入 G06K 11/00；语音识别入 G10L 15/00）］ G06F11/14［用运算中的冗余做数据的错误检测或校正，例如，通过采用导致相同结果的不同运算序列（G06F 11/16 优先）］ 14-02（数据处理设备及其外围的仪器、装置） G06F9/44（执行特定程序的设计） C08L23/08［乙烯的共聚物（C08L 23/16 优先）］ G06F9/445［程序的加载或启动（引导程序入 G06F 9/4401；程序装载或启动的安全装置入 G06F 21/57）］ H04L9/08（密钥分配）	厦门市美亚柏科信息股份有限公司	1.8159	180	创业板
			南威软件股份有限公司	0.7342	898	主板
			福建榕基软件股份有限公司	0.5038	1532	中小板
			易联众信息技术股份有限公司	0.4459	1737	创业板
			新大陆数字技术股份有限公司	0.3528	2129	主板
			国脉科技股份有限公司	0.3407	2169	中小板
			中富通集团股份有限公司	0.3333	2198	创业板
			福建福昕软件开发股份有限公司	0.3011	2338	科创板
			福建博思软件股份有限公司	0.2868	2388	创业板
			厦门吉宏科技股份有限公司	0.2572	2484	中小板
7	纺织服装、服饰业	02-04（鞋、短袜和长袜） 02-02（服装） A43B13/18（弹性鞋底） A43B13/14（以结构形状为特征的） A43B13/22（防滑或耐磨的鞋底，例如用浸渍或涂敷耐磨层） A43B5/00［运动鞋（防滑装置，例如冰刺、足球鞋的钉入 A43C 15/00）］ A41D1/06（裤子） 03-01（衣箱、手提箱、公文包、手提袋、钥匙袋、内部经特别设计的箱子、钱包及类似物品） A43B23/02（鞋帮；靴腿） A43B7/32［带减震装置的鞋（弹性鞋底入 A43B 13/18）］	贵人鸟股份有限公司	0.7662	837	主板
			福建七匹狼实业股份有限公司	0.4397	1764	中小板
			九牧王股份有限公司	0.3070	2308	主板
			福建省爱迪尔珠宝实业股份有限公司	0.0100	3379	中小板
8	非金属矿物制品业	B60J1/00［窗；挡风玻璃；及其所用附件（B60J 10/00 优先；代替窗的风帘入 B60J 9/04）］ F16L59/065［使用真空（F16L 59/075 优先）］ B32B17/06（由玻璃组成作为薄层的主要或唯一的成分，它与另一层由一种特定物质构成的薄层相贴） C09C1/00［纤维状填料以外的特殊无机材料的处理（发光的或变色荧光的材料入 C09K）；炭黑的制备］ C03C27/12［夹层玻璃（其夹层制造中部分为塑料的夹层玻璃的机械特征入 B32B）］ H05B3/86（加热导体为嵌入透明或反射材料中的） C03B23/03（在成型模之间压弯法） C09C1/40（铝的化合物） G02B27/01（加盖显示器） C01G25/02（氧化物）	福耀玻璃工业集团股份有限公司	1.7694	188	主板
			三祥新材股份有限公司	0.6143	1177	主板
			福建赛特新材股份有限公司	0.4696	1665	科创板
			福建坤彩材料科技股份有限公司	0.4402	1762	主板
			厦门万里石股份有限公司	0.0520	3216	中小板
			福建水泥股份有限公司	0.0100	3379	主板

续表

序号	产业领域	IPC 技术领域	上市公司	IPI	IPI 全国排名	上市板块
9	仪器仪表制造业	G02B13/00［为下述用途专门设计的光学物镜（有可变放大率的入 G02B 15/00）］ G02B13/06［全景物镜；所谓“天空广角摄影镜头（Skylenses）”］ G02B15/173（按“+－+”排列的） G02B15/177（有一个负的前透镜或透镜组的） G02B7/02（用于透镜） G02B15/17（按“+－－”排列的） G02B15/14（利用一个透镜或多个透镜或透镜组相对于成像平面做轴向移动，以便连续改变物镜的等效焦距） G02B13/14［用于红外或紫外辐射的（G02B 13/16 优先）］ G02B13/18（采用具有一个或多个非球面的透镜，例如，用于减少几何像差） G02B13/04（反向望远物镜）	福建福光股份有限公司	1.4172	279	科创板
			福建星云电子股份有限公司	0.7710	829	创业板
10	化学原料及化学制品制造业	09-02（贮藏用罐、圆桶和木桶） C09D133/04（酯的均聚物或共聚物） C09D125/14（与不饱和酯） C09D175/14（含有碳—碳不饱和键的聚氨酯） C09D175/04（聚氨酯） C09D133/00（基于有 1 个或多个不饱和脂族基化合物的均聚物或共聚物的涂料组合物，其中每个不饱和脂族基只有 1 个碳—碳双键，并且至少有 1 个是仅以 1 个羧基或其盐、酐、酯、酰胺、酰亚胺或腈为终端；基于此种聚合物的衍生物的涂料组合物） C09D175/06（由聚酯） C09D1/00［基于无机物质的涂料组合物，例如色漆、清漆或天然漆（C04B 优先，釉或搪瓷釉入 C03C）］ C08F220/18（与丙烯酸或甲基丙烯酸） C09D201/00（基于未指明的高分子化合物的涂料组合物）	三棵树涂料股份有限公司	1.1448	400	主板
			垒知控股集团股份有限公司	0.4798	1612	中小板
			福建青松股份有限公司	0.3596	2094	创业板
			永悦科技股份有限公司	0.3059	2317	主板
			福建元力活性炭股份有限公司	0.0863	3095	创业板

资料来源：科技大数据湖北省重点实验室

3.2.9 河南省

2020 年，河南省上市公司的知识产权指数为 0.7554，排名第 9 位。2011～2018 年，河南省的上市公司发明专利呈现逐年上升的趋势，2019 年均有所下降，但仍保持较高的申请数量（图 3-10）。河南省上市公司数量总计 84 家，分布在 29 个产业领域中，累计专利申请数量、有效专利拥有量、专利申请发明人数量最多的电气机械及器材制造业领域，金属制品业领域的平均专利维持时间最长（表 3-17）。河南省的优势产业领域为电气机械及器材制造业，汽车制造业，计算机、通信和其他电子设备制造业，专用设备制造业，仪器仪表制造业，农副食品加工业，通用设备制造业，非金属矿物制品业，医药制造业，化学原料及化学制品制造业，知识产权指数最高的企业是许继电气股份有限公司，达到 4.9985，位列全国第 32 名，上市板块为主板，所属产业领域为电气机械及器材制造业（表 3-18）。

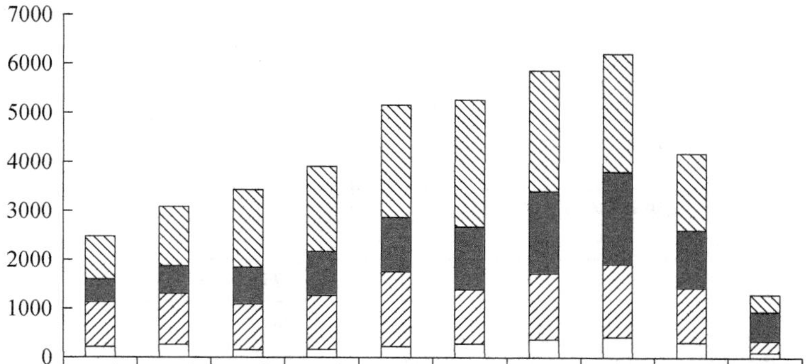

	2011年	2012年	2013年	2014年	2015年	2016年	2017年	2018年	2019年	2020年
⧅有效专利拥有量/件	877	1213	1585	1745	2287	2582	2459	2397	1564	351
■发明专利/件	464	562	756	898	1114	1290	1685	1896	1190	599
▨实用新型专利/件	925	1054	937	1105	1535	1111	1356	1497	1120	239
□外观设计专利/件	211	259	154	164	227	283	370	420	310	106

图 3-10　2011～2020 年河南省上市公司不同类型专利申请趋势

资料来源：科技大数据湖北省重点实验室

表 3-17　2020 年河南省上市公司专利产业分布

序号	产业领域	上市公司数量/家	累计专利申请数量/件（排名）	有效专利拥有量/件（排名）	专利申请人数量/个（排名）	平均专利维持时间/年（排名）	专利申请发明人数量/个（排名）
1	计算机、通信和其他电子设备制造业	6	4 614（2）	2 250（3）	6（1）	5.39（10）	3 331（4）
2	化学原料及化学制品制造业	6	822（10）	426（10）	6（1）	5.62（8）	1 441（9）
3	医药制造业	6	920（9）	492（9）	5（4）	4.43（17）	1 393（10）
4	非金属矿物制品业	6	1 165（8）	566（8）	6（1）	4.99（13）	1 392（11）
5	电气机械及器材制造业	5	7 455（1）	4 415（1）	5（4）	5.41（9）	14 949（1）
6	汽车制造业	5	4 486（3）	2 306（2）	5（4）	5.95（4）	6 083（3）
7	有色金属冶炼及压延加工业	5	591（13）	201（16）	5（4）	5.25（12）	998（13）
8	采矿业	4	690（12）	296（11）	4（8）	3.74（24）	2 648（5）
9	专用设备制造业	4	2 777（4）	1 733（4）	4（8）	5.88（5）	6 164（2）
10	仪器仪表制造业	4	1 387（7）	916（5）	4（8）	6.09（3）	1 601（7）
11	食品制造业	4	474（15）	278（12）	3（11）	4.47（16）	571（19）
12	通用设备制造业	3	1 475（6）	705（7）	3（11）	5.64（7）	1 476（8）
13	电力、热力、燃气及水的生产和供应业	3	379（17）	143（20）	2（13）	2.94（27）	781（15）
14	金融业	3	326（18）	231（15）	2（13）	4.35（18）	646（18）
15	信息传输、软件和信息技术服务业	2	310（19）	125（21）	2（13）	3.79（23）	655（17）
16	农副食品加工业	2	1 810（5）	719（6）	2（13）	4.09（19）	401（21）
17	交通运输、仓储和邮政业	2	10（27）	7（27）	2（13）	3.95（21）	69（26）
18	化学纤维制造业	2	247（22）	110（23）	2（13）	4.74（15）	661（16）
19	农、林、牧、渔业	2	696（11）	278（12）	2（13）	4.06（20）	431（20）
20	黑色金属冶炼及压延加工	1	303（21）	175（19）	1（20）	5.87（6）	1 706（6）
21	建筑业	1	99（26）	63（26）	1（20）	4.99（14）	208（24）
22	金属制品业	1	188（24）	119（22）	1（20）	6.42（1）	125（25）
23	橡胶和塑料制品业	1	524（14）	274（14）	1（20）	6.19（2）	885（14）

续表

序号	产业领域	上市公司数量/家	累计专利申请数量/件（排名）	有效专利拥有量/件（排名）	专利申请人数量/个（排名）	平均专利维持时间/年（排名）	专利申请发明人数量/个（排名）
24	科学研究和技术服务业	1	305（20）	185（18）	1（20）	2.97（26）	1 181（12）
25	铁路、船舶、航空航天和其他运输设备制造业	1	229（23）	195（17）	1（20）	5.33（11）	398（22）
26	纺织业	1	185（25）	99（25）	1（20）	3.61（25）	227（23）
27	房地产业	1	0（28）	0（28）	0（28）	0（28）	0（28）
28	文化、体育和娱乐业	1	0（28）	0（28）	0（28）	0（28）	0（28）
29	皮革、毛皮、羽毛及其制品和制鞋业	1	459（16）	101（24）	1（20）	3.93（22）	59（27）
全省合计		84	32 926	17 408	78	—	50 480

资料来源：科技大数据湖北省重点实验室

表 3-18　2020 年河南省上市公司十强产业及上市公司

序号	产业领域	IPC 技术领域	上市公司	IPI	IPI 全国排名	上市板块
1	电气机械及器材制造业	H02H7/26［电缆或线路系统的分段保护，例如当发生短路、接地故障或电弧放电时切断一部分电路（定电缆故障位置入 G01R 31/08）］ G01R31/00（电性能的测试装置；电故障的探测装置；以所进行的测试在其他位置未提供为特征的电测试装置；在制造过程中测试或测量半导体或固体器件入 H01L21/66；线路传输系统的测试入 H04B3/46） H02J13/00（对网络情况提供远距离指示的电路装置，例如网络中每个电路保护器的开合情况的瞬时记录；对配电网络中的开关装置进行远距离控制的电路装置，例如用网络传送的脉冲编码信号接入或断开电流用户） H01H31/02（零部件） H02J3/36（通过高压直流链路在交流网络之间传递电力的装置） H02B1/30（间隔型外壳；它的部件或其配件） H01H71/10（操作或释放机构） H02J3/38（由两个或两个以上发电机、变换器或变压器对 1 个网络并联馈电的装置） H02H7/22（用于配电装置，例如母线系统；用于开关装置的） H02J7/00（用于电池组的充电或去极化或用于由电池组向负载供电的装置）	许继电气股份有限公司	4.9985	32	主板
			河南平高电气股份有限公司	2.8216	79	主板
			河南森源电气股份有限公司	2.2007	122	中小板
			河南通达电缆股份有限公司	0.4247	1827	中小板
			猛狮新能源科技（河南）股份有限公司（广东猛狮新能源科技股份有限公司）	0.2681	2448	中小板
2	汽车制造业	B60H1/00［加热、冷却或通风设备（提供其他空气处理的加热、冷却或通风设备，与其他处理有关的入 B60H 3/00；只需打开窗、门、屋顶部件或类似部件的通风入 B60J；用于车辆座椅的加热或通风设备入 B60N 2/56；利用空气的车窗或挡风玻璃的清洁装置，例如除霜器入 B60S 1/54）］ B60L11/18（使用初级电池、二次电池或燃料电池供电的） B60K6/365（带有轨道运动的齿轮） E21D23/04［支护结构的结构特征，例如，相邻构架或成组支柱间的连接件；在倾斜底板上防止横向滑动的装置（E21D 23/14 优先）］ C22C37/10（含铝或硅的） B60R16/02（电气的）	郑州宇通客车股份有限公司	3.1732	63	主板
			郑州煤矿机械集团股份有限公司	1.1505	395	主板
			中原内配集团股份有限公司	1.0126	507	中小板
			许昌远东传动轴股份有限公司	0.8242	735	中小板

续表

序号	产业领域	IPC 技术领域	上市公司	IPI	IPI 全国排名	上市板块
2	汽车制造业	B23Q3/00［工件或刀具的夹固，支承，定位装置，一般可从机床上拆下的（工作台或其他部件，如花盘，一般不带装卡工件的装置入 B23Q 1/00；自动定位控制入 B23Q 15/00；车床用旋转刀架入 B23B 3/24，B23B 3/26；非传动式刀夹入 B23B 29/00；转塔刀架一般特征入 B23B 29/24；用于紧固、连接、拆卸或夹持的工具或台式设备入 B25B）］ H01M2/10［安装架；悬挂装置；减震器；搬运或输送装置；保持装置（蓄电池与充电装置的结构联接入 H01M 10/46）］ B23Q3/08（非机动的） H02J7/00（用于电池组的充电或去极化或用于由电池组向负载供电的装置）	飞龙汽车部件股份有限公司	0.7441	882	中小板
3	计算机、通信和其他电子设备制造业	G02B6/38（有纤维对纤维的匹配装置） 13-03（配电和控制设备） H01R13/502［不同部件构成的（H01R 13/514 优先）］ H01R13/52（防尘、防溅、防滴、防水或防火外壳） H01R13/639（接合后使连接部件保持夹紧或锁住的辅助装置） H01R13/02（接触部件） H01R13/46（底座；外壳） H01R13/627（快速作用连接） H01R13/40（把接触构件固定入或固定到底座或外壳；接触构件的绝缘） H01R13/648［在连接部件上的保护接地装置或屏蔽装置（同轴布置的屏蔽装置入 H01R 24/38）］	中航光电科技股份有限公司	3.4720	52	中小板
			河南辉煌科技股份有限公司	0.8527	695	中小板
			郑州天迈科技股份有限公司	0.7058	951	创业板
			河南仕佳光子科技股份有限公司	0.5122	1506	科创板
			中光学集团股份有限公司	0.4662	1681	中小板
			森霸传感科技股份有限公司	0.3019	2335	创业板
4	专用设备制造业	12-09（拖车头） C03B27/04（利用气体） B02C17/18（零件） F27D17/00［利用余热的装置（热交换器本身入 F28）；利用或处理废气的装置（一般的清除烟气入 B08B 15/00）］ C03B27/012［通过热处理，例如使结晶化；在冷却淬火之前玻璃制品的热处理（C03B 27/008、C03B 27/016 优先）］ F15B13/02［以适用于伺服马达的控制为特征的流体分配或供给装置（多路阀入 F16K11/00）］ B23P15/00（制造特定金属物品，采用不包含在另一个单独的小类中或该小类的一个组中的加工） F27D15/02（冷却） C03B27/044（对处于水平位置的平面或弯曲玻璃板） F16H57/04［关于润滑或冷却的器件（流体静力传动装置的润滑或冷却的控制入 F16H 61/4165）］	中信重工机械股份有限公司	2.5708	92	主板
			第一拖拉机股份有限公司	1.8596	174	主板
			洛阳北方玻璃技术股份有限公司	0.7015	960	中小板
			林州重机集团股份有限公司	0.3798	2002	中小板
5	仪器仪表制造业	10-04（其他计测仪器、设备和装置） G01N33/00(利用不包括在 G01N 1/00 至 G01N 31/00 组中的特殊方法来研究或分析材料) 10-05（检验、安全和试验用仪器、设备和装置） G01R35/04（测量功率或电流的时间积分的仪表的测试或校准）	汉威科技集团股份有限公司	1.1157	424	创业板
			光力科技股份有限公司	1.0245	494	创业板
			新天科技股份有限公司	0.6709	1037	创业板

续表

序号	产业领域	IPC 技术领域	上市公司	IPI	IPI 全国排名	上市板块
5	仪器仪表制造业	G01F1/66（通过测量电磁波或其他波的频率、相位移或传播时间，例如，超声波流量计） G07F15/06［有预付基本费用（如仪表租金）的装置的］ G01F15/06（指示或记录装置，例如，用于远距离指示） G01F15/00（用于组 G01F 1/00 至 G01F 13/00 范围的零部件或仪器的，但不专用于其中特定类型仪器的零件或附件） G01N21/39（利用可调谐的激光器） G01D21/02（用不包括在其他单个小类中的装置来测量两个或更多个变量）	郑州三晖电气股份有限公司	0.6620	1060	中小板
6	农副食品加工业	09-05（袋、香袋、管和囊） 09-03［箱、盒、容器、（防腐）罐］ 05-06（人造和天然材料之片材类） 19-08（其他印刷品） C12N1/20（细菌；其培养基） 03-01（衣箱、手提箱、公文包、手提袋、钥匙袋、内部经特别设计的箱子、钱包及类似物品） A23L19/00［水果或蔬菜制备；它们的制备或处理（属豆类的入 A23L 11/00；马茉兰，果酱，果子冻或类似物入 A23L 21/10；处理大量收获的水果或蔬菜入 A23N）］ A23N4/08（用于枣、橄榄或其同类长椭圆形水果的） B65D65/40（为特殊包装目的而应用层压材料） 09-05-B0038（0）	河南双汇投资发展股份有限公司	1.1989	366	主板
			好想你健康食品股份有限公司	0.3674	2068	中小板
7	通用设备制造业	G01M13/04（轴承） F16C33/58（轴承滚道；轴承圈） F16C19/16（带有单列滚珠） F16C43/04（装配滚动接触轴承） F16C33/38（滚珠保持架） H01F13/00（磁化或去磁的设备或方法） F16C33/46（滚柱或滚针保持架） G01B5/00［以采用机械方法为特征的计量设备（包括在大组 G01B 3/00 中的各式量具本身入 G01B 3/00）］ G01L3/00（转矩、功、机械功率、机械效率的一般计量） F16C19/02（带有在 1 个或多个环列中基本上尺寸相同的轴承滚珠）	洛阳轴研科技股份有限公司	0.8675	675	中小板
			隆华科技集团（洛阳）股份有限公司	0.6847	1005	创业板
			洛阳新强联回转支承股份有限公司	0.3458	2155	创业板
8	非金属矿物制品业	B01J3/06［应用超高压方法，例如，用于生成金刚石；其设备，例如塑模或挤压模（B01J3/04 优先）］ E21B10/46（以抗磨部件为特征的，例如，金刚石镶嵌） C04B35/66（含有或不含有黏土的整块耐火材料或耐火砂浆） B22D41/02（衬里） C01B31/36（硅或硼的碳化物） E21C35/183（具有抗磨损材料的镶嵌件或层） B22D41/50（浇注喷嘴） C21C7/072［用气体处理（C21C 7/06，C21C 7/064，C21C 7/068 优先）］ B24B41/06［工件支架，如可调中心架（B24B 37/27 优先）］ B01J2/22（在模子内或在两辊子间挤压）	河南黄河旋风股份有限公司	1.0029	516	主板
			濮阳濮耐高温材料（集团）股份有限公司	0.7934	782	中小板
			河南四方达超硬材料股份有限公司	0.6858	1000	创业板
			郑州华晶金刚石股份有限公司	0.4009	1924	创业板
			河南易成新能源股份有限公司	0.2707	2440	创业板
			洛阳玻璃股份有限公司	0.1443	2887	主板

续表

序号	产业领域	IPC 技术领域	上市公司	IPI	IPI 全国排名	上市板块
9	医药制造业	A61K39/295［多价病毒抗原（痘病毒或天花病毒入 A61K 39/285）；病毒抗原与细菌抗原的混合物］ C12N7/00［病毒，如噬菌体；其组合物；其制备或纯化（含有病毒药物的制备入 A61K 35/76；药用病毒抗原或抗体组合物的制备，如病毒菌苗入 A61K 39/00）］ 09-03［箱、盒、容器、（防腐）罐］ G01N33/68（涉及蛋白质、肽或氨基酸的） A61K39/116（多价细菌性抗原） G01N33/535（带有酶标记的） A61K39/245（疱疹病毒科，例如单纯疱疹病毒） C12Q1/70（包括病毒或噬菌体） A61K39/12（病毒性抗原） G01N33/569（用于微生物，例如原生动物、细菌、病毒）	郑州安图生物工程股份有限公司	0.9626	551	主板
			河南羚锐制药股份有限公司	0.8090	761	主板
			普莱柯生物工程股份有限公司	0.7826	806	主板
			华兰生物工程股份有限公司	0.5752	1310	中小板
			河南太龙药业股份有限公司	0.2717	2437	主板
			辅仁药业集团制药股份有限公司	0.0100	3379	主板
10	化学原料及化学制品制造业	C01F7/54（同时含有铝和碱金属或碱土金属的复合物） C01F7/50（氟化物） C01G23/053（用湿法生产，如水解钛盐） C01B7/19（氟；氟化氢） C09C1/36（钛的化合物） C01B25/455（含卤素） B01J20/18（合成沸石分子筛） C01D3/02（氟化物） C07F9/38［膦酸（R-P（：O）（OH）2）；硫代膦酸］ B01J19/18［具有内部移动元件的固定式反应器（B01J 19/08，B01J 19/26 优先）］	多氟多化工股份有限公司	1.0920	441	中小板
			龙蟒佰利联集团股份有限公司	0.8338	721	中小板
			洛阳建龙微纳新材料股份有限公司	0.4802	1610	科创板
			博爱新开源医疗科技集团股份有限公司	0.4661	1682	创业板
			河南清水源科技股份有限公司	0.3984	1931	创业板
			濮阳惠成电子材料股份有限公司	0.3311	2206	创业板

资料来源：科技大数据湖北省重点实验室

3.2.10 河北省

2020 年，河北省上市公司的知识产权指数为 0.7228，排名第 10 位。2011～2018 年，河北省的上市公司发明专利、实用新型设计与外观设计专利波动式增长，2019 年略有回落，但仍保持较高的申请数量（图 3-11）。河北省上市公司数量总计 60 家，分布在 27 个产业领域中，累计专利申请数量、有效专利拥有量、专利申请发明人数量最多的汽车制造业领域，专利申请人数量最多的产业领域是化学原料及化学制品制造业，铁路、船舶、航空航天和其他运输设备制造业领域的平均专利维持时间最长（表 3-19）。河北省的优势产业领域为汽车制造业，金属制品业，黑色金属冶炼及压延加工，专用设备制造业，计算机、通信和其他电子设备制造业，电气机械及器材制造业，采矿业，非金属矿物制品业，化学原料及化学制品制造业，医药制造业，知识产权指数最高的企业是长城汽车股份有限公司，达到 8.2561，位列全国第 9 名，上市板块为主板，所属产业领域为汽车制造业（表 3-20）。

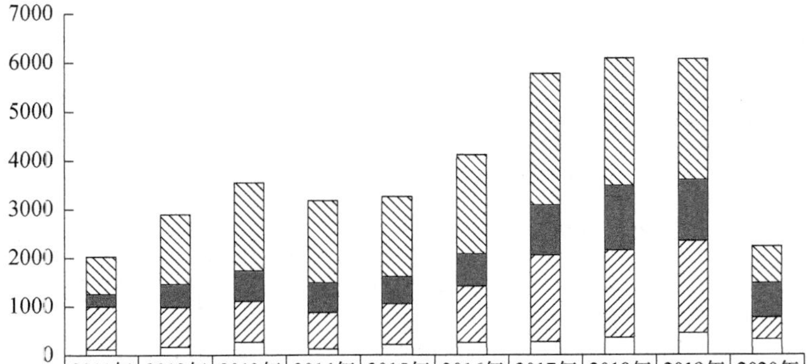

	2011年	2012年	2013年	2014年	2015年	2016年	2017年	2018年	2019年	2020年
⧅有效专利拥有量/件	777	1437	1810	1689	1642	2034	2685	2596	2470	764
■发明专利/件	252	468	622	610	558	670	1032	1324	1242	701
⧄实用新型专利/件	881	815	842	746	838	1155	1779	1796	1895	445
□外观设计专利/件	119	171	265	129	212	250	267	354	444	317

图 3-11　2011～2020 年河北省上市公司不同类型专利申请趋势

资料来源：科技大数据湖北省重点实验室

表 3-19　2020 年河北省上市公司专利产业分布

序号	产业领域	上市公司数量/家	累计专利申请数量/件（排名）	有效专利拥有量/件（排名）	专利申请人数量/个（排名）	平均专利维持时间/年（排名）	专利申请发明人数量/个（排名）
1	化学原料及化学制品制造业	9	621（8）	372（9）	8（1）	5.31（10）	2 136（7）
2	计算机、通信和其他电子设备制造业	5	1 154（6）	885（5）	5（2）	4.79（12）	1 443（8）
3	电气机械及器材制造业	4	1 234（5）	822（6）	4（3）	4.77（16）	2 846（6）
4	专用设备制造业	4	1 683（4）	1 148（4）	4（3）	5.52（8）	3 622（3）
5	汽车制造业	3	11 216（1）	8 728（1）	3（5）	4.57（17）	19 859（1）
6	医药制造业	3	549（10）	370（10）	3（5）	5.32（9）	863（9）
7	电力、热力、燃气及水的生产和供应业	3	25（23）	10（25）	2（8）	0.86（27）	65（21）
8	酒、饮料和精制茶制造业	3	329（12）	249（12）	3（5）	6.01（4）	400（14）
9	采矿业	2	1 036（7）	671（7）	2（8）	3.98（20）	3 053（5）
10	信息传输、软件和信息技术服务业	2	164（17）	85（17）	1（14）	3.58（21）	192（18）
11	金属制品业	2	2 744（2）	1 566（2）	2（8）	5.77（7）	3 509（4）
12	非金属矿物制品业	2	590（9）	430（8）	2（8）	2.87（22）	478（13）
13	仪器仪表制造业	2	265（14）	177（14）	2（8）	4.78（14）	354（16）
14	交通运输、仓储和邮政业	2	278（13）	231（13）	2（8）	5.2（11）	718（10）
15	房地产业	2	11（25）	11（24）	1（14）	1.4（25）	11（24）
16	通用设备制造业	1	231（16）	103（15）	1（14）	6.8（3）	245（17）
17	黑色金属冶炼及压延加工	1	2 595（3）	1 550（3）	1（14）	2.72（23）	6 548（2）
18	橡胶和塑料制品业	1	44（21）	22（22）	1（14）	5.84（6）	56（22）
19	金融业	1	1（27）	0（26）	1（14）	1.2（26）	10（25）
20	铁路、船舶、航空航天和其他运输设备制造业	1	261（15）	103（15）	1（14）	8.16（1）	383（15）
21	食品制造业	1	37（22）	22（22）	1（14）	4.41（18）	116（19）
22	水利、环境和公共设施管理业	1	152（19）	66（18）	1（14）	7.63（2）	114（20）

续表

序号	产业领域	上市公司数量/家	累计专利申请数量/件（排名）	有效专利拥有量/件（排名）	专利申请人数量/个（排名）	平均专利维持时间/年（排名）	专利申请发明人数量/个（排名）
23	农副食品加工业	1	443（11）	323（11）	1（14）	6（5）	632（12）
24	批发和零售业	1	3（26）	0（26）	1（14）	4.13（19）	1（27）
25	农、林、牧、渔业	1	24（24）	24（21）	1（14）	1.5（24）	7（26）
26	石油加工、炼焦及核燃料加工业	1	160（18）	64（19）	1（14）	4.79（13）	677（11）
27	皮革、毛皮、羽毛及其制品和制鞋业	1	70（20）	42（20）	1（14）	4.78（15）	43（23）
全省合计		60	25 920	18 074	56	—	48 381

资料来源：科技大数据湖北省重点实验室

表3-20　2020年河北省上市公司十强产业及上市公司

序号	产业领域	IPC技术领域	上市公司	IPI	IPI全国排名	上市板块
1	汽车制造业	12-16（其他类未包括的车辆零件、设备和附件） 26-06（车辆照明设备） 12-08（汽车、公共汽车和货车） B60H1/00［加热、冷却或通风设备（提供其他空气处理的加热、冷却或通风设备，与其他处理有关的入B60H 3/00；只需打开窗、门、屋顶部件或类似部件的通风入B60J；用于车辆座椅的加热或通风设备入B60N 2/56；利用空气的车窗或挡风玻璃的清洁装置，例如除霜器入B60S 1/54)］ F01L13/00（阀机构的改进使易于反向、制动、起动、改变压缩比或其他特殊操作） F16H59/02（选择器装置） F16H63/34（锁住或截止机构） B21D37/10（模具组；导向支柱） B62D25/20（地板或底板分总成） B62D21/02（由纵向和横向布置的车架构件组成的）	长城汽车股份有限公司	8.2561	9	主板
			凌云工业股份有限公司	1.0783	451	主板
			河北四通新型金属材料股份有限公司	0.5688	1330	创业板
2	金属制品业	B22D13/10［离心铸造的附属设备，如铸型，铸型衬套；送进融熔金属，铸型的清理或铸件起出的装置（制造或加衬套铸型入B22C)］ B66C1/10（用机械装置） B66C1/12［包括链条、钢丝绳、绳索或吊带的吊具；网（用钢绳或链条悬挂于起重机吊钩上的物件侧面夹具入B66C 1/42)］ C21C5/46（零件或辅助设备） B66C1/18（吊带式吊具） B22D13/02（长形的实心物或空心物的离心铸造，如管，在绕其纵向轴线旋转的铸型中铸造） C21B5/00（高炉炼生铁） F16L25/10（两管之间的无套连接，一个进入另一个内） C21D9/08（用于管状体或管子） F27B21/08（零部件、附件或烧结或类似设备特有的装置）	新兴铸管股份有限公司	2.8608	77	主板
			巨力索具股份有限公司	1.0963	438	中小板
3	黑色金属冶炼及压延加工	C22C38/02（含硅的） C22C38/04（含锰的） C21C7/00［熔融铁类合金的处理，例如不包括在C21C 1/00到C21C 5/00组的钢（铸造成型过程中熔融金属的处理入B22D 1/00、B22D 27/00)］ B21B38/00（专门适用于金属轧机的测量方法和装置，如位置检测、产品的检验） C22B34/22（钒的提取） C22C33/04（用熔炼法）	河钢股份有限公司	3.9881	40	主板

续表

序号	产业领域	IPC 技术领域	上市公司	IPI	IPI 全国排名	上市板块
3	黑色金属冶炼及压延加工	C01G31/00（钒的化合物） B25B27/00［不包含在其他类目中的，专门适用于有变形或无变形零件或物品的装配或分离的手动工具或台式设备（简单装配或分离金属零件或物品的机械入 B23P 19/00）］ C21C5/46（零件或辅助设备） B21B39/16（紧接在进入轧道前或离开轧道后）	河钢股份有限公司	3.9881	40	主板
4	专用设备制造业	C22C38/02（含硅的） C22C38/04（含锰的） A61B5/1455（用光学传感器，例如分光光度血氧计） B41K3/04（并可与被模印面成直角地移动的） B41K3/62（零件或附件） B65B27/08（捆扎纸片、信封、纸袋或其他薄的扁平物品；捆扎报纸） B42B5/02［用孔眼（服装用入 A41H 37/02；鞋用入 A43D 100/00）］ G07D11/00（接受硬币的装置；对有价纸币进行接收、分发、整理或计数的装置） C23C2/06（锌或镉或以其为基的合金） A61B5/0402（心电图术，即 ECG）	唐山冀东装备工程股份有限公司	2.3456	105	主板
			河北汇金机电股份有限公司	0.8818	644	创业板
			康泰医学系统（秦皇岛）股份有限公司	0.7746	821	创业板
			冀凯装备制造股份有限公司	0.2047	2672	中小板
5	计算机、通信和其他电子设备制造业	B65G49/06（用于易碎薄板，如玻璃） C03B17/06（玻璃板的成型） C03B33/02［板玻璃的切割或分割；所用设备或机器（C03B 33/09 优先；玻璃切割工具入 C03B 33/10）］ C03B5/16（熔化工艺特点；玻璃熔窑专用的辅助设备） C03B3/00（熔窑的投料） G02F1/13（基于液晶的，例如单位液晶显示单元） 14-02（数据处理设备及其外围的仪器、装置） 10-05（检验、安全和试验用仪器、设备和装置） C03B5/187（用活动元件） G01N21/958（检测透明材料）	东旭光电科技股份有限公司	1.9977	146	主板
			青鸟消防股份有限公司	0.3682	2061	中小板
			中船重工汉光科技股份有限公司	0.1827	2753	创业板
			紫光国芯微电子股份有限公司	0.0782	3120	中小板
			华讯方舟股份有限公司	0.0588	3186	主板
6	电气机械及器材制造业	H01F27/28（线圈；绕组；导电连接） H01F27/14（膨胀室；储油器；气室；清洁、干燥或填充装置） H01F27/29（接线柱；抽头装置） H01F27/30（把线圈、绕组或其部件固定或夹紧在一起；线圈或绕组在磁芯、外壳或其他支架上的固定或安装） H01F27/26（把磁芯部件紧固在一起；磁芯在外壳或支架上的固定或安装） H01F41/00（专用于制造或装配磁体、电感器或变压器的设备或方法；专用于制造磁性材料的设备或方法） H01F27/36［电或磁的屏蔽或遮蔽（可动作改变电感的入 H01F 21/10）］ G01R31/00［电性能的测试装置；电故障的探测装置；以所进行的测试在其他位置未提供为特征的电测试装置；在制造过程中测试或测量半导体或固体器件入 H01L21/66；线路传输系统的测试入（H04B3/46）］ H01F27/00（变压器或电感器的一般零部件） H01F27/32（线圈、绕组或其部件的绝缘）	保定天威保变电气股份有限公司	1.6652	217	主板
			石家庄科林电气股份有限公司	0.9480	565	主板
			石家庄通合电子科技股份有限公司	0.6060	1207	创业板
			晶澳太阳能科技股份有限公司	0.5060	1529	中小板
7	采矿业	C22C38/02（含硅的） C22C38/04（含锰的） C23C2/06（锌或镉或以其为基的合金） C21D8/02［在生产钢板或带钢时（C21D 8/12 优先）］ B21B38/00（专门适用于金属轧机的测量方法和装置，如位置检测、产品的检验）	河钢资源股份有限公司	2.3840	104	主板

续表

序号	产业领域	IPC 技术领域	上市公司	IPI	IPI 全国排名	上市板块
7	采矿业	C22C38/38［含大于 1.5（重量）的锰］ G01N3/04（夹具） F27B21/08（零部件、附件或烧结或类似设备特有的装置） C21C7/10（真空处理） B21D37/10（模具组；导向支柱）	冀中能源股份有限公司	0.2045	2673	主板
8	非金属矿物制品业	23-02（卫生设备） 06-04（存放物品用家具） 23-06（个人卫生用卫生设备） 23-01（液体分配设备） 23-07（个人便溺设备） E03D11/02［冲水厕所的抽水马桶（与抽水马桶清洗用具的冲洗水相接的辅助箱入 E03D 9/06；用于向上喷射水流的改进型式入 E03D 9/08；坐板或盖板入 A47K 13/00）］ B28B1/26［通过粉浆浇注，即把材料的悬浮液或弥散物浇注在一个吸收液体或可透水的型模内，允许液体浸湿或通过型模壁；其所用的注型（B28B 1/52 优先）］ B28B15/00（车间的一般布置或总体布置） C04B41/86（釉料；冷釉料） B28B7/00［型模；型芯；心轴（专门适用于制造管形构件的入 B28B 21/00）］	惠达卫浴股份有限公司	1.1388	403	主板
			唐山冀东水泥股份有限公司	0.1590	2842	主板
9	化学原料及化学制品制造业	H01L31/049（保护性背板） C09C1/50（炉法炭黑） C01B33/107（卤化硅烷） H01L31/048（模块的封装） H05K9/00［设备或元件对电场或磁场的屏蔽（用于吸收−天线辐射的设备入 H01Q17/00）］ F16L55/168［从管子外边（特别适合弯管、分支单元、分支管或类似的入 F16L 55/179）］ 19-08（其他印刷品） H01M2/02（电池箱、套或罩） H01M2/16（按材料区分的） C09J7/00（薄膜或薄片状的黏合剂）	唐山三友化工股份有限公司	0.9322	582	主板
			乐凯胶片股份有限公司	0.7500	871	主板
			河北建新化工股份有限公司	0.4298	1808	创业板
			保定乐凯新材料股份有限公司	0.3667	2075	创业板
			龙星化工股份有限公司	0.3580	2103	中小板
			唐山三孚硅业股份有限公司	0.3196	2254	主板
			沧州大化股份有限公司	0.2387	2538	主板
			新奥生态控股股份有限公司	0.1210	2968	主板
			河北金牛化工股份有限公司	0.0100	3379	主板
10	医药制造业	09-03［箱、盒、容器、（防腐）罐］ 09-01（瓶、长颈瓶、罐、耐酸瓶、细颈坛和附有喷雾器装置的容器） 09-05（袋、香袋、管和囊） A61K36/88（单子叶植物纲） G01N30/02（柱色谱法） 19-08（其他印刷品） C08B37/10（肝素；它的衍生物） A61K36/8969（黄精属） A61K36/8962（葱属，例如洋葱、韭、大蒜、细香葱） A61K36/9066（姜黄属，例如姜黄、东印度竹芋或芒果姜）	石家庄以岭药业股份有限公司	1.1793	376	中小板
			华北制药股份有限公司	0.7799	813	主板
			河北常山生化药业股份有限公司	0.3240	2233	创业板

资料来源：科技大数据湖北省重点实验室

3.2.11 四川省

2020年，四川省上市公司的知识产权指数为0.7015，排名第11位。2011～2017年，四川省的上市公司发明专利申请呈现逐年上升的趋势，2018年数量有所回落，但都保持在较高的申请数量（图3-12）。四川省上市公司数量总计135家，分布在34个产业领域中，累计专利申请数量、有效专利拥有量、专利申请发明人数量最多的计算机、通信和其他电子设备制造业领域，专利申请人数量最多的产业领域是化学原料及化学制品制造业，房地产业的平均专利维持时间最长（表3-21）。四川省的优势产业领域为计算机、通信和其他电子设备制造业，医药制造业，酒、饮料和精制茶制造业，化学原料及化学制品制造业，通用设备制造业，农副食品加工业，电气机械及器材制造业，专用设备制造业，信息传输、软件和信息技术服务业，汽车制造业，知识产权指数最高的企业是四川长虹电器股份有限公司，达到6.3478，位列全国第18名，上市板块为主板，所属产业领域为计算机、通信和其他电子设备制造业（表3-22）。

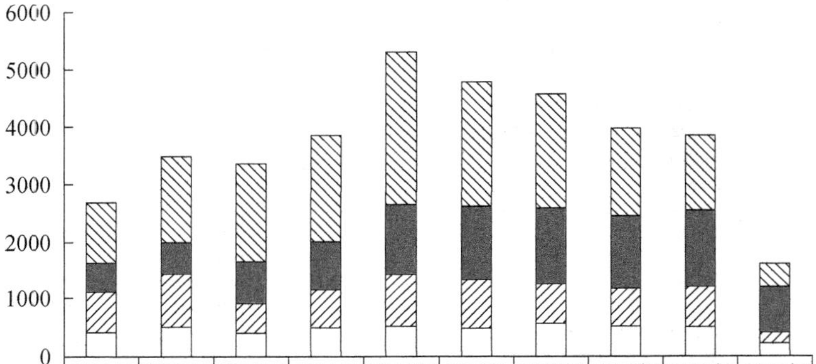

	2011年	2012年	2013年	2014年	2015年	2016年	2017年	2018年	2019年	2020年
⧅有效专利拥有量/件	1049	1489	1691	1837	2651	2166	1982	1526	1303	421
■发明专利/件	527	565	757	866	1224	1287	1340	1278	1344	793
⧄实用新型专利/件	698	927	506	657	910	855	685	657	698	182
□外观设计专利/件	412	504	400	490	515	476	564	514	503	220

图3-12 2011～2020年四川省上市公司不同类型专利申请趋势

资料来源：科技大数据湖北省重点实验室

表3-21 2020年四川省上市公司专利产业分布

序号	产业领域	上市公司数量/家	累计专利申请数量/件（排名）	有效专利拥有量/件（排名）	专利申请人数量/个（排名）	平均专利维持时间/年（排名）	专利申请发明人数量/个（排名）
1	化学原料及化学制品制造业	15	2 249（3）	1 141（4）	15（1）	6.51（4）	2 827（2）
2	计算机、通信和其他电子设备制造业	14	13 252（1）	6 450（1）	13（2）	4.38（18）	7 864（1）
3	信息传输、软件和信息技术服务业	13	1 309（7）	654（9）	11（3）	4.48（16）	2 037（3）
4	电力、热力、燃气及水的生产和供应业	11	86（18）	24（21）	6（6）	2.84（24）	162（17）
5	通用设备制造业	8	1 569（6）	942（5）	8（4）	5.94（11）	1 773（4）
6	医药制造业	7	2 761（2）	1 976（2）	7（5）	6.42（6）	1 359（7）
7	专用设备制造业	6	1 091（9）	670（8）	6（6）	6.32（7）	889（8）
8	电气机械及器材制造业	4	940（10）	723（7）	3（11）	4.07（21）	580（12）
9	汽车制造业	4	606（12）	397（10）	4（8）	5.98（9）	523（13）

续表

序号	产业领域	上市公司数量/家	累计专利申请数量/件（排名）	有效专利拥有量/件（排名）	专利申请人数量/个（排名）	平均专利维持时间/年（排名）	专利申请发明人数量/个（排名）
10	建筑业	4	472（13）	292（12）	3（11）	4.9（14）	668（9）
11	有色金属冶炼及压延加工业	4	1 849（4）	280（13）	4（8）	6.5（5）	1 523（6）
12	金融业	4	2（28）	0（26）	2（15）	0.92（29）	6（24）
13	酒、饮料和精制茶制造业	4	1 714（5）	1 159（3）	4（8）	4.82（15）	650（10）
14	批发和零售业	4	0（30）	0（26）	0（30）	0（30）	0（27）
15	非金属矿物制品业	3	183（16）	34（20）	1（18）	1.4（27）	45（21）
16	科学研究和技术服务业	3	67（19）	42（18）	1（18）	1.3（28）	179（16）
17	铁路、船舶、航空航天和其他运输设备制造业	3	329（14）	217（14）	3（11）	4.13（19）	649（11）
18	食品制造业	3	296（15）	156（15）	3（11）	4.43（17）	429（14）
19	橡胶和塑料制品业	2	50（21）	44（17）	1（18）	2.04（25）	83（19）
20	农副食品加工业	2	1 214（8）	744（6）	2（15）	4.02（22）	1 577（5）
21	交通运输、仓储和邮政业	2	9（26）	0（26）	1（18）	5.06（12）	0（27）
22	租赁和商务服务业	2	1（29）	0（26）	1（18）	1.57（26）	0（27）
23	文化、体育和娱乐业	2	23（22）	5（23）	2（15）	3.01（23）	27（22）
24	采矿业	1	61（20）	38（19）	1（18）	6.04（8）	94（18）
25	金属制品业	1	176（17）	140（16）	1（18）	5.97（10）	263（15）
26	仪器仪表制造业	1	764（11）	372（11）	1（18）	5.06（13）	80（20）
27	水利、环境和公共设施管理业	1	0（30）	0（26）	0（30）	0（30）	0（27）
28	纺织服装、服饰业	1	0（30）	0（26）	0（30）	0（30）	0（27）
29	农、林、牧、渔业	1	0（30）	0（26）	0（30）	0（30）	0（27）
30	造纸及纸制品业	1	14（25）	3（25）	1（18）	7.08（3）	15（23）
31	房地产业	1	16（24）	4（24）	1（18）	12.56（1）	6（24）
32	印刷和记录媒介复制业	1	23（22）	19（22）	1（18）	4.11（20）	5（26）
33	木材加工及木、竹、藤、棕、草制品业	1	5（27）	0（26）	1（18）	11.07（2）	0（27）
34	综合	1	0（30）	0（26）	0（30）	0（30）	0（27）
全省合计		135	31 131	16 526	108	—	24 313

资料来源：科技大数据湖北省重点实验室

表 3-22 2020 年四川省上市公司十强产业及上市公司

序号	产业领域	IPC 技术领域	上市公司	IPI	IPI 全国排名	上市板块
1	计算机、通信和其他电子设备制造业	14-03（通信设备、无线遥控和无线电放大器） 23-04（通风和空调设备） H04N5/64［电视接收机的结构零部件，例如机壳，或防尘罩（家具式样入 A47B 81/06）］ 15-07（冷冻机具及设备） H04L29/06（以协议为特征的） F24F11/00（控制或安全系统布置） H04L29/08（传输控制规程，例如数据链级控制规程） 14-01（声音或图像的记录或复制设备） G06F17/30（信息检索及其数据库结构）	四川长虹电器股份有限公司	6.3478	18	主板
			四川天邑康和通信股份有限公司	0.9431	573	创业板
			成都天奥电子股份有限公司	0.8127	758	中小板
			四川中光防雷科技股份有限公司	0.7355	896	创业板

续表

序号	产业领域	IPC 技术领域	上市公司	IPI	IPI 全国排名	上市板块
1	计算机、通信和其他电子设备制造业	H04N5/44［接收机电路（H04N 5/14 优先）］	成都振芯科技股份有限公司	0.5819	1291	创业板
			成都新易盛通信技术股份有限公司	0.5176	1489	创业板
			成都银河磁体股份有限公司	0.4078	1901	创业板
			成都旭光电子股份有限公司	0.3936	1957	主板
			四川福蓉科技股份公司	0.3004	2339	主板
			成都天箭科技股份有限公司	0.2563	2487	中小板
2	医药制造业	09-03［箱、盒、容器、（防腐）罐］ A61J1/10（袋状容器） A61J1/14［零件；配件（A61J 7/00 优先；开盖器入 B65D，B67B 7/00）］ A61J1/05（用于收集、贮存或输送血液、血浆或医用液体的） G01N33/68（涉及蛋白质、肽或氨基酸的） 24-02（医疗仪器、实验室用仪器和工具） A61K9/08（溶液） A61K9/20（丸剂、锭剂或片剂） G01N30/02（柱色谱法） 09-05（袋、香袋、管和囊）	四川科伦药业股份有限公司	1.8481	176	中小板
			迈克生物股份有限公司	0.8510	697	创业板
			成都苑东生物制药股份有限公司	0.5534	1375	科创板
			成都康弘药业集团股份有限公司	0.5438	1412	中小板
			成都康华生物制品股份有限公司	0.4743	1644	创业板
			成都华神科技集团股份有限公司	0.3258	2223	主板
			四川金石亚洲医药股份有限公司	0.1981	2699	创业板
3	酒、饮料和精制茶制造业	09-01（瓶、长颈瓶、罐、耐酸瓶、细颈坛和附有喷雾器装置的容器） 09-03［箱、盒、容器、（防腐）罐］ 07-01（陶瓷器、玻璃器皿、餐用盘碟和其他类似物品） C12G3/02（用发酵法） 09-07（密封装置及附件） 09-01-B0193（0） 09-03-C0152（0） 19-08（其他印刷品） 09-01-B0182（0） G01N30/02（柱色谱法）	宜宾五粮液股份有限公司	1.2634	338	主板
			泸州老窖股份有限公司	0.6502	1089	主板
			舍得酒业股份有限公司	0.3622	2089	主板
			四川水井坊股份有限公司	0.3229	2237	主板
4	化学原料及化学制品制造业	C05G3/00（一种或多种肥料与无特殊肥效组分的混合物） B01D53/047（变压吸附） 09-05（袋、香袋、管和囊） C07C31/04（甲醇） A01N43/90（具有两个或更多的相关杂环，自相稠合或具有共同的碳环环系） C08L83/07（含连接到不饱和脂族基团的硅的） C08B5/02（硝酸纤维素） C09J183/06［含与含氧基团连接的硅的（C09J 183/12 优先）］ C07F9/30［次膦酸（R2=P（：O）OH)；硫代次膦酸］	昊华化工科技集团股份有限公司	1.0129	506	主板
			宜宾天原集团股份有限公司	0.9811	533	中小板
			利尔化学股份有限公司	0.8204	743	中小板
			成都硅宝科技股份有限公司	0.7846	799	创业板
			四川东材科技集团股份有限公司	0.7826	805	主板
			四川国光农化股份有限公司	0.7364	895	中小板
			北方化学工业股份有限公司	0.5263	1459	中小板

续表

序号	产业领域	IPC 技术领域	上市公司	IPI	IPI 全国排名	上市板块
4	化学原料及化学制品制造业	C05G1/00（分属于 C05 大类下各小类中肥料的混合物）	四川泸天化股份有限公司	0.5211	1476	主板
			成都云图控股股份有限公司	0.5067	1525	中小板
			四川美丰化工股份有限公司	0.4759	1633	主板
5	通用设备制造业	E01D19/04（支座；铰合部件） E01D19/06（伸缩缝的布置、修建或连接） E01D19/10［栏杆；烟或气（例如，机车的）的防护装置；维修用的移动车；桥上管道或缆索的固定］ E01B1/00［道碴层；支承轨枕或轨道的其他设备；道碴层的排水（采用沟槽、涵洞或管道排水入 E01F 5/00）］ F16J15/16［在相对运动的表面之间（F16J 15/50，F16J 15/52 优先；膜盒活塞入 F16J 3/06；一般活塞环或类似结构的环密封件入 F16J 9/00）］ E01B2/00［轨道的一般结构（铁路网入 B61B 1/00；路面基础入 E01C 3/00；一般基础入 E02D）］ E01D19/00（桥梁零件） F25J3/02［通过精馏作用，即用蒸汽流与液流之间物质和热的连续交换（F25J 3/08 优先）］ E01F8/00［道路或铁路交通的经空气传导的噪声的吸收或反射装置（用于降低飞机噪声的地面装置入 B64F 1/26；用于吸收或反射噪声的一般建筑结构，建筑物的噪声吸收或反射装置入 E04B 1/74）］ C21B3/06（融渣的处理）	成都市新筑路桥机械股份有限公司	1.6012	231	中小板
			华西能源工业股份有限公司	0.6398	1116	中小板
			中密控股股份有限公司	0.6365	1127	创业板
			成都深冷液化设备股份有限公司	0.3784	2006	创业板
			四川德恩精工科技股份有限公司	0.3163	2270	创业板
			四川川润股份有限公司	0.2712	2438	中小板
			东方电气股份有限公司	0.1912	2725	主板
			成都天翔环境股份有限公司	0.1717	2788	创业板
6	农副食品加工业	A23K1/18（专门适用于特定动物的） 09-05（袋、香袋、管和囊） A01K61/00（鱼类、贻贝、蝲蛄、龙虾、海绵、珍珠等的养殖） A01K63/00［水生动物的养殖（活鱼容器，海绵入 A01K63/00）］ A01K63/04（专门适用于活鱼容器的水处理设备） A01K31/00（养禽业；鸡蛋的检验、清洁、标记或分级） A23K50/80（用于水生动物，如鱼类、甲壳类、软体动物） A01K61/10（鱼的） C12Q1/68（包括核酸） A01K61/02（鱼的喂饲装置）	通威股份有限公司	1.4327	273	主板
			新希望六和股份有限公司	1.3161	314	主板
7	电气机械及器材制造业	26-03（公共场所照明装置） 26-05（灯、落地灯、树枝形吊灯、墙壁和天花板嵌灯、灯罩、反光罩、照相和电影用聚光灯） H01B13/00（制造导体或电缆制造的专用设备或方法） H01B7/04（可弯曲的电缆、导体或软线，如牵引电缆） H02M7/00（交流功率输入变换为直流功率输出；直流功率输入变换为交流功率输出） H01B9/00（电力电缆） C08L23/16（乙烯-丙烯或乙烯-丙烯-二烯共聚物） F21S8/00［准备固定安装的照明装置（F21S 9/00，F21S 10/00 优先；使用光源串或带的入 F21S 4/00）］ H01B7/00（按形状区分的绝缘导体或电缆） F21S2/00（不包含在大组 F21S 4/00 至 F21S 10/00 或 F21S 19/00 中的照明装置系统，例如模块化结构的）	四川华体照明科技股份有限公司	0.7461	878	主板
			尚纬股份有限公司	0.6563	1075	主板
			四川英杰电气股份有限公司	0.6076	1200	创业板
			北清环能集团股份有限公司	0.0100	3379	主板

续表

序号	产业领域	IPC 技术领域	上市公司	IPI	IPI 全国排名	上市板块
8	专用设备制造业	C02F1/48［用磁场或电场的（C02F 1/46 优先）］ B02C4/30（辊子的形状或构造） B02C2/04（具有垂直轴的） C02F9/12（用电场或磁场辐射或处理） B02C4/28（零件） F17C5/02（用于装填液化气体的） C02F1/52（悬浮杂质的絮凝或沉淀） B02C21/00［带有或不带材料烘干的粉碎设备（用于谷物的入 B02C 9/04）］ F17C5/06（用于装填压缩气体的） C02F9/14（至少有一个生物处理步骤）	中建环能科技股份有限公司	0.7755	818	创业板
			厚普清洁能源股份有限公司	0.6511	1087	创业板
			成都利君实业股份有限公司	0.5081	1522	中小板
			成都大宏立机器股份有限公司	0.4390	1772	创业板
			四川科新机电股份有限公司	0.3999	1926	创业板
			台海玛努尔核电设备股份有限公司	0.0862	3096	中小板
9	信息传输、软件和信息技术服务业	H04L29/06（以协议为特征的） H04L9/08（密钥分配） G06K9/00［用于阅读或识别印刷或书写字符或者用于识别图形，例如，指纹的方法或装置（用于图表阅读或者将诸如力或现状态的机械参量的图形转换为电信号的方法或装置入 G06K 11/00；语音识别入 G10L 15/00）］ H04L29/08（传输控制规程，例如数据链级控制规程） H04L9/32（包括用于检验系统用户的身份或凭据的装置） G09B9/00（供教学或训练用的模拟机） G06F17/30（信息检索及其数据库结构） G07C13/00（投票设备） F24F5/00（不包含在 F24F 1/00 或 F24F 3/00 组中的空气调节系统或设备） 10-05（检验、安全和试验用仪器、设备和装置）	成都卫士通信息产业股份有限公司	1.0986	437	中小板
			四川川大智胜软件股份有限公司	0.8675	674	中小板
			中科院成都信息技术股份有限公司	0.8142	754	创业板
			成都运达科技股份有限公司	0.7527	865	创业板
			成都唐源电气股份有限公司	0.6719	1032	创业板
			依米康科技集团股份有限公司	0.5278	1453	创业板
			成都佳发安泰教育科技股份有限公司	0.3512	2134	创业板
			创意信息技术股份有限公司	0.3346	2191	创业板
			四川久远银海软件股份有限公司	0.2507	2506	中小板
			四川迅游网络科技股份有限公司	0.1327	2933	创业板
10	汽车制造业	F01L1/344（改变曲轴与凸轮轴之间的角度关系，例如用螺旋传动装置） F01L1/18（摇臂或杠杆） F16H7/08［用于改变皮带、绳或链的张力的装置（可调结构的皮带轮入 F16H 55/52）］ F16K31/06（使用磁铁） 15-01（引擎） 23-01（液体分配设备） F01L1/34（特点为装有可变化阀的定时而不变更开阀持续时间的装置） F01P3/08（只冷却活塞的外部，如用喷射冷却） F01L9/04（用电气装置） G01M13/00（机械部件的测试）	绵阳富临精工机械股份有限公司	0.9946	521	创业板
			四川成飞集成科技股份有限公司	0.3642	2082	中小板
			成都西菱动力科技股份有限公司	0.2873	2386	创业板
			成都豪能科技股份有限公司	0.2664	2456	主板

资料来源：科技大数据湖北省重点实验室

3.2.12 湖南省

2020 年，湖南省上市公司的知识产权指数为 0.6911，排名第 12 位。2011～2019 年，湖南省的上市公司发明专利的年度申请呈现波动发展的趋势，2013 年出现小峰值，2018～2019 年申请数量较为稳定（图 3-13）。湖南省上市公司数量总计 115 家，分布在 34 个产业领域中，累计专利申请数量、有效专利拥有量、专利申请发明人数量最多的领域是专用设备制造业，专利申请人数量最多的产业领域是医药制造业，酒、饮料和精制茶制造业的平均专利维持时间最长（表 3-23）。湖南省的优势产业领域为专用设备制造业，橡胶和塑料制品业，计算机、通信和其他电子设备制造业，医药制造业，通用设备制造业，仪器仪表制造业，电气机械及器材制造业，教育，有色金属冶炼及压延加工业，汽车制造业，知识产权指数最高的企业是中联重科股份有限公司，达到 5.5976，位列全国第 26 名，上市板块为主板，所属产业领域为专用设备制造业（表 3-24）。

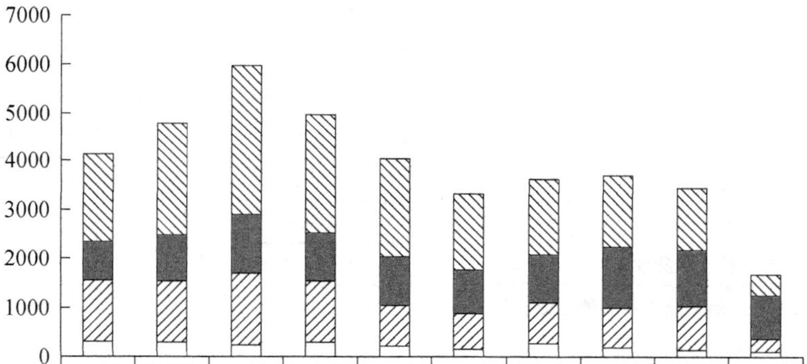

	2011年	2012年	2013年	2014年	2015年	2016年	2017年	2018年	2019年	2020年
▧有效专利拥有量/件	1779	2303	3076	2446	2005	1568	1544	1469	1274	421
■发明专利/件	796	949	1208	993	978	870	967	1228	1134	890
▨实用新型专利/件	1239	1240	1449	1237	833	730	839	822	901	269
□外观设计专利/件	313	296	242	298	220	158	275	187	143	103

图 3-13 2011～2020 年湖南省上市公司不同类型专利申请趋势

资料来源：科技大数据湖北省重点实验室

表 3-23 2020 年湖南省上市公司专利产业分布

序号	产业领域	上市公司数量/家	累计专利申请数量/件（排名）	有效专利拥有量/件（排名）	专利申请人数量/个（排名）	平均专利维持时间/年（排名）	专利申请发明人数量/个（排名）
1	医药制造业	10	1 847（4）	874（4）	10（1）	7.13（2）	1 067（6）
2	计算机、通信和其他电子设备制造业	9	2 875（2）	1 636（3）	9（2）	4.26（20）	2 141（3）
3	电气机械及器材制造业	7	870（7）	614（7）	7（3）	5.47（9）	1 266（5）
4	化学原料及化学制品制造业	7	271（13）	159（12）	6（5）	4.36（18）	506（9）
5	农副食品加工业	7	217（16）	88（19）	7（3）	5.77（8）	279（13）
6	批发和零售业	7	5（30）	2（30）	3（12）	1.22（31）	8（30）
7	专用设备制造业	6	12 693（1）	9 054（1）	4（6）	3.64（22）	8 793（1）
8	信息传输、软件和信息技术服务业	6	99（24）	53（24）	3（12）	2.94（26）	180（20）
9	通用设备制造业	4	1 372（5）	759（5）	4（6）	5.35（10）	1 709（4）
10	非金属矿物制品业	4	204（17）	130（15）	4（6）	6.5（5）	247（16）

续表

序号	产业领域	上市公司数量/家	累计专利申请数量/件（排名）	有效专利拥有量/件（排名）	专利申请人数量/个（排名）	平均专利维持时间/年（排名）	专利申请发明人数量/个（排名）
11	金融业	4	49（27）	29（27）	4（6）	4.85（15）	71（25）
12	食品制造业	4	223（15）	133（14）	3（12）	3.42（23）	162（22）
13	农、林、牧、渔业	4	98（25）	47（25）	4（6）	4.27（19）	249（15）
14	文化、体育和娱乐业	4	50（26）	43（26）	4（6）	6.05（7）	34（28）
15	电力、热力、燃气及水的生产和供应业	3	243（14）	103（18）	2（15）	1.45（30）	449（10）
16	水利、环境和公共设施管理业	3	119（22）	72（22）	2（15）	3.05（25）	280（12）
17	采矿业	2	139（21）	75（21）	2（15）	7.05（4）	220（18）
18	汽车制造业	2	709（10）	346（10）	1（22）	2.2（28）	166（21）
19	建筑业	2	108（23）	84（20）	2（15）	4.65（16）	142（24）
20	金属制品业	2	200（18）	111（17）	2（15）	5.26（14）	155（23）
21	有色金属冶炼及压延加工业	2	834（8）	388（9）	2（15）	7.08（3）	902（7）
22	仪器仪表制造业	2	1 077（6）	747（6）	2（15）	5.34（11）	538（8）
23	纺织业	2	705（11）	169（11）	1（22）	2.64（27）	181（19）
24	交通运输、仓储和邮政业	2	0（32）	0（31）	0（32）	0（32）	0（32）
25	黑色金属冶炼及压延加工	1	0（32）	0（31）	0（32）	0（32）	0（32）
26	橡胶和塑料制品业	1	2 686（3）	1 694（2）	1（22）	5.32（13）	3 963（2）
27	科学研究和技术服务业	1	2（31）	0（31）	1（22）	3.41（24）	8（30）
28	铁路、船舶、航空航天和其他运输设备制造业	1	274（12）	145（13）	1（22）	6.37（6）	239（17）
29	酒、饮料和精制茶制造业	1	196（19）	114（16）	1（22）	7.86（1）	41（26）
30	造纸及纸制品业	1	152（20）	71（23）	1（22）	4.4（17）	275（14）
31	石油加工、炼焦及核燃料加工业	1	15（29）	10（29）	1（22）	4.15（21）	31（29）
32	卫生和社会工作业	1	30（28）	13（28）	1（22）	1.99（29）	35（27）
33	教育	1	802（9）	441（8）	1（22）	5.33（12）	371（11）
34	住宿和餐饮业	1	0（32）	0（31）	0（32）	0（32）	0（32）
全省合计		115	29 164	18 204	96	—	24 708

资料来源：科技大数据湖北省重点实验室

表 3-24　2020 年湖南省上市公司十强产业及上市公司

序号	产业领域	IPC 技术领域	上市公司	IPI	IPI 全国排名	上市板块
1	专用设备制造业	B66C23/62［结构特征或零件（挖掘机的入 E02F）］ E04G21/04［既能用于输送又能用于布配的设备（混凝土泵入 F04）］ 15-04（建筑机具） E01H1/08［气动去除或取出不希望有的东西（一般吸尘器入 A 47L 5/00 至 A47L 9/00）；只用加热或气流进行干燥（永久性安装的加热或吹喷装置入 E01C 11/26；筑路或修路用的加热或干燥装置入 E01C 23/14）；用喷射研磨颗粒进行清理（一般喷砂装置入 B24C）］ F15B13/02［以适用于伺服马达的控制为特征的流体分配或供给装置（多路阀入 F16K11/00）］	中联重科股份有限公司	5.5976	26	主板
			楚天科技股份有限公司	2.7082	82	创业板
			山河智能装备股份有限公司	1.3332	309	中小板
			三诺生物传感股份有限公司	0.8991	623	创业板
			中兵红箭股份有限公司	0.0100	3379	主板

续表

序号	产业领域	IPC技术领域	上市公司	IPI	IPI全国排名	上市板块
1	专用设备制造业	B66C23/88［安全装置（一般用于起重机的入 B66C 15/00；用于钢绳、钢缆或链条卷扬机构的入 B66D 1/54）］ E01C19/48（铺设材料并将其压实或修整路面用的） B66C23/64（组优先于 B66C 23/02 至 B66C 23/16 组） 12-05（装载和运输用电梯和升降机） B67C7/00（对瓶子同时进行清洗、灌注和封装；至少包括其中两种工序的工艺或装置）	恒立实业发展集团股份有限公司	0.0100	3379	主板
2	橡胶和塑料制品业	E01D19/04（支座；铰合部件） B61F5/24（缓冲装置或将底架的左右倾侧、偏移、俯仰、颠簸运动减至最少的装置） B61F5/30（轴箱安装在用弹簧控制其位移的车辆中或转向架底架上） F16F1/38（在刚性外套与刚性内套或销之间有一弹性材料的套） G01M13/00（机械部件的测试） F16F13/14（套筒式单元） E01D19/00（桥梁零件） E01D19/10［栏杆；烟或气（例如，机车的）的防护装置；维修用的移动车；桥上管道或缆索的固定］ F16F9/04（在有挠性壁的室中） B61F5/50（其他部件）	株洲时代新材料科技股份有限公司	3.6117	49	主板
3	计算机、通信和其他电子设备制造业	H05K3/00（用于制造印刷电路的设备或方法） H01G13/00（制造电容器的专用设备；H01G4/00-H01G11/00 组中不包含的电容器的专用制造方法） H04R1/10（受话器口；其所用的附件） H02J7/00（用于电池组的充电或去极化或用于由电池组向负载供电的装置） 14-03（通信设备、无线遥控和无线电放大器） 10-04（其他计测仪器、设备和装置） 10-05（检验、安全和试验用仪器、设备和装置） H01G9/15［固体电解电容器（H01G 11/00 优先）］ G06F3/06（来自记录载体的数字输入，或者到记录载体上去的数字输出） H01G9/00（电解电容器、整流器、检波器、开关器件、光敏器件或热敏器件；其制造方法）	安克创新科技股份有限公司	1.1097	429	创业板
			奥士康科技股份有限公司	1.0702	458	中小板
			威胜信息技术股份有限公司	1.0171	498	科创板
			蓝思科技股份有限公司	0.9874	524	创业板
			湖南国科微电子股份有限公司	0.9447	571	创业板
			湖南艾华集团股份有限公司	0.9105	609	主板
			长沙景嘉微电子股份有限公司	0.5978	1232	创业板
			高斯贝尔数码科技股份有限公司	0.4327	1797	中小板
			株洲宏达电子股份有限公司	0.3742	2034	创业板
4	医药制造业	09-03［箱、盒、容器、（防腐）罐］ 09-05（袋、香袋、管和囊） C12Q1/70（包括病毒或噬菌体） 19-08（其他印刷品） G01N30/02（柱色谱法） A61K36/758（花椒属，例如花椒） A61K8/9789（双子叶植物纲） G01N30/90（平面色谱法，例如薄层或纸色谱法）	株洲千金药业股份有限公司	1.3089	319	主板
			圣湘生物科技股份有限公司	0.7643	843	科创板
			九芝堂股份有限公司	0.7612	850	主板
			湖南九典制药股份有限公司	0.5220	1475	创业板
			湖南方盛制药股份有限公司	0.4121	1885	主板
			湖南尔康制药股份有限公司	0.3220	2241	创业板

续表

序号	产业领域	IPC 技术领域	上市公司	IPI	IPI 全国排名	上市板块
4	医药制造业	A61K9/48（胶囊制剂，例如用明胶、巧克力制造的） C07H15/203（除环己烷外的单碳环；双碳环的环系）	湖南汉森制药股份有限公司	0.2400	2534	中小板
			湖南南新制药股份有限公司	0.1043	3029	科创板
			启迪古汉集团股份有限公司	0.1007	3043	主板
			湖南景峰医药股份有限公司	0.0367	3306	主板
5	通用设备制造业	B24B29/02（适用于特殊工件的） H02K15/02（定子或转子本体的） H02K15/00（专用于制造、装配、维护或修理电机的方法或设备） H02K15/04［装入电机前的绕组的（绝缘绕组入 H02K 15/10，H02K 15/12）］ H02K1/27（有永久磁体的转子铁芯的） B28D5/04（用非旋转式工具的，例如往复式工具） B23K37/04（用于工件的固定或定位） B24B41/00（磨削机床或装置的部件，比如机架，床身，滑板，床头箱的） B24B41/06［工件支架，如可调中心架（B24B 37/27 优先）］ G06F17/50［计算机辅助设计（静态存储的测试电路的设计入 G11C 29/54）］	湘潭电机股份有限公司	1.5466	246	主板
			宇环数控机床股份有限公司	0.5527	1381	中小板
			湖南宇晶机器股份有限公司	0.5263	1461	中小板
			株洲天桥起重机股份有限公司	0.5108	1513	中小板
6	仪器仪表制造业	G01N1/28［测试用样品的制备（将样品安装在显微镜载片上入 G02B 21/34；电子显微镜中支承被分析的物品或材料的装置入 H01J 37/20）］ G01N35/00（不限于用 G01N 1/00 至 G01N 33/00 中任何单独一组提供的方法或材料所进行的自动分析；及材料的传送） G01N25/22（燃烧或催化氧化作用，例如，气体混合物的组分） G01N33/18（水） F26B9/06（在固定的筒或室内） B67B3/20［施放和旋转预先成型的螺纹瓶盖（用弹性变形元件就地形成螺纹入 B67B 3/16；用旋转加盖头形成螺纹入 B67B 3/18）］ G01N1/14（抽吸装置，如泵；喷射器） G01N33/00（利用不包括在 G01N 1/00 至 G01N 31/00 组中的特殊方法来研究或分析材料） G01N1/10（液体或流体的） G01N35/10（用于将样品传送给、传送入分析仪器或从分析仪器中输出样品的装置，例如吸入装置、注入装置）	湖南三德科技股份有限公司	1.1285	413	创业板
			力合科技（湖南）股份有限公司	0.7914	785	创业板
7	电气机械及器材制造业	H01H31/02（零部件） B22D11/115（利用磁场） G05B19/418［全面工厂控制，即集中控制许多机器，例如直接或分布数字控制（DNC）、柔性制造系统（FMS）、集成制造系统（IMS）、计算机集成制造（CIM）］ H01B13/00（制造导体或电缆制造的专用设备或方法） F03B15/00［控制（一般控制入 G05）］ H02J9/06（带有自动转换的） H02J13/00（对网络情况提供远距离指示的电路装置，例如网络中每个电路保护器的开合情况的瞬时	华自科技股份有限公司	0.9589	554	创业板
			湖南长高高压开关集团股份公司	0.6369	1125	中小板
			湖南中科电气股份有限公司	0.5851	1278	创业板
			长缆电工科技股份有限公司	0.5495	1391	中小板
			金杯电工股份有限公司	0.4889	1589	中小板

续表

序号	产业领域	IPC 技术领域	上市公司	IPI	IPI 全国排名	上市板块
7	电气机械及器材制造业	记录；对配电网络中的开关装置进行远距离控制的电路装置，例如用网络传送的脉冲编码信号接入或断开电流用户） G01R31/00 电性能的测试装置；电故障的探测装置；以所进行的测试在其他位置未提供为特征的电测试装置；在制造过程中测试或测量半导体或固体器件入 H01L21/66；线路传输系统的测试入 H04B3/46 H02B3/00（制造、装配或维修盘或开关装置的专用设备） H01B7/00（按形状区分的绝缘导体或电缆）	科力尔电机集团股份有限公司	0.2434	2526	中小板
			湖南科力远新能源股份有限公司	0.1618	2824	主板
8	教育	G01N1/28［测试用样品的制备（将样品安装在显微镜载片上入 G02B 21/34；电子显微镜中支承被分析的物品或材料的装置入 H01J 37/20）］ G01N35/10（用于将样品传送给、传送入分析仪器或从分析仪器中输出样品的装置，例如吸入装置、注入装置） G01N5/04（通过除去某种组分，例如通过蒸发并称量其剩余物） G01N31/12［利用燃烧（G01N 25/20 优先）］ G01N25/02（通过测试材料的状态或相的变化；通过测试烧结） G01N1/04（固体的，如采用切割） G01N35/00（不限于用 G01N 1/00 至 G01N 33/00 中任何单独一组提供的方法或材料所进行的自动分析；及材料的传送） G01N25/22（燃烧或催化氧化作用，例如，气体混合物的组分） B65G69/04（铺开输送的物料于整个装载表面上；修整松散物料堆） B65G1/04（机械的）	长沙开元仪器股份有限公司	1.0147	504	创业板
9	有色金属冶炼及压延加工业	C22B7/00（处理除矿石以外的原材料，如废屑，以生产有色金属或它的化合物） C22B7/04（炉渣的处理） C22B7/02（烟尘的处理） C02F9/04（至少有一个化学处理步骤） C22B3/46（通过置换，例如通过沉淀置换） C22B3/08（硫酸） C22C18/00（锌基合金） C22B3/02（所用的设备） C22C18/04（铝作次主要成分的） C25C1/20（贵金属的）	株洲冶炼集团股份有限公司	1.2140	361	主板
			郴州市金贵银业股份有限公司	0.8505	699	中小板
10	汽车制造业	F16N13/20［旋转泵（带有分配装置的入 F16N 13/22）］ F01M1/02（采用润滑泵） F01M1/16（控制润滑剂的压力或流量） 09-03［箱、盒、容器、（防腐）罐］ F04C15/00［不包含在 F04C 2/00 至 F04C 14/00 各组内的机械、泵或泵送装置的构件、零部件或附件（专门适用于弹性流体的泵入 F04C 18/00 到 F04C 29/00 中）］ F04C2/10（内轴式，其外部元件比内部元件有更多的齿或齿的等同物，例如滚柱） F16N13/00（润滑泵） F16K17/04（弹簧加载的） F16N23/00（润滑系统的控制阀） F04D29/42（用于径向或螺旋离心泵）	湖南机油泵股份有限公司	0.9853	526	主板
			湖南天雁机械股份有限公司	0.0100	3379	主板

资料来源：科技大数据湖北省重点实验室

3.2.13 湖北省

2020年，湖北省上市公司的知识产权指数为0.6708，排名第13位。2011～2019年，湖北省的上市公司发明专利与实用新型专利呈曲折上升的趋势，外观设计专利的峰值出现在2018年，达到155件，有效专利拥有量的峰值出现在2017年，达到1588件（图3-14）。湖北省上市公司数量总计112家，分布在26个产业领域中，累计专利申请数量、有效专利拥有量、专利申请人数量、专利申请发明人数量最多的领域均为计算机、通信和其他电子设备制造业，纺织服装、服饰业的平均专利维持时间最长（表3-25）。湖北省的优势产业领域为计算机、通信和其他电子设备制造业，专用设备制造业，仪器仪表制造业，化学原料及化学制品制造业，建筑业，汽车制造业，批发和零售业，食品制造业，通用设备制造业，医药制造业，知识产权指数最高的企业是烽火通信科技股份有限公司，达到5.6599，位列全国第25名，上市板块为主板，所属产业领域为计算机、通信和其他电子设备制造业（表3-26）。

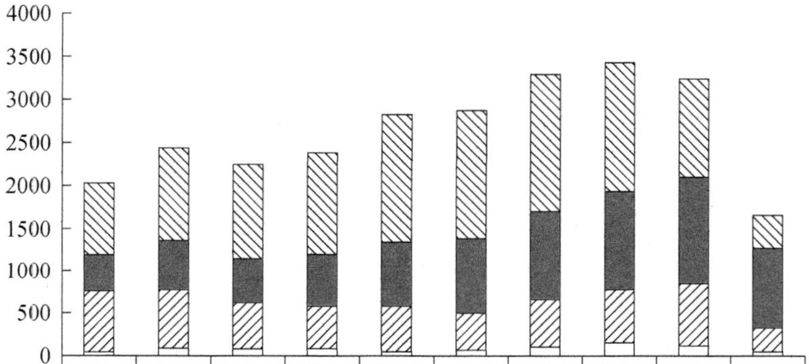

	2011年	2012年	2013年	2014年	2015年	2016年	2017年	2018年	2019年	2020年
有效专利拥有量/件	833	1071	1098	1185	1477	1481	1588	1491	1141	383
发明专利/件	440	596	531	625	769	886	1046	1160	1252	951
实用新型专利/件	711	683	538	490	527	434	552	618	729	277
外观设计专利/件	45	87	79	84	47	67	103	155	115	48

图3-14 2011～2020年湖北省上市公司不同类型专利申请趋势

资料来源：科技大数据湖北省重点实验室

表3-25 2020年湖北省上市公司专利产业分布

序号	产业领域	上市公司数量/家	累计专利申请数量/件（排名）	有效专利拥有量/件（排名）	专利申请人数量/个（排名）	平均专利维持时间/年（排名）	专利申请发明人数量/个（排名）
1	计算机、通信和其他电子设备制造业	21	9 486（1）	6 120（1）	19（1）	5.1（10）	11 012（1）
2	化学原料及化学制品制造业	11	1 664（3）	852（4）	11（2）	5.55（7）	2 247（5）
3	批发和零售业	11	587（8）	326（7）	6（5）	3.3（19）	556（10）
4	专用设备制造业	9	2 194（2）	1 309（2）	8（3）	4.68（11）	2 958（3）
5	医药制造业	8	411（10）	219（10）	7（4）	5.44（8）	727（8）
6	建筑业	5	1 056（6）	514（5）	5（6）	7.3（2）	2 475（4）
7	电力、热力、燃气及水的生产和供应业	5	82（18）	6（20）	2（9）	4.39（14）	34（20）
8	信息传输、软件和信息技术服务业	4	37（19）	34（18）	3（8）	4.4（13）	45（18）
9	房地产业	4	136（16）	75（16）	4（7）	5.87（5）	252（15）
10	电气机械及器材制造业	3	150（15）	84（15）	2（9）	3.66（18）	494（11）

续表

序号	产业领域	上市公司数量/家	累计专利申请数量/件（排名）	有效专利拥有量/件（排名）	专利申请人数量/个（排名）	平均专利维持时间/年（排名）	专利申请发明人数量/个（排名）
11	汽车制造业	3	1 388（4）	486（6）	2（9）	3.16（20）	3 026（2）
12	通用设备制造业	3	475（9）	254（9）	2（9）	4.05（16）	870（7）
13	金融业	3	3（22）	1（22）	2（9）	4.53（12）	11（21）
14	交通运输、仓储和邮政业	3	8（21）	6（20）	1（19）	0.35（23）	11（21）
15	文化、体育和娱乐业	3	25（20）	11（19）	2（9）	2.81（21）	44（19）
16	非金属矿物制品业	2	260（11）	150（11）	2（9）	5.9（4）	354（12）
17	仪器仪表制造业	2	1 333（5）	917（3）	2（9）	3.9（17）	937（6）
18	食品制造业	2	794（7）	283（8）	2（9）	5.61（6）	614（9）
19	水利、环境和公共设施管理业	2	233（12）	104（14）	2（9）	4.15（15）	304（14）
20	其他制造业	2	102（17）	64（17）	1（19）	2.12（22）	90（17）
21	黑色金属冶炼及压延加工	1	181（13）	128（13）	1（19）	5.18（9）	348（13）
22	橡胶和塑料制品业	1	160（14）	130（12）	1（19）	6.11（3）	156（16）
23	铁路、船舶、航空航天和其他运输设备制造业	1	0（24）	0（23）	0（24）	0（24）	0（24）
24	农副食品加工业	1	0（24）	0（23）	0（24）	0（24）	0（24）
25	酒、饮料和精制茶制造业	1	0（24）	0（23）	0（24）	0（24）	0（24）
26	纺织服装、服饰业	1	1（23）	0（23）	1（19）	9.25（1）	5（23）
全省合计		112	20 766	12 073	88	—	27 570

资料来源：科技大数据湖北省重点实验室

表 3-26　2020 年湖北省上市公司十强产业及上市公司

序号	产业领域	IPC 技术领域	上市公司	IPI	IPI 全国排名	上市板块
1	计算机、通信和其他电子设备制造业	H04L12/24（用于维护或管理的装置） G02B6/44［用于为光导纤维提供抗拉强度和外部保护的机械结构，例如，光学传输电缆（配有导电体和光纤的缆线入 H01B 11/22）］ H04Q11/00［多路复用系统的选择装置（多路复用系统入 H04J）］ 14-03（通信设备、无线遥控和无线电放大器） H04L29/06（以协议为特征的） H04L12/26（监视装置；测试装置） G02B6/42（光波导与光电元件的耦合） G02B6/38（有纤维对纤维的匹配装置） G02B6/02［带有包层的光导纤维（用于提供抗拉强度和外部保护的机械结构入 G02B 6/44）］ G02B6/036（包含多层的芯或包层）	烽火通信科技股份有限公司	5.6599	25	主板
			武汉光迅科技股份有限公司	2.6691	85	中小板
			长飞光纤光缆股份有限公司	2.0260	142	主板
			武汉锐科光纤激光技术股份有限公司	1.0416	483	创业板
			武汉天喻信息产业股份有限公司	0.9602	553	创业板
			湖北久之洋红外系统股份有限公司	0.8501	703	创业板
			武汉凡谷电子技术股份有限公司	0.8459	708	中小板
			华灿光电股份有限公司	0.8178	746	创业板
			武汉高德红外股份有限公司	0.5775	1306	中小板
			精伦电子股份有限公司	0.5595	1359	主板

续表

序号	产业领域	IPC 技术领域	上市公司	IPI	IPI 全国排名	上市板块
2	专用设备制造业	B65G35/00（其他类不包含的机械输送机） B31F1/20（瓦楞成型；与其他层的层压加工结合的瓦楞成型） E21B10/16（以齿形或排列为特征的） E21B10/46（以抗磨部件为特征的，例如，金刚石镶嵌） E01D21/00（专用于架设或装配桥梁的方法或设备） E21B10/22（以轴承、润滑或密封零件为特征的） H01L31/18（专门适用于制造或处理这些器件或其部件的方法或设备） E21B19/00［在井眼外，例如，在井架内搬运钻杆、套管、管子或类似物；用于给进钻杆或者钢丝绳的装置（地面驱动装置入 E21B 1/02，E21B 3/02）］ E21B10/08［牙轮钻头（牙轮岩心钻头入 E21B 10/06；带导向部件的入 E21B 10/26；以抗磨部件为特征的入 E21B 10/46）］ E21B15/00（钻机的支承装置，例如，井架或者桅杆式井架）	中石化石油机械股份有限公司	1.9520	157	主板
			中国船舶重工集团应急预警与救援装备股份有限公司	1.1225	417	创业板
			湖北京山轻工机械股份有限公司	0.8758	660	主板
			奥美医疗用品股份有限公司	0.6633	1055	中小板
			武汉帝尔激光科技股份有限公司	0.4836	1600	创业板
			航天时代电子技术股份有限公司	0.4366	1781	主板
			三丰智能装备集团股份有限公司	0.3675	2067	创业板
			华昌达智能装备集团股份有限公司	0.2342	2553	创业板
			北方光电股份有限公司	0.0100	3379	主板
3	仪器仪表制造业	G02F1/13（基于液晶的，例如单位液晶显示单元） G09G3/00（仅考虑与除阴极射线管以外的目视指示器连接的控制装置和电路） H04N7/01（制式的转换） G06T7/00（图像分析） G09G3/3208（有机的，例如使用有机发光二极管） G09G3/36（采用液晶） G01N21/88（测试瑕疵、缺陷或污点的存在） H04N17/00（电视系统或其部件的故障诊断、测试或测量） 10-05（检验、安全和试验用仪器、设备和装置） G01K11/32（利用在光纤中的透射、散射或荧光的变化）	武汉精测电子集团股份有限公司	1.9645	155	创业板
			武汉理工光科股份有限公司	0.8776	653	创业板
4	化学原料及化学制品制造业	C05G3/00（一种或多种肥料与无特殊肥效组分的混合物） G03G9/08（带有调色剂颗粒的） C06B21/00［炸药加工（如成型、分割、干燥）的方法或设备］ C09J4/02（丙烯酰基单体） 09-05（袋、香袋、管和囊） C01G37/14（铬酸盐；重铬酸盐） G03G9/097（增塑剂；电荷控制剂） C05G1/00（分属于 C05 大类下各小类中肥料的混合物） C09J175/03（由聚醚） F42B33/02（装填弹药筒、发射物或引信；装入推进剂或爆炸装药）	湖北兴发化工集团股份有限公司	1.0577	472	主板
			湖北富邦科技股份有限公司	0.7939	781	创业板
			湖北回天新材料股份有限公司	0.6957	978	创业板
			湖北鼎龙控股股份有限公司	0.6758	1021	创业板
			湖北凯龙化工集团股份有限公司	0.5551	1369	中小板
			新洋丰农业科技股份有限公司	0.5503	1388	主板
			湖北宜化化工股份有限公司	0.4380	1778	主板
			湖北振华化学股份有限公司	0.4255	1824	主板
			湖北双环科技股份有限公司	0.4022	1915	主板
			湖北和远气体股份有限公司	0.3198	2252	中小板

续表

序号	产业领域	IPC 技术领域	上市公司	IPI	IPI 全国排名	上市板块
5	建筑业	E21D11/10（用混凝土现场浇注；为此所用的模板或其他设备） E02D15/00［水利工程或基础的建筑材料或类似材料的处置（一般混凝土或类似材料的运输或浇制入 E04G 21/02）］ E01D21/00（专用于架设或装配桥梁的方法或设备） E02D15/02（基础专用的大量混凝土的处置） E02C5/00［垂直提升船舶机械（沉船的打捞入 B63C 7/00）］ E04G13/00［建筑物特殊部分用的脚手架，模壳或模板，例如，用于楼梯、台阶、檐口或阳台的（用于制造建筑物预制构件或楼梯预制构件的型模入 B28B 7/22）］ E02B9/00［水力发电站；其布置、结构或装备，修建方法或设备（水力发动机入 F03B）］ E04G21/02［混凝土或能装载或浇注成型的类似物料的输送或作业（一般的混凝土加工，例如，搅拌机入 B28C；混凝土的成分入 C04B；使用类似于修筑道路或路面材料的地面的施工和表面处理入 E01C；与堰坝有关的入 E02B 7/00；与基础有关的入 E02D 15/00；与装修工程有关的入 E04F）］ E02B5/02（水道的修筑或衬砌） E02D5/74［锚固结构构件或护壁用的装置（锚桩入 E02D 5/54）］	中国葛洲坝集团股份有限公司	1.3862	292	主板
			武汉农尚环境股份有限公司	0.3500	2139	创业板
			海波重型工程科技股份有限公司	0.2335	2556	创业板
			武汉东湖高新集团股份有限公司	0.0729	3139	主板
			武汉祥龙电业股份有限公司	0.0505	3226	主板
6	汽车制造业	B23K37/04（用于工件的固定或定位） B60R16/02（电气的） B62D33/067（可倾斜的） G01B5/00［以采用机械方法为特征的计量设备（包括在大组 G01B 3/00 中的各式量具本身入 G01B 3/00）］ B60L3/00［电动车辆上安全用电装置；运转变量，例如速度、减速、能量消耗的监测（用于监测或控制电池或燃料电池的方法或电路装置入 B60L58/00）］ B22C9/10（型芯；型芯的制造或安装） B60H1/00［加热、冷却或通风设备（提供其他空气处理的加热、冷却或通风设备，与其他处理有关的入 B60H 3/00；只需打开窗、门、屋顶部件或类似部件的通风入 B60J；用于车辆座椅的加热或通风设备入 B60N 2/56；利用空气的车窗或挡风玻璃的清洁装置，例如除霜器入 B60S 1/54）］ B60K1/04［用于动力装置蓄电器的（用于电动车辆的可更换电池入 B60L 53/80；仅用于辅助目的入 B60R16/04；将电池安装到车上或由其上拆卸下来入 B60S5/06）］ B60G11/10（以专门适用于固定弹簧于车轴或车辆悬挂部分上为特点的） B21D37/10（模具组；导向支柱）	东风汽车股份有限公司	1.7198	202	主板
			襄阳长源东谷实业股份有限公司	0.2025	2685	主板
			斯太尔动力股份有限公司	0.0100	3379	主板
7	批发和零售业	09-03［箱、盒、容器、（防腐）罐］ A23L25/00（主要含由坚果仁或籽组成的食品；它们的制备或处理） 09-05（袋、香袋、管和囊） G01N30/02（柱色谱法） A61J3/00［专用于将药品制成特殊的物理或服用形式的装置或方法（化学方面见有关大类）］ A61K8/98（源自动物的）	健民药业集团股份有限公司	0.7709	830	主板
			马应龙药业集团股份有限公司	0.5955	1244	主板
			湖北三峡新型建材股份有限公司	0.4665	1680	主板

续表

序号	产业领域	IPC 技术领域	上市公司	IPI	IPI 全国排名	上市板块
7	批发和零售业	A61K36/8968（沿阶草属） A61K8/99（源于除藻类或真菌类之外的微生物，例如原生动物或细菌） A61K36/538（裂叶荆芥属） A61K9/02［塞剂；栓剂；塞剂或栓剂的基质（制造装置入 A61J 3/08；引入体内的用具入 A61M 31/00）］	良品铺子股份有限公司	0.4031	1911	主板
			九州通医药集团股份有限公司	0.1717	2789	主板
			武汉力源信息技术股份有限公司	0.0513	3219	创业板
			塞力斯医疗科技集团股份有限公司	0.0100	3379	主板
			汉商集团股份有限公司	0.0100	3379	主板
			武汉武商集团股份有限公司	0.0100	3379	主板
			居然之家新零售集团股份有限公司	0.0100	3379	主板
8	食品制造业	09-03［箱、盒、容器、（防腐）罐］ 09-05（袋、香袋、管和囊） C12P7/64（脂肪；脂油；酯型蜡；高级脂肪酸，即在一连接羧基的完整的链上至少有 7 个碳原子；氧化油或脂） C12N1/16（酵母；其培养基） 19-08（其他印刷品） C12N1/18（面包酵母，啤酒酵母） C12N1/14［真菌（蘑菇的培养入 A01G 18/00；作为新植物本身入 A01H15/00）；其培养基］ C07C403/24（有被六元非芳环取代的侧链，例如β-胡萝卜素） C12P23/00［含有共轭双键连接的至少含 10 个碳原子的不饱和侧链的环己烯环的化合物的制备（含杂环的入 C12P 17/00）］ A21D8/02（制备面团的方法；在焙烤前处理面团）	安琪酵母股份有限公司	1.1172	423	主板
			嘉必优生物技术（武汉）股份有限公司	0.6758	1022	科创板
9	通用设备制造业	G05B19/19（以定位或轮廓控制系统为特征的，例如控制从 1 个程序点到另 1 个的位置或控制沿 1 个程序的连续路径的移动） G05B19/406［以监视或安全装置为特征的（G05B 19/19 优先）］ F16D23/14（离合器驱动套；直接与离合器驱动套连接的驱动件） G05B19/18［数字控制（NC），即在特殊机床中的自动操作机器，例如在 1 个制造设施中通过以数字形式的程序数据来执行定位、移动或协调操作（G05B 19/418 优先）］ G05B19/404［以补偿的控制装置为特征的，例如对于间隙、过调、工具偏差、工具磨损、温度、机器构造误差、负荷、惯性（G05B 19/19，G05B 19/41 优先）］ F16C33/78（带有隔膜、盘或环，有或无弹性元件） 09-03［箱、盒、容器、（防腐）罐］ F16C33/58（轴承滚道；轴承圈） H04L12/40（总线网络） G05B19/414（控制系统的结构，例如集中控制器或多处理系统、伺服接口、可编程序接口控制器）	武汉华中数控股份有限公司	1.1683	385	创业板
			襄阳汽车轴承股份有限公司	0.5251	1464	主板
			湖北华嵘控股股份有限公司	0.0100	3379	主板
10	医药制造业	G01N30/02（柱色谱法） F16K1/22（旋转轴线与阀元件交叉，如蝶形阀） 24-01（医生、医院和实验室用器具和设备）	武汉明德生物科技股份有限公司	0.4665	1679	中小板
			武汉回盛生物科技股份有限公司	0.4610	1697	创业板

续表

序号	产业领域	IPC 技术领域	上市公司	IPI	IPI 全国排名	上市板块
10	医药制造业	G01N35/00（不限于用 G01N 1/00 至 G01N 33/00 中任何单独一组提供的方法或材料所进行的自动分析；及材料的传送） A61K9/16（块状；粒状；微珠状） F16K5/06（带有球形表面的塞子；其所用填料） C07C303/44（分离；纯化） C07H17/08（含有八元或更多元的杂环，如红霉素） C12M1/36（包括条件或时间反应控制，如自动控制的发酵器） A61B5/0402（心电图术，即 ECG）	人福医药集团股份公司	0.4160	1868	主板
			湖北广济药业股份有限公司	0.3687	2057	主板
			潜江永安药业股份有限公司	0.2605	2472	中小板
			武汉海特生物制药股份有限公司	0.2200	2611	创业板
			湖北济川药业股份有限公司	0.1181	2975	主板
			中珠医疗控股股份有限公司	0.0100	3379	主板

资料来源：科技大数据湖北省重点实验室

3.2.14 天津市

2020 年，天津市上市公司的知识产权指数为 0.6026，排名第 14 位。2011～2020 年，天津市的上市公司各类型专利申请的峰值出现在 2014 年和 2015 年，此后基本呈回落甚至下降趋势（图 3-15）。天津市上市公司数量总计 60 家，分布在 19 个产业领域中，累计专利申请数量、有效专利拥有量、专利申请发明人数量最多的领域均为采矿业，专利申请人数量最多的领域是医药制造业，同时医药制造业的平均专利维持时间最长（表 3-27）。天津市的优势产业领域为采矿业，计算机、通信和其他电子设备制造业，专用设备制造业，医药制造业，信息传输、软件和信息技术服务业，化学原料及化学制品制造业，电气机械及器材制造业，汽车制造业，金属制品业，橡胶和塑料制品业，知识产权指数最高的企业是海洋石油工程股份有限公司，达到 7.0545，位列全国第 11 名，上市板块为主板，所属产业领域为采矿业（表 3-28）。

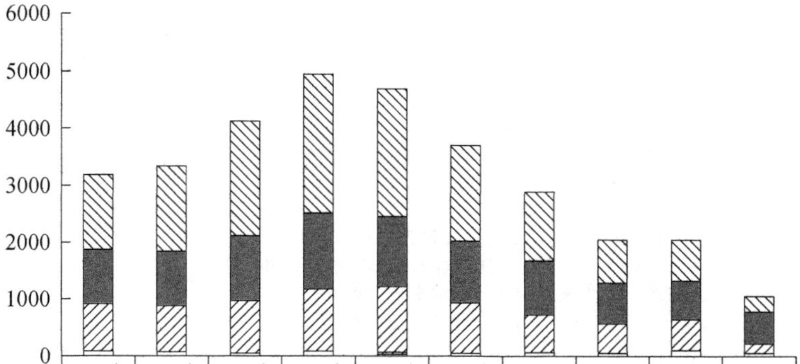

	2011年	2012年	2013年	2014年	2015年	2016年	2017年	2018年	2019年	2020年
▧有效专利拥有量/件	1317	1499	2010	2432	2238	1678	1213	755	717	270
■发明专利/件	955	962	1142	1338	1233	1084	953	715	682	561
▨实用新型专利/件	834	805	922	1093	1190	887	656	520	542	167
□外观设计专利/件	82	75	51	83	30	51	69	55	105	57

图 3-15　2011～2020 年天津市上市公司不同类型专利申请趋势

资料来源：科技大数据湖北省重点实验室

表 3-27　2020 年天津市上市公司专利产业分布

序号	产业领域	上市公司数量/家	累计专利申请数量/件（排名）	有效专利拥有量/件（排名）	专利申请人数量/个（排名）	平均专利维持时间/年（排名）	专利申请发明人数量/个（排名）
1	医药制造业	8	3 305（2）	799（4）	8（1）	8.41（1）	2 165（2）
2	专用设备制造业	7	2 451（3）	1 150（3）	7（2）	5.82（5）	887（4）
3	房地产业	7	0（17）	0（16）	0（17）	0（17）	0（17）
4	计算机、通信和其他电子设备制造业	5	2 441（4）	1 466（2）	5（3）	5.26（9）	1 672（3）
5	电气机械及器材制造业	5	274（10）	167（7）	4（4）	5.2（10）	475（6）
6	批发和零售业	4	20（15）	0（16）	2（7）	3.86（14）	13（16）
7	交通运输、仓储和邮政业	4	5（16）	4（15）	2（7）	0.71（16）	43（14）
8	采矿业	3	16 661（1）	9 766（1）	3（5）	5.79（6）	34 306（1）
9	化学原料及化学制品制造业	3	383（9）	195（6）	3（5）	4.5（11）	438（7）
10	汽车制造业	2	411（7）	161（8）	2（7）	6.99（3）	277（9）
11	信息传输、软件和信息技术服务业	2	1 315（5）	790（5）	2（7）	4.41（12）	731（5）
12	金属制品业	2	500（6）	141（9）	2（7）	6.51（4）	338（8）
13	科学研究和技术服务业	2	88（13）	51（13）	1（12）	2.57（15）	155（12）
14	橡胶和塑料制品业	1	393（8）	121（10）	1（12）	8.12（2）	191（11）
15	电力、热力、燃气及水的生产和供应业	1	29（14）	16（14）	1（12）	5.55（8）	99（13）
16	食品制造业	1	89（12）	71（12）	1（12）	5.59（7）	43（14）
17	水利、环境和公共设施管理业	1	136（11）	87（11）	1（12）	4.11（13）	230（10）
18	文化、体育和娱乐业	1	0（17）	0（16）	0（17）	0（17）	0（17）
19	印刷和记录媒介复制业	1	0（17）	0（16）	0（17）	0（17）	0（17）
全市合计		60	28 501	14 985	45	—	42 063

资料来源：科技大数据湖北省重点实验室

表 3-28　2020 年天津市上市公司十强产业及上市公司

序号	产业领域	IPC 技术领域	上市公司	IPI	IPI 全国排名	上市板块
1	采矿业	E21B47/00［测量钻孔或井（钻井液的压力或流量监测入 E21B 21/08）］ E21B49/00［测试井壁的性质；地层测试；专用于地表钻进或钻井以便取得表土或井中液体试样的方法或设备（一般的取样入 G01N1/00）］ E02B17/00［支承在桩基或类似支承物上的人工岛，例如，升降式支柱上的平台；其修建方法（防护物入 E02B 3/26；浮动平台的锚定入 B63B 21/00；浮动平台，例如，锚定的浮动平台入 B63B 35/44；独立的水下结构物入 E02D 29/00）］ B63B35/44（浮式建筑物，水上仓库，水上钻井平台或水上车间，例如载有油水分离设备的） E21B43/24［使用热能，例如，注入蒸汽（井的加温、冷却或隔离入 E21B 36/00）］ E21B43/01［水下开采专用的（水下井口入 E21B 33/035）］ G01V1/28［地震数据的处理，例如，分析、用于解释、用于校正（G01V 1/48 优先）］ G01V1/38［专用于被水覆盖的区域（G01V 1/28 优先）］ E21B49/08（在钻孔或井中取流体试样或测试液体） G06F17/50［计算机辅助设计（静态存储的测试电路的设计入 G11C 29/54）］	海洋石油工程股份有限公司	7.0545	11	主板
			中海油田服务股份有限公司	5.6812	24	主板
			博迈科海洋工程股份有限公司	0.5082	1521	主板

续表

序号	产业领域	IPC 技术领域	上市公司	IPI	IPI 全国排名	上市板块
2	计算机、通信和其他电子设备制造业	14-03（通信设备、无线遥控和无线电放大器） 20-01（自动贩卖机） 14-02（数据处理设备及其外围的仪器、装置） G07D11/00（接受硬币的装置；对有价纸币进行接收、分发、整理或计数的装置，如存款机） G07F19/00［完整的银行系统；用于收付现金或类似物，并过账到现存账户的编码卡片通过装置，例如自动出纳机（银行记账的数据处理设备入 G06Q 40/02）］ G06F1/16（结构部件或配置） G06F17/30（信息检索及其数据库结构） G06F3/06（来自记录载体的数字输入，或者到记录载体上去的数字输出） G06F11/22（在准备运算或者在空闲时间期间内，通过测试作故障硬件的检测或定位） H04L29/06（以协议为特征的）	天津七一二通信广播股份有限公司	1.5159	256	主板
			曙光信息产业股份有限公司	1.3715	300	主板
			恒银金融科技股份有限公司	1.1342	408	主板
			天津经纬辉开光电股份有限公司	0.4424	1753	创业板
			天津普林电路股份有限公司	0.1672	2803	中小板
3	专用设备制造业	B21F1/00（不同于卷绕的线材弯曲；线材矫直） B21F23/00［在线材加工机械或设备中线的送进（也适用于棒材或带材的供给入 B21D 43/00）］ B21F11/00［线的切割（手持式金属剪切设备入 B23D 29/00；有两个端接夹板的手工切割工具入 B26B 17/00）］ 24-02（医疗仪器、实验室用仪器和工具） B23K37/00［非专门适用于仅包括在本小类其他单一大组中的附属设备或工艺（戴在操作者身体上的或手持的焊工用眼罩入 A61F 9/00；用于金属加工的机械但不是钎焊、焊接、火焰切割机械的入 B23Q；其他防护罩入 F16P 1/06）］ B21F1/02（矫直） B21F27/10（带有钎焊或焊接交叉点的） B01D63/02（空心纤维组件） B29D30/38［轮胎的织物夹层如帘布层或帆布层；制造轮胎前夹层的处理（用橡胶保持在一起的或在橡胶内埋入没有纬线的平行帘布组成的夹层制造入 B29C 70/20）］ B41F19/06（负版着墨和刮墨后，在正版和负版之间印刷和压凸；用经彩色或“金”处理的墨带印刷）	天津长荣科技集团股份有限公司	1.0653	466	创业板
			天津膜天膜科技股份有限公司	0.7831	803	创业板
			天津赛象科技股份有限公司	0.6121	1184	中小板
			建科机械（天津）股份有限公司	0.6023	1217	创业板
			天津九安医疗电子股份有限公司	0.5193	1482	中小板
			天津捷强动力装备股份有限公司	0.4829	1603	创业板
			赛诺医疗科学技术股份有限公司	0.2755	2423	科创板
4	医药制造业	09-03［箱、盒、容器、（防腐）罐］ A61K36/537［鼠尾草属（鼠尾草）］ G01N30/02（柱色谱法） A61K9/20（丸剂、锭剂或片剂） A61K35/78（转入 A61K36/00） A61J3/06（制成丸剂、锭剂或糖衣丸剂形式） A61K36/804（地黄属） A61K36/835（沉香属） A61K36/8968（沿阶草属） A61K36/9066（姜黄属，例如姜黄、东印度竹芋或芒果姜）	天士力医药集团股份有限公司	1.5527	243	主板
			天津中新药业集团股份有限公司	1.2266	353	主板
			凯莱英医药集团（天津）股份有限公司	0.9447	570	中小板
			天津红日药业股份有限公司	0.7979	774	创业板
			天津瑞普生物技术股份有限公司	0.7085	947	创业板
			康希诺生物股份公司	0.4405	1760	科创板
			天津天药药业股份有限公司	0.3579	2105	主板
			天津力生制药股份有限公司	0.3305	2209	中小板

续表

序号	产业领域	IPC 技术领域	上市公司	IPI	IPI 全国排名	上市板块
5	信息传输、软件和信息技术服务业	B66B11/02［轿厢（控制出入轿厢的门、厅门或其他装置入 B66B 13/00）］ B66B23/00（自动扶梯或移动人行道的零部件） B66B29/00（自动扶梯或移动人行道的安全装置） B66B5/00（升降机中检测、故障纠正或安全装置的应用） B66B5/02（在不正常运行状态时响应的） 12-05（装载和运输用电梯和升降机） B66B11/04（驱动机构） B66B7/00（升降机的其他一般特性） B66B7/06（钢绳或钢缆的布置） B23K37/04（用于工件的固定或定位）	三六零安全科技股份有限公司	0.7302	903	主板
			泽达易盛（天津）科技股份有限公司	0.1115	3003	科创板
6	化学原料及化学制品制造业	14-02（数据处理设备及其外围的仪器、装置） G06K19/06（按数字标记的种类区分的，例如，形状、性质、代码） C08F2/48（用紫外光或可见光） G06K19/077（结构的细节，例如，在该载体中电路的装配） C09D11/10（以人造树脂为主的） G06K7/10（采用电磁辐射的，例如，光学读出；应用微粒子辐射） C07F9/53（有机氧化磷；有机硫化磷） C07D251/24（连在 3 个环碳原子上） C08K5/134（含酯基的酚类） G06K7/00［读出记录载体的方法或装置（G06K 9/00 优先；以数字方式标记记录载体的方法或装置入 G06K 1/00）］	天津利安隆新材料股份有限公司	0.7226	921	创业板
			天津久日新材料股份有限公司	0.4332	1796	科创板
			天津环球磁卡股份有限公司	0.3658	2079	主板
7	电气机械及器材制造业	G02B6/44［用于为光导纤维提供抗拉强度和外部保护的机械结构，例如，光学传输电缆（配有导电体和光纤的缆线入 H01B 11/22）］ H01L21/329（包括一个或两个电极的器件，例如二极管） H01L21/67（专门适用于在制造或处理过程中处理半导体或电固体器件的装置；专门适合于在半导体或电固体器件或部件的制造或处理过程中处理晶片的装置） H02H7/26［电缆或线路系统的分段保护，例如当发生短路、接地故障或电弧放电时切断一部分电路（定电缆故障位置入 G01R 31/08）］ H02J13/00（对网络情况提供远距离指示的电路装置，例如网络中每个电路保护器的开合情况的瞬时记录；对配电网络中的开关装置进行远距离控制的电路装置，例如用网络传送的脉冲编码信号接入或断开电流用户） H02J9/06（带有自动转换的） H01H71/10（操作或释放机构） 10-05（检验、安全和试验用仪器、设备和装置） B01D50/00（用于从气体或蒸气中分离粒子的组合器械） G01R31/08（探测电缆、传输线或网络中的故障）	天津凯发电气股份有限公司	0.5904	1260	创业板
			天津富通鑫茂科技股份有限公司	0.3927	1961	主板
			天津中环半导体股份有限公司	0.2178	2620	中小板
			天津百利特精电气股份有限公司	0.1310	2942	主板
			中电科能源股份有限公司	0.0100	3379	主板
8	汽车制造业	B21D37/12（特殊的导向装置；用于模具的相互连接或协同加工的专用装置） B21D37/10（模具组；导向支柱） 12-16（其他类未包括的车辆零件、设备和附件） 26-06（车辆照明设备） 12-08（汽车、公共汽车和货车）	天津汽车模具股份有限公司	0.6673	1048	中小板

续表

序号	产业领域	IPC 技术领域	上市公司	IPI	IPI 全国排名	上市板块
8	汽车制造业	B21D43/00［连接于或配置于或专门适用于有关加工或处理金属板、金属管或金属型材料的进给、定位或储存装置；其与切割装置的连接（与工具连接的切割装置见工具的有关组）］ B21D28/34（穿孔工具；模具夹固器） B21D45/04（与工具运动关联的） 06-01（床和椅子） B23Q3/00［工件或刀具的夹固，支承，定位装置，一般可从机床上拆下的（工作台或其他部件，如花盘，一般不带装卡工件的装置入 B23Q 1/00；自动定位控制入 B23Q 15/00；车床用旋转刀架入 B23B 3/24，B23B 3/26；非传动式刀夹入 B23B 29/00；转塔刀架一般特征入 B23B 29/24；用于紧固、连接、拆卸或夹持的工具或台式设备入 B25B）］	天津一汽夏利汽车股份有限公司	0.1993	2696	主板
9	金属制品业	E04C5/03（带凹槽、突出部分、肋或类似部分的，用来增强与混凝土的黏着性） E01B1/00［道碴层；支承轨枕或轨道的其他设备；道碴层的排水（采用沟槽、涵洞或管道排水入 E01F 5/00）］ E04G21/12［加强插入件的敷设；预应力（预应力构件用的包壳管入 E04C 5/10；锚定装置入 E04C 5/12；加强件和隔撑的连接入 E04C 5/16）］ B28B23/04（元件是预应力的） D07B1/06（用金属丝制成的绳或缆，如围绕麻芯装金属丝） D07B1/10（有一根与中心线相平行的绳芯） B28B11/24［用于养护、凝固或硬化的（使砂浆、混凝土或人造石组合物的凝固或硬化性能发生影响或发生改变的方法一般入 C04B 40/00）］ F16L9/153（仅包含有或没有加强的金属层和混凝土层） E01B5/02（钢轨） B28B15/00（车间的一般布置或总体布置）	天津银龙预应力材料股份有限公司	0.6146	1176	主板
			天津锐新昌科技股份有限公司	0.3098	2298	创业板
10	橡胶和塑料制品业	C08L23/16（乙烯-丙烯或乙烯-丙烯-二烯共聚物） C08L9/02（与丙烯腈的共聚物） F16L11/08［带有嵌入管壁内的加强层的（F16L 11/11 优先）］ F16L11/04（橡胶或软塑料制造的软管） C08L23/28［与卤素或含卤素化合物反应（C08L 23/32 优先）］ C08L23/08［乙烯的共聚物（C08L 23/16 优先）］ C08L11/00（氯丁二烯的均聚物或共聚物的组合物） F16L11/12［带有用于特殊目的的设施，如特殊外形的、带保护层的、加热的、导电的（F16L 11/11 优先）］ C08L33/04（酯的均聚物或共聚物） B29C57/00（管端的成型，例如制作法兰、喇叭口或封口；所用的设备）	天津鹏翎集团股份有限公司	0.7294	904	创业板

资料来源：科技大数据湖北省重点实验室

3.2.15 辽宁省

2020 年，辽宁省上市公司的知识产权指数为 0.5749，排名第 15 位。2011～2020 年，辽宁省的上市公司各类型专利申请均呈现波折发展的趋势，近10年总体申请规模有所增大（图3-16）。辽宁省上市公司数量总计74家，分布在27个产业领域中，累计专利申请数量、有效专利拥有量、专利申请发明人数量最多的领域均为黑色金属冶炼及压延加工，专利申请人数量最多的领域是通用设备制造业，其他制造业的平均专利维持时间最长（表3-29）。辽宁省的优势产业领域为黑色金属冶炼及压延加工，信息传输、软件和信息技术服务业，通用设备制造业，专用设备制造业，计算机、通信和其他电子设备制造业，化学原料及化学制品制造业，医药制造业，化学纤维制造业，石油加工、炼焦及核燃料加工业，农副食品加工业，知识产权指数最高的企业是鞍钢股份有限公司，达到6.5411，位列全国第14名，上市板块为主板，所属产业领域为黑色金属冶炼及压延加工（表3-30）。

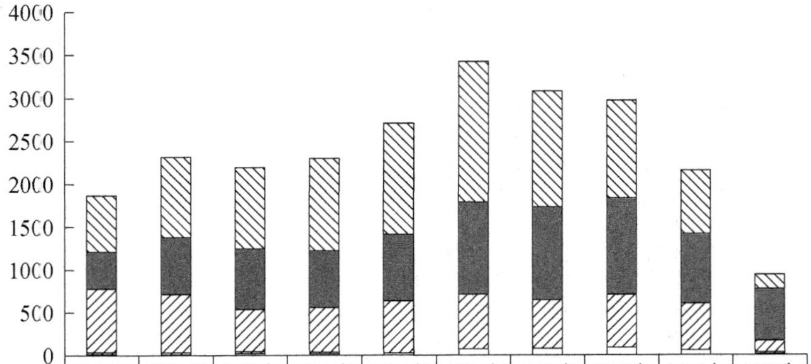

	2011年	2012年	2013年	2014年	2015年	2016年	2017年	2018年	2019年	2020年
⧅有效专利拥有量/件	660	940	950	1079	1297	1635	1347	1136	740	171
■发明专利/件	431	664	705	662	774	1079	1084	1127	812	600
▨实用新型专利/件	765	702	515	542	607	636	568	617	545	156
□外观设计专利/件	12	10	22	15	26	71	78	89	56	11

图3-16 2011～2020年辽宁省上市公司不同类型专利申请趋势

资料来源：科技大数据湖北省重点实验室

表3-29 2020年辽宁省上市公司专利产业分布

序号	产业领域	上市公司数量/家	累计专利申请数量/件（排名）	有效专利拥有量/件（排名）	专利申请人数量/个（排名）	平均专利维持时间/年（排名）	专利申请发明人数量/个（排名）
1	通用设备制造业	8	2 665（3）	1 368（3）	8（1）	5.95（12）	3 982（2）
2	专用设备制造业	7	1 878（4）	1 110（4）	7（2）	5.84（14）	2 734（3）
3	批发和零售业	7	30（19）	13（20）	2（8）	1.51（24）	65（17）
4	化学原料及化学制品制造业	6	365（7）	229（6）	6（3）	5.23（15）	550（6）
5	信息传输、软件和信息技术服务业	5	3 269（2）	1 858（2）	3（6）	3.87（18）	2 607（4）
6	电力、热力、燃气及水的生产和供应业	5	20（21）	5（22）	3（6）	2.2（22）	98（14）
7	交通运输、仓储和邮政业	5	53（17）	35（14）	4（4）	2.34（21）	130（13）
8	黑色金属冶炼及压延加工	4	10 312（1）	4 741（1）	4（4）	3.69（19）	15 717（1）
9	计算机、通信和其他电子设备制造业	2	378（5）	244（5）	2（8）	6.08（11）	513（8）
10	汽车制造业	2	70（15）	18（18）	1（13）	4.31（17）	74（16）
11	医药制造业	2	248（8）	174（7）	2（8）	6.85（10）	539（7）
12	有色金属冶炼及压延加工业	2	71（14）	26（16）	2（8）	7.3（8）	165（12）
13	水利、环境和公共设施管理业	2	12（22）	11（21）	1（13）	1.36（25）	45（20）

续表

序号	产业领域	上市公司数量/家	累计专利申请数量/件（排名）	有效专利拥有量/件（排名）	专利申请人数量/个（排名）	平均专利维持时间/年（排名）	专利申请发明人数量/个（排名）
14	石油加工、炼焦及核燃料加工业	2	232（9）	118（9）	2（8）	4.44（16）	838（5）
15	房地产业	2	0（26）	0（24）	0（26）	0（26）	0（25）
16	文化、体育和娱乐业	2	3（25）	0（24）	1（13）	1.52（23）	0（25）
17	电气机械及器材制造业	1	36（18）	17（19）	1（13）	9.05（2）	49（18）
18	采矿业	1	0（26）	0（24）	0（26）	0（26）	0（25）
19	金属制品业	1	76（12）	29（15）	1（13）	6.96（9）	43（21）
20	非金属矿物制品业	1	28（20）	25（17）	1（13）	3.69（20）	29（22）
21	科学研究和技术服务业	1	62（16）	39（13）	1（13）	8.59（4）	46（19）
22	食品制造业	1	5（24）	2（23）	1（13）	7.71（7）	3（23）
23	农副食品加工业	1	107（11）	58（10）	1（13）	5.85（13）	265（10）
24	化学纤维制造业	1	373（6）	149（8）	1（13）	8.69（3）	446（9）
25	农、林、牧、渔业	1	160（10）	57（11）	1（13）	7.71（6）	220（11）
26	其他制造业	1	7（23）	0（24）	1（13）	10.11（1）	2（24）
27	教育	1	74（13）	46（12）	1（13）	7.94（5）	83（15）
全省合计		74	20 534	10 372	58	—	29 243

资料来源：科技大数据湖北省重点实验室

表 3-30　2020 年辽宁省上市公司十强产业及上市公司

序号	产业领域	IPC 技术领域	上市公司	IPI	IPI 全国排名	上市板块
1	黑色金属冶炼及压延加工	C22C38/02（含硅的） C22C38/14（含钛或锆的） C22C38/04（含锰的） C21C7/10（真空处理） C21C5/28（转炉炼钢） C21C5/46（零件或辅助设备） C21C7/06（脱氧，例如镇静） C21C7/064（脱磷；脱硫） C21B5/00（高炉炼生铁） B21B37/00［专门适用于金属轧机或其加工产品的控制设备或方法（专门适用于金属轧机的测量方法或设备 B21B 38/00）］	鞍钢股份有限公司	6.5411	14	主板
			本钢板材股份有限公司	1.8970	167	主板
			抚顺特殊钢股份有限公司	0.8096	760	主板
			凌源钢铁股份有限公司	0.2784	2415	主板
2	信息传输、软件和信息技术服务业	G06F17/30（信息检索及其数据库结构） H04L29/06（以协议为特征的） H04L29/08（传输控制规程，例如数据链级控制规程） H02J3/18［网络中调整、消除或补偿无功功率的装置（用于调整电压的入 H02J 3/16）］ G06K9/62（应用电子设备进行识别的方法或装置） G06K9/00［用于阅读或识别印刷或书写字符或者用于识别图形，例如，指纹的方法或装置（用于图表阅读或者将诸如力或现状态的机械参量的图形转换为电信号的方法或装置入 G06K 11/00；语音识别入 G10L 15/00）］ 14-02（数据处理设备及其外围的仪器、装置） H04L12/24（用于维护或管理的装置） G06F11/36（通过软件的测试或调试防止错误） G06T7/00（图像分析）	东软集团股份有限公司	3.3832	55	主板
			梦网荣信科技集团股份有限公司	0.5900	1263	中小板
			荣科科技股份有限公司	0.2735	2428	创业板
			大连晨鑫网络科技股份有限公司	0.0100	3379	中小板
			大连天神娱乐股份有限公司	0.0100	3379	中小板

续表

序号	产业领域	IPC 技术领域	上市公司	IPI	IPI 全国排名	上市板块
3	通用设备制造业	15-99（其他） B25J9/16［程序控制（全面生产控制，即集中控制多台机器入 G05B 19/418）］ G05D1/02（二维的位置或航道控制） G07D11/00（接受硬币的装置；对有价纸币进行接收、分发、整理或计数的装置） G07D13/00（以 G07D1/00 至 G07D11/00 各组中的每单一小组均不包括的机械装置的组合为特征的硬币或有价纸币的处理） B25J9/00（程序控制机械手） B25J19/00［与机械手配合的附属装置，例如用于监控、用于观察；与机械手组合的安全装置或专门适用于与机械手结合使用的安全装置（一般安全装置入 F16P；一般防辐射装置入 G21F）］ G05B19/418［全面工厂控制，即集中控制许多机器，例如直接或分布数字控制（DNC）、柔性制造系统（FMS）、集成制造系统（IMS）、计算机集成制造（CIM）］ B25J9/08（以部件结构为特征的） F42B4/30（制造）	沈阳新松机器人自动化股份有限公司	2.5180	96	创业板
			聚龙股份有限公司	0.9388	576	创业板
			阜新德尔汽车部件股份有限公司	0.7187	934	创业板
			冰山冷热科技股份有限公司	0.5765	1309	主板
			沈阳远大智能工业集团股份有限公司	0.5538	1373	中小板
			沈阳机床股份有限公司	0.5312	1441	主板
			大连智云自动化装备股份有限公司	0.5309	1442	创业板
			辽宁福鞍重工股份有限公司	0.4759	1632	主板
4	专用设备制造业	B07B1/28（其他类目中不包含的运动式筛子，例如，晃动式、往复式、摇动式、倾斜式或摆动式筛子） B65G67/48（车辆翻倾机构） C10B31/00（用于炼焦炉的装料装置） H01L31/18（专门适用于制造或处理这些器件或其部件的方法或设备） B65G67/60［船的装载或卸载（船上货物装卸或乘客上下设备的配置入 B63B 27/00）］ H01L21/67（专门适用于在制造或处理过程中处理半导体或电固体器件的装置；专门适合于在半导体或电固体器件或部件的制造或处理过程中处理晶片的装置） E01C19/10（骨料或填料与非水硬性胶结材料，例如，沥青或树脂的预拌或预涂的设备或装置；摊铺前非水硬性胶结材料的预拌设备或重新恢复用过的非水硬性组合料的设备） B07B1/46（一般筛的结构零件；筛的清理或加热） E01H5/12（破碎、分离或疏松结冰层或硬雪层的设备或用具） B22D41/12［运送浇包或类似容器；用于浇包的车（铸造起重设备入 B66C）］	大连华锐重工集团股份有限公司	2.1931	123	中小板
			营口金辰机械股份有限公司	0.6299	1137	主板
			鞍山重型矿山机器股份有限公司	0.6258	1146	中小板
			沈阳芯源微电子设备股份有限公司	0.5530	1378	科创板
			鞍山森远路桥股份有限公司	0.5396	1421	创业板
			大连派思燃气系统股份有限公司	0.3298	2213	主板
			沈阳蓝英工业自动化装备股份有限公司	0.2442	2524	创业板
5	计算机、通信和其他电子设备制造业	G02F1/1335（与液晶单元结构相连的光学装置，例如偏振器或反射器） 14-03（通信设备、无线遥控和无线电放大器） G09G3/36（采用液晶） G02F1/1333［构造上的设备（G02F 1/135，G02F 1/136 优先）］ G02F1/13（基于液晶的，例如单位液晶显示单元） H04L25/03（发射机或接收机中的整形网络，例如自适应整形网络） H04B7/155［地面站（H04B 7/204 优先）］ H04B10/16（转入 H04B10/29） G01R31/00［电性能的测试装置；电故障的探测装置；以所进行的测试在其他位置未提供为特征的电测试装置（在制造过程中测试或测量半导体或固体器件入 H01L21/66；线路传输系统的测试入 H04B3/46）］ H04L25/02（零部件）	奥维通信股份有限公司	0.6031	1215	中小板
			亚世光电股份有限公司	0.5905	1259	中小板

续表

序号	产业领域	IPC 技术领域	上市公司	IPI	IPI 全国排名	上市板块
6	化学原料及化学制品制造业	C08G65/28（环醚及羟基化合物） C08F283/06（接到聚醚、聚氧化甲烯或聚醛缩醇上） C08G65/26（由环醚及其他化合物） C04B24/26（仅由碳—碳不饱和键反应得到的） C07D275/04（和碳环或碳环系稠合） C10M173/02（不含矿物油或脂肪油的） C08F290/06（包含在 C08G 小类中的聚合物） C07D275/03（有杂原子或有以 3 个键连杂原子、最多以 1 个键连卤素的碳原子，例如，酯基或氰基，直接连在环碳原子上） B01J21/10（镁及其氧化物或氢氧化物） C08G65/332（含羧基，或其卤化物或酯）	辽宁奥克化学股份有限公司	0.6383	1119	创业板
			航锦科技股份有限公司	0.4945	1566	主板
			大连百傲化学股份有限公司	0.4075	1902	主板
			辽宁科隆精细化工股份有限公司	0.3785	2005	创业板
			鞍山七彩化学股份有限公司	0.3039	2322	创业板
			中广核核技术发展股份有限公司	0.1652	2811	主板
7	医药制造业	G01N30/02（柱色谱法） A61K9/00（以特殊物理形状为特征的医药配制品） 09-03［箱、盒、容器、（防腐）罐］ A61K9/08（溶液） C07D277/28（被氮原子取代的基） G01N21/78（产生颜色变化） C12P39/00（在同一过程中同时包含不同属的微生物的方法） C07D461/00（杂环化合物，含吲哚并） C07F9/655（有氧原子，有或没有硫、硒或碲原子作为仅有的杂环原子） C07D213/42［有杂原子连在取代基的氮原子上（硝基入 C07D 213/26）］	东北制药集团股份有限公司	0.9098	610	主板
			沈阳兴齐眼药股份有限公司	0.4515	1723	创业板
8	化学纤维制造业	B29B7/22（零件、部件或附件；辅助操作） B29B9/06（呈细丝状材料的形式，如与挤出结合的） B29C47/08（零件、部件或附件；辅助操作） B29B7/72（用于测量、控制或调整的） B29C43/32（零件、部件或附件；辅助操作） B29C43/58（测量、控制或调整） B29C55/28（吹制环形薄膜的，如充气） B29B7/82（加热或冷却的） B29B7/28（用于测量、控制或调整的，如黏度控制部件） B05C1/08（用滚子）	恒力石化股份有限公司	0.4545	1713	主板
9	石油加工、炼焦及核燃料加工业	C08L55/02（ABS） C08F114/06（氯乙烯） C08F214/06（氯乙烯） C08F279/04（乙烯基芳香族单体及腈作为仅有的单体） C01B33/12（硅石；其水合物，如勒皮硅酸） C08F110/06（丙烯） C08L27/06（氯乙烯的均聚物或共聚物） B01D53/18［吸收装置；其中的液体分配器（B01D 3/16，B01D 3/26，B01D 3/30 优先）］ C08F210/16［乙烯与 α-链烯的共聚物，如乙丙橡胶（EP 橡胶）］ B29B7/24（用于进料的）	北方华锦化学工业股份有限公司	0.7602	852	主板
			沈阳化工股份有限公司	0.5260	1462	主板
10	农副食品加工业	A23K1/18（专门适用于特定动物的） A01K67/02（养殖脊椎动物） A23K50/75（用于家禽） A23K50/30（用于猪）	辽宁禾丰牧业股份有限公司	0.5882	1268	主板

续表

序号	产业领域	IPC技术领域	上市公司	IPI	IPI全国排名	上市板块
10	农副食品加工业	A23K1/14（从植物材料，例如薯类或非青贮的块根植物） A23K10/12（通过自然产品的发酵，例如由植物材料、动物废弃物或生物量） A23K10/30［从植物来源的材料，例如根，种子或干草；从真菌来源的材料，例如蘑菇（由微生物或生物化学工艺获得，例如使用酵母或酶入A23K 10/10）］ H02H7/08（用于电动机） A23N17/00（专用于制备牲畜饲料的设备装置） G01N33/03（食用油或食用脂）				

资料来源：科技大数据湖北省重点实验室

3.2.16 重庆市

2020年，重庆市上市公司的知识产权指数为0.4875，排名第16位。2011～2017年，重庆市的上市公司各类型专利申请均呈现波动式发展的趋势，2018年后专利申请量有所回落，但仍保持较高的申请量（图3-17）。重庆市上市公司数量总计49家，分布在22个产业领域中，累计专利申请数量、有效专利拥有量、专利申请发明人数量最多的领域均为汽车制造业，专利申请人数量最多的领域是医药制造业，酒、饮料和精制茶制造业的平均专利维持时间最长（表3-31）。重庆市的优势产业领域为汽车制造业，铁路、船舶、航空航天和其他运输设备制造业，仪器仪表制造业，科学研究和技术服务业，建筑业，医药制造业，非金属矿物制品业，信息传输、软件和信息技术服务业，通用设备制造业，批发和零售业，知识产权指数最高的企业是重庆长安汽车股份有限公司，达到6.7007，位列全国第13名，上市板块为主板，所属产业领域为汽车制造业（表3-32）。

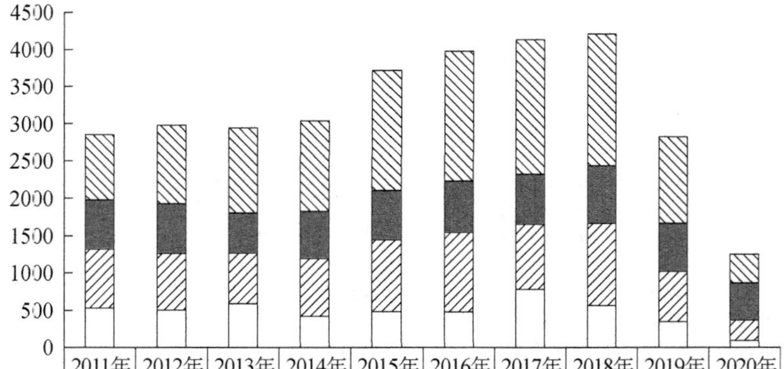

	2011年	2012年	2013年	2014年	2015年	2016年	2017年	2018年	2019年	2020年
▨有效专利拥有量/件	874	1054	1140	1207	1610	1745	1808	1778	1152	383
■发明专利/件	658	664	535	636	657	682	668	763	647	498
▨实用新型专利/件	789	762	683	776	964	1067	872	1107	674	276
□外观设计专利/件	531	501	587	419	485	481	784	564	351	97

图3-17　2011～2020年重庆市上市公司不同类型专利申请趋势

资料来源：科技大数据湖北省重点实验室

表 3-31　2020 年重庆市上市公司专利产业分布

序号	产业领域	上市公司数量/家	累计专利申请数量/件（排名）	有效专利拥有量/件（排名）	专利申请人数量/个（排名）	平均专利维持时间/年（排名）	专利申请发明人数量/个（排名）
1	医药制造业	8	635（6）	451（6）	8（1）	5.3（4）	581（6）
2	汽车制造业	5	24 621（1）	8 969（1）	5（2）	5.61（3）	16 960（1）
3	房地产业	5	72（13）	29（16）	2（4）	2.3（17）	45（16）
4	电力、热力、燃气及水的生产和供应业	4	56（16）	29（16）	3（3）	1.86（19）	215（8）
5	批发和零售业	3	113（10）	64（10）	2（4）	3.77（12）	138（11）
6	化学原料及化学制品制造业	2	61（15）	18（18）	1（9）	2.35（16）	80（14）
7	非金属矿物制品业	2	171（8）	113（7）	2（4）	5.12（5）	171（10）
8	金融业	2	70（14）	47（11）	1（9）	0.75（21）	92（13）
9	铁路、船舶、航空航天和其他运输设备制造业	2	2 788（2）	1 262（2）	2（4）	4.37（9）	1 140（4）
10	食品制造业	2	93（12）	42（12）	2（4）	4.8（6）	44（17）
11	水利、环境和公共设施管理业	2	54（17）	36（14）	1（9）	1.94（18）	131（12）
12	交通运输、仓储和邮政业	2	1（21）	0（20）	1（9）	1.59（20）	0（21）
13	电气机械及器材制造业	1	5（20）	5（19）	1（9）	3.41（13）	3（19）
14	信息传输、软件和信息技术服务业	1	178（7）	70（8）	1（9）	4.56（7）	231（7）
15	通用设备制造业	1	127（9）	68（9）	1（9）	3.91（10）	67（15）
16	黑色金属冶炼及压延加工	1	100（11）	38（13）	1（9）	4.47（8）	211（9）
17	建筑业	1	908（4）	520（5）	1（9）	3.33（14）	1 943（2）
18	仪器仪表制造业	1	1 049（3）	660（3）	1（9）	6.31（2）	680（5）
19	科学研究和技术服务业	1	768（5）	557（4）	1（9）	3.26（15）	1 429（3）
20	酒、饮料和精制茶制造业	1	19（19）	0（20）	1（9）	9.18（1）	1（20）
21	废弃资源综合利用业	1	47（18）	34（15）	1（9）	3.84（11）	12（18）
22	文化、体育和娱乐业	1	0（22）	0（20）	0（22）	0（22）	0（21）
全市合计		49	31 936	13 012	39	—	24 174

资料来源：科技大数据湖北省重点实验室

表 3-32　2020 年重庆市上市公司十强产业及上市公司

序号	产业领域	IPC 技术领域	上市公司	IPI	IPI 全国排名	上市板块
1	汽车制造业	12-16（其他类未包括的车辆零件、设备和附件） 12-11（自行车和摩托车） 19-08（其他印刷品） 15-01（引擎） 26-06（车辆照明设备） 12-08（汽车、公共汽车和货车） B23K37/04（用于工件的固定或定位） G01M17/007［轮式或履带式车辆（G01M17/08 优先）］ G01B5/00［以采用机械方法为特征的计量设备（包括在大组 G01B 3/00 中的各式量具本身入 G01B 3/00）］ F02F7/00［箱，如曲轴箱（一般发动机的曲轴箱入 F16M）］	重庆长安汽车股份有限公司	6.7007	13	主板
			力帆实业（集团）股份有限公司	3.0227	69	主板
			重庆小康工业集团股份有限公司	1.4318	275	主板
			重庆蓝黛动力传动机械股份有限公司	0.5271	1457	中小板
			重庆秦安机电股份有限公司	0.1588	2844	主板

续表

序号	产业领域	IPC 技术领域	上市公司	IPI	IPI 全国排名	上市板块
2	铁路、船舶、航空航天和其他运输设备制造业	12-11（自行车和摩托车） 15-01（引擎） 13-01（发电机和电动机） 15-03（农业机具） 26-06（车辆照明设备） 12-16（其他类未包括的车辆零件、设备和附件） 19-08（其他印刷品） F02F7/00［箱，如曲轴箱（一般发动机的曲轴箱入 F16M）］ B62K11/02［车架（以发动机位置为特点的具有辅助发动机的自行车或摩托车入 B62M）］ F01P5/06（引导或输送空气至有通道的风扇，或从风扇引出空气）	隆鑫通用动力股份有限公司	1.9649	154	主板
			重庆宗申动力机械股份有限公司	0.2999	2341	主板
3	仪器仪表制造业	G01F1/58（应用电磁流量计） G05B19/418［全面工厂控制，即集中控制许多机器，例如直接或分布数字控制（DNC）、柔性制造系统（FMS）、集成制造系统（IMS）、计算机集成制造（CIM）］ G01F25/00（用于测量容量、流量、液面或借助容积进行计量的仪表设备的检定或校正） 10-04（其他计测仪器、设备和装置） G05B19/042［使用数字处理装置（G05B 19/05优先）］ G01F23/284（电磁波） G01F1/60（其所用电路） G01N21/31（测试材料在特定元素或分子的特征波长下的相对效应，例如原子吸收光谱术） F16K31/02（电力的；磁力的） G01F1/84（科里奥利或回转质量流量计）	重庆川仪自动化股份有限公司	1.5626	240	主板
4	科学研究和技术服务业	G01M17/007［轮式或履带式车辆（G01M17/08优先）］ 12-16（其他类未包括的车辆零件、设备和附件） G06F17/50［计算机辅助设计（静态存储的测试电路的设计入 G11C 29/54）］ G05B23/02（电检验式监视） G05B19/042［使用数字处理装置（G05B 19/05优先）］ G01M13/00（机械部件的测试） G01R31/00（电性能的测试装置；电故障的探测装置；以所进行的测试在其他位置未提供为特征的电测试装置；在制造过程中测试或测量半导体或固体器件入 H01L21/66；线路传输系统的测试入 H04B3/46） G01M7/08（冲击测试） G08G1/01［检测要统计或要控制的交通运动（G08G 1/07 至 G08G 1/14 优先；道路收费收费或对车辆、车主的收费入 G07B 15/06）］ B60R16/023（用于车辆部件之间或子系统之间传输信号的）	中国汽车工程研究院股份有限公司	1.9463	161	主板
5	建筑业	E01D21/00（专用于架设或装配桥梁的方法或设备） E04G21/32［在建筑施工过程中对人员的安全或保护措施（涉及脚手架的入 E04G 5/00；救生索或安全带入 A62B 1/16，A62B 35/00；爬高工具，例如，桅杆的爬登脚蹬入 A63B 27/00）］	重庆建工集团股份有限公司	1.9504	158	主板

续表

序号	产业领域	IPC 技术领域	上市公司	IPI	IPI 全国排名	上市板块
5	建筑业	E02D29/045（地下结构物，例如，建于露天的或通过破坏定位线的地基表面的方法修建的隧道或廊道；它们的修建方法） E02D17/20（边坡或斜坡的稳定） E04G13/02（用于柱子或类似的支柱，其专用的扣件或夹具） C04B28/04（硅酸盐水泥） E01D21/10（悬臂架设） E04B2/00［建筑物的墙，例如，间壁墙；隔绝墙的构造；专门用于墙的连接（建筑结构的一般连接入 E04B 1/38；隔绝本身入 E04B 1/62；建筑物部件中的比较薄的建筑构件入 E04C 2/00）］ E04G21/00［建筑材料或建筑构件在现场的制备，搬运或加工；施工中采用的其他方法和设备（石类材料的加工入 B28D；一般运输入 B65G；提升设备入 B66；测量仪表入 G01）］ E04G21/16［工具或设备（修筑围栏用的设备入 E04H 17/26）］				
6	医药制造业	A61J1/20（用于运送液体的装置，例如从药水瓶中送到注射器中） A61J1/14［零件；配件（A61J 7/00 优先；开盖器入 B65D，B67B 7/00）］ A61J1/10（袋状容器） 09-03［箱、盒、容器、（防腐）罐］ A61M5/14（输注器械，例如重力法输注；血液输注；其所用的附件） A61K9/19（冻干的） C07D207/16（以 3 个键连杂原子、其中最多以 1 个键连卤素的碳原子，例如酯基或腈基） A61K47/48（非有效成分被化学键键合到有效成分上，例如聚合物药物轭合物） G01N27/00［用电、电化学或磁的方法测试或分析材料（G01N3/00 至 G01N25/00 优先；电或磁变量的测量或试验，材料的电磁性能的测试或试验入 G01R）］ C07K5/097［第一位氨基酸是杂环（例如 Pro、His、Trp），例如促甲状腺激素释放因子、促黑激素释放抑制因子］	重庆莱美药业股份有限公司	0.5856	1276	创业板
			重庆华森制药股份有限公司	0.5341	1432	中小板
			重庆博腾制药科技股份有限公司	0.4494	1729	创业板
			北大医药股份有限公司	0.3039	2324	主板
			重庆智飞生物制品股份有限公司	0.3036	2325	创业板
			重庆太极实业（集团）股份有限公司	0.2283	2574	主板
			重庆正川医药包装材料股份有限公司	0.1454	2886	主板
			福安药业（集团）股份有限公司	0.0366	3308	创业板
7	非金属矿物制品业	D21H27/08［滤纸（自支撑的过滤材料入 B01D 39/14；在造纸机上制造入 D21F 11/14）］ C08F283/06（接到聚醚、聚氧化甲烯或聚醛缩醇上） B01D39/14（其他自持式过滤材料） C04B22/14（阴离子中含硫的，例如硫化物） C01B17/50（二氧化硫的制备） C03C13/00［玻璃纤维或细丝的成分（纤维或细丝的制造入 C03B 37/00）］ G01N30/02（柱色谱法） F16L59/02［绝热材料的形状或形式，有或没有和绝热材料成一体的覆盖(化学方面见有关类)］ C01B17/74（制备） C04B24/16（含硫化合物）	重庆三圣实业股份有限公司	0.4799	1611	中小板
			重庆再升科技股份有限公司	0.4243	1831	主板

续表

序号	产业领域	IPC技术领域	上市公司	IPI	IPI全国排名	上市板块
8	信息传输、软件和信息技术服务业	10-05（检验、安全和试验用仪器、设备和装置） G05B19/418［全面工厂控制，即集中控制许多机器，例如直接或分布数字控制（DNC）、柔性制造系统（FMS）、集成制造系统（IMS）、计算机集成制造（CIM）］ E21F17/18［信号装置或警报装置的特殊应用（用于电梯、升降机或移动人行道的入 B66B；瓦斯传感装置本身入 G01N）］ 14-03（通信设备、无线遥控和无线电放大器） 13-03（配电和控制设备） G05B19/04［除数字控制外的程序控制，即顺序控制器或逻辑控制器（G05B 19/418 优先；数字控制入 G05B 19/18）］ G01R31/00（电性能的测试装置；电故障的探测装置；以所进行的测试在其他位置未提供为特征的电测试装置；在制造过程中测试或测量半导体或固体器件入 H01L21/66；线路传输系统的测试入 H04B3/46） G01N33/00（利用不包括在 G01N 1/00 至 G01N 31/00 组中的特殊方法来研究或分析材料） E21C35/22［用于防止产生或清除矿尘的设备（设有流体喷嘴的截齿入 E21C 35/187；用于冲洗井眼的方法或设备入 E21B 21/00）］ G01N21/01（便于进行光学测试的装置或仪器）	重庆梅安森科技股份有限公司	0.4424	1754	创业板
9	通用设备制造业	13-01（发电机和电动机） 15-05（工业用洗涤、清洁和干燥机具） H02K5/04（以其形状、式样或结构为特征的机壳或外罩） H02K1/22（磁路的转动零部件） F02N11/08（专门适用于发动机起动的电路） 15-01（引擎） H02K5/20（带有用于冷却介质流的通道或导管的） H02K11/00［电机结构上与电元件或屏蔽设备、监测或保护设备连接（机壳、外罩或支撑物入 H02K 5/00）］ F02M37/00（液体燃料自储存容器至化油器或燃料喷射装置的输送设备或系统；专用于或配置于内燃机的液体燃料净化装置） H02K1/16（有绕组槽的定子铁芯的）	神驰机电股份有限公司	0.3895	1972	主板
10	批发和零售业	A61K36/899［禾本科，例如芦根、竹叶、玉蜀黍（玉米须）或甘蔗］ A61K36/9068（姜属，例如花姜） 09-03［箱、盒、容器、（防腐）罐］ A61K36/537［鼠尾草属（鼠尾草）］ A61K36/752（柑橘属，例如橘络、柑或柠檬） A61K36/8968（沿阶草属） A61K36/57（木兰科） A61K31/4402（仅在2位被取代的，例如苯吡胺、双醋苯啶） G01N30/02（柱色谱法） A61K47/14（羧酸的酯，例如脂肪酸甘油酯、中链甘油三酯、对羟基苯甲酸酯类或 PEG 脂肪酸酯）	天圣制药集团股份有限公司	0.3725	2040	中小板
			重药控股股份有限公司	0.2722	2433	主板
			重庆百货大楼股份有限公司	0.0100	3379	主板

资料来源：科技大数据湖北省重点实验室

3.2.17 陕西省

2020年，陕西省上市公司的知识产权指数为0.4388，排名第17位。2011～2018年，陕西省的上市公司各类型专利申请呈波动发展趋势（图3-18）。陕西省上市公司数量总计56家，分布在25个产业领域中，累计专利申请数量、有效专利拥有量、专利申请发明人数量最多的领域均为电气机械及器材制造业，专利申请人数量最多的领域是计算机、通信和其他电子设备制造业，专用设备制造业，平均专利维持时间最长的领域是废弃资源综合利用业（表3-33）。陕西省的优势产业领域为电气机械及器材制造业，铁路、船舶、航空航天和其他运输设备制造业，计算机、通信和其他电子设备制造业，专用设备制造业，采矿业，有色金属冶炼及压延加工业，通用设备制造业，非金属矿物制品业，水利、环境和公共设施管理业，医药制造业，知识产权指数最高的企业是中国西电电气股份有限公司，达到3.7332，位列全国第45名，上市板块为主板，所属产业领域为电气机械及器材制造业（表3-34）。

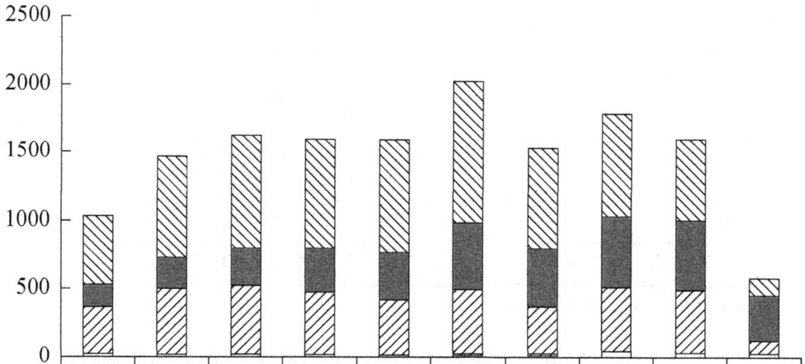

	2011年	2012年	2013年	2014年	2015年	2016年	2017年	2018年	2019年	2020年
有效专利拥有量/件	505	737	824	796	822	1040	732	756	591	124
发明专利/件	160	226	275	321	349	490	424	522	511	333
实用新型专利/件	346	483	503	459	404	483	360	466	462	96
外观设计专利/件	22	17	20	17	15	12	13	46	32	27

图3-18 2011～2020年陕西省上市公司不同类型专利申请趋势

资料来源：科技大数据湖北省重点实验室

表3-33 2020年陕西省上市公司专利产业分布

序号	产业领域	上市公司数量/家	累计专利申请数量/件（排名）	有效专利拥有量/件（排名）	专利申请人数量/个（排名）	平均专利维持时间/年（排名）	专利申请发明人数量/个（排名）
1	计算机、通信和其他电子设备制造业	6	1 137（3）	622（3）	5（1）	3.64（13）	1 407（3）
2	专用设备制造业	5	921（4）	545（4）	5（1）	6.03（6）	1 027（5）
3	电气机械及器材制造业	4	3 707（1）	2 553（1）	4（3）	6.67（5）	7 098（1）
4	医药制造业	4	184（10）	117（10）	4（3）	5.44（7）	191（11）
5	金融业	4	59（13）	47（13）	1（11）	1.69（17）	49（16）
6	铁路、船舶、航空航天和其他运输设备制造业	4	2 117（2）	1 413（2）	3（5）	3.46（14）	5 793（2）
7	采矿业	3	712（5）	480（5）	2（8）	4.86（9）	1 244（4）
8	化学原料及化学制品制造业	3	152（11）	75（12）	3（5）	7.87（3）	300（10）
9	有色金属冶炼及压延加工业	3	541（6）	310（6）	3（5）	6.75（4）	1 027（5）

续表

序号	产业领域	上市公司数量/家	累计专利申请数量/件（排名）	有效专利拥有量/件（排名）	专利申请人数量/个（排名）	平均专利维持时间/年（排名）	专利申请发明人数量/个（排名）
10	水利、环境和公共设施管理业	3	437（8）	237（9）	1（11）	1.68（18）	336（9）
11	通用设备制造业	2	448（7）	280（7）	2（8）	4.93（8）	344（8）
12	非金属矿物制品业	2	413（9）	273（8）	2（8）	3.67（12）	532（7）
13	信息传输、软件和信息技术服务业	1	54（14）	39（14）	1（11）	4.47（10）	173（13）
14	建筑业	1	0（20）	0（20）	0（20）	0（20）	0（20）
15	电力、热力、燃气及水的生产和供应业	1	20（17）	6（18）	1（11）	1.89（16）	95（14）
16	批发和零售业	1	0（20）	0（20）	0（20）	0（20）	0（20）
17	造纸及纸制品业	1	53（15）	25（16）	1（11）	8.44（2）	71（15）
18	石油加工、炼焦及核燃料加工业	1	116（12）	82（11）	1（11）	2.5（15）	187（12）
19	租赁和商务服务业	1	10（18）	7（17）	1（11）	4.02（11）	5（19）
20	房地产业	1	0（20）	0（20）	0（20）	0（20）	0（20）
21	废弃资源综合利用业	1	5（19）	2（19）	1（11）	12.04（1）	6（18）
22	印刷和记录媒介复制业	1	31（16）	29（15）	1（11）	1.43（19）	33（17）
23	卫生和社会工作业	1	0（20）	0（20）	0（20）	0（20）	0（20）
24	综合	1	0（20）	0（20）	0（20）	0（20）	0（20）
25	住宿和餐饮业	1	0（20）	0（20）	0（20）	0（20）	0（20）
全省合计		56	11 117	7 142	42	—	19 918

资料来源：科技大数据湖北省重点实验室

表 3-34　2020 年陕西省上市公司十强产业及上市公司

序号	产业领域	IPC 技术领域	上市公司	IPI	IPI 全国排名	上市板块
1	电气机械及器材制造业	G01R31/327（电路断续器、开关或电路断路器的测试） G01R31/00［电性能的测试装置；电故障的探测装置；以所进行的测试在其他位置未提供为特征的电测试装置（在制造过程中测试或测量半导体或固体器件入 H01L21/66；线路传输系统的测试入 H04B3/46）］ H01H31/02（零部件） H02B13/035（气体绝缘开关装置） H01C7/12（过电压保护电阻器；避雷器） H01F27/14（膨胀室；储油器；气室；清洁、干燥或填充装置） H01F27/28（线圈；绕组；导电连接） H01H33/664（触点；灭弧装置，例如灭弧环） G01R31/12（测试介电强度或击穿电压） H01F27/00（变压器或电感器的一般零部件）	中国西电电气股份有限公司	3.7332	45	主板
			西安陕鼓动力股份有限公司	1.4389	271	主板
			陕西宝光真空电器股份有限公司	0.5529	1379	主板
			保力新能源科技股份有限公司	0.2696	2444	创业板
2	铁路、船舶、航空航天和其他运输设备制造业	B23P15/00（制造特定金属物品，采用不包含在另一个单独的小类中或该小类的一个组中的加工） B22C9/04（用熔模方法） B23Q3/06［工件夹紧装置（若不专门适用于机床入 B25B）］ G01B5/00［以采用机械方法为特征的计量设备（包括在大组 G01B 3/00 中的各式量具本身入 G01B 3/00）］	中国航发动力股份有限公司	3.1892	62	主板
			中航飞机股份有限公司	0.7975	775	主板
			西安三角防务股份有限公司	0.2856	2392	创业板

续表

序号	产业领域	IPC 技术领域	上市公司	IPI	IPI 全国排名	上市板块
2	铁路、船舶、航空航天和其他运输设备制造业	B25B11/00［不包含在 B25B 1/00 至 B25B 9/00 各组中的工件夹持装置或定位装置，例如，磁性工件夹持装置、真空夹持装置（用于焊接、钎焊或通过局部加热而进行切割的工件的夹持或定位入 B23K 37/04；专门用于机床的入 B23Q 3/00）］ B21D37/10（模具组；导向支柱） G01M13/00（机械部件的测试） B23K37/04（用于工件的固定或定位） B64F5/00（其他类目不包括的飞机设计、制造、装配、清洗、维修或修理；其他类目不包括的飞机部件的处理、运输、测试或检查） B25B27/02（用于连接或卸下靠压配合的物件）	炼石航空科技股份有限公司	0.0100	3379	主板
3	计算机、通信和其他电子设备制造业	C03B17/06（玻璃板的成型） 26-03（公共场所照明装置） G01B7/16（用于计量固体的变形，例如电阻应变仪） G05B19/042［使用数字处理装置（G05B 19/05 优先）］ G06K9/00［用于阅读或识别印刷或书写字符或者用于识别图形，例如，指纹的方法或装置（用于图表阅读或者将诸如力或现状态的机械参量的图形转换为电信号的方法或装置入 G06K11/00；语音识别入 G10L 15/00）］ G01L1/22（利用电阻应变仪） H01J9/42（制造过程中的测量或试验） 10-05（检验、安全和试验用仪器、设备和装置） C03B5/16（熔化工艺特点；玻璃熔窑专用的辅助设备） H01J29/07（彩色电视管的荫罩）	彩虹显示器件股份有限公司	1.1207	420	主板
			中航电测仪器股份有限公司	0.8288	726	创业板
			西安天和防务技术股份有限公司	0.7191	932	创业板
			陕西烽火电子股份有限公司	0.6648	1050	主板
			西安派瑞功率半导体变流技术股份有限公司	0.2846	2396	创业板
			西安晨曦航空科技股份有限公司	0.0100	3379	创业板
4	专用设备制造业	15-06（纺织、缝纫、针织和绣花机具及零件） F16H41/04（泵-涡轮联合机组） D05B65/00（缝纫机中截断上线或下线的机构） H01F41/06（通过卷绕制造用于磁铁、电感元件、变压器的线圈） D05B37/04（裁剪机构） B22F9/04（从固体材料开始，如用破碎、研磨或碾磨的方法） D05B35/00（其他类不包括的缝纫机用送布或理布机构） D05B29/02（压布控制构件） D05B27/22（带有设定针迹长度的机构） F16H41/24（零部件）	陕西航天动力高科技股份有限公司	0.9028	616	主板
			西安标准工业股份有限公司	0.7908	787	主板
			中节能环保装备股份有限公司	0.4430	1750	创业板
			陕西建设机械股份有限公司	0.3854	1981	主板
			三达膜环境技术股份有限公司	0.3565	2115	科创板
5	采矿业	B22F9/22（利用气体还原剂） C01G39/00（钼的化合物） E21B43/116（子弹射孔器或聚能喷流射孔器） B22F3/03（其所用的模压装置） C22C27/04（钨或钼基合金） C23C14/34（溅射） C01G39/06（硫化物） C01G39/02（氧化物；氢氧化物） E21B43/263（用炸药） B22F3/16（依次的或重复的）	金堆城钼业股份有限公司	1.6164	228	主板
			通源石油科技集团股份有限公司	0.4154	1870	创业板
			陕西煤业股份有限公司	0.0100	3379	主板
6	有色金属冶炼及压延加工业	H01B13/00（制造导体或电缆制造的专用设备或方法） C22C14/00（钛基合金） C22F1/18（高熔点或难熔金属或以它们为基的合金）	西部超导材料科技股份有限公司	1.2658	337	科创板
			西部金属材料股份有限公司	0.7504	870	中小板

续表

序号	产业领域	IPC 技术领域	上市公司	IPI	IPI 全国排名	上市板块
6	有色金属冶炼及压延加工业	C22C1/03［使用母（中间）合金］ H01B12/00（组优先于 H01B 5/00 至 H01B 11/00 各组） H01B12/02（按其形状区分的） G01N1/32（抛光；腐蚀） B23P15/00（制造特定金属物品，采用不包含在另一个单独的小类中或该小类的一个组中的加工） H01F6/06（线圈，如绕组、绝缘、接线柱或外壳） G01N21/84（专用于特殊应用的系统）	宝鸡钛业股份有限公司	0.5145	1498	主板
7	通用设备制造业	B22F3/105［利用电流、激光辐射或等离子体（B22F 3/11 优先）］ B22F3/00（由金属粉末制造工件或制品，其特点为用压实或烧结的方法；所用的专用设备） B22F1/00（金属粉末的专门处理；如使之易于加工，改善其性质；金属粉末本身，如不同成分颗粒的混合物） 15-09（工作母机、研磨和铸造机械） B23K9/04（用于非接合目的的焊接，如堆焊） B29C64/135（能源被聚集，例如扫描激光器或聚焦光源） B23F23/00［与切齿机结合的或装在切齿机上的或专门适用于切齿机成形部分的附件或装置（不限定用于切齿机的附件或装置入 B23Q；刀具导向机构见制作齿轮齿的有关组）］ C23C24/10（覆层中临时形成液相的） B29C64/20（附加制造装置；及其零件或附件） B23F23/06（卡紧装置）	西安铂力特增材技术股份有限公司	0.8724	666	科创板
			秦川机床工具集团股份公司	0.6427	1107	主板
8	非金属矿物制品业	C30B15/00［熔融液提拉法的单晶生长，例如 Czochralski 法（在保护流体下的入 C30B 27/00）］ B28D5/04（用非旋转式工具的，例如往复式工具） B28D7/00（专门适用于与本小类其他各组的机械或其装置一起使用的附件） C25D15/00（含嵌入材料，例如颗粒、须、丝之覆层的电解或电泳生产） C30B29/06（硅） B28D5/00［宝石、宝石饰物、结晶体的精细加工，例如半导体材料的精加工；所用设备（磨削或抛光加工入 B24；用于艺术目的加工入 B44B；用非机械方法的入 C04B 41/00；单晶的非机械方法后处理入 C30B 33/00）］ H01L31/05［光伏模块中光伏电池之间的电互连装置，例如，光伏电池的串联连接（电极入 H01L 31/0224；形成在共同衬底上的薄膜太阳能电池的电互联入 H01L 31/046；用于模块中相邻薄膜太阳能电池的电互联的特殊结构入 H01L 31/0465；专门适用于电连接两个或多个光伏模块的电互连装置入 H02S 40/36）］ H01L51/42（专门适用于感应红外线辐射、光、较短波长的电磁辐射或微粒辐射；专门适用于将这些辐射能转换为电能，或者适用于通过这样的辐射进行电能的控制） C30B15/02（向熔融液中添加结晶化材料或添加反应过程中就地生成结晶化材料之反应物的） C30B15/14（熔融液或已结晶化材料的加热）	隆基绿能科技股份有限公司	1.0377	484	主板
			杨凌美畅新材料股份有限公司	0.4449	1739	创业板
9	水利、环境和公共设施管理业	E01C19/20［摊铺颗粒状或粉状材料用的设备，例如，砂子、卵石、盐、干胶结材料（化肥铺撒机入 A01C 15/00）］	达刚控股集团股份有限公司	0.6324	1132	创业板

续表

序号	产业领域	IPC 技术领域	上市公司	IPI	IPI 全国排名	上市板块
9	水利、环境和公共设施管理业	E01C19/08［输送和熔化地沥青、沥青、焦油沥青及类似材料的设备（熔化焦油沥青、地沥青或类似物的一般固定式锅炉入 C10C3/12）］ E01C23/03［铺面的养护装置；用于放置养护装置的设备；铺设预制底层的设备，例如，铺设薄片、薄膜（钢筋构件入 E01C 23/04）；在建造或养护期内铺面的保护，例如，帐篷（路栏入 E01F 13/00）］ E01C19/17（使用喷洒法） E01C19/15［铺设无涂层碎石或类似材料或用来将上述材料刮平、铺开而不进行夯实的，例如，用于碎石基层、铺面砂垫层的（E01C 19/52 优先；铺撒入 E01C 19/20）］ E01C23/09（用于形成槽、沟，或坑，例如，用于制作接缝或标记用的沟，切断待拆除的路段用的；清洗、处理或填充沟、槽、坑或缝用的；整修铺面边缘用的） E01C19/21（同时但又分别地加添液态和颗粒状或粉状材料，例如，沥青和粗砂的带或不带摊铺的） E01C19/10（骨料或填料与非水硬性胶结材料，例如，沥青或树脂的预拌或预涂的设备或装置；摊铺前非水硬性胶结材料的预拌设备或重新恢复用过的非水硬性组合料的设备） E01C19/12［粒状或液态材料铺撒用的（E01C 23/07 优先；缝或槽的填充用的入 E01C 23/02，E01C 23/09）］ A01G23/04（移栽树木；抓住根团的装置，例如树根钳；用于运送树木的卷包或包装）	西安旅游股份有限公司	0.0100	3379	主板
			西安曲江文化旅游股份有限公司	0.0100	3379	主板
10	医药制造业	09-03［箱、盒、容器、（防腐）罐］ 09-05（袋、香袋、管和囊） C02F9/10（热处理） C07D213/64（连在位置 2 或 6） C01B25/10（磷的卤化物或卤氧化物） C01B25/455（含卤素） C07D501/24（有被杂原子或杂环取代的烃基连在位置 3） D01D1/02（纺丝溶液的制备） A61K36/896（百合科，例如萱草，车前草百合，风信子或水仙） C01G25/02（氧化物）	陕西盘龙药业集团股份有限公司	0.3067	2311	中小板
			延安必康制药股份有限公司	0.2256	2586	中小板
			陕西康惠制药股份有限公司	0.1869	2743	主板
			金花企业（集团）股份有限公司	0.1103	3008	主板

资料来源：科技大数据湖北省重点实验室

3.2.18 新疆维吾尔自治区

2020 年，新疆维吾尔自治区上市公司的知识产权指数为 0.3464，排名第 18 位。2011～2018 年，新疆维吾尔自治区的上市公司发明专利呈逐年增长趋势，其他类型专利申请呈跳跃式波动，并未见明显的增长（图 3-19）。新疆维吾尔自治区的上市公司数量总计 58 家，分布在 26 个产业领域中，累计专利申请数量、专利申请发明人数量最多的领域均为黑色金属冶炼及压延加工，有效专利拥有量最多的领域是批发和零售业，专利申请人数量最多的领域是农、林、牧、渔业，平均专利维持时间最长的领域是铁路、船舶、航空航天和其他运输设备制造业（表 3-35）。新疆维吾尔自治区的优势产业领域为批发和零售业，通用设备制造业，黑色金属冶炼及压延加工，化学原料及化学制品制造业，计算机、通信和其他电子设备制造业，非金属矿物制品业，农副食品加工业，电气机械及器材制造业，建筑业，采矿业，知识产权指数最高的企业是新疆金风科技股份有限公司，达到2.2540，位列全国第118名，上市板块为中小板，所属产业领域为通用设备制造业（表3-36）。

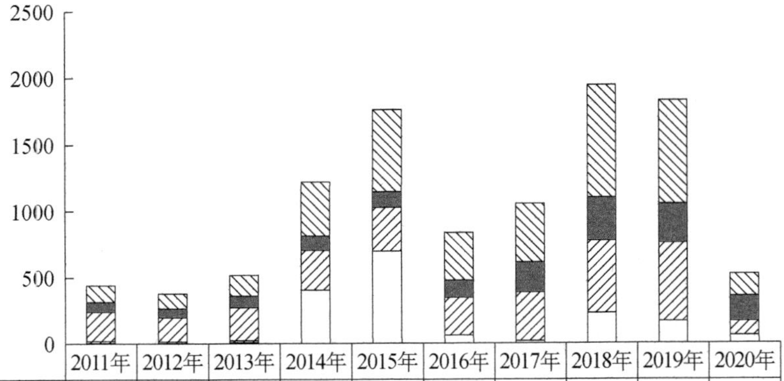

	2011年	2012年	2013年	2014年	2015年	2016年	2017年	2018年	2019年	2020年
◩有效专利拥有量/件	125	115	156	407	618	356	439	841	773	166
■发明专利/件	77	68	90	108	118	132	227	325	296	192
◪实用新型专利/件	235	196	265	301	328	286	369	546	590	107
□外观设计专利/件	6	2	8	404	698	60	18	229	166	58

图3-19　2011～2020年新疆维吾尔自治区上市公司不同类型专利申请趋势

资料来源：科技大数据湖北省重点实验室

表3-35　2020年新疆维吾尔自治区上市公司专利产业分布

序号	产业领域	上市公司数量/家	累计专利申请数量/件（排名）	有效专利拥有量/件（排名）	专利申请人数量/个（排名）	平均专利维持时间/年（排名）	专利申请发明人数量/个（排名）
1	采矿业	5	152（10）	94（9）	3（2）	2.64（18）	490（8）
2	电力、热力、燃气及水的生产和供应业	5	48（16）	35（14）	2（8）	1.48（20）	268（11）
3	非金属矿物制品业	5	414（6）	174（6）	3（2）	3.32（16）	836（4）
4	批发和零售业	5	1568（2）	1013（1）	3（2）	4.89（9）	69（15）
5	农、林、牧、渔业	5	66（14）	21（16）	5（1）	5.81（7）	156（12）
6	农副食品加工业	4	296（8）	159（7）	3（2）	3.41（14）	748（5）
7	信息传输、软件和信息技术服务业	3	125（12）	63（11）	3（2）	6.3（4）	103（14）
8	化学原料及化学制品制造业	3	535（4）	415（4）	3（2）	7.54（2）	1536（2）
9	建筑业	2	146（11）	94（9）	2（8）	4.09（13）	513（7）
10	金融业	2	170（9）	42（12）	1（12）	2.5（19）	469（9）
11	食品制造业	2	54（15）	39（13）	2（8）	5.93（5）	26（16）
12	酒、饮料和精制茶制造业	2	7（20）	4（19）	2（8）	4.28（11）	16（18）
13	交通运输、仓储和邮政业	2	0（21）	0（21）	0（21）	0（21）	0（21）
14	计算机、通信和其他电子设备制造业	1	353（7）	176（5）	1（12）	5.72（8）	459（10）
15	电气机械及器材制造业	1	454（5）	155（8）	1（12）	5.91（6）	604（6）
16	专用设备制造业	1	27（18）	1（20）	1（12）	3.37（15）	25（17）
17	医药制造业	1	9（19）	7（18）	1（12）	6.93（3）	7（20）
18	通用设备制造业	1	1045（3）	835（2）	1（12）	4.27（12）	1117（3）

续表

序号	产业领域	上市公司数量/家	累计专利申请数量/件（排名）	有效专利拥有量/件（排名）	专利申请人数量/个（排名）	平均专利维持时间/年（排名）	专利申请发明人数量/个（排名）
19	黑色金属冶炼及压延加工	1	2155（1）	674（3）	1（12）	2.67（17）	2179（1）
20	有色金属冶炼及压延加工业	1	0（21）	0（21）	0（21）	0（21）	0（21）
21	科学研究和技术服务业	1	0（21）	0（21）	0（21）	0（21）	0（21）
22	铁路、船舶、航空航天和其他运输设备制造业	1	114（13）	33（15）	1（12）	8.47（1）	125（13）
23	水利、环境和公共设施管理业	1	0（21）	0（21）	0（21）	0（21）	0（21）
24	纺织服装、服饰业	1	0（21）	0（21）	0（21）	0（21）	0（21）
25	租赁和商务服务业	1	0（21）	0（21）	0（21）	0（21）	0（21）
26	卫生和社会工作业	1	31（17）	8（17）	1（12）	4.28（10）	13（19）
全区合计		58	7769	4042	40	—	9759

资料来源：科技大数据湖北省重点实验室

表 3-36　2020 年新疆维吾尔自治区上市公司十强产业及上市公司

序号	产业领域	IPC 技术领域	上市公司	IPI	IPI 全国排名	上市板块
1	批发和零售业	06-01（床和椅子） 06-03（桌子及类似家具） 06-04（存放物品用家具） 06-06（其他家具和家具零件） 06-05（组合家具） 06-02（床） 25-02（预制或预先组合的建筑零件） 06-07（镜子和框架） 20-02（陈列和销售设备） 25-01（建筑材料）	美克国际家居用品股份有限公司	0.8657	678	主板
			新疆国际实业股份有限公司	0.0512	3220	主板
			新疆同济堂健康产业股份有限公司	0.0301	3351	主板
			新疆友好（集团）股份有限公司	0.0100	3379	主板
			新疆汇嘉时代百货股份有限公司	0.0100	3379	主板
2	通用设备制造业	F03D7/00［风力发动机的控制（电能的供给或分配入 H02J，例如网络中调整、消除或补偿无功功率的装置入 H02J 3/18；发电机的控制入 H02P，例如用于取得所需输出值的发电机的控制装置入 H02P 9/00）］ F03D17/00［风力发动机的监控或测试，例如诊断（试车过程中的测试入 F03D13/30）］ F03D80/00（不包含在组 F03D 1/00-F03D 17/00 中的零件、组件或附件） F03D11/00（不包含在本小类其他组中或与本小类其他组无关的零件、部件或附件） F03D13/20（安装或支撑风力发动机的配置；风力发动机的桅杆或塔架） F03D7/02（具有基本上与进入发动机的气流平行的旋转轴线的风力发动机） F03D7/04（自动控制；调节） H02J3/38（由两个或两个以上发电机、变换器或变压器对 1 个网络并联馈电的装置） F03D80/60（风力发动机的加热或冷却） G01R31/34（电机的测试）	新疆金风科技股份有限公司	2.2540	118	中小板

续表

序号	产业领域	IPC 技术领域	上市公司	IPI	IPI 全国排名	上市板块
3	黑色金属冶炼及压延加工	C21C5/46（零件或辅助设备） B21B39/14［工件的导向、定位或对准（B21B 43/12 优先；使工件经受永久性内在扭曲的导向装置入 B21B 15/02）］ B21B39/16（紧接在进入轧道前或离开轧道后） B22D41/00［铸造熔融物容器，例如，浇包、中间包、浇口杯或类似物（B22D 39/00，B22D 43/00 优先）］ B21B45/02（用于润滑、冷却或清洗） B22D11/124（用于冷却的） B22D41/02（衬里） B22D11/128（用于清除的） B22D41/56（支承、操纵或更换浇注喷嘴的装置） B21B28/00［保持轧辊或轧制设备处于有效状态（使用时轧辊的润滑、冷却或加热入 B21B 27/06）］	新疆八一钢铁股份有限公司	2.0103	143	主板
4	化学原料及化学制品制造业	C06C7/02（制造；包装） C02F9/04（至少有一个化学处理步骤） C08F114/06（氯乙烯） C01B31/32（碳化钙） B01D53/18［吸收装置；其中的液体分配器（B01D 3/16，B01D 3/26，B01D 3/30 优先）］ B01D3/14（分馏） C08L27/06（氯乙烯的均聚物或共聚物） C01B7/01（氯；氯化氢） C04B2/12（在竖窑或立式窑中） F27D3/15（排放装置；清除炉渣装置）	新疆中泰化学股份有限公司	1.5471	245	中小板
			新疆雪峰科技（集团）股份有限公司	0.3584	2097	主板
			新疆天业股份有限公司	0.0526	3209	主板
5	计算机、通信和其他电子设备制造业	C22F1/04（铝或铝基合金） C22C1/02（用熔炼法） H01G9/055（腐蚀箔电极） C25C3/14（供料装置或壳破碎装置） B21B45/02（用于润滑、冷却或清洗） C25C3/08（电解槽的结构，例如底、壁、阴极） C25C3/12（阳极） C25C3/24（精炼） C25F3/04（轻金属的） C22C21/02（硅作次主要成分的）	新疆众和股份有限公司	1.1588	391	主板
6	非金属矿物制品业	C04B28/04（硅酸盐水泥） C08F283/06（接到聚醚、聚氧化甲烯或聚醛缩醇上） C04B24/38（多糖或其衍生物） C04B28/00（含有无机黏结剂或含有无机与有机黏结剂反应产物的砂浆、混凝土或人造石的组合物，例如多元羧酸盐水泥） C04B24/26（仅由碳—碳不饱和键反应得到的） C04B24/42（含有 1 个或多个碳-硅键的化合物） C04B22/14（阴离子中含硫的，例如硫化物） G01N15/00［测试颗粒的特性；测试多孔材料的渗透性，孔隙体积或者孔隙表面积（微生物的识别入 C12Q）］ C04B28/14（含硫酸钙水泥的） C04B41/65（用无机材料）	中建西部建设股份有限公司	0.9097	611	中小板
			新疆国统管道股份有限公司	0.4771	1627	中小板
			新疆天山水泥股份有限公司	0.2828	2403	主板
			新疆青松建材化工（集团）股份有限公司	0.0100	3379	主板
			新疆亿路万源实业投资控股股份有限公司	0.0100	3379	主板
7	农副食品加工业	C07K19/00［杂合肽（仅由免疫球蛋白构成的杂合免疫球蛋白入 C07K16/46）］ C12N1/20（细菌；其培养基） A23L1/212［水果或蔬菜制备（属豆类的入 A23L1/20；处理大量收获的水果或蔬菜入 A23N）］ C12Q1/68（包括核酸）	天康生物股份有限公司	0.7001	963	中小板
			中粮屯河糖业股份有限公司	0.6476	1094	主板
			新疆冠农果茸股份有限公司	0.3162	2271	主板

续表

序号	产业领域	IPC 技术领域	上市公司	IPI	IPI 全国排名	上市板块
7	农副食品加工业	G01N33/569（用于微生物，例如原生动物、细菌、病毒） C07K14/33［来自梭状芽孢杆菌属（G）］ C12M1/00（酶学或微生物学装置） 09-01（瓶、长颈瓶、罐、耐酸瓶、细颈坛和附有喷雾器装置的容器） A61K39/187（猪瘟病毒） C13B20/00（蔗糖汁的净化）	中基健康产业股份有限公司	0.0100	3379	主板
8	电气机械及器材制造业	H01F27/28（线圈；绕组；导电连接） H01F27/14（膨胀室；储油器；气室；清洁、干燥或填充装置） H01F27/29（接线柱；抽头装置） H01F27/30（把线圈、绕组或其部件固定或夹紧在一起；线圈或绕组在磁芯、外壳或其他支架上的固定或安装） H01F27/24（磁芯） H01F27/36［电或磁的屏蔽或遮蔽（可动作改变电感的入 H01F 21/10）］ H01F41/02（用于制造磁芯、线圈或磁体的） H01F29/02（在线圈或绕组上带有抽头的；有重排或互连绕组的装置的） H01F27/00（变压器或电感器的一般零部件） H01F27/02（外壳）	特变电工股份有限公司	1.1150	426	主板
9	建筑业	E01D21/00（专用于架设或装配桥梁的方法或设备） C08L95/00（沥青材料的组合物，例如石油沥青、焦油或天然沥青的） E21D11/10（用混凝土现场浇注；为此所用的模板或其他设备） E01C3/00［路面基础（专门适用于运动场或体育场的入 E01C 13/02；一般基础入 E02D）］ E21D20/02（有灌浆装置的） E02D3/08［用插入石料或废弃体法，例如，压实桩（用于土壤压实的排水砂井入 E02D 3/10；修建基础过程中对土壤加压入 E02D 27/28）］ E01C7/14（混凝土铺面） B28B7/00［型模；型芯；心轴（专门适用于制造管形构件的入 B28B 21/00）］ E02D1/00［现场基础土壤的勘测（钻孔或钻土专用的探测入 E21B 25/00，E21B 49/00；一般通过测定其化学或物理性质对材料进行试验或分析入 G01N，例如，采样入 G01N 1/00）］ E01D21/10（悬臂架设）	新疆北新路桥集团股份有限公司	0.6057	1208	中小板
			新疆交通建设集团股份有限公司	0.5025	1536	中小板
10	采矿业	C09K8/035（有机添加剂） E21B23/01［用于固定工具或类似物（E21B 23/02 至 E21B 23/06 优先；井眼内驱动装置的固定入 E21B 4/18）］ C09K8/03（在钻井组合物中一般使用的特殊添加剂） C10L3/10（天然气或合成天然气的加工） C09K8/80［用于加强破裂作用的组合物，例如用于保持破裂开启的支撑剂（proppants）组合物］ C01B21/04［氮的净化或分离（用液化法入 F25J）］ E21B37/02（专用于此的刮管器） E21B17/10［护具；扶正装置（带固定装置的钻孔内用驱动装置入 E21B 4/18；井眼外导向或对中装置入 E21B 19/24）］ C02F1/42（离子交换法） B01D29/52（并联连接的）	中国石油集团工程股份有限公司	0.5231	1470	主板
			新疆贝肯能源工程股份有限公司	0.4587	1703	中小板
			新疆准东石油技术股份有限公司	0.3130	2284	中小板
			西部黄金股份有限公司	0.0100	3379	主板
			广汇能源股份有限公司	0.0100	3379	主板

资料来源：科技大数据湖北省重点实验室

3.2.19 江西省

2020 年，江西省上市公司的知识产权指数为 0.3446，排名第 19 位。江西省的上市公司各类型专利申请并未呈现明显的年度发展趋势，但整体来看，各类型专利在近 10 年间的申请规模有所提升（图 3-20）。江西省上市公司数量总计 52 家，分布在 22 个产业领域中，累计专利申请数量、有效专利拥有量、专利申请发明人数量最多的领域均为汽车制造业，专利申请人数量最多的领域是化学原料及化学制品制造业，平均专利维持时间最长的领域是计算机、通信和其他电子设备制造业（表 3-37）。江西省的优势产业领域为汽车制造业，电气机械及器材制造业，有色金属冶炼及压延加工业，医药制造业，黑色金属冶炼及压延加工，计算机、通信和其他电子设备制造业，化学原料及化学制品制造业，专用设备制造业，仪器仪表制造业，农副食品加工业，知识产权指数最高的企业是江铃汽车股份有限公司，达到 2.9298，位列全国第 73 名，上市板块为主板，所属产业领域为汽车制造业（表 3-38）。

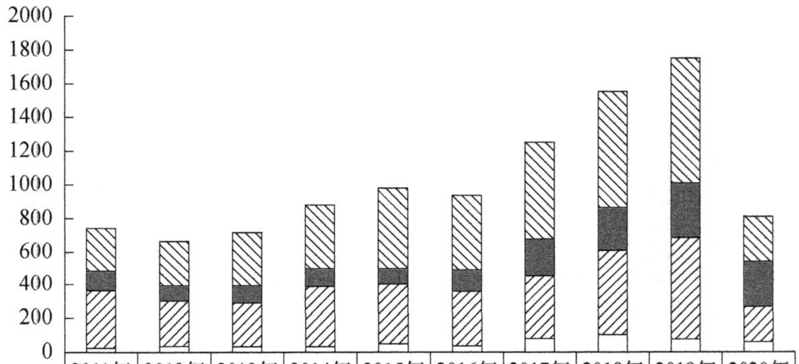

	2011年	2012年	2013年	2014年	2015年	2016年	2017年	2018年	2019年	2020年
▧有效专利拥有量/件	260	271	324	382	481	447	574	685	740	268
■发明专利/件	120	94	104	110	97	131	226	257	321	277
▨实用新型专利/件	337	264	255	355	351	320	372	507	611	205
□外观设计专利/件	25	35	33	32	49	37	78	100	74	58

图 3-20 2011～2020 年江西省上市公司不同类型专利申请趋势

资料来源：科技大数据湖北省重点实验室

表 3-37 2020 年江西省上市公司专利产业分布

序号	产业领域	上市公司数量/家	累计专利申请数量/件（排名）	有效专利拥有量/件（排名）	专利申请人数量/个（排名）	平均专利维持时间/年（排名）	专利申请发明人数量/个（排名）
1	化学原料及化学制品制造业	8	379（7）	240（7）	6（1）	3.46（13）	444（7）
2	医药制造业	5	566（4）	328（4）	4（2）	4.7（5）	646（5）
3	计算机、通信和其他电子设备制造业	4	419（5）	289（6）	4（2）	5.63（1）	380（9）
4	专用设备制造业	4	307（9）	234（8）	4（2）	5.25（2）	453（6）
5	电气机械及器材制造业	3	1 318（2）	580（2）	3（5）	5.22（3）	857（4）
6	电力、热力、燃气及水的生产和供应业	3	25（15）	19（14）	3（5）	2.18（17）	57（15）
7	有色金属冶炼及压延加工业	3	1 174（3）	497（3）	3（5）	5.15（4）	2 392（2）
8	农副食品加工业	3	218（10）	185（10）	3（5）	4.26（8）	150（11）

续表

序号	产业领域	上市公司数量/家	累计专利申请数量/件（排名）	有效专利拥有量/件（排名）	专利申请人数量/个（排名）	平均专利维持时间/年（排名）	专利申请发明人数量/个（排名）
9	黑色金属冶炼及压延加工	2	402（6）	311（5）	2（9）	3.57（12）	1 459（3）
10	非金属矿物制品业	2	69（12）	36（12）	1（11）	2.23（16）	102（13）
11	仪器仪表制造业	2	322（8）	219（9）	2（9）	3.34（15）	237（10）
12	批发和零售业	2	0（19）	0（17）	0（19）	0（19）	0（18）
13	交通运输、仓储和邮政业	2	47（13）	18（15）	1（11）	3.42（14）	100（14）
14	采矿业	1	0（19）	0（17）	0（19）	0（19）	0（18）
15	汽车制造业	1	1 967（1）	1 376（1）	1（11）	4.64（6）	3 157（1）
16	信息传输、软件和信息技术服务业	1	11（16）	8（16）	1（11）	4.36（7）	7（17）
17	通用设备制造业	1	186（11）	141（11）	1（11）	3.74（11）	412（8）
18	金融业	1	0（19）	0（17）	0（19）	0（19）	0（18）
19	铁路、船舶、航空航天和其他运输设备制造业	1	1（18）	0（17）	1（11）	0.27（18）	9（16）
20	其他制造业	1	45（14）	35（13）	1（11）	4.24（9）	124（12）
21	废弃资源综合利用业	1	3（17）	0（17）	1（11）	4.15（10）	0（18）
22	文化、体育和娱乐业	1	0（19）	0（17）	0（19）	0（19）	0（18）
全省合计		52	7 459	4 516	42	—	10 986

资料来源：科技大数据湖北省重点实验室

表 3-38　2020 年江西省上市公司十强产业及上市公司

序号	产业领域	IPC 技术领域	上市公司	IPI	IPI 全国排名	上市板块
1	汽车制造业	12-16（其他类未包括的车辆零件、设备和附件） 12-08（汽车、公共汽车和货车） G06F17/50［计算机辅助设计（静态存储的测试电路的设计入 G11C 29/54）］ 26-06（车辆照明设备） B21D37/10（模具组；导向支柱） B60R16/02（电气的） B60H1/00［加热、冷却或通风设备（提供其他空气处理的加热、冷却或通风设备，与其他处理有关的入 B60H 3/00；只需打开窗、门、屋顶部件或类似部件的通风入 B60J；用于车辆座椅的加热或通风设备入 B60N 2/56；利用空气的车窗或挡风玻璃的清洁装置，例如除霜器入 B60S 1/54）］ B22C9/10（型芯；型芯的制造或安装） B60T7/10（手控制机构的配置） B25B27/00［不包含在其他类目中的，专门适用于有变形或无变形零件或物品的装配或分离的手动工具或台式设备（简单装配或分离金属零件或物品的机械入 B23P 19/00）］	江铃汽车股份有限公司	2.9298	73	主板
2	电气机械及器材制造业	H01M2/10［安装架；悬挂装置；减震器；搬运或输送装置；保持装置（蓄电池与充电装置的结构联接入 H01M 10/46）］ H02K19/16（同步发电机） F24F3/14（增湿处理；减湿处理） H02K3/12（在槽中排列的）	泰豪科技股份有限公司	1.4045	282	主板
			孚能科技（赣州）股份有限公司	0.6637	1053	科创板

续表

<table>
<tr><th>序号</th><th>产业领域</th><th>IPC 技术领域</th><th>上市公司</th><th>IPI</th><th>IPI 全国排名</th><th>上市板块</th></tr>
<tr><td>2</td><td>电气机械及器材制造业</td><td>13-03（配电和控制设备）
H02K3/28［绕组或绕组间连接的布置（变极绕组入 H02K 17/06，H02K 17/14，H02K 19/12，H02K 19/32）］
F02B63/04（用于发电机）
H01M2/20（电池的导电联接）
F24F1/00（空气调节用房间单元，例如分体式或一体式装置，或接收来自集中式空调站一次空气的装置）
H02K1/27（有永久磁体的转子铁芯的）</td><td>江西特种电机股份有限公司</td><td>0.4080</td><td>1899</td><td>中小板</td></tr>
<tr><td rowspan="3">3</td><td rowspan="3">有色金属冶炼及压延加工业</td><td rowspan="3">C22B7/00（处理除矿石以外的原材料，如废屑，以生产有色金属或它的化合物）
C01G41/00（钨的化合物）
B25B27/02（用于连接或卸下靠压配合的物件）
C01D15/04（卤化物）
C02F9/04（至少有一个化学处理步骤）
B22F9/22（利用气体还原剂）
B23P19/02［用于通过压配连接或拆卸物品的（B23P 19/10 优先）］
C01D15/08（碳酸盐；酸式碳酸盐）
C01D15/02（氧化物；氢氧化物）
B25B27/00［不包含在其他类目中的，专门适用于有变形或无变形零件或物品的装配或分离的手动工具或台式设备（简单装配或分离金属零件或物品的机械入 B23P 19/00）］</td><td>江西铜业股份有限公司</td><td>1.4844</td><td>262</td><td>主板</td></tr>
<tr><td>江西赣锋锂业股份有限公司</td><td>0.6914</td><td>990</td><td>中小板</td></tr>
<tr><td>崇义章源钨业股份有限公司</td><td>0.6637</td><td>1054</td><td>中小板</td></tr>
<tr><td rowspan="5">4</td><td rowspan="5">医药制造业</td><td rowspan="5">09-03［箱、盒、容器、（防腐）罐］
19-08（其他印刷品）
09-05（袋、香袋、管和囊）
09-01（瓶、长颈瓶、罐、耐酸瓶、细颈坛和附有喷雾器装置的容器）
A61K36/258［人参属（人参）］
C07D239/42［1 个氮原子（硝基入 C07D 239/30）］
C12P21/06（由肽键水解产生，如水解产物）
A01N47/44（胍；其衍生物）
C07K14/755（Ⅷ因子）
C07D499/86（只有 1 个除氮原子外的原子直接连在位置 6，3 个键连杂原子至多 1 个键连卤素的碳原子，例如酯基或氰基，直接连在位置 2）</td><td>江中药业股份有限公司</td><td>0.9008</td><td>621</td><td>主板</td></tr>
<tr><td>博雅生物制药集团股份有限公司</td><td>0.5898</td><td>1264</td><td>创业板</td></tr>
<tr><td>江西富祥药业股份有限公司</td><td>0.4703</td><td>1659</td><td>创业板</td></tr>
<tr><td>江西同和药业股份有限公司</td><td>0.2860</td><td>2391</td><td>创业板</td></tr>
<tr><td>仁和药业股份有限公司</td><td>0.0100</td><td>3379</td><td>主板</td></tr>
<tr><td rowspan="2">5</td><td rowspan="2">黑色金属冶炼及压延加工</td><td rowspan="2">C22C38/02（含硅的）
B23K9/04（用于非接合目的的焊接，如堆焊）
C21D8/02［在生产钢板或带钢时（C21D 8/12 优先）］
G01N23/04（并形成材料的图片）
B65G15/64（用于自动保持输送带的位置）
B21B45/02（用于润滑、冷却或清洗）
C21C5/46（零件或辅助设备）
B22D11/108（供给添加剂，粉料或类似物质）
B05B13/02［支撑工件的装置；喷头的配置或安装；进给工件装置的改进或配置（B05B 13/06 优先）］
B22D41/00［铸造熔融物容器，例如，浇包、中间包、浇口杯或类似物（B22D 39/00，B22D 43/00 优先）］</td><td>新余钢铁股份有限公司</td><td>0.8798</td><td>646</td><td>主板</td></tr>
<tr><td>方大特钢科技股份有限公司</td><td>0.8508</td><td>698</td><td>主板</td></tr>
<tr><td rowspan="3">6</td><td rowspan="3">计算机、通信和其他电子设备制造业</td><td rowspan="3">C03C15/00（纤维和丝之外的蚀刻法玻璃表面处理）
C23C14/35（利用磁场的，例如磁控溅射）
G06F3/041（以转换方式为特点的数字转换器，例如，触摸屏或触摸垫，特点在于转换方法）
F21S2/00（不包含在大组 F21S 4/00 至 F21S 10/00 或 F21S 19/00 中的照明装置系统，例如模块化结构的）
G02F1/153（结构上的布置细节）</td><td>江西沃格光电股份有限公司</td><td>0.7852</td><td>798</td><td>主板</td></tr>
<tr><td>江西联创光电科技股份有限公司</td><td>0.4687</td><td>1669</td><td>主板</td></tr>
<tr><td>安福县海能实业股份有限公司</td><td>0.2096</td><td>2653</td><td>创业板</td></tr>
</table>

续表

序号	产业领域	IPC 技术领域	上市公司	IPI	IPI 全国排名	上市板块
6	计算机、通信和其他电子设备制造业	F21S8/00［准备固定安装的照明装置（F21S 9/00，F21S 10/00 优先；使用光源串或带的入 F21S 4/00）］ C23C14/56（连续镀覆的专用设备；维持真空的装置，例如真空锁定器） G06K9/00［用于阅读或识别印刷或书写字符或者用于识别图形，例如，指纹的方法或装置（用于图表阅读或者将诸如力或现状态的机械参量的图形转换为电信号的方法或装置入 G06K 11/00；语音识别入 G10L 15/00）］ C03C17/34［用至少两种不同成分的涂层（C03C 17/44 优先）］ B32B17/06（由玻璃组成作为薄层的主要或唯一的成分，它与另一层由一种特定物质构成的薄层相贴）	联创电子科技股份有限公司	0.1703	2791	中小板
7	化学原料及化学制品制造业	C07F7/18（具有 1 个或更多的 C-Si 键以及 1 个或更多的 C-O-Si 键的化合物） C01B17/45（含氧或不含氧的硫和卤素的化合物） C09C1/50（炉法炭黑） F42D1/00（爆破方法或设备，例如装填或捣实） C02F9/10（热处理） C23C4/08［仅含金属元素的（C23C4/073 优先）］ B23K35/40［钎焊或焊接用焊丝或焊条的制造（涉及单项技术的加工见有关类，如 B05D，B21C）］ C01B33/12（硅石；其水合物，如勒皮硅酸） F42B33/00［弹药的制造；弹药的拆卸；其所用设备（F42B 5/188 优先；空心装药制造方法入 F42B 1/036；爆破筒起爆器的制造入 F42B 3/195）］ C23C4/06（金属材料）	江西黑猫炭黑股份有限公司	0.4579	1704	中小板
			江西国泰集团股份有限公司	0.4403	1761	主板
			江西世龙实业股份有限公司	0.4107	1890	中小板
			江西晨光新材料股份有限公司	0.3674	2069	主板
			江西宏柏新材料股份有限公司	0.3446	2157	主板
			江西恒大高新技术股份有限公司	0.3402	2172	中小板
			江西昌九生物化工股份有限公司	0.0100	3379	主板
			诚志股份有限公司	0.0100	3379	主板
8	专用设备制造业	F16D65/14（至 65/28 的附注） A61M1/16（有膜的） B01D53/75（多步骤方法） A61M5/14（输注器械，例如重力法输注；血液输注；其所用的附件） B66C9/18（具有将载重滑车或起重机锁定在轨道梁或轨道上以防意外移动的装置） C10B53/07［合成聚合物材料的，如轮胎（用于热处理法回收和加工其基体是有机高分子化合物或组合物的废料，用以制得部分解聚材料的入 C08J 11/10；由橡胶或橡胶废料制取液烃混合物入 C10G 1/10）］ A61M5/303（借喷射作用注入介质的注射器） 24-02（医疗仪器、实验室用仪器和工具） F16D65/22（适于将压紧的元件分离） F16D69/02［衬片的成分（化学方面的见有关类）］	万向新元科技股份有限公司	0.4870	1592	创业板
			江西三鑫医疗科技股份有限公司	0.4674	1676	创业板
			江西华伍制动器股份有限公司	0.3713	2048	创业板
			江西耐普矿机股份有限公司	0.3114	2292	创业板
9	仪器仪表制造业	G01F15/14（箱子，例如特殊材料的） G01F15/00（用于组 G01F1/00 至 G01F13/00 范围的零部件或仪器的，但不专用于其中特定类型仪器的零件或附件） G02B13/00［为下述用途专门设计的光学物镜（有可变放大率的入 G02B 15/00）］ G01F15/06（指示或记录装置，例如，用于远距离指示） G01F25/00（用于测量容量、流量、液面或借助容积进行计量的仪表设备的检定或校正）	三川智慧科技股份有限公司	0.7616	849	创业板

续表

序号	产业领域	IPC 技术领域	上市公司	IPI	IPI 全国排名	上市板块
9	仪器仪表制造业	G01F1/66（通过测量电磁波或其他波的频率、相位移或传播时间，例如，超声波流量计） 10-04（其他计测仪器、设备和装置） G01F1/05（应用机械效应） G01F15/10（防止由于冻结或过压力以及压力不足引起损坏的） G01F15/18（仪表的支架或连接装置）	凤凰光学股份有限公司	0.3751	2024	主板
10	农副食品加工业	09-05（袋、香袋、管和囊） A21B5/08（用于在焙烤脂肪或油中焙烤食品的设备，例如制作油炸圈饼） B01F1/00［溶解（溶解法分离入 B01D；溶解冷却入 F25D 5/00）］ A23L13/50（禽类制品，例如禽类香肠） A23L1/20（豆类植物，即豆科植物果实的处理，用于制造食品或饲料；豆类产品的制备；快速烹煮此类食品的化学方法，例如以磷酸盐处理） B65G65/40（从顶部以外的位置排空的装置） A23P20/12（将粉末或颗粒添加到食品的装置，例如滚面包屑；该装置跟预湿或混合设备联合） A23N15/10（用于豌豆或豆类去壳） A01K29/00（畜牧业用的其他设备） A22C21/00（家禽加工）	江西正邦科技股份有限公司	0.3631	2086	中小板
			江西煌上煌集团食品股份有限公司	0.2649	2461	中小板
			甘源食品股份有限公司	0.2248	2590	中小板

资料来源：科技大数据湖北省重点实验室

3.2.20　山西省

2020 年，山西省上市公司的知识产权指数为 0.3309，排名第 20 位。2011～2020 年，山西省的上市公司发明专利、实用新型专利与外观设计专利的申请规模并未呈现明显的年度发展规律（图 3-21）。山西省上市公司数量总计 38 家，分布在 17 个产业领域中，累计专利申请数量、有效专利拥有量、专利申请发明人数量最多的领域均为黑色金属冶炼及压延加工，专利

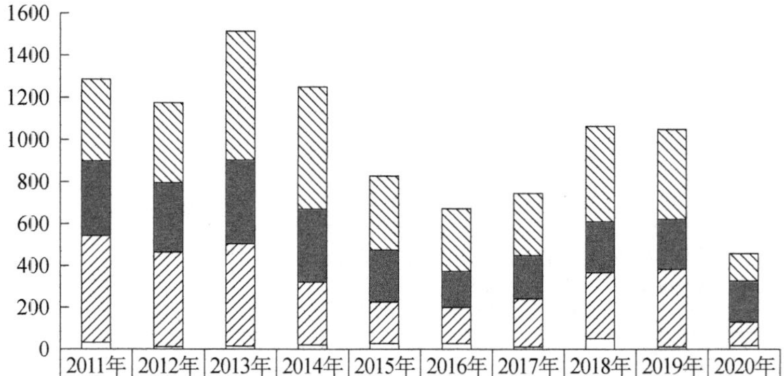

	2011年	2012年	2013年	2014年	2015年	2016年	2017年	2018年	2019年	2020年
▧有效专利拥有量/件	385	380	612	579	354	301	298	454	429	131
■发明专利/件	357	333	399	350	249	173	206	244	240	195
▨实用新型专利/件	509	451	489	300	198	172	230	315	370	114
□外观设计专利/件	33	12	15	21	27	27	11	51	11	17

图 3-21　2011～2020 年山西省上市公司不同类型专利申请趋势

资料来源：科技大数据湖北省重点实验室

申请人数量最多的领域是采矿业，平均专利维持时间最长的领域也是黑色金属冶炼及压延加工（表 3-39）。山西省的优势产业领域为黑色金属冶炼及压延加工，专用设备制造业，采矿业，医药制造业，酒、饮料和精制茶制造业，化学原料及化学制品制造业，金属制品业，石油加工、炼焦及核燃料加工业，铁路、船舶、航空航天和其他运输设备制造业，交通运输、仓储和邮政业，知识产权指数最高的企业是山西太钢不锈钢股份有限公司，达到 3.9083，位列全国第 41 名，上市板块为主板，所属产业领域为黑色金属冶炼及压延加工（表 3-40）。

表 3-39　2020 年山西省上市公司专利产业分布

序号	产业领域	上市公司数量/家	累计专利申请数量/件（排名）	有效专利拥有量/件（排名）	专利申请人数量/个（排名）	平均专利维持时间/年（排名）	专利申请发明人数量/个（排名）
1	采矿业	6	1 872（2）	769（3）	6（1）	3.65（10）	6 136（2）
2	化学原料及化学制品制造业	4	244（5）	89（6）	3（2）	4.94（6）	293（5）
3	医药制造业	4	267（4）	165（4）	3（2）	5.14（5）	306（4）
4	电力、热力、燃气及水的生产和供应业	4	4（13）	2（12）	1（8）	0.81（13）	21（11）
5	石油加工、炼焦及核燃料加工业	3	87（7）	38（8）	3（2）	5.6（3）	244（6）
6	专用设备制造业	2	1 675（3）	988（2）	2（5）	5.78（2）	2 519（3）
7	黑色金属冶炼及压延加工	2	4 363（1）	1 816（1）	2（5）	6.22（1）	6 262（1）
8	非金属矿物制品业	2	42（11）	6（11）	1（8）	4.16（9）	13（12）
9	批发和零售业	2	16（12）	0（13）	1（8）	3.08（11）	1（13）
10	交通运输、仓储和邮政业	2	47（10）	17（10）	2（5）	4.54（7）	124（9）
11	计算机、通信和其他电子设备制造业	1	0（14）	0（13）	0（14）	0（14）	0（14）
12	金属制品业	1	56（9）	48（7）	1（8）	2.14（12）	70（10）
13	有色金属冶炼及压延加工业	1	0（14）	0（13）	0（14）	0（14）	0（14）
14	金融业	1	0（14）	0（13）	0（14）	0（14）	0（14）
15	铁路、船舶、航空航天和其他运输设备制造业	1	57（8）	20（9）	1（8）	4.51（8）	232（7）
16	酒、饮料和精制茶制造业	1	195（6）	136（5）	1（8）	5.41（4）	160（8）
17	文化、体育和娱乐业	1	0（14）	0（13）	0（14）	0（14）	0（14）
全省合计		38	8 925	4 094	27	—	16 381

资料来源：科技大数据湖北省重点实验室

表 3-40　2020 年山西省上市公司十强产业及上市公司

序号	产业领域	IPC 技术领域	上市公司	IPI	IPI 全国排名	上市板块
1	黑色金属冶炼及压延加工	C21B5/00（高炉炼生铁） B21B45/02（用于润滑、冷却或清洗） C22B1/16（烧结；结块） B21B37/00［专门适用于金属轧机或其加工产品的控制设备或方法（专门适用于金属轧机的测量方法或设备 B21B 38/00）］ C21C5/52（电炉炼钢） C22C33/04（用熔炼法） C22C38/50（含钛或锆的） C21C7/00［熔融铁类合金的处理，例如不包括在 C21C1/00 到 C21C5/00 组的钢（铸造成型过程中熔融金属的处理入 B22D 1/00、B22D 27/00）］ C22C38/58［含大于 1.5（重量）的锰］ C21B7/00（高炉）	山西太钢不锈钢股份有限公司	3.9083	41	主板
			山西安泰集团股份有限公司	0.2227	2603	主板

续表

序号	产业领域	IPC 技术领域	上市公司	IPI	IPI 全国排名	上市板块
2	专用设备制造业	C10B31/00（用于炼焦炉的装料装置） B21C23/21［专门用于金属挤压的压力机（挤压压力机一般入 B30B 11/22）］ E02F9/00［不限于从 3/00 至 7/00 内所属的一种挖掘机或疏浚机的部件（拖曳式电缆用的敷设或卷取设备入 B66C）］ B65G35/00（其他类不包含的机械输送机） B65G1/04（机械的） B21D1/02［采用辊子（B21D 1/06 优先）］ B66C1/10（用机械装置） F03D11/00（不包含在本小类其他组中或与本小类其他组无关的零件、部件或附件） B21B25/00(用于金属管轧机的心轴，如包含在B21B 17/00 组中用的心轴；其适用的附件或辅助装置) B66C1/34（起重机吊钩）	太原重工股份有限公司	2.1775	124	主板
			东杰智能科技集团股份有限公司	0.7468	877	创业板
3	采矿业	E21F7/00（用于或不用于其他目的的瓦斯排放方法或装置） E21D21/00［顶板、底板或竖井衬砌保护用锚杆（暗销或固定在墙里的其他装置或插入此类用途的孔中的类似物入 F16B 13/00）］ E21F17/18［信号装置或警报装置的特殊应用（用于电梯、升降机或移动人行道的入 B66B；瓦斯传感装置本身入 G01N）］ E21D20/00［安装锚杆（用于竖井、隧道、平硐的锚杆入 E21D 21/00；锚固构件的设备或专门用于基础工程的隔墙入 E02D 5/74；暗销或固定在墙里的其他装置或插入此类用途的孔中的类似物入 F16B 13/00）］ E21D23/04［支护结构的结构特征，例如，相邻构架或成组支柱间的连接件；在倾斜底板上防止横向滑动的装置（E21D 23/14 优先）］ E21F16/00［排水（保持地面基础沟或其他区域的干燥入 E02D 19/00）］ E21B33/13［用于封堵井眼、裂隙或类似情况的注水泥方法或装置（灌浆提筒入 E21B 27/02；其所用的化学组合物入 C09K 8/00）］ B01J8/22（气体被引入这种液体中） B25B27/00［不包含在其他类目中的，专门适用于有变形或无变形零件或物品的装配或分离的手动工具或台式设备（简单装配或分离金属零件或物品的机械入 B23P 19/00）］ E21F5/04［喷水幕（喷嘴、一般喷水入 B05B，B05D；具有流体喷嘴装置的截齿入 E21C 35/187）］	山西潞安环保能源开发股份有限公司	2.4708	100	主板
			阳泉煤业（集团）股份有限公司	1.1102	428	主板
			山西兰花科技创业股份有限公司	0.5176	1488	主板
			山西蓝焰控股股份有限公司	0.1688	2798	主板
			山西西山煤电股份有限公司	0.1636	2817	主板
			大同煤业股份有限公司	0.0939	3069	主板
4	医药制造业	09-03［箱、盒、容器、(防腐)罐］ G01N30/02（柱色谱法） A23L1/29［改变食品的营养性质；营养制品（A23L1/09 优先；食用盐代用品入 A23L1/22）］ A23L1/304（无机盐类、矿物质、微量元素） G01N30/90（平面色谱法，例如薄层或纸色谱法） A23L1/09［含有碳水化合物糖浆；含有糖；含有糖醇，例如木糖醇；含有淀粉水解产物，例如糊精（A23L1/076，A23L1/236 优先）］ G01N30/88（不能为 G01N 30/04 至 G01N 30/86 组中单独一个组所包括的、相应专用的综合分析系统） A61K36/896（百合科，例如萱草、车前草百合、风信子或水仙） A61K36/8945（薯蓣属，例如山药、薯蓣或水薯蓣） A61K36/8998（大麦属）	亚宝药业集团股份有限公司	0.6500	1091	主板
			山西振东制药股份有限公司	0.4695	1666	创业板
			山西仟源医药集团股份有限公司	0.1856	2749	创业板
			南方双林生物制药股份有限公司	0.0100	3379	主板

续表

<table>
<tr><th>序号</th><th>产业领域</th><th>IPC 技术领域</th><th>上市公司</th><th>IPI</th><th>IPI 全国排名</th><th>上市板块</th></tr>
<tr><td>5</td><td>酒、饮料和精制茶制造业</td><td>09-01（瓶、长颈瓶、罐、耐酸瓶、细颈坛和附有喷雾器装置的容器）
09-03［箱、盒、容器、（防腐）罐］
C12G3/02（用发酵法）
C12G3/00（其他酒精饮料的制备）
C07H15/04（连接在糖化物基团的 1 个氧原子上）
C07H15/18（被碳环取代的无环基团）
C12H6/02（通过蒸馏）
C12G3/055（从植物中提取）
C07H17/04（仅含有氧作为杂环原子的杂环基）
C07D493/04（邻位稠合系）</td><td>山西杏花村汾酒厂股份有限公司</td><td>0.6719</td><td>1033</td><td>主板</td></tr>
<tr><td rowspan="4">6</td><td rowspan="4">化学原料及化学制品制造业</td><td rowspan="4">09-05（袋、香袋、管和囊）
C09C1/50（炉法炭黑）
09-03［箱、盒、容器、（防腐）罐］
C06B31/28（盐是硝酸铵）
C01D5/00（钠、钾或一般碱金属的硫酸盐或亚硫酸盐）
09-01（瓶、长颈瓶、罐、耐酸瓶、细颈坛和附有喷雾器装置的容器）
C11D1/83（非离子型化合物与阴离子型化合物的混合物）
C01F11/46［硫酸盐（石膏的脱水入 C04B 11/02）］
C01F5/40［硫酸镁（镁与钠或钾的复式硫酸盐入 C01D5/12，其他碱金属的复式硫酸盐入 C01D 15/06、C01D 17/00）］
C06B23/00（以非炸药成分或非热剂成分为特征的组合物）</td><td>南风化工集团股份有限公司</td><td>0.4697</td><td>1664</td><td>主板</td></tr>
<tr><td>山西永东化工股份有限公司</td><td>0.3579</td><td>2104</td><td>中小板</td></tr>
<tr><td>山西同德化工股份有限公司</td><td>0.1176</td><td>2977</td><td>中小板</td></tr>
<tr><td>阳煤化工股份有限公司</td><td>0.0100</td><td>3379</td><td>主板</td></tr>
<tr><td>7</td><td>金属制品业</td><td>B22C9/08（与浇入熔融金属有关的部分，如内浇口、环形浇口、挡渣浇口）
B22C9/22（用于异型铸件的铸型）
C22C33/08（铸铁合金的制造）
B22C21/04［箱框；底板或型板（模板入 B22C 7/04）］
B23B31/10（带有固位或夹紧装置或快速操作装置特征的）
B23B39/12（摇臂钻床）
B23Q3/12［一般固定在主轴上的（B23Q 3/152 优先；卡盘入 B23B 31/02）］
B22C9/03（由真空密封造型形成的）
B22C9/20（叠箱铸型，即多个铸型或型箱的排列）
G01B5/24（用于计量角度或锥度；用于轴线准直检测）</td><td>山西华翔集团股份有限公司</td><td>0.3979</td><td>1936</td><td>主板</td></tr>
<tr><td rowspan="3">8</td><td rowspan="3">石油加工、炼焦及核燃料加工业</td><td rowspan="3">C07C31/04（甲醇）
C07C15/04（苯）
C02F1/42（离子交换法）
B23K9/16（使用保护气体）
C10J3/00（由固态含碳燃料通过包含氧气或水蒸气的部分氧化工艺制造含一氧化碳和氢气的气体，例如合成气或煤气）
B01D53/00［气体或蒸气的分离；从气体中回收挥发性溶剂的蒸气；废气，例如发动机废气、烟气、烟雾、烟道气或气溶胶的化学或生物净化（通过冷凝作用回收挥发性溶剂入 B01D 5/00；升华入 B01D 7/00；冷凝阱，冷挡板入 B01D 8/00；难凝聚的气体和空气用液化方法分离入 F25J 3/00）］
B65G33/14（包含有一个或几个封闭在管形外壳内的螺旋装置）
F04B53/16（罩；缸；缸套或缸盖；流体管接头）
C01B32/354（后处理）
B01D29/03（自支撑的）</td><td>山西焦化股份有限公司</td><td>0.4341</td><td>1792</td><td>主板</td></tr>
<tr><td>山西美锦能源股份有限公司</td><td>0.1514</td><td>2867</td><td>主板</td></tr>
<tr><td>太原化工股份有限公司</td><td>0.0716</td><td>3145</td><td>主板</td></tr>
</table>

续表

序号	产业领域	IPC 技术领域	上市公司	IPI	IPI 全国排名	上市板块
9	铁路、船舶、航空航天和其他运输设备制造业	B23K37/04（用于工件的固定或定位） G01B5/14［用于计量相隔的物体或孔的间距或间隙（G01B 5/24 优先）］ G01B5/00［以采用机械方法为特征的计量设备（包括在大组 G01B3/00 中的各式量具本身入 G01B 3/00）］ G01N29/04［固体分析（利用声发射技术入 G01N 29/14）］ C21D9/28（用于普通轴） G01B5/02［用于计量长度、宽度或厚度（G01B 5/004，G01B 5/08 优先）］ G01B21/30（用于计量表面的粗糙度或不规则性） B65D85/68（用于装配好的或拆散的机器、发动机或车辆） B21D53/16（环，如桶箍） B22C9/10（型芯；型芯的制造或安装）	晋西车轴股份有限公司	0.3772	2012	主板
10	交通运输、仓储和邮政业	19-08（其他印刷品） C08L31/04（乙酸乙烯酯的均聚物或共聚物） C07D307/33（在位置 2，氧原子为酮基或非取代的烯醇形式） F03G7/08（从摆动、横摇、纵摇或类似运动回收能量，例如从机械振动） C07C41/28（从缩醛，例如脱醇） B01J31/02（含有机化合物或金属氢化物） C08F218/08（乙酸乙烯酯） B01J8/02（用静止颗粒，例如，在固定床内） C09J131/04（乙酸乙烯酯的均聚物或共聚物） 09-02-B0105（0）	山西路桥股份有限公司	0.2173	2623	主板
			大秦铁路股份有限公司	0.2025	2684	主板

资料来源：科技大数据湖北省重点实验室

3.2.21 贵州省

2020 年，贵州省上市公司的知识产权指数为 0.2818，排名第 21 位。2011～2020 年，贵州省的上市公司各类型专利申请均呈现波动式发展的趋势（图 3-22）。贵州省上市公司数量总计 30 家，分布在 18 个产业领域中，累计专利申请数量、有效专利拥有量、专利申请发明人数量最多的领域均为计算机、通信和其他电子设备制造业，专利申请人数量最多的领域是医药制造业，医药制造业的平均专利维持时间最长（表 3-41）。贵州省的优势产业领域为计算机、通信和其他电子设备制造业，医药制造业，科学研究和技术服务业，化学原料及化学制品制造业，信息传输、软件和信息技术服务业，金属制品业，采矿业，酒、饮料和精制茶制造业，电气机械及器材制造业，橡胶和塑料制品业，知识产权指数最高的企业是中国振华（集团）科技股份有限公司，达到 2.2156，位列全国第 120 名，上市板块为主板，所属产业领域为计算机、通信和其他电子设备制造业（表 3-42）。

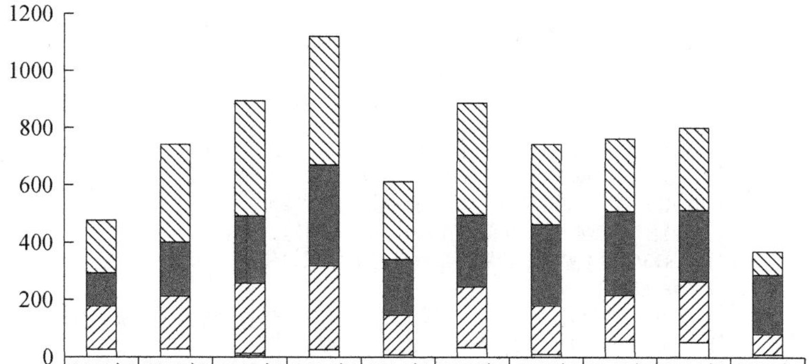

	2011年	2012年	2013年	2014年	2015年	2016年	2017年	2018年	2019年	2020年
▨有效专利拥有量/件	183	340	402	450	271	391	280	254	288	81
■发明专利/件	116	188	235	351	194	250	284	292	248	208
▨实用新型专利/件	152	185	252	293	138	212	169	162	213	71
□外观设计专利/件	26	28	6	26	9	34	11	55	53	10

图 3-22　2011～2020 年贵州省上市公司不同类型专利申请趋势

资料来源：科技大数据湖北省重点实验室

表 3-41　2020 年贵州省上市公司专利产业分布

序号	产业领域	上市公司数量/家	累计专利申请数量/件（排名）	有效专利拥有量/件（排名）	专利申请人数量/个（排名）	平均专利维持时间/年（排名）	专利申请发明人数量/个（排名）
1	医药制造业	6	1096（2）	355（2）	6（1）	8.84（1）	558（7）
2	化学原料及化学制品制造业	4	652（3）	308（4）	4（2）	7.96（2）	614（5）
3	计算机、通信和其他电子设备制造业	2	2139（1）	913（1）	2（3）	6.16（4）	2645（1）
4	电气机械及器材制造业	2	190（11）	155（9）	1（6）	2.63（15）	128（12）
5	信息传输、软件和信息技术服务业	2	538（4）	193（5）	2（3）	4.39（10）	583（6）
6	电力、热力、燃气及水的生产和供应业	2	57（12）	34（12）	2（3）	2.83（14）	179（11）
7	采矿业	1	361（7）	187（7）	1（6）	3.7（12）	690（4）
8	汽车制造业	1	345（8）	81（11）	1（6）	4.79（9）	378（8）
9	金属制品业	1	493（5）	188（6）	1（6）	5.13（6）	879（2）
10	橡胶和塑料制品业	1	228（9）	108（10）	1（6）	5.05（7）	295（9）
11	金融业	1	2（16）	0（16）	1（6）	6.85（3）	22（13）
12	科学研究和技术服务业	1	423（6）	312（3）	1（6）	4.09（11）	876（3）
13	铁路、船舶、航空航天和其他运输设备制造业	1	0（17）	0（16）	0（17）	0（17）	0（17）
14	酒、饮料和精制茶制造业	1	213（10）	160（8）	1（6）	5.03（8）	262（10）
15	批发和零售业	1	17（13）	3（14）	1（6）	5.82（5）	10（15）
16	交通运输、仓储和邮政业	1	4（15）	3（14）	1（6）	2.1（16）	5（16）
17	房地产业	1	0（17）	0（16）	0（17）	0（17）	0（17）
18	印刷和记录媒介复制业	1	15（14）	9（13）	1（6）	3.04（13）	11（14）
全省合计		30	6773	3009	27	—	8135

资料来源：科技大数据湖北省重点实验室

表 3-42　2020 年贵州省上市公司十强产业及上市公司

序号	产业领域	IPC 技术领域	上市公司	IPI	IPI 全国排名	上市板块
1	计算机、通信和其他电子设备制造业	G01R1/04（外壳；支承构件；端子装置） H01G9/00（电解电容器、整流器、检波器、开关器件、光敏器件或热敏器件；其制造方法） H01R13/643［在连接部件上的保护接地装置或屏蔽装置（同轴布置的屏蔽装置入 H01R 24/38）］ H01R13/639（接合后使连接部件保持夹紧或锁住的辅助装置） H01G13/00（制造电容器的专用设备；H01G4/00-H01G11/00 组中不包含的电容器的专用制造方法） H01R13/627（快速作用连接） H01G9/15［固体电解电容器（H01G 11/00 优先）］ H01H33/664（触点；灭弧装置，例如灭弧环） H01R13/52（防尘、防溅、防滴、防水或防火外壳） H01R13/502［不同部件构成的（H01R 13/514 优先）］	中国振华（集团）科技股份有限公司	2.2156	120	主板
			贵州航天电器股份有限公司	1.1652	387	中小板
2	医药制造业	09-03［箱、盒、容器、（防腐）罐］ G01N30/02（柱色谱法） G01N30/90（平面色谱法，例如薄层或纸色谱法） A61K35/78（转入 A61K36/00） A61K36/9066（姜黄属，例如姜黄、东印度竹芋或芒果姜） A61K36/899［禾本科，例如芦根、竹叶、玉蜀黍（玉米须）或甘蔗］ A61K36/481（黄芪属） C07F15/00（含周期表第 8、9、10 或 18 族元素的化合物） A61K36/736（梅属，例如李子、樱桃、桃子、杏或杏仁） A61K36/8968（沿阶草属）	贵州益佰制药股份有限公司	0.9005	622	主板
			贵州百灵企业集团制药股份有限公司	0.7216	924	中小板
			贵州信邦制药股份有限公司	0.5248	1466	中小板
			贵阳新天药业股份有限公司	0.4981	1549	中小板
			贵州圣济堂医药产业股份有限公司	0.1821	2756	主板
			贵州三力制药股份有限公司	0.1781	2767	主板
3	科学研究和技术服务业	E02D17/20（边坡或斜坡的稳定） E01D19/06（伸缩缝的布置、修建或连接） E02D29/02［挡土墙或防护墙（岸墩或岸壁入 E02B 3/06）］ E01D19/04（支座；铰合部件） E03B3/02（取自雨水） E01D21/00（专用于架设或装配桥梁的方法或设备） E21B33/12［封隔器；封堵物（用于注水泥的入 E21B 33/134，E21B 33/16）］ E01C23/01［新铺面的放样或外形检查的设备或辅助装置，例如，模板、样板支架（模板导轨入 E01C 19/50）；测定、标示、记录现有铺面外形的设备的应用，例如，纵剖面图（E01C 23/07 优先；一般测量不平整度或粗糙度入 G01B）］ E03B3/36（用地面水） E03B11/10（用于公共的或类似用途的总给水系统）	贵州省交通规划勘察设计研究院股份有限公司	1.2724	333	主板
4	化学原料及化学制品制造业	C06C7/02（制造；包装） C06B21/00［炸药加工（如成型、分割、干燥）的方法或设备］ F42C19/12（电的） F42B33/02（装填弹药筒、发射物或引信；装入推进剂或爆炸装药） A47C27/12（有纤维层的，例如毛制的、棉制的） C01F11/18（碳酸盐） C01G45/10（硫酸盐） F42C21/00（检查引信；试验引信） C01F11/46［硫酸盐（石膏的脱水入 C04B 11/02）］ G05B19/418［全面工厂控制，即集中控制许多机器，例如直接或分布数字控制（DNC）、柔性制造系统（FMS）、集成制造系统（IMS）、计算机集成制造（CIM）］	贵州川恒化工股份有限公司	0.5415	1417	中小板
			贵州红星发展股份有限公司	0.5224	1473	主板
			南方汇通股份有限公司	0.3804	1996	主板
			保利联合化工控股集团股份有限公司	0.3460	2154	中小板

续表

序号	产业领域	IPC技术领域	上市公司	IPI	IPI全国排名	上市板块
5	信息传输、软件和信息技术服务业	H04N21/41（客户端的结构；客户端外围设备的结构） H04L29/08（传输控制规程，例如数据链级控制规程） H04L29/06（以协议为特征的） G06F17/30（信息检索；及其数据库结构） G06F19/00［专门适用于特定应用的数字计算或数据处理的设备或方法（G06F17/00 优先；专门适用于行政、商业、金融、管理、监督或预测目的的数据处理系统或数据处理方法入 G06Q）］ 14-03（通信设备、无线遥控和无线电放大器） G06F3/0484（用于特定功能或操作的控制，例如选择或操作一个对象或图像，设置一个参数值或选择一个范围） H04M3/493（交互式信息业务，例如号码簿查询） H04M3/42［向用户提供特种业务或设备的系统（特别适用于无线通信网络的入 H04W 4/00）］ H04L12/58（消息交换系统）	贵阳朗玛信息技术股份有限公司	1.0151	502	创业板
			贵州省广播电视信息网络股份有限公司	0.4505	1726	主板
6	金属制品业	D07B1/06（用金属丝制成的绳或缆，如围绕麻芯装金属丝） D07B7/02（机械零件、辅助装置） D07B1/10（有一根与中心线相平行的绳芯） D07B3/00（用相同的原料或不同原料的绳股生产加捻的绳或缆的通用机械或设备） B21C1/02（用拉丝机或拉丝装置拉拔金属线或类似的柔性金属材料，其中拉拔动作是用卷筒来实现的） D07B7/12（绳或缆或其股的软化、润滑或浸湿） B21C37/04（棒或线的） B21C1/12［拉拔卷筒速度的调节或控制，如为了影响张力；传动装置；停止或释放机构（用于卷筒的联轴器入 B21C1/14；电器设备的设计或构造见有关类）］ D07B7/10（绳或缆的卷取或卷挠装置） D07B7/16（辅助装置）	贵州钢绳股份有限公司	1.1851	373	主板
7	采矿业	E21F7/00（用于或不用于其他目的的瓦斯排放方法或装置） E21B33/13［用于封堵井眼、裂隙或类似情况的注水泥方法或装置（灌浆提筒入 E21B 27/02；其所用的化学组合物入 C09K 8/00）］ E21F13/00［专用于地下条件的运输（矿车入 B61D；一般运输，装载入 B65G）］ E21D21/00［顶板、底板或竖井衬砌保护用锚杆（暗销或固定在墙里的其他装置或插入此类用途的孔中的类似物入 F16B 13/00）］ E21F16/00［排水（保持地面基础沟或其他区域的干燥入 E02D 19/00）］ E21F1/10［风门（一般的门入 E06B）］ E21D20/00［安装锚杆（用于竖井、隧道、平硐的锚杆入 E21D 21/00；锚固构件的设备或专门用于基础工程的隔墙入 E02D 5/74；暗销或固定在墙里的其他装置或插入此类用途的孔中的类似物入 F16B 13/00）］ B65G43/00（控制装置，如用于安全、警报、故障排除装置） E21D23/04［支护结构的结构特征，例如，相邻构架或成组支柱间的连接件；在倾斜底板上防止横向滑动的装置（E21D 23/14 优先）］ B65G45/14（运动刮板）	贵州盘江精煤股份有限公司	1.0548	478	主板

续表

序号	产业领域	IPC 技术领域	上市公司	IPI	IPI 全国排名	上市板块
8	酒、饮料和精制茶制造业	09-01（瓶、长颈瓶、罐、耐酸瓶、细颈坛和附有喷雾器装置的容器） 09-03［箱、盒、容器、（防腐）罐］ G01N30/88（不能为 G01N 30/04 至 G01N 30/86 组中单独一个组所包括的、相应专用的综合分析系统） G01N30/02（柱色谱法） C12N1/20（细菌；其培养基） C12G3/12（用蒸馏法） C12G3/02（用发酵法） C12Q1/68（包括核酸） 06-04（存放物品用家具） G01N5/04（通过除去某种组分，例如通过蒸发并称量其剩余物）	贵州茅台酒股份有限公司	0.7948	779	主板
9	电气机械及器材制造业	H01H9/26［两个或更多开关间的连锁（用可拆构件的入 H01H 9/28）］ H01H3/28［用电磁铁的（发条储能的入 H01H 3/30；为操作继电器的入 H01H 45/00）］ H01H71/10（操作或释放机构） H01H73/04（触点） H01H71/24（电磁机构） H02B11/173［抽屉型的（H02B 11/127 优先）］ H01H3/32［驱动机构，即传递驱动力于触点的装置（快速动作的入 H01H 5/00；介入预定延时的入 H01H 7/00）］ 13-03（配电和控制设备） H01H71/12（带有或不带手动释放装置的自动释放机构） H01H71/02（外罩；外壳；底座；支架）	贵州泰永长征技术股份有限公司	0.7152	939	中小板
			贵州长征天成控股股份有限公司	0.0100	3379	主板
10	橡胶和塑料制品业	12-15（车辆轮胎和防滑链） B60C9/18（带层或缓冲层，顶部加强层或软垫层的构造或布置） C08L7/00（天然橡胶的组合物） C08L9/06（与苯乙烯的共聚物） B60C17/04（利用紧急时成为负载支承的附加非充气支架） B60C15/00（胎沿，例如帘布层翻卷或搭接） B29D30/30（贴合胎层；在贴合过程中引导或拉伸胎层） B29D30/08（制造轮胎） B29D30/06（气胎或其零件） G01N19/04（测量材料之间的附着力，例如密封带的，涂层的）	贵州轮胎股份有限公司	0.6754	1023	主板

资料来源：科技大数据湖北省重点实验室

3.2.22 广西壮族自治区

2020 年，广西壮族自治区上市公司的知识产权指数为 0.2760，排名第 22 位。2011～2020 年，广西壮族自治区的上市公司各类型专利申请均呈现波动发展的趋势（图 3-23）。广西壮族自治区上市公司数量总计 38 家，分布在 20 个产业领域中，累计专利申请数量、有效专利拥有量、专利申请发明人数量最多的领域均为专用设备制造业，专利申请人数量最多的领域是信息传输、软件和信息技术服务业，平均专利维持时间最长的领域是金融业（表 3-43）。广西壮族自治区的优势产业领域为专用设备制造业，黑色金属冶炼及压延加工，水利、环境和公共设施管理业，医药制造业，汽车制造业，电力、热力、燃气及水的生产和供应业，化学原料及化学制品制造业，信息传输、软件和信息技术服务业，木材加工及木、竹、藤、棕、草制品业，仪器仪表制造业，知识产权指数最高的企业是广西柳工机械股份有限公司，达到2.5815，位列全国第90名，上市板块为主板，所属产业领域为专用设备制造业（表3-44）。

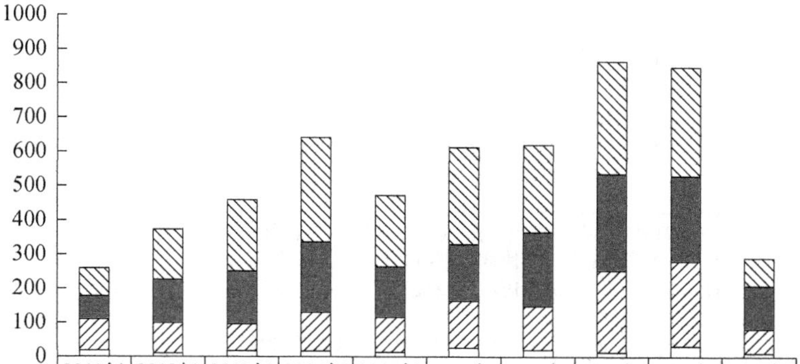

	2011年	2012年	2013年	2014年	2015年	2016年	2017年	2018年	2019年	2020年
⧅有效专利拥有量/件	82	145	207	305	207	283	256	329	318	82
■发明专利/件	68	128	156	206	149	166	216	282	249	127
⧄实用新型专利/件	92	89	79	114	103	138	129	241	250	71
□外观设计专利/件	18	10	17	16	13	26	20	13	31	11

图3-23　2011～2020年广西壮族自治区上市公司不同类型专利申请趋势

资料来源：科技大数据湖北省重点实验室

表3-43　2020年广西壮族自治区上市公司专利产业分布

序号	产业领域	上市公司数量/家	累计专利申请数量/件（排名）	有效专利拥有量/件（排名）	专利申请人数量/个（排名）	平均专利维持时间/年（排名）	专利申请发明人数量/个（排名）
1	信息传输、软件和信息技术服务业	5	106（8）	62（8）	5（1）	5.81（7）	279（7）
2	化学原料及化学制品制造业	4	151（6）	79（7）	4（2）	6.11（6）	305（6）
3	医药制造业	3	338（4）	140（4）	2（4）	5.57（8）	204（8）
4	电力、热力、燃气及水的生产和供应业	3	150（7）	87（6）	2（4）	1.66（17）	337（4）
5	食品制造业	3	77（13）	25（11）	3（3）	4.91（14）	126（10）
6	批发和零售业	3	11（16）	0（17）	1（8）	2.65（16）	18（15）
7	汽车制造业	2	223（5）	127（5）	2（4）	5.34（11）	308（5）
8	水利、环境和公共设施管理业	2	407（3）	248（3）	2（4）	5.24（13）	838（3）
9	交通运输、仓储和邮政业	2	1（18）	1（16）	1（8）	1.08（18）	7（17）
10	电气机械及器材制造业	1	87（10）	9（15）	1（8）	9.4（2）	17（16）
11	专用设备制造业	1	1796（1）	1032（1）	1（8）	5.46（10）	2763（1）
12	黑色金属冶炼及压延加工	1	622（2）	343（2）	1（8）	3.47（15）	2074（2）
13	金融业	1	7（17）	0（17）	1（8）	15.87（1）	0（18）
14	仪器仪表制造业	1	95（9）	28（10）	1（8）	9.36（3）	102（12）
15	农副食品加工业	1	33（15）	15（13）	1（8）	5.32（12）	62（14）
16	化学纤维制造业	1	0（19）	0（17）	0（19）	0（19）	0（18）
17	农、林、牧、渔业	1	80（11）	13（14）	1（8）	5.49（9）	196（9）
18	房地产业	1	0（19）	0（17）	0（19）	0（19）	0（18）

续表

序号	产业领域	上市公司数量/家	累计专利申请数量/件（排名）	有效专利拥有量/件（排名）	专利申请人数量/个（排名）	平均专利维持时间/年（排名）	专利申请发明人数量/个（排名）
19	木材加工及木、竹、藤、棕、草制品业	1	79（12）	29（9）	1（8）	6.56（5）	95（13）
20	综合	1	59（14）	16（12）	1（8）	7.74（4）	110（11）
全区合计		38	4322	2254	31	—	7841

资料来源：科技大数据湖北省重点实验室

表 3-44　2020 年广西壮族自治区上市公司十强产业及上市公司

序号	产业领域	IPC 技术领域	上市公司	IPI	IPI 全国排名	上市板块
1	专用设备制造业	F15B13/02［以适用于伺服马达的控制为特征的流体分配或供给装置（多路阀入 F16K11/00）］ E02F9/22（液压或气压驱动装置） 15-04（建筑机具） E02F9/00［不限于从 3/00 至 7/00 内所属的一种挖掘机或疏浚机的部件（拖曳式电缆用的敷设或卷取设备入 B66C）］ E02F9/20［驱动装置；控制装置（一般的传动入 F16H；一般的控制入 G05；多电机驱动入 H02K，H02 P）］ 12-05（装载和运输用电梯和升降机） E02F9/08（上部结构，该结构的支撑） E02F3/36（结构部件） E02F3/38（悬臂；铲斗臂；挖斗臂） F15B1/26（供油油箱或贮液装置）	广西柳工机械股份有限公司	2.5815	90	主板
2	黑色金属冶炼及压延加工	C21B5/00（高炉炼生铁） F27B21/08（零部件、附件或烧结或类似设备特有的装置） C21B7/12（开或堵出铁口、出渣口） C22C38/02（含硅的） C22C33/06［使用母（中间）合金］ C22C33/04（用熔炼法） F27D17/00［利用余热的装置（热交换器本身入 F28）；利用或处理废气的装置（一般的清除烟气入 B08B 15/00）］ C22C38/06（含铝的） B21B37/28（在带材、薄板或板材的轧制过程中，控制平整度或外形的） C10B39/02（炉外干式冷却）	柳州钢铁股份有限公司	1.8201	179	主板
3	水利、环境和公共设施管理业	C02F9/14（至少有一个生物处理步骤） B09C1/08（用化学方法） C01B11/02（氯的氧化物） C02F9/04（至少有一个化学处理步骤） B09C1/06［用热量（污染的土壤的焚化炉入 F23G 7/14）］ C25B1/26（氯；其化合物） B01D53/84（生物方法） C02F11/00（污泥的处理；其装置） C02F3/30（好氧和厌氧工艺） B09C1/02（利用液体萃取，如洗涤、浸出）	广西博世科环保科技股份有限公司	1.2773	331	创业板
			桂林旅游股份有限公司	0.0316	3342	主板
4	医药制造业	09-03［箱、盒、容器、（防腐）罐］ C07J63/00（甾族化合物，其中环戊烷并［a］氢化菲骨架以仅有 1 个环增加 1 个或两个原子予以改变） A61K35/78（转入 A61K36/00） G01N30/02（柱色谱法） A61K36/42（葫芦科）	桂林莱茵生物科技股份有限公司	0.7460	880	中小板
			桂林三金药业股份有限公司	0.5306	1444	中小板

续表

序号	产业领域	IPC 技术领域	上市公司	IPI	IPI 全国排名	上市板块
4	医药制造业	A23L1/236（人工甜味剂） A61K36/896（百合科，例如萱草、车前草百合、风信子或水仙） C12P17/06（含 1 个六元杂环，如荧光素） C07D311/62（有氧原子直接连在位置 3，例如花色素） A61K36/90（菝葜科，例如土茯苓或洋菝葜）	广西梧州中恒集团股份有限公司	0.0100	3379	主板
5	汽车制造业	B21D37/10（模具组；导向支柱） F16D13/58（零件） H05K7/20（便于冷却、通风或加热的改进） F16D13/71（其中离合压力只由弹簧产生） F16D13/70（压力元件，如压力片，用于离合片或薄片；压力元件的导向装置） F28D1/053（通道是直的） F28F9/26［热交换元件各个部分的连接装置，例如散热器的连接（水加热器各部分的连接入 F24H9/14）］ F16D13/64［离合片；离合薄片（制动片、制动薄片入 F16D 65/12）］ G01M13/00（机械部件的测试） B21J15/38（与铆接配合使用的附件，如镦粗用钳；铆接手工工具）	桂林福达股份有限公司	0.6072	1205	主板
			南宁八菱科技股份有限公司	0.4232	1837	中小板
6	电力、热力、燃气及水的生产和供应业	B25B27/14（用于装配或卸下非压配合的物件） F03B11/00［不包含在组 F03B 1/00 至 F03B 9/00 中或与组 F03B 1/00 至 F03B 9/00 无关的部件或零件（控制入 F03B 15/00）］ B23P19/027［利用液压或气压装置（B23P 19/033 优先）］ F03B11/06（轴承结构） G06Q10/06（资源、工作流、人员或项目管理，例如组织、规划、调度或分配时间、人员或机器资源；企业规划；组织模型） B25B11/00［不包含在 B25B 1/00 至 B25B 9/00 各组中的工件夹持装置或定位装置，例如，磁性工件夹持装置、真空夹持装置（用于焊接、钎焊或通过局部加热而进行切割的工件的夹持或定位入 B23K 37/04；专门用于机床的入 B23Q 3/00）］ B25B27/00［不包含在其他类目中的，专门适用于有变形或无变形零件或物品的装配或分离的手动工具或台式设备（简单装配或分离金属零件或物品的机械入 B23P 19/00）］ H02G13/00［避雷导线的安装；将其固定到支承结构上（雷击的指示、计数及记录入 G01；避雷器入 H01C 7/12，H01C 8/04，H01G 9/18，H01T；接地板、棒或其他接触件入 H01R）］ E21B23/00［在井眼或井中替换，安放，锁定，拆卸或取出工具、封隔器或类似物的装置（安装套管、滤网或衬管入 E21B 43/10）］ G01N1/14（抽吸装置，如泵、喷射器）	广西桂冠电力股份有限公司	0.7019	959	主板
			广西绿城水务股份有限公司	0.1022	3037	主板
			广西桂东电力股份有限公司	0.0100	3379	主板
7	化学原料及化学制品制造业	A61K8/97（源于藻类、真菌类、地衣类或植物；源于其衍生物） A61K8/60（糖；其衍生物） A61K8/9789（双子叶植物纲） A61K8/98（源自动物的） G01N31/16（利用滴定法） C02F9/04（至少有一个化学处理步骤） F26B15/20（路线均为垂直或陡斜的） C01B21/46（提纯；分离） C07F9/40（它的酯） A61K8/9794（单子叶植物纲）	柳州两面针股份有限公司	0.4305	1806	主板
			柳州化工股份有限公司	0.3643	2081	主板
			南宁化工股份有限公司	0.0551	3198	主板
			广西河池化工股份有限公司	0.0303	3350	主板

续表

序号	产业领域	IPC 技术领域	上市公司	IPI	IPI 全国排名	上市板块
8	信息传输、软件和信息技术服务业	H04L12/24（用于维护或管理的装置） H04B17/382（用于资源分配、接入控制或切换） 14-03（通信设备、无线遥控和无线电放大器） H04W24/02（用于优化操作环境的装置） A61K36/8905（莎草属） H04L12/18（用于广播或会议的） G01R31/36（用于测试、测量或监测蓄电池或电池的电气状况的设备，如用于测试容量或充电状态） H04W24/04（用于维护操作环境的装置） H04N21/6405（组播） H04K3/00（对通信的干扰；反干扰）	润建股份有限公司	0.3880	1974	中小板
			广西广播电视信息网络股份有限公司	0.3778	2008	主板
			新智认知数字科技股份有限公司	0.1188	2974	主板
			天下秀数字科技（集团）股份有限公司	0.0630	3175	主板
			天夏智慧城市科技股份有限公司	0.0330	3329	主板
9	木材加工及木、竹、藤、棕、草制品业	B27N3/04（由纤维构成的） C09K3/18（用于表面以减少对冰、雾或水的黏附；用在表面上的融化或防冻材料） B27N1/00（成型材料的预处理） C09J161/32（改性的胺-醛缩合物） B27N3/08［成型或压制（一般压力机入 B30B）］ B27D1/04（制造胶合板或由胶合板构成的制品；胶合板材） C09J161/24（与脲或硫脲） B27D1/08（成型产品制造；所用的专门设计的压力机） C09J161/30（醛与杂环和无环或碳环化合物的） B27K3/52(包含无机和有机化合物的混合物浸渍剂)	广西丰林木业集团股份有限公司	0.4356	1787	主板
10	仪器仪表制造业	10-04（其他计测仪器、设备和装置） G01B3/20（滑规） G01B7/02［用于计量长度、宽度或厚度（G01B 7/004，G01B 7/12 优先）］ G01B3/18（千分尺） G01B3/24（开钷的，即卡规） G01B3/22［触针量规，例如千分表（用于测定轮廓或曲率的入 G01B 5/20）］ G01B5/02［用于计量长度、宽度或厚度（G01B 5/004，G01B 5/08 优先）］ B23P23/00［用于将其他单独一个小类没有包括的不同金属加工进行特定的组合的机械或机械装置（组合卧式镗铣床入 B23B 39/02；若特殊的加工种类不是主要的，则入 B23Q 37/00 到 B23Q 41/00；关于一个小类所包括的各种加工的特征，见有关加工的小类）］ 10-07（测量、检验和信号仪器的外壳、箱子、盘面、指针和所有其他零件及附件） G01B21/00(不适合于本小类其他组中所列的特定类型计量装置的计量设备或其零部件)	东方时代网络传媒股份有限公司	0.1857	2748	中小板

资料来源：科技大数据湖北省重点实验室

3.2.23 内蒙古自治区

2020 年，内蒙古自治区上市公司的知识产权指数为 0.2636，排名第 23 位。2011～2020 年，内蒙古自治区的上市公司各类型专利申请均呈现波动发展的趋势（图 3-24）。内蒙古自治区上市公司数量总计 25 家，分布在 13 个产业领域中，累计专利申请数量、有效专利拥有量最多的领域均为食品制造业，专利申请人数量最多的领域是化学原料及化学制品制造业，平均专利维持时间最长的领域是农副食品加工业，专利申请发明人数量最多的领域是黑色金属冶炼及压延加工（表3-45）。内蒙古自治区的优势产业领域为食品制造业，黑色金属冶炼及压延加工，化学原料及化学制品制造业，专用设备制造业，铁路、船舶、航空航天和其他运输设备制造业，水利、环境和公共设施管理业，医药制造业，有色金属冶炼及压延加工业，采矿业，知识产权指数最高的企业是内蒙古伊利实业集团股份有限公司，达到3.3636，位列全国第56名，上市板块为主板，所属产业领域为食品制造业（表3-46）。

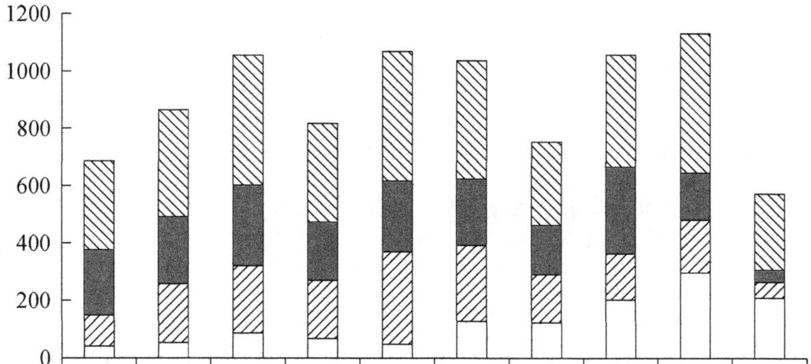

	2011年	2012年	2013年	2014年	2015年	2016年	2017年	2018年	2019年	2020年
有效专利拥有量/件	310	372	452	344	451	413	292	392	487	266
发明专利/件	228	233	282	203	247	231	171	303	164	42
实用新型专利/件	107	206	234	202	322	265	168	160	184	56
外观设计专利/件	41	53	87	68	48	128	123	203	298	210

图3-24　2011～2020年内蒙古自治区上市公司不同类型专利申请趋势

资料来源：科技大数据湖北省重点实验室

表3-45　2020年内蒙古自治区上市公司专利产业分布

序号	产业领域	上市公司数量/家	累计专利申请数量/件（排名）	有效专利拥有量/件（排名）	专利申请人数量/个（排名）	平均专利维持时间/年（排名）	专利申请发明人数量/个（排名）
1	采矿业	5	16（9）	9（9）	1（5）	0.31（11）	103（9）
2	化学原料及化学制品制造业	5	187（6）	161（3）	4（1）	2.85（10）	515（5）
3	医药制造业	3	72（7）	45（7）	2（2）	3.54（7）	167（8）
4	专用设备制造业	2	311（4）	138（4）	2（2）	5.38（4）	561（4）
5	黑色金属冶炼及压延加工	2	2168（2）	1349（2）	2（2）	4.14（6）	2808（1）
6	电力、热力、燃气及水的生产和供应业	1	0（12）	0（10）	0（12）	0（12）	0（10）
7	有色金属冶炼及压延加工业	1	38（8）	20（8）	1（5）	4.47（5）	184（7）
8	金融业	1	7（10）	0（10）	1（5）	8.11（2）	0（10）
9	铁路、船舶、航空航天和其他运输设备制造业	1	317（3）	90（5）	1（5）	3.29（8）	1402（3）
10	食品制造业	1	3800（1）	2030（1）	1（5）	6.38（3）	1921（2）
11	水利、环境和公共设施管理业	1	210（5）	85（6）	1（5）	3.1（9）	340（6）
12	农副食品加工业	1	1（11）	0（10）	1（5）	13.95（1）	0（10）
13	纺织业	1	0（12）	0（10）	0（12）	0（12）	0（10）
全区合计		25	7127	3927	17	—	8001

资料来源：科技大数据湖北省重点实验室

表 3-46　2020 年内蒙古自治区上市公司九强产业及上市公司

序号	产业领域	IPC 技术领域	上市公司	IPI	IPI 全国排名	上市板块
1	食品制造业	09-03［箱、盒、容器、(防腐)罐］ 09-05（袋、香袋、管和囊） A23C9/152［含有添加物（含有添加物的发酵奶配制品入 A23C 9/13)］ A23C9/13（使用添加物） 09-01（瓶、长颈瓶、罐、耐酸瓶、细颈坛和附有喷雾器装置的容器） A23G9/42［含植物或其部分，例如水果、种子、提取物（含树胶入 A23G 9/34)］ 19-08（其他印刷品） 09-05-B0038（0） A23G9/22（非属上列各组中的单个组特有的设备装置的零件、部件或附件） A23G9/36［含微生物或酶；含辅助医用或食疗成分，例如维生素（以使用乳制品为特征入 A23G9/40)］	内蒙古伊利实业集团股份有限公司	3.3636	56	主板
2	黑色金属冶炼及压延加工	02-02（服装） 02-05（领带、披肩、头巾和手帕） C22C38/04（含锰的） C22C38/14（含钛或锆的） G01N21/78（产生颜色变化） C22C38/12（含钨、钽、钼、钒或铌的） G01N31/16（利用滴定法） C22C38/38［含大于 1.5（重量）的锰］ C22C38/28（含钛或锆的） C22C38/02（含硅的）	内蒙古包钢钢联股份有限公司	1.2588	341	主板
			内蒙古鄂尔多斯资源股份有限公司	0.6960	976	主板
3	化学原料及化学制品制造业	C25C3/02（碱金属或碱土金属的） C01B32/942（碳化钙） C22B26/10（碱金属的提取） F23C10/18（零部件；辅助设备） C25C7/06（操作或维护） B01D50/00（用于从气体或蒸气中分离粒子的组合器械） B09B3/00（固体废物的破坏或将固体废物转变为有用或无害的东西） C01D3/06（用加工盐水、海水或废碱液制备） B65G29/00［回转式输送机，如回转圆盘、托臂、星轮、锥体（机械抛料机入 B65G 31/00；螺旋或回转式螺旋输送机入 B65G 33/00)］ F23G5/44（零部件；附件）	中盐内蒙古化工股份有限公司	0.6255	1147	主板
			亿利洁能股份有限公司	0.3253	2227	主板
			内蒙古君正能源化工集团股份有限公司	0.2256	2587	主板
			内蒙古远兴能源股份有限公司	0.0415	3272	主板
			包头明天科技股份有限公司	0.0100	3379	主板
4	专用设备制造业	B60P1/28（自卸车身的结构） B60P1/16（用流体传动机构操纵的） B62D21/02（由纵向和横向布置的车架构件组成的） B60R3/00［踏板或梯子的布置，例如脚蹬板（做成道路车辆上部结构组件的入 B62D 25/22)］ B62D5/06（流体的，即利用压力流体作为车辆转向所需要的大部分或全部作用力） B60S1/68（用于去除车轮或轮胎上杂物的，例如车轮刮板） B60L5/32（使用流体压力的） B60K15/067（燃料箱的安装） B25B27/02（用于连接或卸下靠压配合的物件） E21B7/02［带有用于陆地运输装置的钻机，例如，安装在雪橇或轮子上的钻机（用于水下的移动式钻机入 E21B 7/124)］	内蒙古北方重型汽车股份有限公司	0.8103	759	主板
			内蒙古福瑞医疗科技股份有限公司	0.1802	2761	创业板

续表

序号	产业领域	IPC 技术领域	上市公司	IPI	IPI 全国排名	上市板块
5	铁路、船舶、航空航天和其他运输设备制造业	B23K37/04（用于工件的固定或定位） B61H13/02（手动或其他人力操作） G06F30/20（0） B61F5/00（转向架的结构部件；转向架和车辆底架间的连接；用于在拐弯时调节或允许轮轴或转向架自行调节的装置或设备） B61D7/26（机械的） B23B47/28［用于工件的钻模（钻头的定位或导向装置入 B23B 49/00）］ B61F5/50（其他部件） B23F23/06（卡紧装置） G01B5/14［用于计量相隔的物体或孔的间距或间隙（G01B 5/24 优先）］ G01M13/00（机械部件的测试）	内蒙古第一机械集团股份有限公司	1.1054	431	主板
						#N/A
6	水利、环境和公共设施管理业	A01G20/00［草皮、草坪或类似物的栽培；其装置或方法（手持式草坪修边机或修整剪入 A01G 3/06；草坪的边饰入 A01G 9/28；割草机入 A01D34/00）］ A01G17/00（啤酒花、葡萄、果树或类似树木的栽培） A01H4/00（通过组织培养技术的植物再生） A01B79/02（与其他农业过程，例如施肥、种植相结合的） A01G22/00（未提及的特殊农作物或植物的栽培） C12N15/29［编码植物蛋白质，如奇甜蛋白（*thaumatin*）的基因］ E02D17/20（边坡或斜坡的稳定） 14-02（数据处理设备及其外围的仪器、装置） G06K9/00［用于阅读或识别印刷或书写字符或者用于识别图形，例如，指纹的方法或装置（用于图表阅读或者将诸如力或现状态的机械参量的图形转换为电信号的方法或装置入 G06K 11/00；语音识别入 G10L 15/00）］ G01N15/08（测试多孔材料的渗透性，孔隙体积或孔隙表面积）	内蒙古蒙草生态环境（集团）股份有限公司	0.8735	664	创业板
7	医药制造业	C12P29/00［含有并四苯环体系的化合物（如四环素）的制备（C12P 19/00 优先）］ 09-03［箱、盒、容器、（防腐）罐］ C12P21/06（由肽键水解产生，如水解产物） G01N30/02（柱色谱法） C01B25/32（镁、钙、锶或钡的磷酸盐） G01N30/88（不能为 G01N 30/04 至 G01N 30/86 组中单独一个组所包括的、相应专用的综合分析系统） G01N1/44（包括辐照的样品处理，例如，加热） C07C237/26（其环是至少由 4 个环组成的稠环系的组成部分，例如四环素） A61K9/16（块状、粒状、微珠状） A61K38/39（结缔组织肽，例如胶原、弹性蛋白、层粘连蛋白、纤连蛋白、玻连蛋白、冷不溶性球蛋白）	金河生物科技股份有限公司	0.3686	2058	中小板
			包头东宝生物技术股份有限公司	0.2839	2400	创业板
			金宇生物技术股份有限公司	0.0100	3379	主板
8	有色金属冶炼及压延加工业	C22B59/00（稀土金属的提取） C01F17/00（稀土金属，即钪、钇、镧或镧系的化合物） B01D36/04（过滤器与沉淀箱的组合） C02F5/04［使用磷酸盐的（C02F 5/06 优先）］ B01D17/025（在一沉淀箱中，靠重力） B65D88/70［使用流体喷射（B65D 88/72 优先）］ C02F9/02（包括分离步骤） C22B3/02（所用的设备） C22B3/26（通过使用有机化合物的液-液萃取） B01D36/02［不同种类的过滤器的组合（B01D 29/50，B01D 33/35 优先）］	中国北方稀土（集团）高科技股份有限公司	0.3951	1946	主板

续表

序号	产业领域	IPC 技术领域	上市公司	IPI	IPI 全国排名	上市板块
9	采矿业	G08G1/07（交通信号控制） B66C13/12［将气动、液压或电气动力传给运动部件或装置的设施的布置（专门适用于或安装供贮存和重复放出和重新贮存各种长度材料的装置入 B65H 75/34）］ G01S13/931（用于防碰撞目的） F02N11/08（专门适用于发动机起动的电路） B60W30/04（涉及预防翻车的） B23K37/04（用于工件的固定或定位） B60W50/02（控制系统故障时确保安全的，例如，通过诊断、防止或修理故障） E02F9/20［驱动装置；控制装置（一般的传动入 F16H；一般的控制入 G05；多电机驱动入 H02K，H02 P）］ B65G11/20（辅助装置，如用于致偏、控制物件或固体的速度，或搅动物件或固体） G01F23/284（电磁波）	内蒙古霍林河露天煤业股份有限公司	0.2481	2515	中小板
			内蒙古平庄能源股份有限公司	0.0100	3379	主板
			内蒙古兴业矿业股份有限公司	0.0100	3379	主板
			赤峰吉隆黄金矿业股份有限公司	0.0100	3379	主板
			银泰黄金股份有限公司	0.0100	3379	主板

资料来源：科技大数据湖北省重点实验室

3.2.24 云南省

2020 年，云南省上市公司的知识产权指数为 0.2601，排名第 24 位。2011～2020 年，云南省的上市公司各类型专利申请均呈现波动发展的趋势，外观设计专利在 2015 年达到峰值后呈下降趋势（图 3-25）。云南省上市公司数量总计 36 家，分布在 17 个产业领域中，累计专利申请数量最多的是有色金属冶炼及压延加工业、医药制造业，有效专利拥有量、专利申请人数量以及专利申请发明人数量最多的产业领域均为有色金属冶炼及压延加工业，平均专利维持时间最长的产业领域是石油加工、炼焦及核燃料加工业（表 3-47）。云南省的优势产业领域为有色金属冶炼及压延加工业，医药制造业，采矿业，通用设备制造业，橡胶和塑料制品业，电力、热力、燃气及水的生产和供应业，化学原料及化学制品制造业，石油加工、炼焦及核燃料加

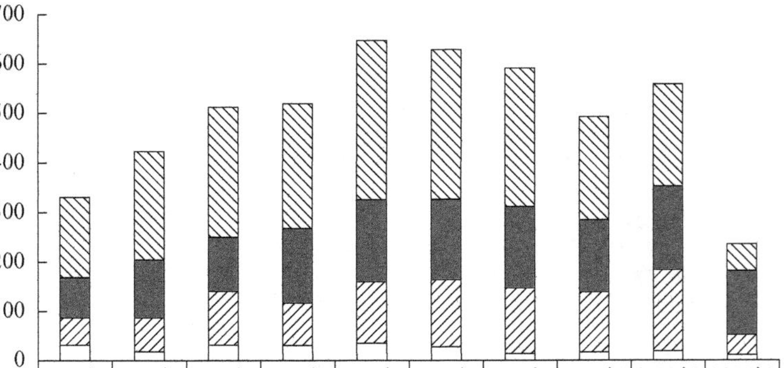

	2011年	2012年	2013年	2014年	2015年	2016年	2017年	2018年	2019年	2020年
有效专利拥有量/件	162	218	261	251	321	302	279	207	205	54
发明专利/件	82	118	110	151	166	163	165	146	169	130
实用新型专利/件	55	69	109	86	125	136	133	122	165	41
外观设计专利/件	32	18	32	31	35	28	14	17	19	11

图 3-25　2011～2020 年云南省上市公司不同类型专利申请趋势

资料来源：科技大数据湖北省重点实验室

工业，汽车制造业，信息传输、软件和信息技术服务业，知识产权指数最高的企业是云南驰宏锌锗股份有限公司，达到 1.6702，位列全国第 215 名，上市板块为主板，所属产业领域为采矿业（表 3-48）。

表 3-47　2020 年云南省上市公司专利产业分布

序号	产业领域	上市公司数量/家	累计专利申请数量/件（排名）	有效专利拥有量/件（排名）	专利申请人数量/个（排名）	平均专利维持时间/年（排名）	专利申请发明人数量/个（排名）
1	有色金属冶炼及压延加工业	6	1 069（1）	517（1）	6（1）	6.1（5）	2 941（1）
2	医药制造业	5	1 069（1）	478（2）	5（2）	6.51（3）	1 072（4）
3	房地产业	3	0（14）	0（13）	0（14）	0（14）	0（14）
4	化学原料及化学制品制造业	2	236（6）	138（7）	2（3）	6.24（4）	414（6）
5	橡胶和塑料制品业	2	201（7）	160（5）	2（3）	4.62（11）	285（7）
6	电力、热力、燃气及水的生产和供应业	2	300（5）	149（6）	2（3）	2.1（13）	1 444（3）
7	金融业	2	0（14）	0（13）	0（14）	0（14）	0（14）
8	水利、环境和公共设施管理业	2	0（14）	0（13）	0（14）	0（14）	0（14）
9	批发和零售业	2	23（12）	18（12）	2（3）	4.9（10）	10（12）
10	农、林、牧、渔业	2	50（11）	25（11）	2（3）	4.92（9）	51（11）
11	石油加工、炼焦及核燃料加工业	2	84（9）	70（8）	2（3）	7.79（1）	191（9）
12	采矿业	1	571（3）	408（3）	1（9）	5.3（8）	1 639（2）
13	汽车制造业	1	82（10）	60（9）	1（9）	5.89（6）	192（8）
14	信息传输、软件和信息技术服务业	1	107（8）	58（10）	1（9）	6.91（2）	92（10）
15	通用设备制造业	1	349（4）	248（4）	1（9）	5.59（7）	470（5）
16	非金属矿物制品业	1	0（14）	0（13）	0（14）	0（14）	0（14）
17	食品制造业	1	1（13）	0（13）	1（9）	4.25（12）	8（13）
全省合计		36	4 142	2 329	28	—	8 809

资料来源：科技大数据湖北省重点实验室

表 3-48　2020 年云南省上市公司十强产业及上市公司

序号	产业领域	IPC 技术领域	上市公司	IPI	IPI 全国排名	上市板块
1	有色金属冶炼及压延加工业	C22B7/00（处理除矿石以外的原材料，如废屑，以生产有色金属或它的化合物） C25C3/12（阳极） B23K35/30（主要成分在 1550℃以下熔化） C22B41/00（锗的提取） C22C5/04（铂系金属基合金） C25C3/08（电解槽的结构，例如底、壁、阴极） C22B15/00（铜的提炼） B22F9/24（从液体金属化合物开始，如溶液） C22B7/04（炉渣的处理） C22B11/00（贵金属的提炼）	云南铜业股份有限公司	1.0563	475	主板
			贵研铂业股份有限公司	1.0561	476	主板
			云南铝业股份有限公司	0.8568	691	主板
			云南锡业股份有限公司	0.7315	902	主板
			云南临沧鑫圆锗业股份有限公司	0.5476	1398	中小板
			云南罗平锌电股份有限公司	0.4934	1570	中小板
2	医药制造业	09-03［箱、盒、容器、（防腐）罐］ 19-08（其他印刷品） C07H15/203（除环已烷外的单碳环；双碳环的环系） A61K31/7048（有氧作为环杂原子的，例如 leucoglucosan、橘皮苷、红霉素、制霉菌素） A61K31/7034（与碳环化合物相连的，例如根皮苷） C07H17/07（苯并［b］吡喃-4-酮） G01N30/02（柱色谱法）	昆药集团股份有限公司	1.1749	380	主板
			云南白药集团股份有限公司	0.6915	988	主板
			昆明龙津药业股份有限公司	0.4253	1826	中小板
			大理药业股份有限公司	0.3767	2016	主板

续表

序号	产业领域	IPC 技术领域	上市公司	IPI	IPI 全国排名	上市板块
2	医药制造业	C07D311/30（杂环不氢化，例如黄酮） C07D311/86（氧原子，例如占吨酮） A61K36/258［人参属（人参）］	云南沃森生物技术股份有限公司	0.3157	2273	创业板
3	采矿业	C22B7/00（处理除矿石以外的原材料，如废屑，以生产有色金属或它的化合物） C22B7/04（炉渣的处理） C22B13/02（用干法） C22B19/20（用非蒸馏法提取锌） C25C7/02［电极（金属精炼用的自耗阳极入 C25C 1/00 至 C25C 5/00）；电极的连接件］ C01G17/04（锗的卤化物） C22B7/02（烟尘的处理） C22B3/44［通过化学方法（C22B 3/26、C22B 3/42 优先）］ C22B41/00（锗的提取） C22B3/22［通过物理方法，例如通过过滤、通过磁性方法（C22B 3/26 优先）］	云南驰宏锌锗股份有限公司	1.6702	215	主板
4	通用设备制造业	15-01（引擎） F02M25/07（加入排出气体的） F02F7/00［箱，如曲轴箱（一般发动机的曲轴箱入 F16M）］ B22C9/10（型芯；型芯的制造或安装） F16F15/26（使用除普通活塞以外的与系统一起运动的固体质量来补偿曲轴系统的惯性力） B23Q3/08（非机动的） F02B67/06（用链、带或类似的环状部件的） F01M13/04（具有空气离开曲轴箱以前对空气净化的装置，如除油） F02M35/104（进气管） F01L1/047（凸轮轴）	昆明云内动力股份有限公司	0.9541	562	主板
5	橡胶和塑料制品业	E04B1/98［防振动或震动（有关基础的入 E02D 31/08）；防止机械性的损坏，例如，空袭（仅仅防火的入 E04B 1/94；为此目的的装修入 E04F；抗地震或类似震动的房屋，掩蔽所，防弹片的墙的安排入 E04H 9/00）］ E04B1/36［允许移动的支座或类似支承（桥梁用的入 E01D 19/04；抗地震的入 E04H 9/02）］ E04H9/02［抗地震或防地面下陷的（基础入 E02D 27/34）］ E04G23/02（修理，例如，填缝、修复、改建、扩建） 09-03［箱、盒、容器、（防腐）罐］ C08L7/00（天然橡胶的组合物） B29C33/04（使用液体、气体或蒸汽） B41F19/06（负版着墨和刮墨后，在正版和负版之间印刷和压凸；用经彩色或“金”处理的墨带印刷） G01L1/02（利用液压或气动装置） B29C33/00（模型或型芯；其零件或所用的附件）	震安科技股份有限公司	0.5967	1238	创业板
5	橡胶和塑料制品业	（同上）	云南恩捷新材料股份有限公司	0.3921	1962	中小板
6	电力、热力、燃气及水的生产和供应业	G06F17/50［计算机辅助设计（静态存储的测试电路的设计入 G11C 29/54）］ E02B8/06（溢洪道；消能设备，例如，减弱涡流的设备） E02C5/02（带有浮室的） A01K61/00（鱼类、贻贝、蝲蛄、龙虾、海绵、珍珠等的养殖） G06Q10/06（资源、工作流、人员或项目管理，例如组织、规划、调度或分配时间、人员或机器资源；企业规划；组织模型）	华能澜沧江水电股份有限公司	1.2293	352	主板

续表

序号	产业领域	IPC 技术领域	上市公司	IPI	IPI 全国排名	上市板块
6	电力、热力、燃气及水的生产和供应业	G01N15/08（测试多孔材料的渗透性，孔隙体积或孔隙表面积） H02J3/48（同相分量分配的控制） G01S13/90（使用合成孔径技术） G06K9/62（应用电子设备进行识别的方法或装置） G06F30/20［设计优化、验证或模拟（电路设计的优化、验证或模拟入 G06F30/30）］	云南文山电力股份有限公司	0.1802	2762	主板
7	化学原料及化学制品制造业	C01B25/32（镁、钙、锶或钡的磷酸盐） C08L59/00［聚缩醛的组合物；聚缩醛衍生物的组合物（聚乙烯醇缩醛的入 C08L 29/14）］ C01B25/30（碱金属磷酸盐） C08L59/02（只含聚甲醛链区的聚缩醛） B03D1/00（浮选） B01D71/34（聚偏氟乙烯） B01D53/78（利用气—液接触） C04B35/495［以氧化钒、氧化铌、氧化钽、氧化钼或氧化钨或与其他氧化物（例如钒酸盐、铌酸盐、钽酸盐、钼酸盐或钨酸盐）的固溶体为基料的］ C08L29/04（聚乙烯醇；部分水解的不饱和醇与饱和羧酸的酯的均聚物或共聚物） C08J5/18（薄膜或片材的制造）	云南云天化股份有限公司	0.5902	1262	主板
			昆明川金诺化工股份有限公司	0.3971	1941	创业板
8	石油加工、炼焦及核燃料加工业	C10B31/00（用于炼焦炉的装料装置） C10B57/04（使用特殊成分的物料） B07B1/04（固定平筛） F27D1/18（门框；门、盖、活动盖板） F27D3/00［装料；卸料；炉料控制（不包含其他类目中的以特殊用途为特征的输送系统入 B65G 49/00；在炉内移动炉料入 F27B 9/14）］ H05B7/103［有夹具的固定件、支承件或端接头（H05B 7/101 优先）］ C10B41/00（安全装置，如用于焦炭卸料中的信号及控制装置） C10B39/04（湿式骤熄） F15B19/00（测试不包含在其他类目中的流体压力制动系统或装置） C10K1/18（烃油类）	云南煤业能源股份有限公司	0.3938	1955	主板
			云南云维股份有限公司	0.0558	3195	主板
9	汽车制造业	B23Q3/06［工件夹紧装置（若不专门适用于机床入 B25B）］ G01B5/00［以采用机械方法为特征的计量设备（包括在大组 G01B 3/00 中的各式量具本身入 G01B 3/00）］ B23P15/00（制造特定金属物品，采用不包含在另一个单独的小类中或该小类的一个组中的加工） B23Q3/08（非机动的） B25B11/02（装配夹具） G01B5/14［用于计量相隔的物体或孔的间距或间隙（G01B 5/24 优先）］ B21J13/02（锻模或其安装） B23Q3/00［工件或刀具的夹固，支承，定位装置，一般可从机床上拆下的（工作台或其他部件，如花盘，一般不带装卡工件的装置入 B23Q 1/00；自动定位控制入 B23Q 15/00；车床用旋转刀架入 B23B 3/24，B23B 3/26；非传动式刀夹入 B23B 29/00；转塔刀架一般特征入 B23B 29/24；用于紧固、连接、拆卸或夹持的工具或台式设备入 B25B）］ C21D1/18［硬化（C21D 1/02 优先）；随后回火或不回火的淬火（淬火设备入 C21D 1/62）］ B23H3/00（电化加工，即在电解液中，在电极和工件之间通过电流除掉金属）	云南西仪工业股份有限公司	0.4352	1789	中小板

续表

序号	产业领域	IPC 技术领域	上市公司	IPI	IPI 全国排名	上市板块
10	信息传输、软件和信息技术服务业	20-01（自动贩卖机） 14-02（数据处理设备及其外围的仪器、装置） B41J3/44［具有双重功能的或与完成其他功能的设备相组合，或配合的打字机或选择性印刷机（和凸版排字机配合的印刷机构入 B41B 27/41）］ B41J2/30（连接的控制线路） B41J25/308（带有打印间隙调节机构） B41J13/12（专门适用于卡片、信封或类似物的） B21D37/02［能够以不同方式进行模具部件装配的模具结构（B21D 37/06 优先）］ B21D37/10（模具组；导向支柱） H05K7/18（导轨或框架的结构） B41J11/08（条式或类似的字行大小的压印板）	云南南天电子信息产业股份有限公司	0.4032	1909	主板

资料来源：科技大数据湖北省重点实验室

3.2.25 吉林省

2020 年，吉林省上市公司的知识产权指数为 0.2466，排名第 25 位。2011～2018 年，吉林省的上市公司各类型专利申请量并未呈现特定规律，2019 年迅猛增长，各类型专利数量均达到峰值（图 3-26）。吉林省上市公司数量总计 43 家，分布在 20 个产业领域中，累计专利申请数量最多的是专用设备制造业领域，有效专利拥有量、专利申请发明人数量最多的产业领域均为汽车制造业，专利申请人数量最多的产业领域是医药制造业，平均专利维持时间最长的领域是酒、饮料和精制茶制造业（表 3-49）。吉林省的优势产业领域为汽车制造业，专用设备制造业，信息传输、软件和信息技术服务业，医药制造业，电气机械及器材制造业，计算机、通信和其他电子设备制造业，仪器仪表制造业，非金属矿物制品业，建筑业，有色金属冶炼及压延加工业，知识产权指数最高的企业是一汽解放集团股份有限公司，达到 1.3862，位列全国第 291 名，上市板块为主板，所属产业领域为汽车制造业（表 3-50）。

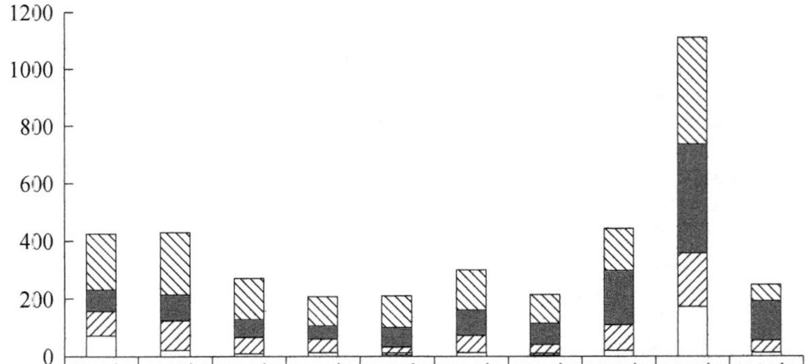

	2011年	2012年	2013年	2014年	2015年	2016年	2017年	2018年	2019年	2020年
▧有效专利拥有量/件	194	216	142	102	110	138	100	146	375	57
■发明专利/件	74	90	62	46	67	88	74	187	378	137
▨实用新型专利/件	85	102	56	47	28	60	37	90	185	42
□外观设计专利/件	72	22	10	13	5	13	4	20	173	13

图 3-26　2011～2020 年吉林省上市公司不同类型专利申请趋势

资料来源：科技大数据湖北省重点实验室

表 3-49　2020 年吉林省上市公司专利产业分布

序号	产业领域	上市公司数量/家	累计专利申请数量/件（排名）	有效专利拥有量/件（排名）	专利申请人数量/个（排名）	平均专利维持时间/年（排名）	专利申请发明人数量/个（排名）
1	医药制造业	7	303（3）	146（4）	6（1）	6.32（6）	330（4）
2	信息传输、软件和信息技术服务业	5	243（4）	187（3）	4（2）	3.37（13）	441（3）
3	汽车制造业	4	910（2）	532（1）	4（2）	4.86（9）	1222（1）
4	电力、热力、燃气及水的生产和供应业	3	13（13）	0（14）	3（4）	4.47（12）	38（11）
5	房地产业	3	0（16）	0（14）	0（16）	0（16）	0（15）
6	电气机械及器材制造业	2	104（7）	70（5）	2（5）	8.57（3）	67（8）
7	专用设备制造业	2	991（1）	482（2）	2（5）	4.64（10）	954（2）
8	有色金属冶炼及压延加工业	2	26（11）	16（10）	2（5）	8.35（4）	15（12）
9	水利、环境和公共设施管理业	2	11（14）	8（12）	1（9）	1.84（14）	4（13）
10	酒、饮料和精制茶制造业	2	15（12）	2（13）	2（5）	10.09（1）	4（13）
11	批发和零售业	2	0（16）	0（14）	0（16）	0（16）	0（15）
12	计算机、通信和其他电子设备制造业	1	143（5）	68（6）	1（9）	4.56（11）	221（5）
13	化学原料及化学制品制造业	1	2（15）	0（14）	1（9）	5.22（8）	0（15）
14	建筑业	1	28（10）	17（9）	1（9）	8.01（5）	55（9）
15	非金属矿物制品业	1	39（8）	26（8）	1（9）	1.72（15）	40（10）
16	金融业	1	0（16）	0（14）	0（16）	0（16）	0（15）
17	仪器仪表制造业	1	126（6）	51（7）	1（9）	5.45（7）	198（6）
18	交通运输、仓储和邮政业	1	0（16）	0（14）	0（16）	0（16）	0（15）
19	化学纤维制造业	1	39（8）	15（11）	1（9）	8.69（2）	108（7）
20	废弃资源综合利用业	1	0（16）	0（14）	0（16）	0（16）	0（15）
全省合计		43	2993	1620	32	—	3697

资料来源：科技大数据湖北省重点实验室

表 3-50　2020 年吉林省上市公司十强产业及上市公司

<table>
<tr><th>序号</th><th>产业领域</th><th>IPC 技术领域</th><th>上市公司</th><th>IPI</th><th>IPI 全国排名</th><th>上市板块</th></tr>
<tr><td rowspan="4">1</td><td rowspan="4">汽车制造业</td><td rowspan="4">12-16（其他类未包括的车辆零件、设备和附件）
26-06（车辆照明设备）
15-02（泵和压缩机）
13-02（电力变压器、整流器、电池和蓄电池）
G01B5/00［以采用机械方法为特征的计量设备（包括在大组 G01B3/00 中的各式量具本身入 G01B3/00）］
B23K37/00［非专门适用于仅包括在本小类其他单一大组中的附属设备或工艺（戴在操作者身体上的或手持的焊工用眼罩入 A61F 9/00；用于金属加工的机械但不是钎焊、焊接、火焰切割机械的入 B23Q；其他防护罩入 F16P 1/06）］
12-08（汽车、公共汽车和货车）
B62D3/12（齿轮齿条型的）
B21J13/02（锻模或其安装）
B23K37/04（用于工件的固定或定位）</td><td>一汽解放集团股份有限公司</td><td>1.3862</td><td>291</td><td>主板</td></tr>
<tr><td>富奥汽车零部件股份有限公司</td><td>0.8279</td><td>729</td><td>主板</td></tr>
<tr><td>长春一东离合器股份有限公司</td><td>0.5879</td><td>1269</td><td>主板</td></tr>
<tr><td>长春一汽富维汽车零部件股份有限公司</td><td>0.2121</td><td>2647</td><td>主板</td></tr>
</table>

续表

序号	产业领域	IPC 技术领域	上市公司	IPI	IPI 全国排名	上市板块
2	专用设备制造业	C09K11/06（含有机发光材料） C07F15/00（含周期表第 8、9、10 或 18 族元素的化合物） G01N35/00（不限于用 G01N 1/00 至 G01N 33/00 中任何单独一组提供的方法或材料所进行的自动分析；及材料的传送） C07C211/61（用 3 个或更多环构成的至少 1 个稠环系） C07D209/86（只有氢原子，烃基或取代的烃基，直接连在环系的碳原子上） G01N35/10（用于将样品传送给、传送入分析仪器或从分析仪器中输出样品的装置，例如吸入装置、注入装置） G01N33/68（涉及蛋白质、肽或氨基酸的） 24-01（医生、医院和实验室用器具和设备） C07D471/04（邻位稠环系） G01N35/02（应用许多样品容器，这些容器用运输机系统运送，经历一次或多次处理或通过一个或多个处理点或分析点）	迪瑞医疗科技股份有限公司	1.3707	301	创业板
			吉林奥来德光电材料股份有限公司	1.1853	372	科创板
3	信息传输、软件和信息技术服务业	H01Q1/12（支持物；安装装置） 12-16（其他类未包括的车辆零件、设备和附件） G01R31/36（用于测试、测量或监测蓄电池或电池的电气状况的设备，如用于测试容量或充电状态） 10-05（检验、安全和试验用仪器、设备和装置） H04L29/08（传输控制规程，例如数据链级控制规程） H02J7/00（用于电池组的充电或去极化或用于由电池组向负载供电的装置） H04N21/41（客户端的结构；客户端外围设备的结构） B60R1/00［光学观察装置（防眩装置，例如用于挡风玻璃或窗的偏振效应的入 B60J 3/00）］ H05K5/02（零部件） H01Q1/22（结构上与其他设备或物体相结合的）	启明信息技术股份有限公司	0.6457	1097	中小板
			吉林吉大通信设计院股份有限公司	0.5378	1425	创业板
			吉视传媒股份有限公司	0.2110	2649	主板
			中通国脉通信股份有限公司	0.0923	3077	主板
			万方城镇投资发展股份有限公司	0.0100	3379	主板
4	医药制造业	09-03［箱、盒、容器、(防腐）罐］ A01G1/00（园艺；蔬菜的栽培） C01B33/12（硅石；其水合物，如勒皮硅酸） 09-03-C0152（0） A61K36/9066（姜黄属，例如姜黄、东印度竹芋或芒果姜） G01N30/90（平面色谱法，例如薄层或纸色谱法） G01N30/02（柱色谱法） A61K36/258［人参属（人参）］ A23L33/00（改变食品的营养性质；营养制品；其制备或处理） A61K36/898（兰科）	通化东宝药业股份有限公司	0.4148	1874	主板
			吉林紫鑫药业股份有限公司	0.3745	2031	中小板
			吉林省集安益盛药业股份有限公司	0.3663	2077	中小板
			通化金马药业集团股份有限公司	0.3076	2306	主板
			吉药控股集团股份有限公司	0.1534	2858	创业板
			吉林敖东药业集团股份有限公司	0.0521	3214	主板
			长春高新技术产业（集团）股份有限公司	0.0100	3379	主板
5	电气机械及器材制造业	H02B1/26［外壳；它们的部件或相应的配件（适用于单个开关的入 H01H；电缆、电线或母线的外壳入 H02G；配电箱、接线盒或分线盒入 H02G 3/08；一般外壳入 H05K）］ H02B13/00［其中的开关被封闭在外壳内或在结构上开关与外壳相结合的开关装置的设置，如柜（与主变压器相结合的入 H02B 5/00，H02B 7/00；用于隔离的有可拉出台车的开关装置入 H02B 11/00）］	吉林省金冠电气股份有限公司	0.3666	2076	创业板

续表

序号	产业领域	IPC 技术领域	上市公司	IPI	IPI 全国排名	上市板块
5	电气机械及器材制造业	H01H51/01（用永久磁铁将衔铁保持在一个位置，由线圈通电产生的反向磁场使其脱离保持的继电器） H02B13/035（气体绝缘开关装置） H02B11/127（拉引机构） H02B13/045［外壳的零部件，例如气体密封（用于开关的气体储存器入 H01H 33/56）］ H01H85/042（高压，即高于 1000 伏的熔断器的一般构成或结构） H02B11/00（具有用于隔离的可拉出的台车的开关装置） H01H3/28［用电磁铁的（发条储能的入 H01H 3/30；为操作继电器的入 H01H 45/00）］ H01H71/10（操作或释放机构）	融钰集团股份有限公司	0.0697	3151	中小板
6	计算机、通信和其他电子设备制造业	H01L29/06（按其形状区分的；按各半导体区域的形状、相对尺寸或配置区分的） H01L21/67（专门适用于在制造或处理过程中处理半导体或电固体器件的装置；专门适合于在半导体或电固体器件或部件的制造或处理过程中处理晶片的装置） H01L21/02（半导体器件或其部件的制造或处理） G01R31/26［单个半导体器件的测试（在制造或处理过程中的测试或测量入 H01L21/66；光伏器件的测试入 H02S50/10）］ H01L29/739（受场效应控制的） H01L29/40（按其电极特征区分的） H01L29/78（由绝缘栅产生场效应的） H01L21/336（带有绝缘栅的） H01L23/495（引线框架的） H01L29/872（肖特基二极管）	吉林华微电子股份有限公司	0.7506	869	主板
7	仪器仪表制造业	G01V8/10［探测，例如，用光垒（用来自目标的反射光入 G01S 17/00）］ G02B7/182［用于反光镜（利用可移动的或可变形的光学元件以控制光的强度、颜色、相位、偏振或方向的光学器件或装置入 G02B 26/00）］ A61B3/08（用于测试双目或立体视觉的，例如斜视） A61B3/032［用于显示测试符号或标志的，例如投射式视力检查器（A61B 3/036 优先）］ G02B7/02（用于透镜） A61B5/16［心理术装置（使用教具的入 G09B1/00-G09B7/00）；测试反应的时间］ G05D1/02（二维的位置或航道控制） G01C25/00［有关本小类其他各组中的仪器或装置的制造、校准、清洁或修理（罗盘的检验、校准或补偿入 G01C17/38）］ G01D18/00（测试或校准大组 G01D1/00-G01D15/00 中列入的设备或装置） G02B27/00［其他光学系统；其他光学仪器（使商店橱窗或陈列柜产生特别光学效果的装置入 A47F，例如 A47F 11/06；光学玩具入 A63H 33/22；以具有特殊光学效果为特征的设计或图样入 B44F 1/00）］	长春奥普光电技术股份有限公司	0.7232	918	中小板

续表

序号	产业领域	IPC 技术领域	上市公司	IPI	IPI 全国排名	上市板块
8	非金属矿物制品业	C04B7/52（粉磨） F27D25/00（清除结痂的装置） B65G69/04（铺开输送的物料于整个装载表面上；修整松散物料堆） B07B1/28（其他类目中不包含的运动式筛子，例如，晃动式、往复式、摇动式、倾斜式或摆动式筛子） G01N1/20[用于流动或下落的材料(G01N1/12、G01N 1/14 优先)] G01N1/04（固体的，如采用切割） B02C19/00［其他粉碎装置或方法（用于谷物的入 B02C 9/00）］ B02C23/06（选择或者使用添加物来帮助粉碎） F16N7/38（用一单独的泵；中心润滑系统） B01F13/10（混合设备，包括不同混合机的组合）	吉林亚泰（集团）股份有限公司	0.2722	2434	主板
9	建筑业	C01B31/04（石墨） G01N25/04（测试熔化点、凝固点、软化点） F27D1/18（门框；门、盖、活动盖板） C04B35/52（以碳为基料的，例如石墨） F27B9/30（零部件、附件或这类炉特有的装置） D01F9/22（从聚丙烯腈） G01N1/04（固体的，如采用切割） C04B35/632（有机添加剂） C09J161/10（苯酚-甲醛缩合物） B01F5/04（注射混合机）	中钢国际工程技术股份有限公司	0.1304	2944	主板
10	有色金属冶炼及压延加工业	B21C25/02（模具） C22C21/10（锌作次主要成分的） C22C21/02（硅作次主要成分的） E06B1/36（只用于窗户的框） B23K9/28［支承电极的装置（不限定用于弧焊或切割的入 B23K 37/02）］ E06B3/72（带框架与门心板的） B32B27/08（不同种类合成树脂的） C25D11/04（铝或以其为基之合金的） C08L23/06（聚乙烯） E06B3/26［组合框架，即一个框架放在另一个框架内，或装在另一个框架后（E06B 3/263、E06B 3/28 优先；移动式框架的布置入 E06B 3/32）］	吉林利源精制股份有限公司	0.0873	3091	中小板
			诺德投资股份有限公司	0.0503	3229	主板

资料来源：科技大数据湖北省重点实验室

3.2.26 黑龙江省

2020 年，黑龙江省上市公司的知识产权指数为 0.2290，排名第 26 位。2011～2020 年，黑龙江省的上市公司各类型专利申请的年度波动较大（图 3-27）。黑龙江省上市公司数量总计 38 家，分布在 20 个产业领域中，累计专利申请数量、有效专利拥有量、专利申请发明人数量最多的领域均为专用设备制造业，专利申请人数量最多的领域是医药制造业，平均专利维持时间最长的领域是化学原料及化学制品制造业（表 3-51）。黑龙江省的优势产业领域为专用设备制造业，汽车制造业，医药制造业，计算机、通信和其他电子设备制造业，电气机械及器材制造业，信息传输、软件和信息技术服务业，石油加工、炼焦及核燃料加工业，建筑业，有色金属冶炼及压延加工业，造纸及纸制品业，知识产权指数最高的企业是中国第一重型机械股份公司，达到 1.8119，位列全国第 181 名，上市板块为主板，所属产业领域为专用设备制造业（表 3-52）。

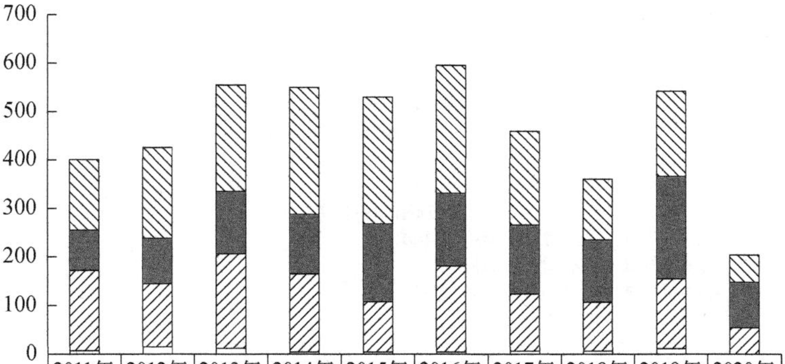

	2011年	2012年	2013年	2014年	2015年	2016年	2017年	2018年	2019年	2020年
⧅有效专利拥有量/件	146	187	220	262	262	264	194	126	176	56
■发明专利/件	83	94	129	123	160	151	142	128	212	94
▨实用新型专利/件	165	129	194	161	104	177	118	101	144	54
□外观设计专利/件	7	15	12	4	4	4	6	6	11	0

图 3-27　2011～2020 年黑龙江省上市公司不同类型专利申请趋势

资料来源：科技大数据湖北省重点实验室

表 3-51　2020 年黑龙江省上市公司专利产业分布

序号	产业领域	上市公司数量/家	累计专利申请数量/件（排名）	有效专利拥有量/件（排名）	专利申请人数量/个（排名）	平均专利维持时间/年（排名）	专利申请发明人数量/个（排名）
1	医药制造业	5	321（3）	185（3）	5（1）	5.85（5）	575（3）
2	计算机、通信和其他电子设备制造业	3	192（5）	115（4）	3（2）	4.7（10）	300（5）
3	电气机械及器材制造业	3	314（4）	86（5）	2（3）	5.07（8）	539（4）
4	金融业	3	0（14）	0（14）	0（14）	0（14）	0（14）
5	专用设备制造业	2	1404（1）	694（1）	2（3）	5.19（7）	1944（1）
6	汽车制造业	2	937（2）	529（2）	2（3）	4.94（9）	1918（2）
7	信息传输、软件和信息技术服务业	2	181（6）	83（6）	1（7）	3.97（12）	244（7）
8	建筑业	2	100（9）	52（8）	1（7）	2.77（13）	253（6）
9	电力、热力、燃气及水的生产和供应业	2	110（8）	33（11）	2（3）	4.26（11）	93（11）
10	交通运输、仓储和邮政业	2	0（14）	0（14）	0（14）	0（14）	0（14）
11	农、林、牧、渔业	2	0（14）	0（14）	0（14）	0（14）	0（14）
12	其他制造业	2	0（14）	0（14）	0（14）	0（14）	0（14）
13	化学原料及化学制品制造业	1	11（13）	6（13）	1（7）	8.98（1）	35（13）
14	橡胶和塑料制品业	1	0（14）	0（14）	0（14）	0（14）	0（14）
15	有色金属冶炼及压延加工业	1	53（12）	44（9）	1（7）	6.64（3）	173（9）
16	铁路、船舶、航空航天和其他运输设备制造业	1	0（14）	0（14）	0（14）	0（14）	0（14）
17	农副食品加工业	1	0（14）	0（14）	0（14）	0（14）	0（14）
18	批发和零售业	1	94（11）	29（12）	1（7）	8.28（2）	83（12）
19	造纸及纸制品业	1	95（10）	43（10）	1（7）	6.43（4）	189（8）
20	石油加工、炼焦及核燃料加工业	1	139（7）	65（7）	1（7）	5.49（6）	128（10）
全省合计		38	3951	1964	23	—	6474

资料来源：科技大数据湖北省重点实验室

表 3-52　2020 年黑龙江省上市公司十强产业及上市公司

序号	产业领域	IPC 技术领域	上市公司	IPI	IPI 全国排名	上市板块
1	专用设备制造业	B21B31/08（轧辊、轧辊座或机架的更换） B22D11/06［注入带移动壁的铸型，如用辊子、板、皮带、履带（B22D 11/07 优先）］ B23K9/04（用于非接合目的的焊接，如堆焊） G06F17/50［计算机辅助设计（静态存储的测试电路的设计入 G11C 29/54）］ F27D3/15（排放装置；清除炉渣装置） B23P19/06（拧紧或松开螺钉或螺帽的机械） B23K9/167（并且使用不熔化电极） B65G67/04（装载陆地车辆） B65B43/18（用吸力操作的夹持器） B21B31/10（通过水平移位）	中国第一重型机械股份公司	1.8119	181	主板
			哈尔滨博实自动化股份有限公司	0.8937	628	中小板
2	汽车制造业	F02F7/00［箱，如曲轴箱（一般发动机的曲轴箱入 F16M）］ G01M15/02（测试仪器的零部件或附件） B23P19/027［利用液压或气压装置（B23P 19/033 优先）］ G01D18/00（测试或校准大组 G01D1/00-G01D15/00 中列入的设备或装置） G07C5/08（登记或指示除驾驶、运行、空转或等候时间以外的性能数据，其中登记或不登记驾驶、运行、空转或等候时间） F02M35/104（进气管） B23P19/02［用于通过压配连接或拆卸物品的（B23P 19/10 优先）］ G06F17/30（信息检索；及其数据库结构） G05B19/042［使用数字处理装置（G05B 19/05 优先）］ G01M13/02（齿轮；传动机构）	哈尔滨东安汽车动力股份有限公司	1.1239	415	主板
			航天科技控股集团股份有限公司	1.1188	421	主板
3	医药制造业	G01N30/02（柱色谱法） 09-0［箱、盒、容器、（防腐）罐］ 19-08（其他印刷品） A61K9/08（溶液） A61J1/14［零件；配件（A61J 7/00 优先；开盖器入 B65D，B67B 7/00）］ A61K36/481（黄芪属） A61K9/20（丸剂、锭剂或片剂） A61K36/42（葫芦科） A61K36/254（五加属） A61K31/365（内酯）	黑龙江珍宝岛药业股份有限公司	0.6398	1117	主板
			哈尔滨三联药业股份有限公司	0.6378	1121	中小板
			哈尔滨誉衡药业股份有限公司	0.3095	2299	中小板
			葵花药业集团股份有限公司	0.0325	3331	中小板
			哈药集团股份有限公司	0.0325	3332	主板
4	计算机、通信和其他电子设备制造业	A61K9/22（持续释放或间断释放型） A61K9/20（丸剂、锭剂或片剂） 10-04（其他计测仪器、设备和装置） 13-03（配电和控制设备） A61K9/36［含碳水化合物或其衍生物的（A61K 9/34 优先）］ G01J5/10（用电辐射检测器） G01M11/02（光学性质测试） A61K9/19（冻干的） G02B27/00［其他光学系统；其他光学仪器（使商店橱窗或陈列柜产生特别光学效果的装置入 A47F，例如 A47F 11/06；光学玩具入 A63H 33/22；以具有特殊光学效果为特征的设计或图样入 B44F 1/00）］ G02B26/08［控制光的方向（光导中的入 G02B 6/35）］	哈尔滨新光光电科技股份有限公司	0.5491	1393	科创板
			奥瑞德光电股份有限公司	0.3739	2036	主板
			哈尔滨威帝电子股份有限公司	0.3417	2164	主板
5	电气机械及器材制造业	H02J3/18［网络中调整、消除或补偿无功功率的装置（用于调整电压的入 H02J 3/16）］ H02J3/38（由两个或两个以上发电机、变换器或变压器对 1 个网络并联馈电的装置）	哈尔滨空调股份有限公司	0.4728	1650	主板

续表

序号	产业领域	IPC 技术领域	上市公司	IPI	IPI 全国排名	上市板块
5	电气机械及器材制造业	H02M1/00（变换装置的零部件） H02M7/48（应用有控制极的放电管或有控制极的半导体器件的） H02M1/088（用于对串联或并联半导体器件进行同时控制） G01R19/00［用于测量电流或电压或者用于指示其存在或符号的装置（G01R 5/00 优先；用于测量生物电流或电压的入 A61B 5/04）］ H02J9/06（带有自动转换的） G01R31/00［电性能的测试装置；电故障的探测装置；以所进行的测试在其他位置未提供为特征的电测试装置（在制造过程中测试或测量半导体或固体器件入 H01L21/66；线路传输系统的测试入 H04B3/46）］ H02M5/44（应用放电管或半导体器件将中间直流变为交流的） H02P1/28（用逐渐增加电动机初级电路电压的方法）	哈尔滨九洲集团股份有限公司	0.3572	2110	创业板
			哈尔滨电气集团佳木斯电机股份有限公司	0.0100	3379	主板
6	信息传输、软件和信息技术服务业	H04L12/24（用于维护或管理的装置） G06F17/30（信息检索及其数据库结构） H04L12/26（监视装置、测试装置） H04W24/02（用于优化操作环境的装置） H04L29/08（传输控制规程，例如数据链级控制规程） H04W24/08（使用真实业务量进行测试） G06F9/44（执行特定程序的设计） H04W16/18（网络规划工具） H04W64/00（为了网络管理的目的，例如移动性管理，定位用户或终端） G06Q10/06（资源、工作流、人员或项目管理，例如组织、规划、调度或分配时间、人员或机器资源；企业规划；组织模型）	亿阳信通股份有限公司	0.7675	834	主板
			哈尔滨工大高新技术产业开发股份有限公司	0.0100	3379	主板
7	石油加工、炼焦及核燃料加工业	B01D53/18［吸收装置；其中的液体分配器（B01D 3/16，B01D 3/26、B01D 3/30 优先）］ F23C10/24［从流化床中去除料粒的装置（控制床体中料位或床体中料粒量的装置入 F23C 10/30）］ C01B3/12（用水蒸气与一氧化碳的反应） F23C10/22［专门适用于流化床燃烧设备的燃料送入装置（F23C 10/26 优先）］ C10G53/00（在不存在氢的情况下，用两步或多步精制工艺过程处理烃油） B01D33/03（带有震动过滤元件的） G01N1/28［测试用样品的制备（将样品安装在显微镜载片上入 G02B 21/34；电子显微镜中支承被分析的物品或材料的装置入 H01J 37/20）］ C10G2/00（由碳的氧化物制备组成不确定的液体烃混合物） E21C27/22（用带破碎落矿工具的旋转钻机，例如楔形钻） F25J3/02［通过精馏作用，即用蒸气流与液流之间物质和热的连续交换（F25J 3/08 优先）］	宝泰隆新材料股份有限公司	0.4082	1898	主板
8	建筑业	E01D21/00（专用于架设或装配桥梁的方法或设备） E02D19/04（用围堰） E04G21/00［建筑材料或建筑构件在现场的制备，搬运或加工；施工中采用的其他方法和设备（石类材料的加工入 B28D；一般运输入 B65G；提升设备入 B66；测量仪表入 G01）］ E02D5/66（管形模或其他模）	龙建路桥股份有限公司	0.6039	1213	主板

续表

序号	产业领域	IPC 技术领域	上市公司	IPI	IPI 全国排名	上市板块
8	建筑业	E01F5/00［道路底层或铁路道碴层的沟槽、涵洞、管道排水（地下排水入 E02D；污水管道入 E03F）］ E01C11/22［边沟；路缘石（专门用于警示道路使用者的路缘石入 E01F 9/053）］ E01C23/08［使铺面表面粗糙或刻记花纹的设备；清除粘在铺面上的凸出斑块或物料的设备，例如，标记（清除不粘在铺面上的物料的设备入 E01H 1/00；拉毛冰或除冰设备入 E01H 5/12）］ B28C7/14（加料装置与搅拌机结合或固定在搅拌机上） E01C7/14（混凝土铺面） E02D13/04（导向设备；导向框架）	京蓝科技股份有限公司	0.0100	3379	主板
9	有色金属冶炼及压延加工业	C22F1/057（以铜作次主要成分的合金的） C22C21/00（铝基合金） E21B17/00［钻杆或钻管；柔性钻杆柱；方钻杆；钻铤；抽油杆；套管；管子（一般杆接头入 F16D；一般管子或管接头入 F16L）］ B22D11/041［用于立式浇注的（B22D 11/043，B22D 11/049 至 B22D 11/059 优先）］ C22C21/10（锌作次主要成分的） B21C23/21［专门用于金属挤压的压力机（挤压压力机一般入 B30B 11/22）］ C22C21/06（镁作次主要成分的） C21D1/62（淬火设备） C22F1/04（铝或铝基合金） B21C23/00（金属挤压；冲挤）	哈尔滨中飞新技术股份有限公司	0.3357	2187	创业板
10	造纸及纸制品业	D21H27/00（其他类不包括的特种纸，例如由多步骤方法制成） D21H27/22（月特殊的加工方法在表面涂敷结构，如在印刷机上） D21H27/10［包装纸（特殊形状或型号的包装材料入 B65D 65/38）］ D21H11/00（只包含天然的纤维素或木化纤维素纤维的纸浆或纸） D21H21/16（施胶剂或疏水剂） D21H21/14［特征在于纸中或纸上的功能或性质（D21H 19/66，D21H 27/02 优先）］ D21F11/00（在造纸机上制造连续的卡纸或卡片纸板或纤维板的湿纸幅的工艺方法） D21H27/18（有表面覆盖结构的纸基或纸板） D21H15/10（混合纤维） B41F9/00（凹版轮转印刷机）	牡丹江恒丰纸业股份有限公司	0.6758	1020	主板

资料来源：科技大数据湖北省重点实验室

3.2.27 甘肃省

2020 年，甘肃省上市公司的知识产权指数为 0.2222，排名第 27 位。2011～2020 年，甘肃省的上市公司各类型专利呈现波动发展趋势，各类型专利均实现了跨越式的数量增长（图 3-28）。甘肃省上市公司数量总计 33 家，分布在 19 个产业领域中，累计专利申请数量、有效专利拥有量、专利申请发明人数量最多的领域均为黑色金属冶炼及压延加工，专利申请人数量最多的领域是医药制造业，平均专利维持时间最长的领域是农、林、牧、渔业（表 3-53）。甘肃省的优势产业领域为黑色金属冶炼及压延加工，有色金属冶炼及压延加工业，专用设备制造业，橡胶和塑料制品业，计算机、通信和其他电子设备制造业，酒、饮料和精制茶制造业，采矿业，医药制造业，非金属矿物制品业，农、林、牧、渔业，知识产权指数最高的企业是甘肃酒钢集团宏兴钢铁股份有限公司，达到 1.9465，位列全国第 160 名，上市板块为主板，所属产业领域为黑色金属冶炼及压延加工（表 3-54）。

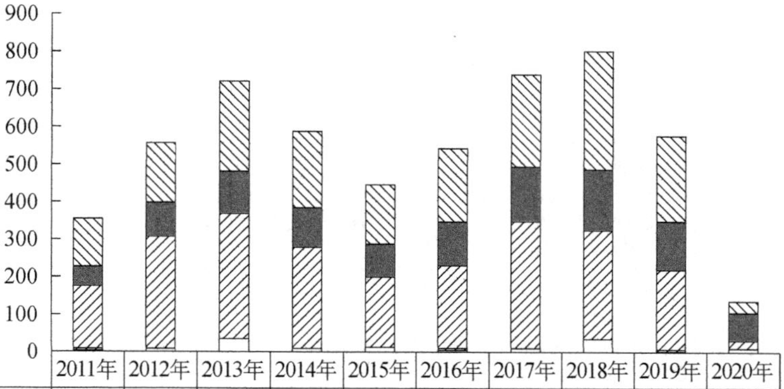

	2011年	2012年	2013年	2014年	2015年	2016年	2017年	2018年	2019年	2020年
有效专利拥有量/件	128	159	240	204	158	195	246	314	228	31
发明专利/件	51	91	113	106	88	117	146	163	130	75
实用新型专利/件	173	299	335	270	187	226	339	291	218	21
外观设计专利/件	3	8	34	9	13	5	10	34	2	10

图 3-28　2011～2020 年甘肃省上市公司不同类型专利申请趋势

资料来源：科技大数据湖北省重点实验室

表 3-53　2020 年甘肃省上市公司专利产业分布

序号	产业领域	上市公司数量/家	累计专利申请数量/件（排名）	有效专利拥有量/件（排名）	专利申请人数量/个（排名）	平均专利维持时间/年（排名）	专利申请发明人数量/个（排名）
1	酒、饮料和精制茶制造业	4	117（6）	73（6）	2（3）	1.88（12）	22（10）
2	采矿业	3	79（8）	55（7）	1（5）	2.02（11）	90（8）
3	医药制造业	3	108（7）	42（8）	3（1）	6.05（5）	164（6）
4	非金属矿物制品业	3	67（9）	39（9）	1（5）	1.52（13）	171（5）
5	农、林、牧、渔业	3	52（10）	38（10）	3（1）	9.12（1）	23（9）
6	专用设备制造业	2	877（2）	420（3）	2（3）	4.91（7）	1871（2）
7	化学原料及化学制品制造业	2	0（14）	0（14）	0（14）	0（14）	0（14）
8	批发和零售业	2	0（14）	0（14）	0（14）	0（14）	0（14）
9	计算机、通信和其他电子设备制造业	1	226（5）	137（5）	1（5）	7.12（2）	164（6）
10	电气机械及器材制造业	1	0（14）	0（14）	0（14）	0（14）	0（14）
11	汽车制造业	1	0（14）	0（14）	0（14）	0（14）	0（14）
12	黑色金属冶炼及压延加工	1	1471（1）	496（1）	1（5）	2.85（10）	2336（1）
13	橡胶和塑料制品业	1	282（4）	212（4）	1（5）	6.18（4）	193（4）
14	电力、热力、燃气及水的生产和供应业	1	0（14）	0（14）	0（14）	0（14）	0（14）
15	有色金属冶炼及压延加工业	1	873（3）	425（2）	1（5）	5.31（6）	1547（3）
16	科学研究和技术服务业	1	10（11）	7（11）	1（5）	4.33（9）	16（11）
17	食品制造业	1	4（12）	4（12）	1（5）	6.31（3）	1（13）
18	其他制造业	1	0（14）	0（14）	0（14）	0（14）	0（14）
19	文化、体育和娱乐业	1	4（12）	3（13）	1（5）	4.49（8）	7（12）
全省合计		33	4170	1951	19	—	6605

资料来源：科技大数据湖北省重点实验室

表 3-54 2020 年甘肃省上市公司十强产业及上市公司

序号	产业领域	IPC 技术领域	上市公司	IPI	IPI 全国排名	上市板块
1	黑色金属冶炼及压延加工	C22B1/02［焙烧工艺过程（C22B 1/16 优先）］ C21C5/46（零件或辅助设备） B03C1/015（通过化学处理赋予要分离的材料磁性质，如烘烤、还原、氧化） C22C38/02（含硅的） C23C2/06（锌或镉或以其为基的合金） C21B7/00（高炉） H02J9/06（带有自动转换的） C22B1/10（流态化焙烧） B03C1/30（与其他设备组合，不包含在其他类目中的） C22C38/04（含锰的）	甘肃酒钢集团宏兴钢铁股份有限公司	1.9465	160	主板
2	有色金属冶炼及压延加工业	C22B15/00（铜的提炼） H01B13/02（绞合的） H01B13/00（制造导体或电缆制造的专用设备或方法） C25C1/16（锌、镉或汞的） C22B7/00（处理除矿石以外的原材料，如废屑，以生产有色金属或它的化合物） G01N21/64（荧光；磷光） C22B7/04（炉渣的处理） B03D1/14［浮选机械（装入已称量的试剂的设备入 B01J 4/02）］ H01B13/14（用挤压的） F27D1/16（炉衬的施工和修补）	白银有色集团股份有限公司	1.5257	252	主板
3	专用设备制造业	F28D9/00（用于两种热交换介质的固定板或层压通道的热交换设备，各介质与通道不同的侧面接触） B23K37/00［非专门适用于仅包括在本小类其他单一大组中的附属设备或工艺（戴在操作者身体上的或手持的焊工用眼罩入 A61F 9/00；用于金属加工的机械但不是钎焊、焊接、火焰切割机械的入 B23Q；其他防护罩入 F16P 1/06）］ G01N3/12（压力试验） B23K37/04（用于工件的固定或定位） F28F9/22（把热交换介质导入连续间隔内的装置，例如导板装置） G01N3/02（零部件） G01M99/00（本小类其他组中不包括的技术主题） F28F3/08（元件结构为叠装的，例如元件可以拆开以便于清洗） B23K9/16（使用保护气体） B23K37/053（定位圆柱体工件；夹紧装置）	甘肃蓝科石化高新装备股份有限公司	1.0151	503	主板
			兰州兰石重型装备股份有限公司	0.9516	563	主板
4	橡胶和塑料制品业	A01G25/02（使用多孔管道或带喷头管道安装在地上的浇水装置，例如用于滴灌的） A01G25/06（使用多孔管道安装在地下的浇水装置） C08L23/06（聚乙烯） C08L27/06（氯乙烯的均聚物或共聚物） A01G25/00［花园、田地、运动场等的浇水（施液肥的专用设备或装置入 A01C23/00；喷嘴或排水管、喷洒设备入 B05B）］ A01C23/04（加压撒布；撒布泥肥；施用液肥的浇水系统） G01M13/00（机械部件的测试） A01G9/24（温室、促成温床或类似物等用的加热、通风、调温或浇水装置） A01G25/16（浇水的控制） B05B1/14［有多个出口孔（B05B 1/02、B05B 1/26 优先）；在出口孔内或出口孔外装有过滤器］	大禹节水集团股份有限公司	0.7647	841	创业板

续表

序号	产业领域	IPC 技术领域	上市公司	IPI	IPI 全国排名	上市板块
5	计算机、通信和其他电子设备制造业	H01L23/495（引线框架的） H01L25/00［由多个单个半导体或其他固态器件组成的组装件(在一共用基片内或其上形成的由多个固态组件组成的器件入 H01L 27/00；光伏电池的光伏模块或者阵列入 H01L 31/042)］ H01L23/31（按配置特点进行区分的） B81B7/00（微观结构系统） H01L23/49（类似线状的） H01L23/488（由焊接或黏结结构组成） H01L23/48（用于向或自处于工作中的固态物体通电的装置，例如引线或接线端装置） H01L21/60（引线或其他导电构件的连接，用于工作时向或由器件传导电流） H01L25/16（包含在 H01L 27/00 至 H01L 51/00 各组中两个或多个不同大组内的类型的器件，例如构成混合电路的） H01L21/56（封装，例如密封层、涂层）	天水华天科技股份有限公司	0.6715	1035	中小板
6	酒、饮料和精制茶制造业	09-03［箱、盒、容器、(防腐）罐］ 09-01（瓶、长颈瓶、罐、耐酸瓶、细颈坛和附有喷雾器装置的容器） G05B19/418［全面工厂控制，即集中控制许多机器，例如直接或分布数字控制（DNC）、柔性制造系统（FMS）、集成制造系统（IMS）、计算机集成制造（CIM）］ C12G3/02（用发酵法） C12G3/06（加调味配料） G01N21/78（产生颜色变化） G05D23/20［具有随温度变化而产生电或磁性质变化的传感元件（G05D 23/13 优先）］ B01F13/10（混合设备，包括不同混合机的组合） C12H6/02（通过蒸馏） C02F9/14（至少有一个生物处理步骤）	金徽酒股份有限公司	0.2592	2479	主板
			甘肃皇台酒业股份有限公司	0.0772	3122	主板
			甘肃莫高实业发展股份有限公司	0.0100	3379	主板
			兰州黄河企业股份有限公司	0.0100	3379	主板
7	采矿业	G01F1/36（应用流动收缩产生的压力或压差） G01F7/00（有两个或多个量程的流量计量装置；组合仪表） G01F1/44（文丘利管） E21B49/08（在钻孔或井中取流体试样或测试液体） G01F5/00（测量流量的比例） G21G4/06（按结构特点区分） G01F1/88（测量压差以确定流量） G01F1/704（至 G01F 1/76 各组优先于 G01F 1/05 至 G01F 1/68 各组） G01F1/86（间接式质量流量计，例如，测量流量、密度、温度或压力） G01P5/22（用自相关或互相关检测方法）	海默科技（集团）股份有限公司	0.4832	1601	创业板
			甘肃荣华实业（集团）股份有限公司	0.0100	3379	主板
			甘肃靖远煤电股份有限公司	0.0100	3379	主板
8	医药制造业	09-03-C0159（0） 19-08-S0737（0） 09-03［箱、盒、容器、(防腐）罐］ 19-08（其他印刷品） A61K36/66（罂粟科，例如血根草） 09-05（袋、香袋、管和囊） A61K36/714［乌头属（舟形乌头）］ A61K9/28（糖衣药丸；包衣的丸剂或片剂） A61K36/904（百部科，例如金刚大属） A61K36/898（兰科）	甘肃陇神戎发药业股份有限公司	0.3342	2195	创业板
			兰州佛慈制药股份有限公司	0.2163	2630	中小板
			恒康医疗集团股份有限公司	0.0512	3221	中小板

续表

序号	产业领域	IPC 技术领域	上市公司	IPI	IPI 全国排名	上市板块
9	非金属矿物制品业	H05B7/06（电极） H01M4/583（碳质材料，例如石墨层间化合物或 CFx） C01B31/12（使用非气态活化剂制备） C04B35/66（含有或不含有黏土的整块耐火材料或耐火砂浆） C01B31/04（石墨） F27D17/00［利用余热的装置（热交换器本身入 F28）；利用或处理废气的装置（一般的清除烟气入 B08B 15/00）］ C25C7/02［电极（金属精炼用的自耗阳极入 C25C 1/00 至 C25C 5/00）；电极的连接件］ C01B32/205（制备） H01M4/1393（基于碳质材料的电极的，例如石墨层间化合物或 CFx 的） C04B38/06（烧除加入的物质）	方大炭素新材料科技股份有限公司	0.4869	1593	主板
			甘肃祁连山水泥集团股份有限公司	0.0100	3379	主板
			甘肃上峰水泥股份有限公司	0.0100	3379	主板
10	农、林、牧、渔业	A01G1/04［蘑菇的栽培（栽培蘑菇的混合肥料或化肥入 C05）］ C05G3/00（一种或多种肥料与无特殊肥效组分的混合物） C05G1/00(分属于C05大类下各小类中肥料的混合物) B65D88/54［以使用便于装料或排空装置为特点的（料斗卸料部分的结构或形状入 B65D 88/28；闸门或封口件入 B65D 90/54）］ B65B31/04（用通过管嘴抽出或加注空气或其他气体，如惰性气体的方法，给已装料的容器或包裹件抽气，或压缩，或充气） C11B1/10（萃取法） A23L1/308［添加不易消化的物质，例如食用纤维（A23L1/05 优先）］ A23B7/154（有机化合物；微生物；酶） B65D65/46（应用易碎裂的、可溶解的或可食的材料） C05G3/04（含有土壤调理剂的）	天水众兴菌业科技股份有限公司	0.1220	2961	中小板
			甘肃省敦煌种业集团股份有限公司	0.0645	3166	主板
			甘肃亚盛实业（集团）股份有限公司	0.0357	3314	主板

资料来源：科技大数据湖北省重点实验室

3.2.28 青海省

2020 年，青海省上市公司的知识产权指数为 0.1589，排名第 28 位。2011～2020 年，青海省的上市公司各类型专利呈现波动发展趋势，各类型专利均实现了跨越式的数量增长（图 3-29）。青海省上市公司数量总计 12 家，分布在 10 个产业领域中，累计专利申请数量、有效专利拥有量、专利申请人数量、平均专利维持时间以及专利申请发明人数量最多的产业领域均为化学原料及化学制品制造业（表 3-55）。青海省的优势产业领域为化学原料及化学制品制造业，采矿业，酒、饮料和精制茶制造业，黑色金属冶炼及压延加工，建筑业，知识产权指数最高的企业是青海盐湖工业股份有限公司，达到 1.9342，位列全国第 163 名，上市板块为主板，所属产业领域为化学原料及化学制品制造业（表 3-56）。

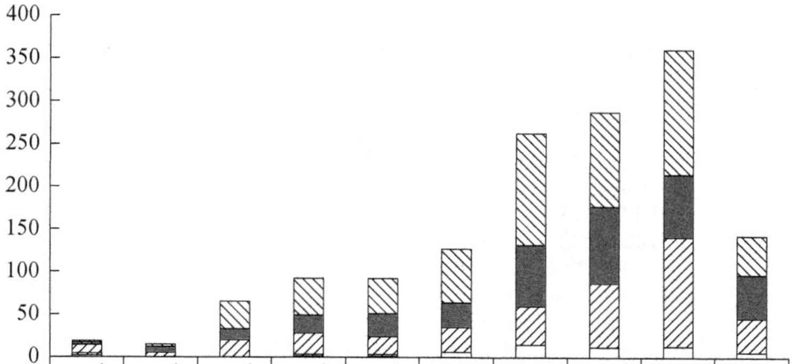

	2011年	2012年	2013年	2014年	2015年	2016年	2017年	2018年	2019年	2020年
▧有效专利拥有量/件	4	3	32	43	41	63	131	111	146	46
■发明专利/件	1	7	13	21	27	29	72	90	74	51
▨实用新型专利/件	12	5	20	27	23	29	45	75	128	40
□外观设计专利/件	2	0	0	1	1	6	15	12	13	6

图 3-29　2011～2020 年青海省上市公司不同类型专利申请趋势

资料来源：科技大数据湖北省重点实验室

表 3-55　2020 年青海省上市公司专利产业分布

序号	产业领域	上市公司数量/家	累计专利申请数量/件（排名）	有效专利拥有量/件（排名）	专利申请人数量/个（排名）	平均专利维持时间/年（排名）	专利申请发明人数量/个（排名）
1	化学原料及化学制品制造业	3	609（1）	408（1）	3（1）	10.67（1）	2580（1）
2	电气机械及器材制造业	1	0（7）	0（6）	0（7）	0（7）	0（7）
3	采矿业	1	221（2）	111（2）	1（2）	5.01（3）	759（2）
4	信息传输、软件和信息技术服务业	1	0（7）	0（6）	0（7）	0（7）	0（7）
5	医药制造业	1	0（7）	0（6）	0（7）	0（7）	0（7）
6	通用设备制造业	1	2（6）	0（6）	1（2）	5.54（2）	3（6）
7	黑色金属冶炼及压延加工	1	67（3）	27（4）	1（2）	4.29（4）	366（3）
8	建筑业	1	36（5）	24（5）	1（2）	4.11（5）	94（5）
9	食品制造业	1	0（7）	0（6）	0（7）	0（7）	0（7）
10	酒、饮料和精制茶制造业	1	66（4）	50（3）	1（2）	3.88（6）	100（4）
全省合计		12	1001	620	8	—	3902

资料来源：科技大数据湖北省重点实验室

表 3-56　2020 年青海省上市公司五强产业及上市公司

序号	产业领域	IPC 技术领域	上市公司	IPI	IPI 全国排名	上市板块
1	化学原料及化学制品制造业	C01D3/08（用加工天然或工业盐混合物或含硅矿物制备） C25C3/04（镁的） C01D3/06（用加工盐水、海水或废碱液制备） C08F114/06（氯乙烯） C01D3/14（纯化） 09-05（袋、香袋、管和囊） C01D3/04（氯化物） C07C281/06（含有以下任何基团的化合物 NNCON，NNCON 或 NNCON，例如氨基脲） C01D15/04（卤化物） B22D17/20（附件；零件）	青海盐湖工业股份有限公司	1.9342	163	主板
			青海金瑞矿业发展股份有限公司	0.0607	3182	主板
			藏格控股股份有限公司	0.0346	3317	主板

续表

序号	产业领域	IPC 技术领域	上市公司	IPI	IPI 全国排名	上市板块
2	采矿业	B03B7/00（湿处理方法或装置与其他处理方法或装置的结合，例如，选矿或处理垃圾用的） B03D1/012（含硫的） B03D1/018（无机化合物与有机化合物的混合物） H04L12/56（转入 H04L12/70） C22B7/04（炉渣的处理） C22B7/00（处理除矿石以外的原材料，如废屑，以生产有色金属或它的化合物） G01N5/04（通过除去某种组分，例如通过蒸发并称量其剩余物） B03B9/00（分离设备的总体布置，例如流程） B03D1/14［浮选机械（装入已称量的试剂的设备入 B01J 4/02）］ C09K5/06（相态变化是由液体到固体或相反）	西部矿业股份有限公司	1.0279	491	主板
3	酒、饮料和精制茶制造业	09-01（瓶、长颈瓶、罐、耐酸瓶、细颈坛和附有喷雾器装置的容器） 09-03［箱、盒、容器、（防腐）罐］ C12G3/021（禾本科植物，如小麦、粟、高粱、大麦、黑麦或玉米） C12G3/02（用发酵法） 09-05（袋、香袋、管和囊） C12N1/16（酵母；其培养基） C12G3/04（用混合法，如配制酒的制备） C12G3/055（从植物中提取） F16K15/02（带有导向的刚性阀元件） A23F3/34（茶代用品，例如巴拉圭茶；其提出物或泡剂）	青海互助青稞酒股份有限公司	0.3744	2032	中小板
4	黑色金属冶炼及压延加工	C21C5/52（电炉炼钢） C22C38/02（含硅的） G01N29/04［固体分析（利用声发射技术入 G01N 29/14）］ G01R31/00［电性能的测试装置；电故障的探测装置；以所进行的测试在其他位置未提供为特征的电测试装置（在制造过程中测试或测量半导体或固体器件入 H01L21/66；线路传输系统的测试入 H04B3/46）］ B21B37/74［温度控制，例如通过冷却或加热轧辊或产品（B21B 37/32，B21B 37/44 优先）］ C22C38/46（含钒的） B22D41/02（衬里） E02D17/20（边坡或斜坡的稳定） G01N21/88（测试瑕疵、缺陷或污点的存在） C22C38/04（含锰的）	西宁特殊钢股份有限公司	0.5383	1424	主板
5	建筑业	E01D21/00（专用于架设或装配桥梁的方法或设备） E01C3/06（路基的防潮、防冻或防震的方法或装置） E01D4/00（拱桥） E01F5/00［道路底层或铁路道碴层的沟槽、涵洞、管道排水（地下排水入 E02D，污水管道入 E03F）］ E02D29/02［挡土墙或防护墙（岸墩或岸壁入 E02B 3/06）］ E02D17/20（边坡或斜坡的稳定） E01D21/10（悬臂架设） E02D29/045（地下结构物，例如，建于露天的或通过破坏定位线的地基表面的方法修建的隧道或廊道；它们的修建方法） E01C3/00［路面基础（专门适用于运动场或体育场的入 E01C 13/02；一般基础入 E02D）］ E02D15/02（基础专用的大量混凝土的处置）	正平路桥建设股份有限公司	0.3401	2174	主板

资料来源：科技大数据湖北省重点实验室

3.2.29 宁夏回族自治区

2020年，宁夏回族自治区上市公司的知识产权指数为0.1212，排名第29位。2011～2020年，宁夏回族自治区的上市公司有效专利拥有量、发明专利、实用新型专利呈波动发展的趋势，仅在2013～2014年有外观设计专利申请（图3-30）。宁夏回族自治区上市公司数量总计14家，分布在10个产业领域中，累计专利申请数量、有效专利拥有量、专利申请发明人数量最多的领域均为有色金属冶炼及压延加工业，专利申请人数量最多的领域是化学原料及化学制品制造业，平均专利维持时间最长的领域是通用设备制造业（表3-57）。宁夏回族自治区的优势产业领域为有色金属冶炼及压延加工业，化学原料及化学制品制造业，电力、热力、燃气及水的生产和供应业，通用设备制造业，非金属矿物制品业，造纸及纸制品业，纺织业，知识产权指数最高的企业是宁夏东方钽业股份有限公司，达到1.0341，位列全国第488名，上市板块为主板，所属产业领域为有色金属冶炼及压延加工业（表3-58）。

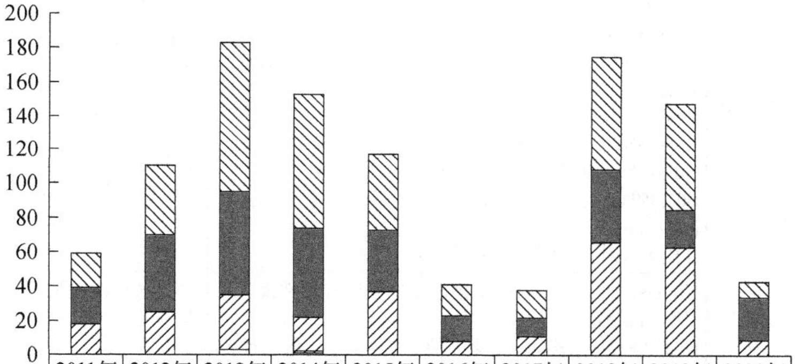

	2011年	2012年	2013年	2014年	2015年	2016年	2017年	2018年	2019年	2020年
有效专利拥有量/件	20	40	88	79	44	18	16	67	63	9
发明专利/件	21	45	60	52	36	15	11	42	22	25
实用新型专利/件	18	25	32	21	37	8	11	66	63	9
外观设计专利/件	0	0	3	1	0	0	0	0	0	0

图3-30 2011～2020年宁夏回族自治区上市公司不同类型专利申请趋势

资料来源：科技大数据湖北省重点实验室

表3-57 2020年宁夏回族自治区上市公司专利产业分布

序号	产业领域	上市公司数量/家	累计专利申请数量/件（排名）	有效专利拥有量/件（排名）	专利申请人数量/个（排名）	平均专利维持时间/年（排名）	专利申请发明人数量/个（排名）
1	化学原料及化学制品制造业	3	118（4）	81（2）	3（1）	4.11（5）	282（2）
2	电力、热力、燃气及水的生产和供应业	2	68（5）	50（3）	2（2）	4.69（4）	151（4）
3	非金属矿物制品业	2	67（6）	48（4）	2（2）	3.2（7）	137（6）
4	通用设备制造业	1	134（2）	48（4）	1（4）	7.25（1）	147（5）
5	有色金属冶炼及压延加工业	1	322（1）	159（1）	1（4）	7.12（2）	779（1）
6	批发和零售业	1	0（8）	0（8）	0（8）	0（8）	0（8）
7	纺织业	1	49（7）	24（7）	1（4）	5.96（3）	63（7）
8	交通运输、仓储和邮政业	1	0（8）	0（8）	0（8）	0（8）	0（8）
9	纺织服装、服饰业	1	0（8）	0（8）	0（8）	0（8）	0（8）
10	造纸及纸制品业	1	129（3）	42（6）	1（4）	3.86（6）	158（3）
全区合计		14	887	452	11	—	1717

资料来源：科技大数据湖北省重点实验室

表 3-58　2020 年宁夏回族自治区上市公司七强产业及上市公司

序号	产业领域	IPC 技术领域	上市公司	IPI	IPI 全国排名	上市板块
1	有色金属冶炼及压延加工业	B22F1/00（金属粉末的专门处理；如使之易于加工，改善其性质；金属粉末本身，如不同成分颗粒的混合物） B23P15/00（制造特定金属物品，采用不包含在另一个单独的小类中或该小类的一个组中的加工） C23C14/34（溅射） B22F9/24（从液体金属化合物开始，如溶液） B22F9/20（从固体金属化合物开始） C22F1/18（高熔点或难熔金属或以它们为基的合金） B21C37/06［管或金属软管的；用于制造管的组合加工程序，如多壁管的制造（用于制管的弯板入 B21D 5/00；用折叠合缝入 B21D 39/02）］ C01G35/00（钽的化合物） H01M4/505（插入或嵌入轻金属且含锰的混合氧化物或氢氧化物，例如 $LiMn_2O_4$ 或 $LiMn_2O_xF_y$ 的） C22C27/02（钒、铌或钽基合金）	宁夏东方钽业股份有限公司	1.0341	488	主板
2	化学原料及化学制品制造业	C07C29/84（萃取蒸馏） C10J3/72（其他特征） B65G65/40（从顶部以外的位置排空的装置） B01J19/00（化学的、物理的或物理-化学的一般方法及其有关设备） C07C31/04（甲醇） B65G65/23（倾倒并排空容器的装置） D07B7/02（机械零件、辅助装置） B01D50/00（用于从气体或蒸气中分离粒子的组合器械） B01D47/06（喷洗） B01D53/04（用固定的吸附剂）	宁夏宝丰能源集团股份有限公司	0.6241	1149	主板
			宁夏英力特化工股份有限公司	0.1643	2815	主板
			宁夏新日恒力钢丝绳股份有限公司	0.0482	3247	主板
3	电力、热力、燃气及水的生产和供应业	H01L31/18（专门适用于制造或处理这些器件或其部件的方法或设备） H02S20/30（可移动或可调节的支撑结构，如角度调整） F16K5/06（带有球形表面的塞子；其所用填料） H02N6/00［光辐射直接转变为电能的发电机（太阳能电池或其装配件本身入 H01L25/00、H01L31/00）］ H01L21/02（半导体器件或其部件的制造或处理） F03D11/00（不包含在本小类其他组中或与本小类其他组无关的零件、部件或附件） H01L21/228（应用从液相向固体或从固体向液相的扩散法，例如合金扩散工艺方法） H01L21/66（在制造或处理过程中的测试或测量） B41F15/34（其丝网、框架、支座） B23K9/133（电极进给装置，如焊丝盘、滚轴、电动机）	宁夏银星能源股份有限公司	0.4198	1850	主板
			宁夏嘉泽新能源股份有限公司	0.0955	3062	主板
4	通用设备制造业	09-03［箱、盒、容器、（防腐）罐］ F16C23/08（自动调整） G01B5/00［以采用机械方法为特征的计量设备（包括在大组 G01B 3/00 中的各式量具本身入 G01B 3/00）］ F16C33/46（滚柱或滚针保持架） B23Q3/00［工件或刀具的夹固、支承、定位装置，一般可从机床上拆下的（工作台或其他部件，如花盘，一般不带装卡工件的装置入 B23Q 1/00；自动定位控制入 B23Q 15/00；车床用旋转刀架入 B23B 3/24、B23B 3/26；非传动式刀夹入 B23B 29/00；转塔刀架一般特征入 B23B 29/24；用于紧固、连接、拆卸或夹持的工具或台式设备入 B25B）］ B23Q3/06［工件夹紧装置（若不专门适用于机床入 B25B）］ G01M13/04（轴承） F16C33/38（滚珠保持架） F16C19/38（带有两列或多列滚柱） C23C18/36（使用次磷酸盐的）	宝塔实业股份有限公司	0.2327	2558	主板

续表

序号	产业领域	IPC 技术领域	上市公司	IPI	IPI 全国排名	上市板块
5	非金属矿物制品业	F16L9/153（仅包含有或没有加强的金属层和混凝土层） F16L9/14［组合管，即用上述各组中任一组均未完全包括的材料制成（F16L 9/16 至 F16L 9/22 优先）］ B65B1/32［用称量法（已装填容器或贮器的称量校核入 B65B1/46）］ F16K17/164（并在正常压力恢复后保持闭合） B28B21/04（靠简单的浇注，材料既不完全压实也不强制供入） F16L23/024（以如何连接法兰或如何使管子延长为特征） F16L25/10（两管之间的无套连接，一个进入另一个内） F16L9/08［带加强或不加强的混凝土、水泥或石棉水泥的（F16L 9/16 至 F16L 9/22 优先）］ B28B11/24［用于养护、凝固或硬化的（使砂浆、混凝土或人造石组合物的凝固或硬化性能发生影响或发生改变的方法一般入 C04B 40/00）］ B65G15/00［具有环形载荷输送表面的输送机，即带式或类似的连续构件，牵引力是由除相似形状的环形驱动元件外的装置传递的（具有由相互连接的纵向连杆构成的载荷输送表面的入 B65G 17/06）］	宁夏青龙管业集团股份有限公司	0.3248	2230	中小板
			宁夏建材集团股份有限公司	0.1956	2706	主板
6	造纸及纸制品业	D21F7/00（制造连续纸幅的造纸机的其他零件） D21H23/50［喷淋或喷射（D21H 23/44，D21H 23/66 优先）］ D21F1/32（洗涤造纸网或毛布） D21C3/02（用无机碱或碱性化合物，如硫酸盐法） D21C9/18（脱水） D21H11/12（非木本植物的或庄稼，如棉花、亚麻、各草类或甘蔗渣的） D21B1/34（碾碎和混合；碎浆机） C02F9/08（至少有一个物理处理步骤） D21G1/00［压光机（如限于特定材料的处理，见有关类，如 B29C 43/24、D06）；平滑装置］ D21C9/02（洗涤）	中冶美利云产业投资股份有限公司	0.5207	1478	主板
7	纺织业	02-02（服装） D06L3/02［用产生氧的化合物（D06L3/06 优先）］ D01G29/00［纤维润滑装置，如在针梳机内（特殊润滑剂的使用工艺入 D06M 15/00）］ D06B1/02［喷雾或喷射（D06B 1/08 优先；一般喷雾入 B05）］ D06M15/15（蛋白质及其衍生物） D06B5/14（透过纤维、棉条或粗纱） D06P1/651（无氮化合物） D01C3/00［动物原料的处理，如化学洗毛（羊毛脂或羊毛蜡的回收入 C11B 11/00）］ D01G21/00［联合的机械、设备或工艺，例如，连续加工用的（D01G 1/06、D01G 9/12、D01G 15/46、D01G 15/94 优先）］ D06L3/10（用还原剂）	宁夏中银绒业股份有限公司	0.2418	2532	主板

资料来源：科技大数据湖北省重点实验室

3.2.30 海南省

2020 年，海南省上市公司的知识产权指数为 0.1052，排名第 30 位。2011～2020 年，海南省的上市公司有效专利拥有量、发明专利、实用新型专利呈波动发展的趋势，仅 2011～2013 年和 2017 年有外观设计专利申请（图 3-31）。海南省上市公司数量总计 33 家，分布在 20 个产业领域中，累计专利申请数量、有效专利拥有量、专利申请人数量、专利申请发明人数量最多的领域均为医药制造业，平均专利维持时间最长的领域是汽车制造业（表 3-59）。海南省的优势产业领域为医药制造业，纺织业，汽车制造业，农、林、牧、渔业，非金属矿物制品业，采矿业，交通运输、仓储和邮政业，酒、饮料和精制茶制造业，知识产权指数最高的企业是欣龙控股（集团）股份有限公司，达到 0.5876，位列全国第 1270 名，上市板块为主板，所属产业领域为纺织业（表 3-60）。

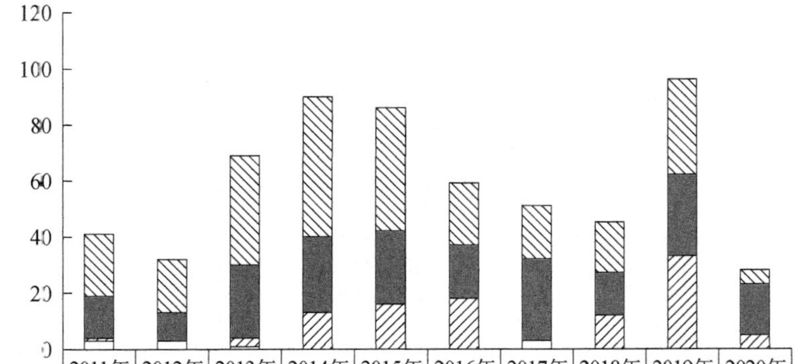

	2011年	2012年	2013年	2014年	2015年	2016年	2017年	2018年	2019年	2020年
▧有效专利拥有量/件	22	19	39	50	44	22	19	18	34	5
■发明专利/件	15	10	26	27	26	19	29	15	29	18
▨实用新型专利/件	1	0	3	13	16	18	0	12	33	5
□外观设计专利/件	3	3	1	0	0	0	3	0	0	0

图 3-31　2011～2020 年海南省上市公司不同类型专利申请趋势

资料来源：科技大数据湖北省重点实验室

表 3-59　2020 年海南省上市公司专利产业分布

序号	产业领域	上市公司数量/家	累计专利申请数量/件（排名）	有效专利拥有量/件（排名）	专利申请人数量/个（排名）	平均专利维持时间/年（排名）	专利申请发明人数量/个（排名）
1	医药制造业	5	218（1）	140（1）	5（1）	6.81（2）	186（1）
2	采矿业	3	16（5）	6（6）	2（2）	1.08（9）	34（6）
3	交通运输、仓储和邮政业	3	14（7）	2（7）	1（5）	1.63（7）	15（9）
4	农、林、牧、渔业	3	36（4）	20（4）	2（2）	3.28（6）	113（3）
5	房地产业	3	5（9）	0（9）	1（5）	1.62（8）	24（8）
6	汽车制造业	2	48（3）	45（3）	2（2）	6.82（1）	45（5）
7	电气机械及器材制造业	1	0（10）	0（9）	0（10）	0（10）	0（10）
8	信息传输、软件和信息技术服务业	1	0（10）	0（9）	0（10）	0（10）	0（10）
9	建筑业	1	0（10）	0（9）	0（10）	0（10）	0（10）
10	非金属矿物制品业	1	15（6）	13（5）	1（5）	5.09（5）	49（4）
11	有色金属冶炼及压延加工业	1	0（10）	0（9）	0（10）	0（10）	0（10）
12	金融业	1	0（10）	0（9）	0（10）	0（10）	0（10）
13	农副食品加工业	1	0（10）	0（9）	0（10）	0（10）	0（10）
14	酒、饮料和精制茶制造业	1	8（8）	1（8）	1（5）	6.44（3）	27（7）
15	纺织业	1	94（2）	54（2）	1（5）	5.17（4）	118（2）
16	租赁和商务服务业	1	0（10）	0（9）	0（10）	0（10）	0（10）
17	文化、体育和娱乐业	1	0（10）	0（9）	0（10）	0（10）	0（10）

续表

序号	产业领域	上市公司数量/家	累计专利申请数量/件（排名）	有效专利拥有量/件（排名）	专利申请人数量/个（排名）	平均专利维持时间/年（排名）	专利申请发明人数量/个（排名）
18	卫生和社会工作业	1	0（10）	0（9）	0（10）	0（10）	0（10）
19	综合	1	0（10）	0（9）	0（10）	0（10）	0（10）
20	住宿和餐饮业	1	0（10）	0（9）	0（10）	0（10）	0（10）
全省合计		33	454	281	16	—	611

资料来源：科技大数据湖北省重点实验室

表 3-60　2020 年海南省上市公司八强产业及上市公司

序号	产业领域	IPC 技术领域	上市公司	IPI	IPI 全国排名	上市板块
1	医药制造业	A61K9/16（块状、粒状、微珠状） A61K9/20（丸剂、锭剂或片剂） A61K9/19（冻干的） A61K31/7048（有氧作为环杂原子的，例如leucoglucosan、橘皮苷、红霉素、制霉菌素） A61K36/8968（沿阶草属） A61K9/14［细粒状，例如粉末（微型胶囊入 A61K 9/50）］ 09-03［箱、盒、容器、（防腐）罐］ C07K14/575（激素） G01N30/90（平面色谱法，例如薄层或纸色谱法） A61K36/634（连翘属）	海南葫芦娃药业集团股份有限公司	0.3944	1952	主板
			康芝药业股份有限公司	0.3114	2291	创业板
			海南普利制药股份有限公司	0.2311	2565	创业板
			海南双成药业股份有限公司	0.2118	2648	中小板
			海南海药股份有限公司	0.0430	3264	主板
2	纺织业	D04H1/4382（拉伸的网状覆膜纤维、复合纤维、混合纤维、超细纤维、人造革用纤维） D04H1/4258（再生纤维素系列） D04H1/492［通过流体喷射（D04H 1/49 优先）］ D06M13/02（用烃类） D04H1/46［通过针刺或类似的方法使纤维相互缠结在一起（D04H1/45 优先；针刺机入 D04H18/00）］ C08L69/00（聚碳酸酯的组合物、聚碳酸酯衍生物的组合物） H05K9/00［设备或元件对电场或磁场的屏蔽（用于吸收–天线辐射的设备入 H01Q17/00）］ B65H35/02（从或带有纵向切条机或穿孔器的） D01D5/092（利用通风管道或烟道） D04H1/413（包含除吸收剂物质之外的微粒）	欣龙控股（集团）股份有限公司	0.5876	1270	主板
3	汽车制造业	B60R21/205（在仪表板中） B23P19/027［利用液压或气压装置（B23P 19/033 优先）］ B60R21/215（以膨胀元件的盖子为特征的） F24F13/14（有摆动部件组成的，例如百叶窗） B05B13/02［支撑工件的装置；喷头的配置或安装；进给工件装置的改进或配置（B05B 13/06 优先）］ B29C45/27（浇口通道） H02K1/14（有凸极的定子铁芯的） H02K1/27（有永久磁体的转子铁芯的） A24F19/00［烟灰缸（设置在车辆中乘客使用的装置入 B60N 3/08）］ B65G47/52［在输送机之间转移物件或物料的装置，即卸料或供料装置（用不是装入输送机的装置，或不与输送机相结合工作的装置进行装载或卸载的入 B65G 65/00；在金属轧制过程中工件的转移入 B21B 41/00）］	海南钧达汽车饰件股份有限公司	0.2522	2499	中小板
			海马汽车股份有限公司	0.0558	3196	主板

续表

序号	产业领域	IPC 技术领域	上市公司	IPI	IPI 全国排名	上市板块
4	农、林、牧、渔业	A01G23/10（树汁的割采，例如生橡胶、树胶的割采） C08C1/04（精制；脱去蛋白质） C08L7/00（天然橡胶的组合物） 09-05（袋、香袋、管和囊） A01G23/12（割采树汁用的刀或斧） A01N65/38（茄科，例如茄、番茄、烟草或红辣椒） C08C1/15（以使用的凝结剂为特征的） A01N47/26（二硫代氨基甲酸衍生物的氧化产物，例如秋兰姆硫化物） A01G22/22（水稻） C08L95/00（沥青材料的组合物，例如石油沥青、焦油或天然沥青的）	海南天然橡胶产业集团股份有限公司	0.3540	2122	主板
			海南神农科技股份有限公司	0.1319	2937	创业板
			罗牛山股份有限公司	0.0100	3379	主板
5	非金属矿物制品业	C04B28/04（硅酸盐水泥） G01N21/64（荧光、磷光） C04B18/12（来自采石、采矿或类似的废料） C04B24/32（聚醚，例如烷基酚聚乙二醇醚） C04B28/32［镁氯氧水泥，例如索勒尔（Sorel）水泥］ G01N17/02［用于大气侵蚀、腐蚀或防腐测量中的电化学测量系统（G01N 17/04 优先）］ G01N23/04（并形成材料的图片） B01D46/42（辅助设备及其操作）	海南瑞泽新型建材股份有限公司	0.2053	2670	中小板
6	采矿业	E21F16/00［排水（保持地面基础沟或其他区域的干燥入 E02D 19/00）］ B03C1/30（与其他设备组合，不包含在其他类目中的） B03C1/00（磁力分离） E21F1/00［矿井或隧道的通风；风流的分配（一般房屋或空间的通风入 F24F）］ E21C41/22（矿石用的，例如开采砂矿的） C22B59/00（稀土金属的提取） E21C41/16［地下采矿方法（其采掘机本身入 E21C 25/00 至 E21C 39/00）；其布局］	海南矿业股份有限公司	0.2041	2677	主板
			广晟有色金属股份有限公司	0.0755	3129	主板
			洲际油气股份有限公司	0.0100	3379	主板
7	交通运输、仓储和邮政业	02-02（服装） B64D11/06［座椅的布置或配备（用于应急目的座椅结构入 B64D 25/04）］ H04L12/26（监视装置、测试装置） F04D25/08（工作流体是空气，例如用于通风） F01D5/18（空心叶片；对叶片加热、隔热或冷却装置） B64C3/36（适合于减少空气动力效应或其他外部加热效应的结构） F16D55/02（可轴向移动的盘或衬块被压向轴向固定的旋转元件） B05B13/02［支撑工件的装置；喷头的配置或安装；进给工件装置的改进或配置（B05B 13/06 优先）］ B64C25/42［制动器的布置或配置（通过速度情况，例如起落架接合地面滑行的加速度或减速度至少可部分地对地面制动力加以调节的入 B60T 8/32）］ B64F1/36［其他机场装置（用于飞机除冰的地面装置入 B64F5/20）］	海南航空控股股份有限公司	0.1005	3044	主板
			海南海峡航运股份有限公司	0.0100	3379	中小板
			海南海汽运输集团股份有限公司	0.0100	3379	主板

续表

序号	产业领域	IPC技术领域	上市公司	IPI	IPI全国排名	上市板块
8	酒、饮料和精制茶制造业	G01N30/02（柱色谱法） G01N24/08［利用核磁共振（G01N 24/12优先）］ C12P21/06（由肽键水解产生，如水解产物） A61K36/9064（豆蔻属，例如小豆蔻） G01N27/26（通过测试电化学变量；用电解或电泳法） B01J20/24（天然存在的大分子化合物，如腐殖酸或其衍生物） A23L1/23（发酵制备的） C12G3/12（用蒸馏法）	海南椰岛（集团）股份有限公司	0.0619	3179	主板

资料来源：科技大数据湖北省重点实验室

3.2.31 西藏自治区

2020年，西藏自治区上市公司的知识产权指数为0.1012，排名第31位。2011～2020年，西藏自治区的上市公司有效专利拥有量呈波动下降的趋势，发明专利申请量也忽高忽低，峰值出现在2018年，达到44件，实用新型专利与外观设计专利申请数量较少，较多年份并未有这两种专利的申请（图3-32）。西藏自治区上市公司数量总计20家，分布在11个产业领域中，累计专利申请数量最多的是化学原料及化学制品制造业领域，有效专利拥有量、专利申请人数量以及专利申请发明人数量最多的产业领域均为医药制造业，平均专利维持时间最长的产业领域是酒、饮料和精制茶制造业（表3-61）。西藏自治区的优势产业领域为医药制造业，化学原料及化学制品制造业，食品制造业，科学研究和技术服务业，采矿业，信息传输、软件和信息技术服务业，非金属矿物制品业，知识产权指数最高的企业是华宝香精股份有限公司，达到0.6949，位列全国第979名，上市板块为创业板，所属产业领域为化学原料及化学制品制造业（表3-62）。

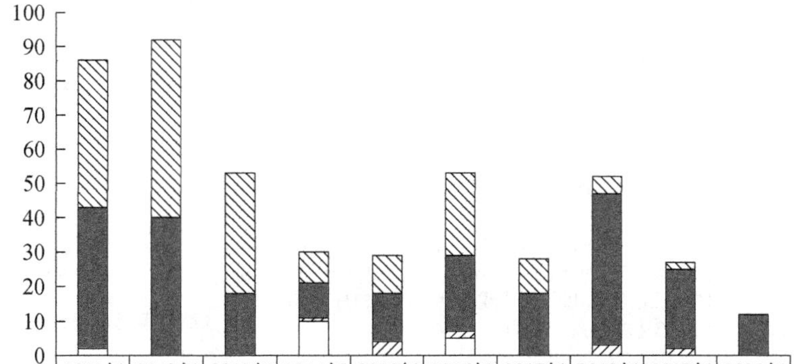

	2011年	2012年	2013年	2014年	2015年	2016年	2017年	2018年	2019年	2020年
▧有效专利拥有量/件	43	52	35	9	11	24	10	5	2	0
■发明专利/件	41	40	18	10	14	22	18	44	23	12
▨实用新型专利/件	0	0	0	1	4	2	0	3	2	0
□外观设计专利/件	2	0	0	10	0	5	0	0	0	0

图3-32　2011～2020年西藏自治区上市公司不同类型专利申请趋势

资料来源：科技大数据湖北省重点实验室

表 3-61　2020 年西藏自治区上市公司专利产业分布

序号	产业领域	上市公司数量/家	累计专利申请数量/件（排名）	有效专利拥有量/件（排名）	专利申请人数量/个（排名）	平均专利维持时间/年（排名）	专利申请发明人数量/个（排名）
1	医药制造业	6	207（2）	151（1）	5（1）	6.25（3）	219（1）
2	采矿业	3	6（6）	5（5）	2（2）	2.88（6）	24（6）
3	信息传输、软件和信息技术服务业	2	67（3）	5（5）	2（2）	1.75（7）	95（3）
4	化学原料及化学制品制造业	2	218（1）	88（2）	1（4）	4.64（5）	159（2）
5	非金属矿物制品业	1	6（6）	2（7）	1（4）	1.16（8）	58（4）
6	金融业	1	0（9）	0（8）	0（9）	0（9）	0（8）
7	科学研究和技术服务业	1	15（5）	12（3）	1（4）	4.76（4）	23（7）
8	食品制造业	1	19（4）	12（3）	1（4）	8.77（2）	32（5）
9	水利、环境和公共设施管理业	1	0（9）	0（8）	0（9）	0（9）	0（8）
10	酒、饮料和精制茶制造业	1	2（8）	0（8）	1（4）	11.17（1）	0（8）
11	房地产业	1	0（9）	0（8）	0（9）	0（9）	0（8）
全区合计		20	540	275	14	—	610

资料来源：科技大数据湖北省重点实验室

表 3-62　2020 年西藏自治区上市公司七强产业及上市公司

序号	产业领域	IPC 技术领域	上市公司	IPI	IPI 全国排名	上市板块
1	医药制造业	A61K36/714［乌头属（舟形乌头）］ G01N30/90（平面色谱法，例如薄层或纸色谱法） A61K36/9066（姜黄属，例如姜黄、东印度竹芋或芒果姜） A61L2/07（蒸汽） A61K9/70（网状、片状或丝状基料） A61K36/88（单子叶植物纲） A61K9/08（溶液） A01G1/00（园艺；蔬菜的栽培） C07D401/12（被含有杂原子的链作为键链连接的） C07J53/00（甾族化合物，被 1 个碳环稠合或用在两个环碳原子之间直接连接的方法形成 1 个附加的环来改变环戊烷并［a］氢化菲骨架）	西藏奇正藏药股份有限公司	0.4897	1586	中小板
			西藏诺迪康药业股份有限公司	0.2768	2420	主板
			海思科医药集团股份有限公司	0.1608	2830	中小板
			西藏易明西雅医药科技股份有限公司	0.1082	3013	中小板
			西藏卫信康医药股份有限公司	0.0436	3263	主板
			灵康药业集团股份有限公司	0.0100	3379	主板
2	化学原料及化学制品制造业	C11B9/00［香精油；香料（化学物质的合成入 C07）］ A24B3/12（烟草的蒸、调制或加香） A24B15/20（生化处理） A24B3/14［形成再制烟草产品，例如外包烟叶材料、烟纸、仿造烟叶、烟条、烟饼；这类产品的形式（粉饰入 A24C 1/40；烟草或卷烟纸入 D21H）］ 09-03［箱、盒、容器、（防腐）罐］ A24B15/28（应用化学物质） A24B15/24（应用提取；烟草萃取液） A24B15/26（应用有机溶剂的提取） C11B9/02（从原料回收或精制香精油） A24B15/18（烟草制品或烟草代用品的处理）	华宝香精股份有限公司	0.6949	979	创业板
			西藏高争民爆股份有限公司	0.0100	3379	中小板
3	食品制造业	09-05（袋、香袋、管和囊） C12N1/20（细菌；其培养基） 09-01（瓶、长颈瓶、罐、耐酸瓶、细颈坛和附有喷雾器装置的容器） C12P13/00（含氮有机化合物的制备）	梅花生物科技集团股份有限公司	0.1051	3028	主板

续表

序号	产业领域	IPC 技术领域	上市公司	IPI	IPI 全国排名	上市板块
3	食品制造业	C07C229/08（氨基的氮原子进一步连接氢原子） C07C229/22（碳架进一步被氧原子取代） C05G1/00（分属于 C05 大类下各小类中肥料的混合物） C12Q1/68（包括核酸） C12P13/14（谷氨酸；谷氨酰胺） A23K1/00（动物饲料）	梅花生物科技集团股份有限公司	0.1051	3028	主板
4	科学研究和技术服务业	25-02（预制或预先组合的建筑零件） B66C23/62［结构特征或零件（挖掘机的入 E02F）］ E04B1/21（所用的连接件） E04H1/04（两层或更多层的公寓住宅） E04G23/02（修理，例如，填缝、修复、改建、扩建）	筑博设计股份有限公司	0.0738	3136	创业板
5	采矿业	B03B7/00（湿处理方法或装置与其他处理方法或装置的结合，例如，选矿或处理垃圾用的） B03D1/018（无机化合物与有机化合物的混合物） G06F19/00［专门适用于特定应用的数字计算或数据处理的设备或方法（G06F17/00 优先；专门适用于行政、商业、金融、管理、监督或预测目的的数据处理系统或数据处理方法入 G06Q）］ G01N21/3563（用于分析固体及其样品制备）	西藏华钰矿业股份有限公司	0.1590	2843	主板
			西藏矿业发展股份有限公司	0.1511	2869	主板
			西藏珠峰资源股份有限公司	0.0100	3379	主板
6	信息传输、软件和信息技术服务业	G06F11/14［用运算中的冗余做数据的错误检测或校正，例如，通过采用导致相同结果的不同运算序列（G06F 11/16 优先）］ G06F17/21［文本处理（G06F 17/27、G06F 17/28 优先）］ G06F17/24（编辑，例如插入/删除） G06F17/22（利用代码进行操作或寄存的，例如在文本字符的序列中的） G06Q40/02（银行业，例如，利息计算、信贷审批、抵押、家庭银行或网上银行） G06F8/20（软件设计） G06F11/36（通过软件的测试或调试防止错误） G06Q10/06（资源、工作流、人员或项目管理，例如组织、规划、调度或分配时间、人员或机器资源；企业规划；组织模型） H04L29/08（传输控制规程，例如数据链级控制规程） G06F8/30（创建或生成源代码）	万兴科技集团股份有限公司	0.2475	2516	创业板
			天阳宏业科技股份有限公司	0.1915	2723	创业板
7	非金属矿物制品业	E01C11/22［边沟；路缘石（专门用于警示道路使用者的路缘石入 E01F 9/053）］ E01C23/06［对完成的路面进行加工的设备或装置（刚铺设铺面的整修设备入 E01C19/42 至 E01C19/44，E01C 23/02；采矿风镐入 E21C 35/18）；破损铺面的表面修复设备］ E01C19/05［破碎、磨碎或粉碎设备（一般的入 B02C）；骨料的筛分、清洗或加热设备］ C08L95/00（沥青材料的组合物，例如石油沥青、焦油或天然沥青的） B60P7/04（用篷布或类似柔性料的） E01C11/00（铺面细部）	西藏天路股份有限公司	0.1551	2854	主板

资料来源：科技大数据湖北省重点实验室

参考文献

[1] 广东省市场监督管理局. 广东部署推进 2021 年全省知识产权工作[EB/OL][2021-03-19]. http://amr.gd.gov.cn/zwdt/xwfbt/content/post_3246245.html.

[2] 北京市知识产权局. 2021 年北京市知识产权工作会暨北京市知识产权办公会议工作会召开[EB/OL][2021-02-26]. http://zscqj.beijing.gov.cn/art/2021/2/26/art_6016_598182.html.

第4章 中国上市公司知识产权指数产业报告

本章首先按照中国上市公司知识产权指数（产业）计算公式，计算得到中国上市公司知识产权指数（产业）2020 年排行榜。由于篇幅所限，本书仅选择前 30 强产业展开详细分析。然后，对各产业内上市公司知识产权指数二十强上市公司的专利申请活跃度、有效专利拥有量、PCT 专利申请量等重要专利指标展开分析，并分析了各产业在各省（自治区、直辖市）的发展趋势和重点技术领域。

4.1 中国上市公司知识产权指数（产业）2020 年排行榜

采用中国上市公司知识产权指数（产业）计算公式 $IPI_{某产业-某年}=\sqrt[6]{\frac{A_i}{\overline{A}}\times\frac{B_i}{\overline{B}}\times\frac{C_i}{\overline{C}}\times\frac{D_i}{\overline{D}}\times\frac{E_i}{\overline{E}}\times\frac{F_i}{\overline{F}}}$ 代入专利申请发明人数量、累计专利申请数量、近三年专利申请活跃度、平均专利维持时间、有效专利拥有量、申请专利的上市公司数量等数据，得出中国上市公司知识产权指数（产业）2020 排行榜（图 4-1）。

2020 年，中国上市公司知识产权指数（产业）排行榜分为 5 个梯队。第一梯队为计算机、通信和其他电子设备制造业，电气机械及器材制造业，上市公司知识产权指数分别为 4.1115、3.4232，远高于其他产业。第二梯队包括专用设备制造业、采矿业、汽车制造业，其上市公司知识产权指数大于 2，小于 3。第三梯队包括信息传输、软件和信息技术服务业，化学原料及化学制品制造业，医药制造业，通用设备制造业，黑色金属冶炼及压延加工，其上市公司知识产权指数大于 1，小于 2。第四梯队包括建筑业，橡胶和塑料制品业，金属制品业，非金属矿物制品业，有色金属冶炼及压延加工业，金融业，电力、热力、燃气及水的生产和供应业，仪器仪表制造业，科学研究和技术服务业，铁路、船舶、航空航天和其他运输设备制造业，食品制造业，其上市公司知识产权指数大于 0.5，小于 1。第五梯队包括水利、环境和公共设施管理业，农副食品加工业，酒、饮料和精制茶制造业，家具制造业，批发和零售业，纺织业，交通运输、仓储和邮政业，造纸及纸制品业，化学纤维制造业，纺织服装、服饰业，农、林、牧、渔业，文教、工美、体育和娱乐用品制造业，石油加工、炼焦及核燃料加工业，其他制造业，租赁和商务服务业，废弃资源综合利用业，房地产业，印刷和记录媒介复制业，皮革、毛皮、羽毛及其制品和制鞋业，文化、体育和娱乐业，木材加工及木、竹、藤、棕、草制品业，教育，卫生和社会工作业，综合，住宿和餐饮业，居民服务、修理和其他服务业，其上市公司知识产权指数均小于 0.5。

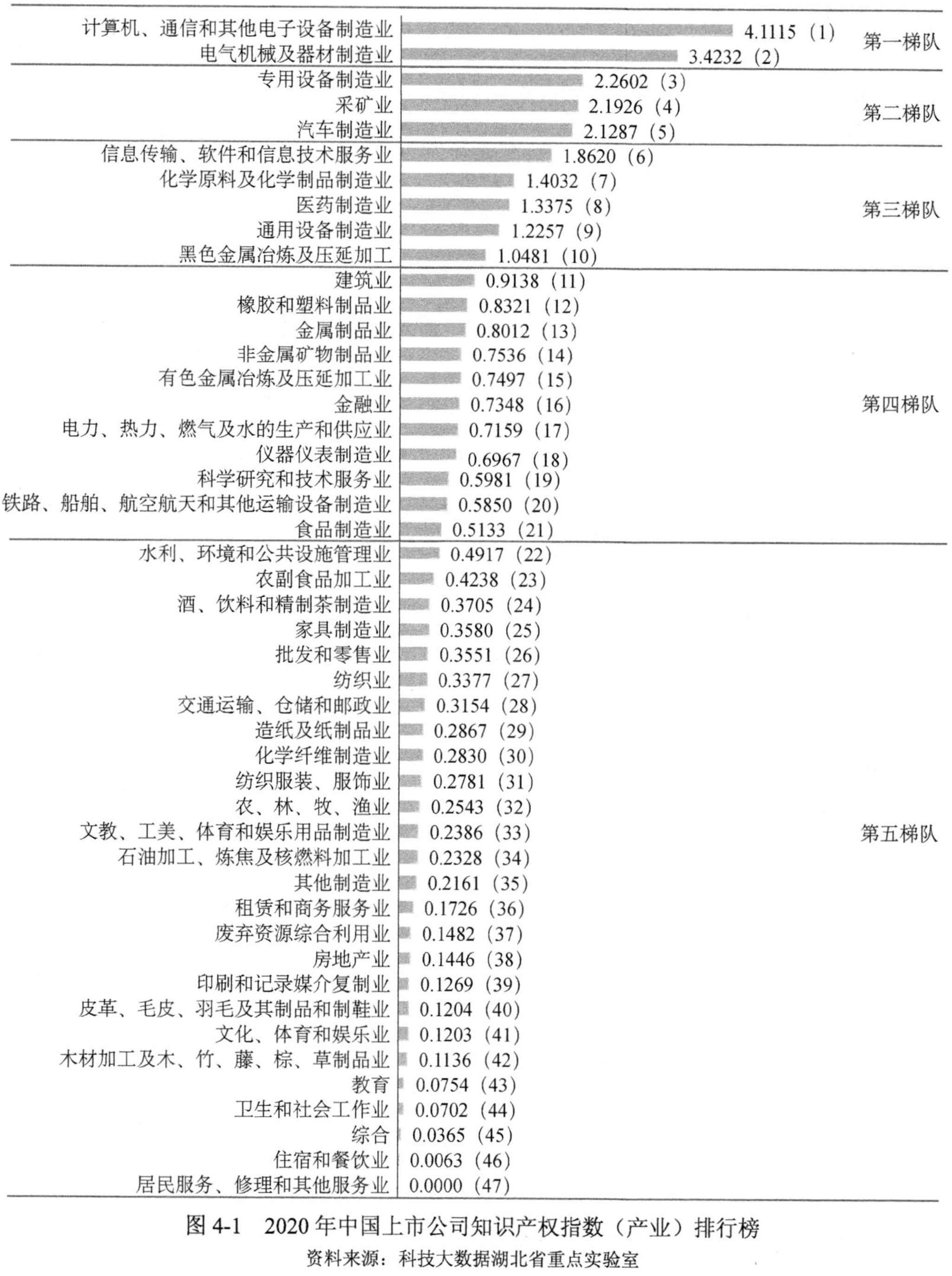

图 4-1 2020 年中国上市公司知识产权指数（产业）排行榜

资料来源：科技大数据湖北省重点实验室

4.2 中国上市公司知识产权指数（产业）排行榜分析

4.2.1 计算机、通信和其他电子设备制造业

2020 年，计算机、通信和其他电子设备制造业的知识产权指数为 4.1115，排名第 1 位，有效专利拥有量为 188 044 件。该产业共有 387 家上市公司申请专利，知识产权指数最高的上市公司是京东方科技集团股份有限公司，上市板块为主板，所属地区为北京市（表 4-1）。广东省在该产业的近五年有效专利拥有量最多（表 4-2）。该产业的优势技术领域包括通信设备、无线遥控器和无线电放大器（14-03），用于维护或管理数据交换网络的装置（H04L12/24），以协议为特征的数字传输技术（H04L29/06），以转换方式为特点的数字转换器（G06F3/041）（例如触摸屏或触摸垫，特点在于转换方法），具有专门适用于光发射的组件（H01L27/32）（例如使用有机发光二极管的平板显示器）等（表 4-3）。

表 4-1　2020 年计算机、通信和其他电子设备制造业上市公司知识产权指数二十强上市公司

序号	上市公司名称	地区	IPI	近三年专利申请量/件	有效专利拥有量/件	PCT 专利数量/件
1	京东方科技集团股份有限公司	北京市	19.039 4	15 985	33 175	1 662
2	中兴通讯股份有限公司	广东省	18.916 7	2 798	35 782	137
3	歌尔股份有限公司	山东省	6.384 3	2 326	5 682	63
4	四川长虹电器股份有限公司	四川省	6.347 8	2 511	5 809	73
5	杭州海康威视数字技术股份有限公司	浙江省	5.744 1	2 964	4 058	63
6	烽火通信科技股份有限公司	湖北省	5.659 9	1 504	3 391	15
7	广州视源电子科技股份有限公司	广东省	5.354 3	3 630	5 916	83
8	浙江大华技术股份有限公司	浙江省	4.576 5	2 561	2 603	966
9	海信视像科技股份有限公司	山东省	4.551 9	1 074	3 308	15
10	TCL 科技集团股份有限公司	广东省	3.861 8	496	3 249	47
11	昆山龙腾光电股份有限公司	江苏省	3.636 2	1 114	2 793	210
12	中航光电科技股份有限公司	河南省	3.472 0	859	1 814	13
13	航天信息股份有限公司	北京市	3.394 0	783	1 416	8
14	浪潮电子信息产业股份有限公司	山东省	3.340 2	584	1 346	82
15	深圳市汇顶科技股份有限公司	广东省	3.067 4	1 284	1 054	5
16	山东新北洋信息技术股份有限公司	山东省	2.901 4	719	1 556	1
17	威创集团股份有限公司	广东省	2.858 1	249	2 000	32
18	武汉光迅科技股份有限公司	湖北省	2.669 1	434	892	42
19	海能达通信股份有限公司	广东省	2.619 5	430	938	0
20	天马微电子股份有限公司	广东省	2.446 9	46	3 621	101
总计			110.841 5	42 351	120 403	3 618
平均值			5.542 1	2 117.55	6 020.15	180.90

资料来源：科技大数据湖北省重点实验室

表 4-2　2016～2020 年计算机、通信和其他电子设备制造业有效专利拥有量地区分布及排名

序号	地区	2016 年有效专利拥有量/件（排名）	2017 年有效专利拥有量/件（排名）	2018 年有效专利拥有量/件（排名）	2019 年有效专利拥有量/件（排名）	2020 年有效专利拥有量/件（排名）
1	广东省	8 371（1）	5 844（2）	5 186（1）	4 344（1）	1 491（1）
2	北京市	1 505（4）	1 530（3）	1 566（3）	1 189（3）	514（2）
3	浙江省	6 509（2）	6 384（1）	4 113（2）	1 890（2）	476（3）
4	山东省	1 258（5）	1 390（5）	1 108（4）	957（4）	330（4）
5	江苏省	2 250（3）	1 518（4）	1 108（4）	502（6）	273（5）
6	湖北省	854（7）	898（7）	805（6）	515（5）	121（6）
7	四川省	393（9）	254（11）	293（8）	231（9）	115（7）
8	福建省	919（6）	923（6）	723（7）	398（7）	112（8）
9	河南省	132（14）	130（15）	144（14）	178（11）	100（9）
10	湖南省	271（11）	269（10）	252（10）	241（8）	81（10）
11	安徽省	357（10）	185（13）	226（11）	149（13）	81（10）
12	上海市	259（12）	324（9）	290（9）	191（10）	57（12）
13	河北省	412（8）	335（8）	199（13）	159（12）	32（13）
14	天津市	21（18）	49（17）	23（17）	24（19）	32（13）
15	贵州省	181（13）	191（12）	215（12）	147（14）	28（15）
16	陕西省	83（16）	79（16）	93（16）	75（15）	19（16）
17	江西省	12（19）	17（19）	13（20）	14（20）	14（17）
18	新疆维吾尔自治区	122（15）	136（14）	103（15）	63（16）	14（17）
19	辽宁省	6（22）	5（21）	19（18）	9（21）	12（19）
20	黑龙江省	40（17）	20（18）	16（19）	30（17）	4（20）
21	吉林省	9（21）	4（22）	13（20）	27（18）	4（20）
22	甘肃省	10（20）	8（20）	13（20）	3（22）	0（22）
23	山西省	0（23）	0（23）	0（23）	0（23）	0（22）
总计		23 974	20 493	16 521	11 336	3 910
平均值		1 042.35	891.00	718.30	492.87	170.00

资料来源：科技大数据湖北省重点实验室

注：地区排名按 2016～2020 年有效专利总量降序排列；未在表中出现的地区表明该地区在本产业领域无上市公司；在表中出现但有效专利拥有量为 0 件的地区表明该地区本产业领域的上市公司当年有效专利拥有量为 0 件

表 4-3　2020 年计算机、通信和其他电子设备制造业十强技术领域

序号	技术领域代码	技术领域含义	累计专利申请量/件
1	14-03	通信设备、无线遥控器、无线电放大器	7 432
2	H04L12/24	用于维护或管理数据交换网络的装置	5 641
3	H04L29/06	以协议为特征的数字传输技术	5 046
4	G06F3/041	以转换方法为特点的数字转换器	4 057
5	H01L27/32	具有专门适用于光发射的组件	3 426
6	H04L29/08	传输控制规程	3 378
7	G06K9/00	用于阅读或识别印刷或书写字符或者用于识别图形的方法、装置	3 106
8	14-02	数据处理设备及相关的仪器、装置	3 040

续表

序号	技术领域代码	技术领域含义	累计专利申请量/件
9	G09G3/36	采用液晶的可变信息指示、控制、电路传输数据装置	2 995
10	H04L12/56	分组交换系统	2 645
总计			40 766
平均值			4 076.60

资料来源：科技大数据湖北省重点实验室

4.2.2 电气机械及器材制造业

2020 年，电气机械及器材制造业的知识产权指数为 3.4232，排名第 2 位，有效专利拥有量为 179 085 件。该产业共有 236 家上市公司申请专利，知识产权指数最高的上市公司是珠海格力电器股份有限公司，上市板块为主板，所属地区为广东省（表 4-4）。广东省在该产业的近五年有效专利拥有量最多（表 4-5）。该产业的优势技术领域包括通风和空调设备（23-04）；烹调的器具、器皿和容器（07-02）；空气调节用房间单元，例如分体式或一体式装置，或接收来自集中式空调站一次空气的装置（F24F1/00）；控制或安全系统布置（F24F11/00）；烹调器皿（A47J 29/00 至 A47J 33/00 优先）（A47J27/00）等（表 4-6）。

表 4-4 2020 年电气机械及器材制造业上市公司知识产权指数二十强上市公司

序号	上市公司名称	地区	IPI	近三年专利申请量/件	有效专利拥有量/件	PCT 专利数量/件
1	珠海格力电器股份有限公司	广东省	21.425 4	36 243	46 000	1 714
2	美的集团股份有限公司	广东省	15.276 0	15 981	39 363	1 367
3	海尔智家股份有限公司	山东省	8.823 1	8 612	8 687	3
4	九阳股份有限公司	山东省	5.394 0	5 020	10 366	4
5	许继电气股份有限公司	河南省	4.998 5	973	2 366	16
6	宁德时代新能源科技股份有限公司	福建省	4.222 7	1 694	2 592	278
7	中国西电电气股份有限公司	陕西省	3.733 2	538	2 325	36
8	北京四方继保自动化股份有限公司	北京市	3.334 3	258	1 298	2
9	海洋王照明科技股份有限公司	广东省	3.331 9	275	4 593	269
10	欧普照明股份有限公司	上海市	3.244 5	1 522	2 873	663
11	广东新宝电器股份有限公司	广东省	3.085 0	1 240	3 473	6
12	阳光电源股份有限公司	安徽省	3.013 4	777	1 758	26
13	浙江正泰电器股份有限公司	浙江省	3.001 3	643	2 463	1
14	河南平高电气股份有限公司	河南省	2.821 6	286	1 090	3
15	长虹美菱股份有限公司	安徽省	2.793 6	1 435	1 711	24
16	华帝股份有限公司	广东省	2.677 2	2 518	1 921	0
17	横店集团东磁股份有限公司	浙江省	2.570 1	630	1 124	23
18	惠而浦（中国）股份有限公司	安徽省	2.548 4	402	772	1

续表

序号	上市公司名称	地区	IPI	近三年专利申请量/件	有效专利拥有量/件	PCT 专利数量/件
19	卧龙电气驱动集团股份有限公司	浙江省	2.314 6	455	1 008	15
20	天合光能股份有限公司	江苏省	2.265 3	230	1 001	1
总计			100.874 1	79 732	136 784	4 452
平均值			5.043 7	3 986.60	6 839.20	222.60

资料来源：科技大数据湖北省重点实验室

表 4-5　2016～2020 年电气机械及器材制造业有效专利拥有量地区分布及排名

序号	地区	2016 年有效专利拥有量/件（排名）	2017 年有效专利拥有量/件（排名）	2018 年有效专利拥有量/件（排名）	2019 年有效专利拥有量/件（排名）	2020 年有效专利拥有量/件（排名）
1	广东省	15 286（1）	13 636（1）	16 317（1）	14 935（1）	4 707（1）
2	山东省	2 692（2）	2 933（2）	2 624（2）	5 506（2）	1 490（2）
3	浙江省	1 602（3）	1 699（3）	1 766（3）	1 624（3）	776（3）
4	江苏省	923（4）	881（5）	1 007（5）	973（5）	324（5）
5	上海市	676（7）	756（6）	852（6）	996（4）	441（4）
6	福建省	707（6）	899（4）	1 103（4）	754（6）	139（7）
7	安徽省	664（8）	570（8）	698（8）	609（7）	221（6）
8	河南省	791（5）	723（7）	790（7）	182（9）	11（15）
9	陕西省	295（9）	240（10）	227（9）	219（8）	51（9）
10	北京市	261（10）	248（9）	214（10）	152（10）	86（8）
11	河北省	93（12）	73（13）	100（11）	110（12）	49（10）
12	四川省	97（11）	91（12）	76（12）	87（13）	37（11）
13	江西省	52（14）	98（11）	52（14）	121（11）	30（13）
14	湖南省	83（13）	56（14）	62（13）	79（14）	33（12）
15	新疆维吾尔自治区	27（16）	19（16）	28（15）	25（15）	6（17）
16	天津市	22（17）	27（15）	18（16）	16（16）	5（18）
17	贵州省	31（15）	4（19）	14（17）	11（18）	11（15）
18	吉林省	5（20）	8（17）	0（21）	12（17）	1（19）
19	黑龙江省	3（21）	1（20）	2（19）	5（19）	13（14）
20	湖北省	10（18）	0（22）	6（18）	3（20）	0（20）
21	辽宁省	7（19）	0（22）	0（21）	0（21）	0（20）
22	重庆市	0（22）	5（18）	0（21）	0（21）	0（20）
23	广西壮族自治区	0（22）	1（20）	2（19）	0（21）	0（20）
24	青海省	0（22）	0（22）	0（21）	0（21）	0（20）
25	海南省	0（22）	0（22）	0（21）	0（21）	0（20）
26	甘肃省	0（22）	0（22）	0（21）	0（21）	0（20）
总计		24 327	22 968	25 958	26 419	8 431
平均值		935.65	883.38	998.38	1 016.12	324.27

资料来源：科技大数据湖北省重点实验室

注：同表 4-2

表 4-6　2020 年电气机械及器材制造业十强技术领域

序号	技术领域代码	技术领域含义	累计专利申请量/件
1	23-04	通风和空调设备	6 411
2	07-02	烹调的器具、器皿和容器	4 891
3	F24F1/00	空气调节用房间单元，例如分体式或一体式装置，或接收来自集中式空调站一次空气的装置	4 710
4	F24F11/00	控制或安全系统布置	3 706
5	A47J27/00	烹调器皿（A47J 29/00 至 A47J 33/00 优先）	3 164
6	F24C15/20	烹调烟气的排除（从烹调器皿中取出或凝结烹调蒸汽的该烹调器皿的元件、零部件或附件入 A47J 36/38）	2 906
7	15-07	冷冻机具及设备	2 624
8	F25D11/02	带有不同温度冷却间隔的	2 066
9	F24F11/64	利用预存储数据	2 026
10	26-05	灯、落地灯、树枝形吊灯、墙壁和天花板嵌灯、灯罩、反光罩、照相和电影用聚光灯	2 007
总计			34 511
平均值			3 451.10

资料来源：科技大数据湖北省重点实验室

4.2.3　专用设备制造业

2020 年，专用设备制造业的知识产权指数为 2.2602，排名第 3 位，有效专利拥有量为 74 659 件。该产业共有 248 家上市公司申请专利，知识产权指数最高的上市公司是大族激光科技产业集团股份有限公司，上市板块为中小板，所属地区为广东省（表 4-7）。广东省在该产业的近五年有效专利拥有量最多（表 4-8）。该产业的优势技术领域包括用超声波、声波或次声波的诊断（A61B8/00），医生、医院和实验室用器具和设备（24-01），装载和运输用电梯和升降机（12-05），用于工件的固定或定位（B23K37/04），工作母机、研磨和铸造机械（15-09）等（表 4-9）。

表 4-7　2020 年专用设备制造业上市公司知识产权指数二十强上市公司

序号	上市公司名称	地区	IPI	近三年专利申请量/件	有效专利拥有量/件	PCT 专利数量/件
1	大族激光科技产业集团股份有限公司	广东省	5.705 1	2 513	4 617	201
2	中联重科股份有限公司	湖南省	5.597 6	739	6 223	240
3	徐工集团工程机械股份有限公司	江苏省	3.646 3	694	2 791	0
4	深圳迈瑞生物医疗电子股份有限公司	广东省	3.606 2	664	1 248	108
5	上海振华重工（集团）股份有限公司	上海市	3.455 1	772	1 660	52
6	安徽合力股份有限公司	安徽省	3.025 0	1 207	2 469	0
7	楚天科技股份有限公司	湖南省	2.708 2	646	2 200	9
8	山东新华医疗器械股份有限公司	山东省	2.671 3	554	1 899	4
9	广西柳工机械股份有限公司	广西壮族自治区	2.581 5	458	1 033	21
10	中信重工机械股份有限公司	河南省	2.570 8	264	952	1
11	天地科技股份有限公司	北京市	2.559 2	633	616	34
12	杰克缝纫机股份有限公司	浙江省	2.458 0	706	1 551	11

续表

序号	上市公司名称	地区	IPI	近三年专利申请量/件	有效专利拥有量/件	PCT专利数量/件
13	山推工程机械股份有限公司	山东省	2.435 2	492	1 327	0
14	唐山冀东装备工程股份有限公司	河北省	2.345 6	669	664	0
15	大连华锐重工集团股份有限公司	辽宁省	2.193 1	292	686	0
16	太原重工股份有限公司	山西省	2.177 5	218	905	0
17	中铁高新工业股份有限公司	北京市	2.165 8	233	447	9
18	三一重工股份有限公司	北京市	2.165 2	61	978	1
19	深圳市理邦精密仪器股份有限公司	广东省	2.091 7	313	1 012	43
20	软控股份有限公司	山东省	1.968 2	242	650	4
总计			58.126 6	12 370	33 928	738
平均值			2.906 3	618.50	1 696.40	36.90

资料来源：科技大数据湖北省重点实验室

表4-8 2016～2020年专用设备制造业有效专利拥有量地区分布及排名

序号	地区	2016年有效专利拥有量/件（排名）	2017年有效专利拥有量/件（排名）	2018年有效专利拥有量/件（排名）	2019年有效专利拥有量/件（排名）	2020年有效专利拥有量/件（排名）
1	广东省	1585（1）	1764（1）	1697（1）	2009（1）	394（2）
2	江苏省	1071（2）	1075（3）	1376（2）	1650（2）	503（1）
3	浙江省	847（3）	1078（2）	916（3）	1102（3）	228（4）
4	山东省	611（5）	542（5）	647（4）	787（4）	351（3）
5	上海市	712（4）	662（4）	630（5）	583（5）	138（7）
6	安徽省	445（6）	524（6）	549（6）	544（6）	185（5）
7	湖南省	335（7）	415（7）	445（7）	463（7）	166（6）
8	北京市	203（10）	155（11）	257（8）	317（8）	73（8）
9	福建省	212（9）	227（9）	201（11）	214（10）	43（11）
10	湖北省	148（11）	219（10）	211（10）	197（11）	40（13）
11	河北省	40（21）	258（8）	236（9）	233（9）	45（10）
12	河南省	294（8）	144（12）	164（12）	139（12）	41（12）
13	广西壮族自治区	146（12）	139（13）	131（13）	105（14）	27（16）
14	辽宁省	130（13）	112（14）	93（15）	108（13）	37（14）
15	天津市	120（14）	70（16）	98（14）	105（14）	58（9）
16	黑龙江省	87（15）	61（17）	26（22）	56（19）	20（18）
17	四川省	85（16）	55（18）	29（20）	62（16）	18（19）
18	山西省	53（20）	48（19）	67（16）	57（18）	23（17）
19	甘肃省	72（17）	77（15）	66（17）	21（22）	4（22）
20	陕西省	59（18）	45（20）	32（19）	58（17）	31（15）
21	吉林省	54（19）	44（21）	41（18）	21（22）	8（21）
22	江西省	32（22）	16（23）	27（21）	28（20）	11（20）
23	内蒙古自治区	0（24）	28（22）	24（23）	23（21）	0（23）
24	新疆维吾尔自治区	1（23）	0（24）	0（24）	0（24）	0（23）
总计		7342	7758	7963	8882	2444
平均值		305.92	323.25	331.79	370.08	101.83

资料来源：科技大数据湖北省重点实验室

注：同表4-2

表 4-9　2020 年专用设备制造业十强技术领域

序号	技术领域代码	技术领域含义	累计专利申请量/件
1	A61B8/00	用超声波、声波或次声波的诊断	761
2	24-01	医生、医院和实验室用器具和设备	729
3	12-05	装载和运输用电梯和升降机	642
4	B23K37/04	用于工件的固定或定位	572
5	15-09	工作母机、研磨和铸造机械	543
6	15-04	建筑机具	502
7	F15B13/02	以适用于伺服马达的控制为特征的流体分配或供给装置（多路阀入F16K11/00）	501
8	B23K26/38	利用镗孔或切削	493
9	15-99	其他	473
10	H01J37/32	充气放电管（放电加热的入 H05B）	466
总计			5682
平均值			568

资料来源：科技大数据湖北省重点实验室

4.2.4　采矿业

2020 年，采矿业的知识产权指数为 2.1926，排名第 4 位，有效专利拥有量为 96 739 件。该产业共有 57 家上市公司申请专利，知识产权指数最高的上市公司是中国石油化工股份有限公司，上市板块为主板，所属地区为北京市（表 4-10）。北京市在该产业的近五年有效专利拥有量最多（表 4-11）。该产业的优势技术领域包括测量钻孔或井（钻井液的压力或流量监测入 E21B 21/08）（E21B47/00）；测试井壁的性质，地层测试，专用于地表钻进或钻井以便取得表土或井中液体试样的方法或设备（一般的取样入 G01N1/00）（E21B49/00）；从井中开采油、气、水、可溶解或可熔化物质或矿物泥浆的方法或设备（仅适于开采水的入 E03B，用采矿技术开采含油矿层或可溶解或可熔化物质入 E21C41/00，泵入 F04）（E21B43/00）；地震数据的处理，例如，分析、用于解释、用于校正（G01V 1/48 优先）（G01V1/28）；用水取代的（E21B43/20）等（表 4-12）。

表 4-10　2020 年采矿业上市公司知识产权指数二十强上市公司

序号	上市公司名称	地区	IPI	近三年专利申请量/件	有效专利拥有量/件	PCT 专利数量/件
1	中国石油化工股份有限公司	北京市	22.594 7	11 074	41 979	345
2	中国石油天然气股份有限公司	北京市	20.919 7	9 797	29 073	10 561
3	海洋石油工程股份有限公司	天津市	7.054 5	481	7 725	73
4	中国神华能源股份有限公司	北京市	6.858 5	1 531	5 633	991
5	中海油能源发展股份有限公司	北京市	6.541 0	1 392	4 112	17
6	中海油田服务股份有限公司	天津市	5.681 2	1 289	2 618	9
7	山西潞安环保能源开发股份有限公司	山西省	2.470 8	433	554	3
8	河钢资源股份有限公司	河北省	2.384 0	671	669	18
9	兖州煤业股份有限公司	山东省	2.331 0	391	574	0

续表

序号	上市公司名称	地区	IPI	近三年专利申请量/件	有效专利拥有量/件	PCT 专利数量/件
10	云南驰宏锌锗股份有限公司	云南省	1.670 2	126	424	20
11	金堆城钼业股份有限公司	陕西省	1.616 4	115	470	0
12	紫金矿业集团股份有限公司	福建省	1.422 6	122	299	0
13	阳泉煤业（集团）股份有限公司	山西省	1.110 2	151	139	0
14	平顶山天安煤业股份有限公司	河南省	1.067 9	117	123	0
15	贵州盘江精煤股份有限公司	贵州省	1.054 8	135	187	0
16	北京昊华能源股份有限公司	北京市	1.036 9	124	248	0
17	西部矿业股份有限公司	青海省	1.027 9	71	125	0
18	中煤新集能源股份有限公司	安徽省	0.970 5	93	204	0
19	洛阳栾川钼业集团股份有限公司	河南省	0.916 0	41	143	32
20	上海大屯能源股份有限公司	上海市	0.802 4	49	97	0
总计			89.531 2	28 203	95 396	12 069
平均值			4.476 6	1 410.15	4 769.80	603.45

资料来源：科技大数据湖北省重点实验室

表 4-11　2016～2020 年采矿业有效专利拥有量地区分布及排名

序号	地区	2016 年有效专利拥有量/件（排名）	2017 年有效专利拥有量/件（排名）	2018 年有效专利拥有量/件（排名）	2019 年有效专利拥有量/件（排名）	2020 年有效专利拥有量/件（排名）
1	北京市	9 523（1）	6 694（1）	5 107（1）	3 962（1）	597（1）
2	天津市	1 076（2）	777（2）	422（2）	306（2）	88（2）
3	河北省	9（12）	205（3）	214（3）	178（4）	31（5）
4	山西省	37（9）	86（4）	153（4）	208（3）	72（3）
5	山东省	56（6）	86（4）	145（5）	136（5）	33（4）
6	云南省	71（5）	58（6）	60（6）	17（13）	6（11）
7	陕西省	88（3）	47（7）	35（8）	23（11）	1（14）
8	河南省	31（10）	38（9）	47（7）	61（6）	11（9）
9	安徽省	44（7）	30（12）	27（9）	54（8）	26（6）
10	上海市	72（4）	42（8）	18（10）	26（9）	1（14）
11	福建省	40（8）	34（10）	17（11）	25（10）	24（7）
12	贵州省	18（11）	13（13）	5（14）	56（7）	7（10）
13	青海省	8（13）	33（11）	14（12）	21（12）	4（12）
14	新疆维吾尔自治区	2（15）	8（15）	3（16）	11（14）	18（8）
15	四川省	7（14）	6（17）	4（15）	1（19）	1（14）
16	甘肃省	1（18）	8（15）	3（16）	6（15）	1（14）
17	浙江省	0（19）	12（14）	1（19）	2（17）	0（18）
18	湖南省	2（15）	2（18）	6（13）	1（19）	0（18）
19	内蒙古自治区	2（15）	0（19）	0（20）	3（16）	3（13）
20	海南省	0（19）	0（19）	0（20）	2（17）	0（18）
21	西藏自治区	0（19）	0（19）	2（18）	0（21）	0（18）

续表

序号	地区	2016年有效专利拥有量/件（排名）	2017年有效专利拥有量/件（排名）	2018年有效专利拥有量/件（排名）	2019年有效专利拥有量/件（排名）	2020年有效专利拥有量/件（排名）
22	广东省	0（19）	0（19）	0（20）	0（21）	0（18）
23	辽宁省	0（19）	0（19）	0（20）	0（21）	0（18）
24	江西省	0（19）	0（19）	0（20）	0（21）	0（18）
总计		11 087	8 179	6 283	5 099	924
平均值		461.96	340.79	261.79	212.46	38.50

资料来源：科技大数据湖北省重点实验室

注：同表4-2

表4-12　2020年采矿业十强技术领域

序号	技术领域代码	技术领域含义	累计专利申请量/件
1	E21B47/00	测量钻孔或井（钻井液的压力或流量监测入E21B 21/08）	1 503
2	E21B49/00	测试井壁的性质，地层测试，专用于地表钻进或钻井以便取得表土或井中液体试样的方法或设备（一般的取样入G01N1/00）	1 476
3	E21B43/00	从井中开采油、气、水、可溶解或可熔化物质或矿物泥浆的方法或设备（仅适于开采水的入E03B，用采矿技术开采含油矿层或可溶解或可熔化物质入E21C41/00，泵入F04）	1 404
4	G01V1/28	地震数据的处理，例如，分析、用于解释、用于校正（G01V 1/48优先）	1 199
5	E21B43/20	用水取代的	1 159
6	E21B43/24	使用热能，例如，注入蒸汽（井的加温、冷却或隔离入E21B 36/00）	980
7	G01V1/30	分析（G01V 1/50优先）	955
8	E21B33/03	井口；其配置（用于此的阀装置入E21B 34/02）	948
9	E21B43/22	使用化学品或细菌活动（E21B 43/27优先，其所用的化学或细菌组合物入C09K 8/58，从油砂或油页岩中提取石油的化学特征入C10G）	933
10	E21B43/26	通过形成裂隙或裂缝	932
总计			11 489
平均值			1 148.90

资料来源：科技大数据湖北省重点实验室

4.2.5　汽车制造业

2020年，汽车制造业的知识产权指数为2.1287，排名第5位，有效专利拥有量为81 798件。该产业共有126家上市公司申请专利，知识产权指数最高的上市公司是比亚迪股份有限公司，上市板块为中小板，所属地区为广东省（表4-13）。广东省在该产业的近五年有效专利拥有量最多（表4-14）。该产业的优势技术领域包括其他类未包括的车辆零件、设备和附件（12-16），自行车和摩托车（12-11），车辆照明设备（26-06），引擎（15-01），汽车、公共汽车和货车（12-08）等（表4-15）。

表 4-13　2020 年汽车制造业上市公司知识产权指数二十强上市公司

序号	上市公司名称	地区	IPI	近三年专利申请量/件	有效专利拥有量/件	PCT 专利数量/件
1	比亚迪股份有限公司	广东省	12.390 8	4 000	16 209	28 161
2	长城汽车股份有限公司	河北省	8.256 1	2 628	8 382	13
3	安徽江淮汽车集团股份有限公司	安徽省	7.659 3	3 738	9 175	2
4	重庆长安汽车股份有限公司	重庆市	6.700 7	2 340	5 865	84
5	潍柴动力股份有限公司	山东省	6.476 8	3 315	5 479	15
6	广州汽车集团股份有限公司	广东省	5.300 2	2 466	4 640	244
7	北汽福田汽车股份有限公司	北京市	5.162 5	820	4 923	16
8	上海汽车集团股份有限公司	上海市	4.711 8	1 126	2 360	69
9	郑州宇通客车股份有限公司	河南省	3.173 2	805	1 474	13
10	力帆实业（集团）股份有限公司	重庆市	3.022 7	640	2 253	25
11	江铃汽车股份有限公司	江西省	2.929 8	815	1 376	8
12	惠州市德赛西威汽车电子股份有限公司	广东省	2.718 0	687	1 061	29
13	安徽安凯汽车股份有限公司	安徽省	2.579 8	625	1 515	2
14	常州星宇车灯股份有限公司	江苏省	2.273 2	845	1 104	247
15	华域汽车系统股份有限公司	上海市	1.977 9	1 209	792	22
16	浙江亚太机电股份有限公司	浙江省	1.748 0	650	918	1
17	东风汽车股份有限公司	湖北省	1.719 8	253	466	22
18	万向钱潮股份有限公司	浙江省	1.531 8	285	327	37
19	浙江银轮机械股份有限公司	浙江省	1.502 0	240	388	4
20	重庆小康工业集团股份有限公司	重庆市	1.431 8	190	894	50
总计			83.266 2	27 677	69 601	29 064
平均值			4.163 3	1 383.85	3 480.05	1 453.20

资料来源：科技大数据湖北省重点实验室

表 4-14　2016～2020 年汽车制造业有效专利拥有量地区分布及排名

序号	地区	2016 年有效专利拥有量/件（排名）	2017 年有效专利拥有量/件（排名）	2018 年有效专利拥有量/件（排名）	2019 年有效专利拥有量/件（排名）	2020 年有效专利拥有量/件（排名）
1	广东省	2 838（1）	2 620（2）	2 102（2）	2 017（1）	619（1）
2	山东省	1 567（2）	3 425（1）	2 332（1）	409（8）	45（10）
3	福建省	1 304（3）	1 310（3）	1 224（3）	670（5）	234（3）
4	湖北省	1 105（4）	947（4）	873（5）	822（4）	314（2）
5	安徽省	714（5）	759（5）	953（4）	1 295（2）	143（6）
6	江西省	526（6）	640（6）	685（6）	905（3）	185（4）
7	云南省	446（8）	436（9）	614（7）	621（6）	167（5）
8	浙江省	482（7）	537（7）	581（8）	536（7）	136（7）
9	湖南省	320（10）	527（8）	385（9）	148（12）	27（12）
10	河北省	356（9）	278（10）	256（10）	173（11）	17（13）
11	河南省	124（11）	194（11）	243（11）	216（10）	74（8）
12	重庆市	19（16）	8（19）	34（15）	243（9）	16（14）

续表

序号	地区	2016年有效专利拥有量/件（排名）	2017年有效专利拥有量/件（排名）	2018年有效专利拥有量/件（排名）	2019年有效专利拥有量/件（排名）	2020年有效专利拥有量/件（排名）
13	天津市	83（12）	81（12）	62（12）	48（16）	6（18）
14	北京市	40（14）	59（13）	47（13）	47（17）	46（9）
15	江苏省	50（13）	33（15）	28（16）	73（13）	8（17）
16	甘肃省	24（15）	34（14）	36（14）	50（15）	41（11）
17	广西壮族自治区	10（19）	30（16）	20（17）	60（14）	10（15）
18	四川省	14（17）	9（17）	13（18）	21（18）	10（15）
19	海南省	12（18）	9（17）	13（18）	9（20）	4（19）
20	黑龙江省	10（19）	8（19）	11（20）	10（19）	0（21）
21	贵州省	7（22）	8（19）	7（21）	6（22）	0（21）
22	吉林省	9（21）	0（22）	2（22）	4（23）	2（20）
23	上海市	3（23）	0（22）	1（23）	7（21）	0（21）
24	辽宁省	0（24）	0（22）	0（24）	0（24）	0（21）
总计		10 063.00	11 952.00	10 522.00	8 390.00	2 104.00
平均值		419.29	498.00	438.42	349.58	87.67

资料来源：科技大数据湖北省重点实验室

注：同表 4-2

表 4-15　2020 年汽车制造业十强技术领域

序号	技术领域代码	技术领域含义	累计专利申请量/件
1	12-16	其他类未包括的车辆零件、设备和附件	10 685
2	12-11	自行车和摩托车	2 663
3	26-06	车辆照明设备	1 596
4	15-01	引擎	1 384
5	12-08	汽车、公共汽车和货车	971
6	B60R16/02	电气的	967
7	B60H1/00	加热、冷却或通风设备（提供其他空气处理的加热、冷却或通风设备，与其他处理有关的入 B60H 3/00；只需打开窗、门、屋顶部件或类似部件的通风入 B60J；用于车辆座椅的加热或通风设备入 B60N 2/56；利用空气的车窗或挡风玻璃的清洁装置，例如除霜器入 B60S 1/54）	963
8	B23K37/04	用于工件的固定或定位	963
9	B21D37/10	模具组；导向支柱	893
10	19-08	其他印刷品	816
总计			21 901
平均值			2 190.10

资料来源：科技大数据湖北省重点实验室

4.2.6　信息传输、软件和信息技术服务业

2020 年，信息传输、软件和信息技术服务业的知识产权指数为 1.8620，排名第 6 位，有效专利拥有量为 31 259 件。该产业共有 295 家上市公司申请专利，知识产权指数最高的上市

公司是国电南瑞科技股份有限公司，上市板块为主板，所属地区为江苏省（表 4-16）。北京市在该产业的近五年有效专利拥有量最多（表 4-17）。该产业的优势技术领域包括以协议为特征的（H04L29/06）；信息检索及其数据库结构（G06F17/30）；传输控制规程，例如数据链级控制规程（H04L29/08）；用于维护或管理的装置（H04L12/24）；数据处理设备及其外围的仪器、装置（14-02）等（表 4-18）。

表 4-16　2020 年信息传输、软件和信息技术服务业上市公司知识产权指数二十强上市公司

序号	上市公司名称	地区	IPI	近三年专利申请量/件	有效专利拥有量/件	PCT 专利数量/件
1	国电南瑞科技股份有限公司	江苏省	6.147 5	1 453	2 568	296
2	东软集团股份有限公司	辽宁省	3.383 2	780	1 740	0
3	科大讯飞股份有限公司	安徽省	3.110 2	875	1 040	9
4	广州杰赛科技股份有限公司	广东省	2.911 9	525	1 570	360
5	网宿科技股份有限公司	上海市	2.599 7	744	645	63
6	杭州迪普科技股份有限公司	浙江省	2.287 9	672	687	56
7	深信服科技股份有限公司	广东省	2.277 7	822	530	3
8	奇安信科技集团股份有限公司	北京市	2.221 5	676	498	9
9	北京思特奇信息技术股份有限公司	北京市	2.149 9	406	523	21
10	用友网络科技股份有限公司	北京市	1.977 0	95	749	8
11	杭州安恒信息技术股份有限公司	浙江省	1.907 0	904	337	1
12	上海宝信软件股份有限公司	上海市	1.899 8	59	535	8
13	厦门市美亚柏科信息股份有限公司	福建省	1.815 9	262	401	27
14	北京神州泰岳软件股份有限公司	北京市	1.731 0	115	558	0
15	绿盟科技集团股份有限公司	北京市	1.708 5	145	401	2
16	掌阅科技股份有限公司	北京市	1.679 2	568	577	3
17	北京四维图新科技股份有限公司	北京市	1.624 1	128	386	0
18	北京万集科技股份有限公司	北京市	1.506 8	248	638	2
19	北京金山办公软件股份有限公司	北京市	1.394 0	258	257	0
20	远光软件股份有限公司	广东省	1.349 7	247	132	0
总计			45.682 5	9 982	14 772	868
平均值			2.284 1	499.10	738.60	43.40

资料来源：科技大数据湖北省重点实验室

表 4-17　2016～2020 年信息传输、软件和信息技术服务业有效专利拥有量地区分布及排名

序号	地区	2016 年有效专利拥有量/件（排名）	2017 年有效专利拥有量/件（排名）	2018 年有效专利拥有量/件（排名）	2019 年有效专利拥有量/件（排名）	2020 年有效专利拥有量/件（排名）
1	北京市	1224（1）	1192（1）	776（1）	533（2）	287（1）
2	广东省	515（4）	570（3）	449（2）	537（1）	162（2）
3	浙江省	446（5）	604（2）	300（4）	133（4）	24（7）
4	江苏省	571（2）	426（5）	272（5）	103（5）	18（8）
5	上海市	327（6）	432（4）	301（3）	98（6）	32（6）
6	辽宁省	554（3）	391（6）	174（7）	32（11）	7（11）

续表

序号	地区	2016年有效专利拥有量/件（排名）	2017年有效专利拥有量/件（排名）	2018年有效专利拥有量/件（排名）	2019年有效专利拥有量/件（排名）	2020年有效专利拥有量/件（排名）
7	安徽省	174（7）	145（7）	211（6）	153（3）	48（3）
8	福建省	114（9）	105（8）	40（8）	64（7）	5（12）
9	山东省	81（10）	52（10）	22（12）	45（10）	33（5）
10	天津市	134（8）	86（9）	0（20）	0（22）	1（18）
11	四川省	64（11）	33（11）	27（10）	50（8）	40（4）
12	吉林省	12（16）	19（13）	25（11）	49（9）	12（10）
13	河南省	28（13）	24（12）	30（9）	12（12）	13（9）
14	贵州省	42（12）	11（14）	7（15）	5（15）	0（19）
15	河北省	19（14）	11（14）	7（15）	4（16）	3（15）
16	广西壮族自治区	11（18）	11（14）	2（18）	8（13）	4（13）
17	云南省	9（19）	7（17）	6（17）	2（19）	4（13）
18	陕西省	3（21）	6（18）	9（13）	2（19）	3（15）
19	重庆市	13（15）	5（19）	0（20）	3（17）	0（19）
20	湖南省	0（24）	2（22）	9（13）	6（14）	0（19）
21	湖北省	4（20）	4（21）	2（18）	3（17）	0（19）
22	黑龙江省	12（16）	0（24）	0（20）	0（22）	0（19）
23	新疆维吾尔自治区	3（21）	1（23）	0（20）	1（21）	2（17）
24	西藏自治区	0（24）	5（19）	0（20）	0（22）	0（19）
25	江西省	2（23）	0（24）	0（20）	0（22）	0（19）
26	青海省	0（24）	0（24）	0（20）	0（22）	0（19）
27	海南省	0（24）	0（24）	0（20）	0（22）	0（19）
总计		4362	4142	2669	1843	698
平均值		161.56	153.41	98.85	68.26	25.85

资料来源：科技大数据湖北省重点实验室

注：同表4-2

表4-18　2020年信息传输、软件和信息技术服务业十强技术领域

序号	技术领域代码	技术领域含义	累计专利申请量/件
1	H04L29/06	以协议为特征的数字传输技术	3 608
2	G06F17/30	信息检索及其数据库结构	2 839
3	H04L29/08	传输控制规程，例如数据链级控制规程	2 062
4	H04L12/24	用于维护或管理的装置	1 235
5	14-02	数据处理设备及其外围的仪器、装置	1 159
6	G06K9/00	用于阅读或识别印刷或书写字符或者用于识别图形，例如，指纹的方法或装置（用于图表阅读或者将诸如力或现状态的机械参量的图形转换为电信号的方法或装置入G06K 11/00；语音识别入G10L 15/00）	832
7	G06Q10/06	资源、工作流、人员或项目管理，例如组织、规划、调度或分配时间、人员或机器资源；企业规划；组织模型	804
8	H04L12/26	监视装置；测试装置	684
9	G06F9/44	执行特定程序的设计	683

续表

序号	技术领域代码	技术领域含义	累计专利申请量/件
10	H04L9/32	包括用于检验系统用户的身份或凭据的装置	578
总计			14 484
平均值			1 448.40

资料来源：科技大数据湖北省重点实验室

4.2.7 化学原料及化学制品制造业

2020 年，化学原料及化学制品制造业的知识产权指数为 1.4032，排名第 7 位，有效专利拥有量为 21 562 件。该产业共有 253 家上市公司申请专利，知识产权指数最高的上市公司是万华化学集团股份有限公司，上市板块为主板，所属地区为山东省（表 4-19）。山东省在该产业的近五年有效专利拥有量最多（表 4-20）。该产业的优势技术领域包括瓶、长颈瓶、罐、耐酸瓶、细颈坛和附有喷雾器装置的容器（09-01）；电气或非电气光源（26-04）；一种或多种肥料与无特殊肥效组分的混合物（C05G3/00）；箱、盒、容器、（防腐）罐（09-03）；袋、香袋、管和囊（09-05）等（表 4-21）。

表 4-19　2020 年化学原料及化学制品制造业上市公司知识产权指数二十强上市公司

序号	上市公司名称	地区	IPI	近三年专利申请量/件	有效专利拥有量/件	PCT 专利数量/件
1	万华化学集团股份有限公司	山东省	3.2040	1118	919	2
2	江苏苏博特新材料股份有限公司	江苏省	1.9987	176	1028	1
3	青海盐湖工业股份有限公司	青海省	1.9342	365	408	0
4	浙江新安化工集团股份有限公司	浙江省	1.6738	132	342	3
5	新疆中泰化学股份有限公司	新疆维吾尔自治区	1.5471	237	368	0
6	中节能万润股份有限公司	山东省	1.5442	99	476	0
7	北京三聚环保新材料股份有限公司	北京市	1.4326	69	539	0
8	中粮生物科技股份有限公司	安徽省	1.3848	111	279	0
9	江苏扬农化工股份有限公司	江苏省	1.3807	101	271	25
10	深圳诺普信农化股份有限公司	广东省	1.3675	67	460	12
11	深圳市芭田生态工程股份有限公司	广东省	1.3630	136	440	18
12	三棵树涂料股份有限公司	福建省	1.1448	66	436	12
13	上海家化联合股份有限公司	上海市	1.1052	117	419	0
14	浙江龙盛集团股份有限公司	浙江省	1.0943	38	257	0
15	多氟多化工股份有限公司	河南省	1.0920	43	192	4
16	湖北兴发化工集团股份有限公司	湖北省	1.0577	59	216	23
17	深圳新宙邦科技股份有限公司	广东省	1.0159	41	229	5
18	昊华化工科技集团股份有限公司	四川省	1.0129	41	182	8
19	宜宾天原集团股份有限公司	四川省	0.9811	69	181	7
20	唐山三友化工股份有限公司	河北省	0.9322	62	122	0
总计			28.2667	3147	7764	120
平均值			1.4133	157.35	388.20	6.00

资料来源：科技大数据湖北省重点实验室

表 4-20　2016～2020 年化学原料及化学制品制造业有效专利拥有量地区分布及排名

序号	地区	2016 年有效专利拥有量/件（排名）	2017 年有效专利拥有量/件（排名）	2018 年有效专利拥有量/件（排名）	2019 年有效专利拥有量/件（排名）	2020 年有效专利拥有量/件（排名）
1	山东省	494（2）	550（1）	246（1）	203（1）	61（1）
2	江苏省	512（1）	309（3）	175（3）	157（2）	17（8）
3	广东省	380（3）	343（2）	200（2）	99（7）	54（2）
4	浙江省	209（4）	175（5）	152（4）	117（3）	35（5）
5	上海市	137（7）	190（4）	88（6）	71（8）	35（5）
6	安徽省	104（8）	107（9）	71（10）	113（5）	49（3）
7	湖北省	142（5）	129（6）	69（11）	71（8）	18（7）
8	四川省	142（5）	127（7）	75（9）	51（10）	1（15）
9	青海省	43（12）	82（10）	85（7）	107（6）	38（4）
10	新疆维吾尔自治区	38（13）	32（14）	49（13）	115（4）	14（9）
11	北京市	58（9）	111（8）	55（12）	11（19）	1（15）
12	河南省	44（11）	65（11）	79（8）	19（16）	4（13）
13	河北省	25（15）	55（12）	36（16）	41（12）	13（10）
14	江西省	11（22）	30（16）	95（5）	20（15）	8（11）
15	内蒙古自治区	16（17）	40（13）	45（14）	42（11）	1（15）
16	福建省	51（10）	20（18）	28（17）	17（17）	7（12）
17	天津市	29（14）	32（14）	23（18）	21（14）	0（18）
18	宁夏回族自治区	0（27）	3（22）	41（15）	31（13）	3（14）
19	湖南省	11（22）	26（17）	19（19）	15（18）	0（18）
20	辽宁省	22（16）	4（21）	11（20）	11（19）	0（18）
21	贵州省	12（21）	9（20）	6（21）	2（22）	0（18）
22	云南省	13（20）	10（19）	2（25）	2（22）	0（18）
23	广西壮族自治区	14（18）	3（22）	3（23）	0（25）	0（18）
24	山西省	14（18）	0（26）	2（25）	4（21）	0（18）
25	重庆市	1（26）	3（22）	3（23）	1（24）	0（18）
26	陕西省	0（27）	3（22）	4（22）	0（25）	0（18）
27	西藏自治区	6（24）	0（26）	0（27）	0（25）	0（18）
28	黑龙江省	2（25）	0（26）	0（27）	0（25）	0（18）
29	吉林省	0（27）	0（26）	0（27）	0（25）	0（18）
30	甘肃省	0（27）	0（26）	0（27）	0（25）	0（18）
总计		2530	2458	1662	1341	359
平均值		84.33	81.93	55.40	44.70	11.97

资料来源：科技大数据湖北省重点实验室

注：同表 4-2

表 4-21　2020 年化学原料及化学制品制造业十强技术领域

序号	技术领域代码	技术领域含义	累计专利申请量/件
1	09-01	瓶、长颈瓶、罐、耐酸瓶、细颈坛和附有喷雾器装置的容器	758
2	26-04	电气或非电气光源	736

续表

序号	技术领域代码	技术领域含义	累计专利申请量/件
3	C05G3/00	一种或多种肥料与无特殊肥效组分的混合物	670
4	09-03	箱、盒、容器、(防腐)罐	644
5	09-05	袋、香袋、管和囊	415
6	26-01	烛台和烛架	408
7	C09B67/22	不同颜料或染料的混合或颜料或染料的固体溶液	390
8	19-08	其他印刷品	282
9	C09B67/38	分散染料的制备	198
10	C05G1/00	分属于C05大类下各小类中肥料的混合物	190
总计			4691
平均值			469.10

资料来源：科技大数据湖北省重点实验室

4.2.8 医药制造业

2020年，医药制造业的知识产权指数为1.3375，排名第8位，有效专利拥有量为20 431件。该产业共有235家上市公司申请专利，知识产权指数最高的上市公司是江苏恒瑞医药股份有限公司，上市板块为主板，所属地区为江苏省（表4-22）。广东省在该产业的近五年有效专利拥有量最多（表4-23）。该产业的优势技术领域包括箱、盒、容器、（防腐）罐（09-03）；柱色谱法（G01N30/02）；丸剂、锭剂或片剂（A61K9/20）；袋、香袋、管和囊（09-05）；其他印刷品（19-08）等（表4-24）。

表4-22　2020年医药制造业上市公司知识产权指数二十强上市公司

序号	上市公司名称	地区	IPI	近三年专利申请量/件	有效专利拥有量/件	PCT专利数量/件
1	江苏恒瑞医药股份有限公司	江苏省	2.2879	290	435	25
2	江苏康缘药业股份有限公司	江苏省	2.1076	142	704	4
3	浙江新和成股份有限公司	浙江省	1.8650	136	366	7
4	四川科伦药业股份有限公司	四川省	1.8481	209	1578	0
5	浙江华海药业股份有限公司	浙江省	1.7362	103	386	0
6	罗欣药业集团股份有限公司	浙江省	1.6286	227	396	0
7	东阿阿胶股份有限公司	山东省	1.5888	177	674	0
8	天士力医药集团股份有限公司	天津市	1.5527	10	910	1
9	浙江海正药业股份有限公司	浙江省	1.4087	71	162	0
10	株洲千金药业股份有限公司	湖南省	1.3089	208	377	0
11	山东新华制药股份有限公司	山东省	1.2827	120	202	2
12	天津中新药业集团股份有限公司	天津市	1.2266	34	412	111
13	康美药业股份有限公司	广东省	1.2265	212	267	1
14	石家庄以岭药业股份有限公司	河北省	1.1793	147	310	48
15	昆药集团股份有限公司	云南省	1.1749	48	364	0
16	浙江医药股份有限公司	浙江省	1.0820	30	142	1

续表

序号	上市公司名称	地区	IPI	近三年专利申请量/件	有效专利拥有量/件	PCT专利数量/件
17	深圳翰宇药业股份有限公司	广东省	1.0763	42	383	21
18	广州万孚生物技术股份有限公司	广东省	1.0475	145	269	0
19	中山大学达安基因股份有限公司	广东省	1.0169	55	157	0
20	郑州安图生物工程股份有限公司	河南省	0.9626	187	79	0
总计			28.6078	2593	8573	221
平均值			1.4304	129.65	428.65	11.05

资料来源：科技大数据湖北省重点实验室

表 4-23　2016～2020 年医药制造业有效专利拥有量地区分布及排名

序号	地区	2016 年有效专利拥有量/件（排名）	2017 年有效专利拥有量/件（排名）	2018 年有效专利拥有量/件（排名）	2019 年有效专利拥有量/件（排名）	2020 年有效专利拥有量/件（排名）
1	广东省	273（1）	224（1）	263（2）	158（1）	63（1）
2	浙江省	206（5）	199（2）	305（1）	77（4）	18（7）
3	山东省	240（3）	188（4）	128（3）	105（2）	29（5）
4	四川省	213（4）	189（3）	115（4）	85（3）	12（9）
5	江苏省	267（2）	160（5）	88（5）	64（5）	23（6）
6	湖南省	126（6）	44（9）	41（8）	59（6）	41（3）
7	上海市	116（7）	64（6）	49（7）	55（7）	11（10）
8	河北省	8（24）	60（7）	37（10）	52（9）	33（4）
9	江西省	21（19）	23（14）	40（9）	54（8）	47（2）
10	河南省	24（17）	34（11）	74（6）	38（10）	11（10）
11	北京市	59（9）	51（8）	32（12）	27（11）	7（12）
12	云南省	61（8）	44（9）	33（11）	14（13）	4（15）
13	天津市	58（10）	31（13）	12（20）	20（12）	13（8）
14	黑龙江省	39（12）	32（12）	14（19）	7（18）	1（18）
15	湖北省	37（13）	22（15）	16（17）	11（16）	1（18）
16	福建省	37（13）	18（17）	21（13）	3（22）	0（21）
17	重庆市	35（15）	9（20）	21（13）	12（14）	0（21）
18	山西省	31（16）	7（22）	17（16）	7（18）	7（12）
19	辽宁省	40（11）	6（23）	10（22）	2（25）	3（17）
20	广西壮族自治区	19（20）	21（16）	11（21）	9（17）	1（18）
21	贵州省	13（22）	12（18）	21（13）	12（14）	0（21）
22	安徽省	22（18）	10（19）	8（23）	3（22）	4（15）
23	吉林省	17（21）	6（23）	7（24）	7（18）	6（14）
24	陕西省	8（24）	3（27）	15（18）	1（26）	0（21）
25	海南省	4（28）	9（20）	6（25）	0（27）	0（21）
26	西藏自治区	10（23）	5（25）	3（27）	0（27）	0（21）
27	甘肃省	3（29）	5（25）	5（26）	4（21）	0（21）
28	内蒙古自治区	7（26）	3（27）	2（28）	3（22）	0（21）

续表

序号	地区	2016年有效专利拥有量/件（排名）	2017年有效专利拥有量/件（排名）	2018年有效专利拥有量/件（排名）	2019年有效专利拥有量/件（排名）	2020年有效专利拥有量/件（排名）
29	新疆维吾尔自治区	7（26）	0（29）	0（29）	0（27）	0（21）
30	青海省	0（30）	0（29）	0（29）	0（27）	0（21）
总计		2001	1479	1394	889	335
平均值		66.70	49.30	46.47	29.63	11.17

资料来源：科技大数据湖北省重点实验室

注：同表4-2

表4-24　2020年医药制造业十强技术领域

序号	技术领域代码	技术领域含义	累计专利申请量/件
1	09-03	箱、盒、容器、（防腐）罐	2875
2	G01N30/02	柱色谱法	882
3	A61K9/20	丸剂、锭剂或片剂	363
4	09-05	袋、香袋、管和囊	339
5	19-08	其他印刷品	298
6	C12Q1/70	包括病毒或噬菌体	297
7	A61J1/10	袋状容器	282
8	A61K35/78	转入A61K36/00	274
9	A61K9/08	溶液	251
10	C12Q1/68	包括核酸	249
总计			6110
平均值			611

资料来源：科技大数据湖北省重点实验室

4.2.9　通用设备制造业

2020年，通用设备制造业的知识产权指数为1.2257，排名第9位，有效专利拥有量为24 827件。该产业共有135家上市公司申请专利，知识产权指数最高的上市公司是沈阳新松机器人自动化股份有限公司，上市板块为创业板，所属地区为辽宁省（表4-25）。浙江省在该产业的近五年有效专利拥有量最多（表4-26）。该产业的优势技术领域包括泵和压缩机（15-02）；工作母机、研磨和铸造机械（15-09）；自动贩卖机（20-01）；工作主轴，与其有关的部件，如支承装置（B23B13/00优先）（B23B19/02）；引擎（15-01）等（表4-27）。

表4-25　2020年通用设备制造业上市公司知识产权指数二十强上市公司

序号	上市公司名称	地区	IPI	近三年专利申请量/件	有效专利拥有量/件	PCT专利数量/件
1	沈阳新松机器人自动化股份有限公司	辽宁省	2.518 0	383	720	12
2	广州广电运通金融电子股份有限公司	广东省	2.489 0	258	1 424	8
3	新疆金风科技股份有限公司	新疆维吾尔自治区	2.254 0	367	842	198
4	上海电气集团股份有限公司	上海市	2.094 2	520	436	49
5	明阳智慧能源集团股份公司	广东省	2.061 4	457	754	9

续表

序号	上市公司名称	地区	IPI	近三年专利申请量/件	有效专利拥有量/件	PCT专利数量/件
6	浙江三花智能控制股份有限公司	浙江省	1.862 0	277	873	43
7	杭叉集团股份有限公司	浙江省	1.662 7	431	525	0
8	成都市新筑路桥机械股份有限公司	四川省	1.601 2	150	533	0
9	湘潭电机股份有限公司	湖南省	1.546 6	76	531	0
10	上海海立（集团）股份有限公司	上海市	1.466 6	415	503	3
11	康力电梯股份有限公司	江苏省	1.463 1	206	588	0
12	天奇自动化工程股份有限公司	江苏省	1.392 6	219	644	13
13	江苏神通阀门股份有限公司	江苏省	1.285 6	224	364	3
14	潍柴重机股份有限公司	山东省	1.257 6	230	321	1
15	广州市昊志机电股份有限公司	广东省	1.197 7	163	505	25
16	广东拓斯达科技股份有限公司	广东省	1.189 6	372	363	42
17	杭州前进齿轮箱集团股份有限公司	浙江省	1.170 1	115	374	3
18	武汉华中数控股份有限公司	湖北省	1.168 3	83	182	6
19	诺力智能装备股份有限公司	浙江省	1.151 3	181	314	0
20	浙江运达风电股份有限公司	浙江省	1.117 3	199	204	1
总计			31.948 9	5 326	11 000	416
平均值			1.597 4	266.30	550.00	20.80

资料来源：科技大数据湖北省重点实验室

表 4-26　2016～2020 年通用设备制造业有效专利拥有量地区分布及排名

序号	地区	2016 年有效专利拥有量/件（排名）	2017 年有效专利拥有量/件（排名）	2018 年有效专利拥有量/件（排名）	2019 年有效专利拥有量/件（排名）	2020 年有效专利拥有量/件（排名）
1	浙江省	697（1）	608（1）	813（1）	745（1）	225（1）
2	江苏省	556（2）	458（2）	519（2）	548（2）	159（2）
3	广东省	457（3）	452（3）	424（3）	504（3）	115（4）
4	上海市	153（5）	261（4）	283（4）	343（4）	121（3）
5	山东省	106（8）	144（7）	148（8）	220（5）	110（5）
6	辽宁省	192（4）	197（6）	170（5）	80（8）	35（7）
7	新疆维吾尔自治区	94（9）	219（5）	152（6）	110（7）	16（8）
8	安徽省	107（7）	110（9）	152（6）	113（6）	50（6）
9	四川省	87（11）	120（8）	74（10）	73（9）	12（9）
10	湖南省	79（12）	66（11）	47（11）	51（10）	3（16）
11	福建省	49（13）	73（10）	78（9）	34（12）	6（12）
12	陕西省	92（10）	47（13）	40（12）	30（14）	5（14）
13	河南省	113（6）	23（16）	20（15）	25（15）	7（11）
14	云南省	47（14）	39（14）	20（15）	31（13）	11（10）
15	湖北省	20（15）	50（12）	32（13）	13（17）	6（12）
16	江西省	13（16）	24（15）	21（14）	49（11）	4（15）
17	重庆市	7（17）	1（18）	18（17）	16（16）	3（16）

续表

序号	地区	2016 年有效专利拥有量/件（排名）	2017 年有效专利拥有量/件（排名）	2018 年有效专利拥有量/件（排名）	2019 年有效专利拥有量/件（排名）	2020 年有效专利拥有量/件（排名）
18	河北省	6（18）	17（17）	8（18）	4（18）	2（18）
19	青海省	0（19）	0（19）	0（19）	0（19）	0（19）
20	宁夏回族自治区	0（19）	0（19）	0（19）	0（19）	0（19）
总计		2875	2909	3019	2989	890
平均值		143.75	145.45	150.95	149.45	44.50

资料来源：科技大数据湖北省重点实验室

注：同表 4-2

表 4-27　2020 年通用设备制造业十强技术领域

序号	技术领域代码	技术领域含义	累计专利申请量/件
1	15-02	泵和压缩机	400
2	15-09	工作母机、研磨和铸造机械	349
3	20-01	自动贩卖机	263
4	B23B19/02	工作主轴，与其有关的部件，如支承装置（B23B 13/00 优先）	251
5	15-01	引擎	239
6	F16K5/06	带有球形表面的塞子；其所用填料	213
7	B66F9/075	结构特征或零件	211
8	G07D11/00	接受硬币的装置；对有价纸币进行接收、分发、整理或计数的装置	207
9	B66B11/02	轿厢（控制出入轿厢的门、厅门或其他装置入 B66B 13/00）	206
10	12-05	装载和运输用电梯和升降机	196
总计			2535
平均值			253.50

资料来源：科技大数据湖北省重点实验室

4.2.10　黑色金属冶炼及压延加工

2020 年，黑色金属冶炼及压延加工的知识产权指数为 1.0481，排名第 10 位，有效专利拥有量为 23 578 件。该产业共有 29 家上市公司申请专利，知识产权指数最高的上市公司是鞍钢股份有限公司，上市板块为主板，所属地区为辽宁省（表 4-28）。辽宁省在该产业的近五年有效专利拥有量最多（表 4-29）。该产业的优势技术领域包括含硅的（C22C38/02），含锰的（C22C38/04），含钛或锆的（C22C38/14），零件或辅助设备（C21C5/46），用于润滑、冷却或清洗（B21B45/02）等（表 4-30）。

表 4-28　2020 年黑色金属冶炼及压延加工上市公司知识产权指数二十强上市公司

序号	上市公司名称	地区	IPI	近三年专利申请量/件	有效专利拥有量/件	PCT 专利数量/件
1	鞍钢股份有限公司	辽宁省	6.541 1	1 538	4 883	643
2	宝山钢铁股份有限公司	上海市	6.206 4	787	4 568	36
3	马鞍山钢铁股份有限公司	安徽省	4.743 9	1 243	2 405	129
4	河钢股份有限公司	河北省	3.988 1	1 542	1 553	47

续表

序号	上市公司名称	地区	IPI	近三年专利申请量/件	有效专利拥有量/件	PCT 专利数量/件
5	山西太钢不锈钢股份有限公司	山西省	3.908 3	465	1 924	569
6	南京钢铁股份有限公司	江苏省	3.672 4	933	1 454	102
7	山东钢铁股份有限公司	山东省	3.538 7	1 021	1 104	0
8	广东韶钢松山股份有限公司	广东省	2.481 5	598	556	2
9	北京首钢股份有限公司	北京市	2.473 0	419	788	2
10	新疆八一钢铁股份有限公司	新疆维吾尔自治区	2.010 3	805	674	38
11	甘肃酒钢集团宏兴钢铁股份有限公司	甘肃省	1.946 5	486	496	0
12	本钢板材股份有限公司	辽宁省	1.897 0	487	303	1
13	柳州钢铁股份有限公司	广西壮族自治区	1.820 1	330	343	26
14	安阳钢铁股份有限公司	河南省	1.279 7	75	175	1
15	内蒙古包钢钢联股份有限公司	内蒙古自治区	1.258 8	3	1 085	7
16	中信泰富特钢集团股份有限公司	湖北省	0.954 9	81	135	0
17	福建三钢闽光股份有限公司	福建省	0.923 0	107	159	0
18	新余钢铁股份有限公司	江西省	0.879 8	139	91	3
19	方大特钢科技股份有限公司	江西省	0.850 8	43	220	0
20	抚顺特殊钢股份有限公司	辽宁省	0.809 6	49	67	0
总计			52.183 9	11 151	22 983	1 606
平均值			2.609 2	557.55	1 149.15	80.30

资料来源：科技大数据湖北省重点实验室

表 4-29　2016～2020 年黑色金属冶炼及压延加工有效专利拥有量地区分布及排名

序号	地区	2016 年有效专利拥有量/件（排名）	2017 年有效专利拥有量/件（排名）	2018 年有效专利拥有量/件（排名）	2019 年有效专利拥有量/件（排名）	2020 年有效专利拥有量/件（排名）
1	辽宁省	641（1）	564（1）	613（1）	452（1）	61（4）
2	河北省	127（8）	490（2）	460（2）	381（2）	48（5）
3	安徽省	232（4）	314（3）	264（4）	247（4）	62（3）
4	山东省	160（5）	188（5）	204（5）	217（5）	81（2）
5	上海市	356（2）	238（4）	98（10）	32（16）	4（15）
6	江苏省	131（7）	128（7）	201（6）	205（6）	22（10）
7	新疆维吾尔自治区	2（19）	48（10）	286（3）	261（3）	26（9）
8	山西省	153（6）	140（6）	154（7）	109（10）	9（12）
9	内蒙古自治区	239（3）	60（9）	73（12）	92（11）	95（1）
10	北京市	103（9）	113（8）	121（8）	122（9）	28（7）
11	甘肃省	44（11）	41（12）	112（9）	147（7）	0（17）
12	广东省	45（10）	42（11）	71（13）	131（8）	43（6）
13	广西壮族自治区	30（12）	33（13）	97（11）	91（12）	11（11）
14	江西省	21（13）	24（15）	30（15）	65（13）	27（8）
15	福建省	2（19）	19（16）	25（16）	51（14）	3（16）
16	河南省	10（16）	15（17）	22（17）	38（15）	0（17）

续表

序号	地区	2016 年有效专利拥有量/件（排名）	2017 年有效专利拥有量/件（排名）	2018 年有效专利拥有量/件（排名）	2019 年有效专利拥有量/件（排名）	2020 年有效专利拥有量/件（排名）
17	浙江省	14（14）	25（14）	11（18）	21（18）	7（13）
18	湖北省	12（15）	1（19）	39（14）	7（19）	0（17）
19	重庆市	4（17）	0（20）	3（19）	24（17）	7（13）
20	青海省	3（18）	3（18）	3（19）	3（20）	0（17）
21	湖南省	0（21）	0（20）	0（21）	0（21）	0（17）
总计		2329	2486	2887	2696	534
平均值		110.90	118.38	137.48	128.38	25.43

资料来源：科技大数据湖北省重点实验室

注：同表 4-2

表 4-30　2020 年黑色金属冶炼及压延加工十强技术领域

序号	技术领域代码	技术领域含义	累计专利申请量/件
1	C22C38/02	含硅的	1363
2	C22C38/04	含锰的	530
3	C22C38/14	含钛或锆的	489
4	C21C5/46	零件或辅助设备	433
5	B21B45/02	用于润滑、冷却或清洗	433
6	C21C7/10	真空处理	327
7	C22C38/58	含大于 1.5（重量）的锰	320
8	B21B37/00	专门适用于金属轧机或其加工产品的控制设备或方法（专门适用于金属轧机的测量方法或设备 B21B 38/00）	314
9	C21B5/00	高炉炼生铁	312
10	C21C5/28	转炉炼钢	285
总计			4806
平均值			480.60

资料来源：科技大数据湖北省重点实验室

4.2.11　建筑业

2020 年，建筑业的知识产权指数为 0.9138，排名第 11 位，有效专利拥有量为 12 888 件。该产业共有 89 家上市公司申请专利，知识产权指数最高的上市公司是苏州金螳螂建筑装饰股份有限公司，上市板块为中小板，所属地区为江苏省（表 4-31）。浙江省在该产业的近五年有效专利拥有量最多（表 4-32）。该产业的优势技术领域包括幕墙（E04B2/88）；建筑材料（25-01）；液体分配设备（23-01）；专用于架设或装配桥梁的方法或设备（E01D21/00）；顶棚，顶棚的构造，例如，活动顶棚；有关隔绝的顶棚构造（用作制作楼板用的模板的顶棚入 E04B 5/00；顶棚的覆盖或里衬入 E04F 13/00）（E04B9/00）等（表 4-33）。

表 4-31　2020 年建筑业上市公司知识产权指数二十强上市公司

序号	上市公司名称	地区	IPI	近三年专利申请量/件	有效专利拥有量/件	PCT 专利数量/件
1	苏州金螳螂建筑装饰股份有限公司	江苏省	3.8378	829	1419	4
2	中国建筑股份有限公司	北京市	2.5958	425	810	0
3	浙江亚厦装饰股份有限公司	浙江省	2.3011	1331	1953	10
4	重庆建工集团股份有限公司	重庆市	1.9504	392	521	0
5	上海建工集团股份有限公司	上海市	1.9491	504	598	59
6	江河创建集团股份有限公司	北京市	1.6641	183	633	238
7	中国葛洲坝集团股份有限公司	湖北省	1.3862	39	465	249
8	广东水电二局股份有限公司	广东省	1.2617	192	231	0
9	中国中铁股份有限公司	北京市	1.2350	79	146	0
10	上海隧道工程股份有限公司	上海市	1.2259	28	252	58
11	东华工程科技股份有限公司	安徽省	1.0627	75	148	0
12	深圳广田集团股份有限公司	广东省	0.9188	103	200	22
13	中国铁建股份有限公司	北京市	0.9019	170	83	18
14	中国海诚工程科技股份有限公司	上海市	0.8899	43	173	0
15	森特士兴集团股份有限公司	北京市	0.8791	84	200	0
16	宏润建设集团股份有限公司	浙江省	0.8679	59	169	2
17	苏州柯利达装饰股份有限公司	江苏省	0.8419	74	220	0
18	安徽建工集团股份有限公司	安徽省	0.8289	35	121	2
19	深圳市建艺装饰集团股份有限公司	广东省	0.7669	94	149	0
20	中国中材国际工程股份有限公司	江苏省	0.7616	44	116	2
总计			28.1267	4783	8607	664
平均值			1.4063	239.15	430.35	33.20

资料来源：科技大数据湖北省重点实验室

表 4-32　2016～2020 年建筑业有效专利拥有量地区分布及排名

序号	地区	2016 年有效专利拥有量/件（排名）	2017 年有效专利拥有量/件（排名）	2018 年有效专利拥有量/件（排名）	2019 年有效专利拥有量/件（排名）	2020 年有效专利拥有量/件（排名）
1	浙江省	297（2）	509（1）	402（1）	626（1）	67（5）
2	北京市	315（1）	356（2）	374（2）	329（3）	113（1）
3	广东省	166（4）	253（3）	308（3）	287（4）	106（2）
4	江苏省	193（3）	124（5）	117（5）	488（2）	94（3）
5	上海市	129（5）	182（4）	155（4）	109（5）	71（4）
6	重庆市	70（6）	97（6）	97（6）	104（6）	39（6）
7	安徽省	35（7）	40（7）	24（8）	21（8）	4（12）
8	山东省	22（10）	33（8）	19（9）	22（7）	12（7）
9	湖北省	11（14）	23（9）	25（7）	13（10）	7（10）
10	新疆维吾尔自治区	13（13）	16（10）	18（10）	15（9）	8（9）
11	福建省	27（9）	10（13）	6（12）	10（12）	6（11）
12	四川省	34（8）	13（11）	0（15）	12（11）	0（14）

续表

序号	地区	2016年有效专利拥有量/件（排名）	2017年有效专利拥有量/件（排名）	2018年有效专利拥有量/件（排名）	2019年有效专利拥有量/件（排名）	2020年有效专利拥有量/件（排名）
13	黑龙江省	17（12）	3（15）	1（14）	8（14）	10（8）
14	湖南省	9（15）	11（12）	7（11）	10（12）	2（13）
15	河南省	18（11）	5（14）	6（12）	2（16）	0（14）
16	青海省	2（16）	0（16）	0（15）	6（15）	0（14）
17	吉林省	0（17）	0（16）	0（15）	0（17）	0（14）
18	海南省	0（17）	0（16）	0（15）	0（17）	0（14）
19	陕西省	0（17）	0（16）	0（15）	0（17）	0（14）
总计		1358	1675	1559	2062	539
平均值		71.47	88.16	82.05	108.53	28.37

资料来源：科技大数据湖北省重点实验室

注：同表4-2

表4-33　2020年建筑业十强技术领域

序号	技术领域代码	技术领域含义	累计专利申请量/件
1	E04B2/88	幕墙	640
2	25-01	建筑材料	352
3	23-01	液体分配设备	262
4	E01D21/00	专用于架设或装配桥梁的方法或设备	256
5	E04B9/00	顶棚；顶棚的构造，例如，活动顶棚；有关隔绝的顶棚构造（用作制作楼板用的模板的顶棚入 E04B 5/00；顶棚的覆盖或里衬入 E04F 13/00）	251
6	E04B9/06	以支承结构的构造为特征的	218
7	E04F15/02	由若干类似构件组成的地面或地板层（用编织品制作的入 E04F 15/16）	214
8	E04F13/22	锚固，支撑角材或支柱架	206
9	E04B2/96	包括过门窗的竖柱或横樘装到建筑物上的墙板	205
10	25-02	预制或预先组合的建筑零件	205
总计			2809
平均值			280.90

资料来源：科技大数据湖北省重点实验室

4.2.12　橡胶和塑料制品业

2020年，橡胶和塑料制品业的知识产权指数为0.8321，排名第12位，有效专利拥有量为14 571件。该产业共有83家上市公司申请专利，知识产权指数最高的上市公司是株洲时代新材料科技股份有限公司，上市板块为主板，所属地区为湖南省（表4-34）。福建省在该产业的近五年有效专利拥有量最多（表4-35）。该产业优势技术领域包括车辆轮胎和防滑链（12-15）；聚丙烯（C08L23/12）；卫生设备（23-02）；聚碳酸酯的组合物，聚碳酸酯衍生物的组合物（C08L69/00）；在载体上（C09J7/02）等（表4-36）。

表 4-34　2020 年橡胶和塑料制品业上市公司知识产权指数二十强上市公司

序号	上市公司名称	地区	IPI	近三年专利申请量/件	有效专利拥有量/件	PCT 专利数量/件
1	株洲时代新材料科技股份有限公司	湖南省	3.611 7	702	1 814	601
2	金发科技股份有限公司	广东省	2.620 2	295	1 248	2
3	厦门松霖科技股份有限公司	福建省	1.722 3	174	721	0
4	厦门瑞尔特卫浴科技股份有限公司	福建省	1.525 7	527	1 105	6
5	厦门建霖健康家居股份有限公司	福建省	1.518 7	620	559	0
6	山东玲珑轮胎股份有限公司	山东省	1.405 7	201	516	0
7	安徽安利材料科技股份有限公司	安徽省	1.280 0	141	408	12
8	三角轮胎股份有限公司	山东省	1.268 9	94	340	16
9	赛轮集团股份有限公司	山东省	1.208 4	189	328	0
10	浙江伟星新型建材股份有限公司	浙江省	1.187 3	184	550	0
11	江苏通用科技股份有限公司	江苏省	1.127 1	231	454	1
12	永高股份有限公司	浙江省	1.107 5	100	372	2
13	上海普利特复合材料股份有限公司	上海市	1.093 7	127	216	1
14	安徽国风塑业股份有限公司	安徽省	0.923 8	130	213	14
15	风神轮胎股份有限公司	河南省	0.913 6	49	274	75
16	杭州福斯特应用材料股份有限公司	浙江省	0.874 8	74	201	4
17	黄山永新股份有限公司	安徽省	0.872 2	51	191	0
18	安徽中鼎密封件股份有限公司	安徽省	0.868 5	38	151	0
19	深圳市通产丽星股份有限公司	广东省	0.822 9	66	203	5
20	大禹节水集团股份有限公司	甘肃省	0.764 7	55	212	0
总计			26.717 7	4 048	10 076	739
平均值			1.335 9	202.40	503.80	36.95

资料来源：科技大数据湖北省重点实验室

表 4-35　2016～2020 年橡胶和塑料制品业有效专利拥有量地区分布及排名

序号	地区	2016 年有效专利拥有量/件（排名）	2017 年有效专利拥有量/件（排名）	2018 年有效专利拥有量/件（排名）	2019 年有效专利拥有量/件（排名）	2020 年有效专利拥有量/件（排名）
1	福建省	208（3）	320（1）	530（1）	448（1）	78（2）
2	浙江省	237（2）	234（3）	219（2）	129（3）	24（6）
3	山东省	176（5）	122（7）	141（4）	174（2）	122（1）
4	湖南省	244（1）	214（4）	192（3）	67（7）	2（10）
5	广东省	176（5）	236（2）	109（6）	98（5）	44（3）
6	江苏省	196（4）	137（5）	134（5）	102（4）	29（4）
7	安徽省	112（7）	131（6）	103（7）	83（6）	27（5）
8	上海市	57（8）	33（8）	12（13）	13（12）	2（10）
9	河南省	45（9）	27（9）	23（8）	19（10）	0（12）
10	云南省	16（13）	20（11）	21（9）	24（8）	3（7）
11	贵州省	25（12）	6（13）	21（9）	24（8）	3（7）
12	甘肃省	12（15）	21（10）	21（9）	17（11）	3（7）

续表

序号	地区	2016年有效专利拥有量/件（排名）	2017年有效专利拥有量/件（排名）	2018年有效专利拥有量/件（排名）	2019年有效专利拥有量/件（排名）	2020年有效专利拥有量/件（排名）
13	天津市	36（10）	7（12）	7（14）	3（15）	0（12）
14	湖北省	27（11）	4（15）	4（16）	7（13）	0（12）
15	四川省	14（14）	5（14）	5（15）	7（13）	0（12）
16	河北省	0（16）	0（16）	13（12）	1（16）	0（12）
17	黑龙江省	0（16）	0（16）	0（17）	0（17）	0（12）
总计		1581	1517	1555	1216	337
平均值		93.00	89.24	91.47	71.53	19.82

资料来源：科技大数据湖北省重点实验室

注：同表4-2

表4-36 2020年橡胶和塑料制品业十强技术领域

序号	技术领域代码	技术领域含义	累计专利申请量/件
1	12-15	车辆轮胎和防滑链	1499
2	C08L23/12	聚丙烯	547
3	23-02	卫生设备	316
4	C08L69/00	聚碳酸酯的组合物、聚碳酸酯衍生物的组合物	269
5	C09J7/02	在载体上	253
6	B05B1/18	洒水器；喷灌头	249
7	C08L7/00	天然橡胶的组合物	225
8	C08L67/02	由二羧酸与二羟基化合物得到的聚酯（C08L 67/06优先）	223
9	C08L23/16	乙烯-丙烯或乙烯-丙烯-二烯共聚物	205
10	B05B1/16	具有选择效应的出口	204
总计			3990
平均值			399

资料来源：科技大数据湖北省重点实验室

4.2.13 金属制品业

2020年，金属制品业的知识产权指数为0.8012，排名第13位，有效专利拥有量为16 426件。该产业共有68家上市公司申请专利，知识产权指数最高的上市公司是中国国际海运集装箱（集团）股份有限公司，上市板块为主板，所属地区为广东省（表4-37）。浙江省在该产业的近五年有效专利拥有量最多（表4-38）。该产业的优势技术领域包括烹调的器具、器皿和容器（07-02）；切削工具和器具（08-03）；陶瓷器、玻璃器皿、餐用盘碟和其他类似物品（07-01）；大型容器的零件、部件或附件（B65D 88/34至B65D 88/78优先）（B65D90/00）；其他工具和器具（08-05）等（表4-39）。

表 4-37　2020 年金属制品业上市公司知识产权指数二十强上市公司

序号	上市公司名称	地区	IPI	近三年专利申请量/件	有效专利拥有量/件	PCT 专利数量/件
1	中国国际海运集装箱（集团）股份有限公司	广东省	5.063 9	994	3 314	9
2	新兴铸管股份有限公司	河北省	2.860 8	598	1 387	12
3	安泰科技股份有限公司	北京市	2.268 0	159	735	9
4	杭州巨星科技股份有限公司	浙江省	1.375 0	547	1 201	0
5	浙江东南网架股份有限公司	浙江省	1.254 8	81	337	1
6	爱仕达股份有限公司	浙江省	1.253 0	535	1 974	0
7	贵州钢绳股份有限公司	贵州省	1.185 1	151	194	0
8	浙江苏泊尔股份有限公司	浙江省	1.146 7	133	504	6
9	巨力索具股份有限公司	河北省	1.096 3	91	255	1
10	广东好太太科技集团股份有限公司	广东省	1.028 7	370	554	4
11	安徽富煌钢构股份有限公司	安徽省	0.925 8	135	264	1
12	杭萧钢构股份有限公司	浙江省	0.830 9	57	205	0
13	浙江久立特材科技股份有限公司	浙江省	0.817 8	34	145	6
14	广东坚朗五金制品股份有限公司	广东省	0.801 1	207	670	13
15	安徽鸿路钢结构（集团）股份有限公司	安徽省	0.787 8	45	226	0
16	四川大西洋焊接材料股份有限公司	四川省	0.781 7	24	148	13
17	东莞宜安科技股份有限公司	广东省	0.781 6	58	145	2
18	广州海鸥住宅工业股份有限公司	广东省	0.759 0	84	247	9
19	昆山科森科技股份有限公司	江苏省	0.758 1	57	184	0
20	苏州华源控股股份有限公司	江苏省	0.748 2	114	251	22
总计			26.524 3	4 474	12 940	108
平均值			1.326 2	223.70	647.00	5.40

资料来源：科技大数据湖北省重点实验室

表 4-38　2016～2020 年金属制品业有效专利拥有量地区分布及排名

序号	地区	2016 年有效专利拥有量/件（排名）	2017 年有效专利拥有量/件（排名）	2018 年有效专利拥有量/件（排名）	2019 年有效专利拥有量/件（排名）	2020 年有效专利拥有量/件（排名）
1	浙江省	580（2）	695（1）	597（2）	458（2）	320（1）
2	广东省	671（1）	650（2）	612（1）	530（1）	155（2）
3	河北省	225（3）	204（3）	186（3）	226（3）	64（3）
4	江苏省	160（4）	183（4）	142（4）	115（4）	59（4）
5	北京市	125（6）	90（5）	41（5）	58（6）	28（6）
6	安徽省	140（5）	41（6）	23（7）	90（5）	30（5）
7	山东省	34（7）	23（7）	32（6）	38（7）	3（8）
8	贵州省	19（9）	14（11）	11（9）	37（8）	0（10）
9	天津市	18（10）	20（9）	6（12）	17（11）	0（10）
10	湖南省	5（14）	13（12）	11（9）	20（10）	10（7）
11	河南省	24（8）	16（10）	3（14）	16（12）	0（10）
12	四川省	17（11）	23（7）	10（11）	0（15）	0（10）

续表

序号	地区	2016年有效专利拥有量/件（排名）	2017年有效专利拥有量/件（排名）	2018年有效专利拥有量/件（排名）	2019年有效专利拥有量/件（排名）	2020年有效专利拥有量/件（排名）
13	山西省	8（12）	0（15）	13（8）	27（9）	0（10）
14	辽宁省	8（12）	6（13）	0（16）	1（13）	2（9）
15	福建省	4（15）	4（14）	4（13）	0（15）	0（10）
16	上海市	0（16）	0（15）	2（15）	1（13）	0（10）
总计		2038	1982	1693	1634	671
平均值		127.38	123.88	105.81	102.13	41.94

资料来源：科技大数据湖北省重点实验室

注：同表4-2

表4-39　2020年金属制品业十强技术领域

序号	技术领域代码	技术领域含义	累计专利申请量/件
1	07-02	烹调的器具、器皿和容器	2284
2	08-03	切削工具和器具	421
3	07-01	陶瓷器、玻璃器皿、餐用盘碟和其他类似物品	409
4	B65D90/00	大型容器的零件、部件或附件（B65D 88/34至B65D 88/78优先）	393
5	08-05	其他工具和器具	308
6	B65D88/12	专门适用于运输的	298
7	B65D90/02	器壁结构（包含器壁内的空腔的泄流指示装置的布置入 B65D 90/501；包含器壁上的多孔空间或者多孔层的泄漏指示装置的布置入B65D 90/505；与器壁上的导电层结合的泄露指示装置的配置入B65D90/513）	277
8	07-05	熨烫、洗涤和清洁、干燥用具	189
9	08-99	其他	176
10	A47J27/00	烹调器皿（A47J 29/00至A47J 33/00优先）	161
总计			4916
平均值			491.60

资料来源：科技大数据湖北省重点实验室

4.2.14　非金属矿物制品业

2020年，非金属矿物制品业的知识产权指数为0.7536，排名第14位，有效专利拥有量为11 188件。该产业共有84家上市公司申请专利，知识产权指数最高的上市公司是北新集团建材股份有限公司，上市板块为主板，所属地区为北京市（表4-40）。北京市在该产业的近五年有效专利拥有量最多（表4-41）。该产业的优势技术领域包括建筑材料（25-01），陶瓷器、玻璃器皿、餐用盘碟和其他类似物品（07-01），含有或不含有黏土的整块耐火材料或耐火砂浆（C04B35/66），卫生设备（23-02），以支承结构的构造为特征的（E04B9/06）等（表4-42）。

表 4-40　2020 年非金属矿物制品业上市公司知识产权指数二十强上市公司

序号	上市公司名称	地区	IPI	近三年专利申请量/件	有效专利拥有量/件	PCT 专利数量/件
1	北新集团建材股份有限公司	北京市	3.0478	660	2384	12
2	中国南玻集团股份有限公司	广东省	2.0465	419	566	2
3	福耀玻璃工业集团股份有限公司	福建省	1.7694	246	473	9
4	中材科技股份有限公司	江苏省	1.4280	70	396	1
5	北京东方雨虹防水技术股份有限公司	北京市	1.3959	113	414	0
6	蒙娜丽莎集团股份有限公司	广东省	1.3806	391	817	0
7	瑞泰科技股份有限公司	北京市	1.2813	125	233	7
8	宁波韵升股份有限公司	浙江省	1.1822	48	259	0
9	惠达卫浴股份有限公司	河北省	1.1388	347	427	0
10	深圳市天地（集团）股份有限公司	广东省	1.1208	221	218	3
11	隆基绿能科技股份有限公司	陕西省	1.0377	113	210	53
12	河南黄河旋风股份有限公司	河南省	1.0029	120	276	0
13	北京利尔高温材料股份有限公司	北京市	0.9952	116	181	21
14	山东鲁阳节能材料股份有限公司	山东省	0.9559	61	151	6
15	山东省药用玻璃股份有限公司	山东省	0.9138	92	211	0
16	中建西部建设股份有限公司	新疆维吾尔自治区	0.9097	182	83	3
17	濮阳濮耐高温材料（集团）股份有限公司	河南省	0.7934	39	137	34
18	江苏九鼎新材料股份有限公司	江苏省	0.7773	32	137	1
19	安徽大地熊新材料股份有限公司	安徽省	0.7036	42	148	0
20	河南四方达超硬材料股份有限公司	河南省	0.6858	103	129	1
总计			24.5666	3540	7850	153
平均值			1.2283	177.00	392.50	7.65

资料来源：科技大数据湖北省重点实验室

表 4-41　2016～2020 年非金属矿物制品业有效专利拥有量地区分布及排名

序号	地区	2016 年有效专利拥有量/件（排名）	2017 年有效专利拥有量/件（排名）	2018 年有效专利拥有量/件（排名）	2019 年有效专利拥有量/件（排名）	2020 年有效专利拥有量/件（排名）
1	北京市	558（1）	332（1）	246（1）	163（2）	52（3）
2	广东省	289（2）	267（2）	237（2）	329（1）	164（1）
3	山东省	97（4）	92（5）	110（3）	81（5）	14（7）
4	江苏省	103（3）	109（3）	81（6）	62（7）	24（6）
5	福建省	71（5）	96（4）	91（5）	81（5）	25（5）
6	河北省	32（9）	40（9）	92（4）	122（4）	67（2）
7	河南省	47（7）	86（6）	47（9）	135（3）	34（4）
8	浙江省	52（6）	41（8）	61（7）	30（9）	10（8）
9	陕西省	25（11）	44（7）	58（8）	48（8）	4（12）
10	安徽省	36（8）	32（10）	40（10）	22（10）	10（8）
11	新疆维吾尔自治区	30（10）	25（11）	27（11）	12（14）	5（10）
12	湖北省	16（13）	10（13）	22（12）	20（13）	5（10）

续表

序号	地区	2016年有效专利拥有量/件（排名）	2017年有效专利拥有量/件（排名）	2018年有效专利拥有量/件（排名）	2019年有效专利拥有量/件（排名）	2020年有效专利拥有量/件（排名）
13	上海市	17（12）	12（12）	11（13）	21（11）	1（17）
14	湖南省	6（15）	7（16）	9（15）	8（16）	4（12）
15	重庆市	15（14）	8（15）	2（21）	7（17）	2（15）
16	宁夏回族自治区	5（17）	6（17）	4（18）	10（15）	2（15）
17	吉林省	0（22）	0（22）	5（17）	21（11）	0（19）
18	江西省	3（18）	9（14）	6（16）	7（17）	0（19）
19	甘肃省	2（19）	6（17）	3（19）	2（19）	4（12）
20	辽宁省	1（20）	3（20）	10（14）	2（19）	0（19）
21	海南省	6（15）	4（19）	0（22）	1（22）	0（19）
22	四川省	1（20）	3（20）	3（19）	1（22）	1（17）
23	西藏自治区	0（22）	0（22）	0（22）	2（19）	0（19）
24	云南省	0（22）	0（22）	0（22）	0（24）	0（19）
25	山西省	0（22）	0（22）	0（22）	0（24）	0（19）
总计		1412	1232	1165	1187	428
平均值		56.48	49.28	46.60	47.48	17.12

资料来源：科技大数据湖北省重点实验室

注：同表4-2

表4-42　2020年非金属矿物制品业十强技术领域

序号	技术领域代码	技术领域含义	累计专利申请量/件
1	25-01	建筑材料	953
2	07-01	陶瓷器、玻璃器皿、餐用盘碟和其他类似物品	593
3	C04B35/66	含有或不含有黏土的整块耐火材料或耐火砂浆	256
4	23-02	卫生设备	236
5	E04B9/06	以支承结构的构造为特征的	151
6	06-04	存放物品用家具	147
7	E04B2/74	可拆卸的非承重墙；上部边缘不固定的隔墙（框架用墙板入 E04C 2/38）	141
8	C04B28/14	含硫酸钙水泥的	141
9	C03C17/36	至少一种涂层是金属	136
10	C04B28/04	硅酸盐水泥	116
总计			2870
平均值			287

资料来源：科技大数据湖北省重点实验室

4.2.15　有色金属冶炼及压延加工业

2020年，有色金属冶炼及压延加工业的知识产权指数为0.7497，排名第15位，有效专利拥有量为8273件。该产业共有70家上市公司申请专利，知识产权指数最高的上市公司是中国铝业股份有限公司，上市板块为主板，所属地区为北京市（表4-43）。浙江省在该产业的近五年有效专利拥有量最多（表 4-44）。该产业的优势技术领域包括建筑材料（25-01）；氧化铝、氢氧化铝、铝酸盐（C01F7/02）；处理除矿石以外的原材料，如废屑，以生产有色金属或它的化合物（C22B7/00）；电解槽的结构，例如底、壁、阴极（C25C3/08）；阳极（C25C3/12）等（表 4-45）。

表 4-43　2020 年有色金属冶炼及压延加工业上市公司知识产权指数二十强上市公司

序号	上市公司名称	地区	IPI	近三年专利申请量/件	有效专利拥有量/件	PCT 专利数量/件
1	中国铝业股份有限公司	北京市	3.8325	218	1538	76
2	攀钢集团钒钛资源股份有限公司	四川省	1.6640	80	206	0
3	厦门钨业股份有限公司	福建省	1.6370	247	333	0
4	白银有色集团股份有限公司	甘肃省	1.5257	121	434	15
5	江西铜业股份有限公司	江西省	1.4844	143	362	9
6	铜陵有色金属集团股份有限公司	安徽省	1.3663	231	218	0
7	浙江海亮股份有限公司	浙江省	1.3590	263	363	0
8	西部超导材料科技股份有限公司	陕西省	1.2658	124	259	8
9	株洲冶炼集团股份有限公司	湖南省	1.2140	38	265	186
10	浙江华友钴业股份有限公司	浙江省	1.0913	87	151	0
11	山东南山铝业股份有限公司	山东省	1.0619	137	128	6
12	云南铜业股份有限公司	云南省	1.0563	48	138	9
13	贵研铂业股份有限公司	云南省	1.0561	65	83	0
14	宁夏东方钽业股份有限公司	宁夏回族自治区	1.0341	23	183	0
15	深圳市中金岭南有色金属股份有限公司	广东省	1.0104	70	132	0
16	宁波金田铜业（集团）股份有限公司	浙江省	0.9936	55	194	0
17	云南铝业股份有限公司	云南省	0.8568	20	135	3
18	郴州市金贵银业股份有限公司	湖南省	0.8505	44	216	26
19	北京钢研高纳科技股份有限公司	北京市	0.8355	98	85	5
20	安徽楚江科技新材料股份有限公司	安徽省	0.8286	54	197	12
总计			26.0238	2166	5620	355
平均值			1.3012	108.30	281.00	17.75

资料来源：科技大数据湖北省重点实验室

表 4-44　2016～2020 年有色金属冶炼及压延加工业有效专利拥有量地区分布及排名

序号	地区	2016 年有效专利拥有量/件（排名）	2017 年有效专利拥有量/件（排名）	2018 年有效专利拥有量/件（排名）	2019 年有效专利拥有量/件（排名）	2020 年有效专利拥有量/件（排名）
1	浙江省	52（5）	66（5）	132（1）	146（1）	7（8）
2	江苏省	105（1）	95（2）	84（2）	42（8）	16（3）
3	广东省	94（2）	97（1）	49（7）	80（3）	4（11）
4	北京市	89（3）	64（6）	60（3）	88（2）	12（6）
5	江西省	51（6）	71（4）	54（5）	55（5）	14（4）
6	安徽省	54（4）	42（9）	51（6）	66（4）	18（2）
7	甘肃省	45（9）	74（3）	57（4）	23（11）	9（7）

续表

序号	地区	2016 年有效专利拥有量/件（排名）	2017 年有效专利拥有量/件（排名）	2018 年有效专利拥有量/件（排名）	2019 年有效专利拥有量/件（排名）	2020 年有效专利拥有量/件（排名）
8	云南省	42（10）	60（7）	34（10）	45（7）	13（5）
9	福建省	18（14）	13（14）	35（9）	48（6）	48（1）
10	陕西省	47（8）	44（8）	30（12）	35（9）	2（13）
11	山东省	26（13）	34（12）	43（8）	33（10）	4（11）
12	四川省	41（11）	42（9）	24（14）	17（12）	7（8）
13	湖南省	50（7）	38（11）	28（13）	5（14）	0（16）
14	河南省	34（12）	23（13）	31（11）	13（13）	5（10）
15	宁夏回族自治区	10（16）	5（15）	1（17）	0（18）	0（16）
16	吉林省	12（15）	2（17）	0（18）	0（18）	0（16）
17	上海市	1（18）	2（17）	4（16）	3（15）	2（13）
18	黑龙江省	6（17）	2（17）	0（18）	3（15）	1（15）
19	内蒙古自治区	0（19）	0（20）	8（15）	1（17）	0（16）
20	辽宁省	0（19）	4（16）	0（18）	0（18）	0（16）
21	新疆维吾尔自治区	0（19）	0（20）	0（18）	0（18）	0（16）
22	海南省	0（19）	0（20）	0（18）	0（18）	0（16）
23	山西省	0（19）	0（20）	0（18）	0（18）	0（16）
总计		777	778	725	703	162
平均值		33.78	33.83	31.52	30.57	7.04

资料来源：科技大数据湖北省重点实验室

注：同表 4-2

表 4-45　2020 年有色金属冶炼及压延加工业十强技术领域

序号	技术领域代码	技术领域含义	累计专利申请量/件
1	25-01	建筑材料	580
2	C01F7/02	氧化铝、氢氧化铝、铝酸盐	301
3	C22B7/00	处理除矿石以外的原材料，如废屑，以生产有色金属或它的化合物	265
4	C25C3/08	电解槽的结构，例如底、壁、阴极	195
5	C25C3/12	阳极	173
6	C22C21/00	铝基合金	151
7	C25C3/20	电解槽的自动控制或调节（一般的控制或调节入 G05）	140
8	C22B7/04	炉渣的处理	132
9	H01B5/02	单根杆、棒、线或带；汇流排	124
10	C25C3/06	铝的	106
总计			2167
平均值			216.70

资料来源：科技大数据湖北省重点实验室

4.2.16　金融业

2020 年，金融业的知识产权指数为 0.7348，排名第 16 位，有效专利拥有量为 3771 件。

该产业共有71家上市公司申请专利，知识产权指数最高的上市公司是中国工商银行股份有限公司，上市板块为主板，所属地区为北京市（表4-46）。北京市在该产业的近五年有效专利拥有量最多（表4-47）。该产业的优势技术领域包括银行业，例如，利息计算、信贷审批、抵押、家庭银行或网上银行（G06Q40/02）；信息检索及其数据库结构（G06F17/30）；通过软件的测试或调试防止错误（G06F11/36）；传输控制规程，例如数据链级控制规程（H04L29/08）；以协议为特征的数字传输技术（H04L29/06）等（表4-48）。

表4-46 2020年金融业上市公司知识产权指数二十强上市公司

序号	上市公司名称	地区	IPI	近三年专利申请量/件	有效专利拥有量/件	PCT专利数量/件
1	中国工商银行股份有限公司	北京市	4.3707	1960	982	5
2	中国建设银行股份有限公司	北京市	4.2000	1699	853	18
3	中国银行股份有限公司	北京市	2.9230	2439	366	23
4	中国农业银行股份有限公司	北京市	1.7800	140	363	7
5	经纬纺织机械股份有限公司	北京市	0.9344	36	187	2
6	国网英大股份有限公司	上海市	0.9282	58	148	24
7	交通银行股份有限公司	上海市	0.7749	55	57	0
8	平安银行股份有限公司	广东省	0.7528	249	32	0
9	招商银行股份有限公司	广东省	0.6118	30	25	2
10	中信银行股份有限公司	北京市	0.5531	250	4	0
11	中国邮政储蓄银行股份有限公司	北京市	0.5299	78	33	1
12	中国民生银行股份有限公司	北京市	0.4713	5	44	6
13	中国石油集团资本股份有限公司	新疆维吾尔自治区	0.4382	6	42	0
14	中粮资本控股股份有限公司	河南省	0.4173	0	225	0
15	重庆农村商业银行股份有限公司	重庆市	0.4026	65	47	0
16	浙江核新同花顺网络信息股份有限公司	浙江省	0.3320	15	15	0
17	广发证券股份有限公司	广东省	0.3062	31	4	0
18	浙商银行股份有限公司	浙江省	0.3041	15	15	0
19	中国光大银行股份有限公司	北京市	0.2894	13	11	0
20	国泰君安证券股份有限公司	上海市	0.2794	12	11	0
总计			21.5993	7156	3464	88
平均值			1.0800	357.80	173.20	4.40

资料来源：科技大数据湖北省重点实验室

表4-47 2016～2020年金融业有效专利拥有量地区分布及排名

序号	地区	2016年有效专利拥有量/件（排名）	2017年有效专利拥有量/件（排名）	2018年有效专利拥有量/件（排名）	2019年有效专利拥有量/件（排名）	2020年有效专利拥有量/件（排名）
1	北京市	419（1）	251（1）	92（1）	129（1）	149（1）
2	上海市	24（3）	11（4）	15（2）	24（3）	6（3）
3	河南省	42（2）	31（2）	0（8）	0（6）	0（6）
4	广东省	13（5）	16（3）	6（3）	3（5）	9（2）
5	重庆市	2（8）	0（11）	0（8）	42（2）	2（5）

续表

序号	地区	2016年有效专利拥有量/件（排名）	2017年有效专利拥有量/件（排名）	2018年有效专利拥有量/件（排名）	2019年有效专利拥有量/件（排名）	2020年有效专利拥有量/件（排名）
6	新疆维吾尔自治区	17（4）	9（5）	4（4）	0（6）	0（6）
7	江苏省	0（11）	3（9）	1（6）	4（4）	4（4）
8	浙江省	1（10）	9（5）	0（8）	0（6）	0（6）
9	陕西省	7（6）	1（10）	1（6）	0（6）	0（6）
10	湖南省	0（11）	8（7）	0（8）	0（6）	0（6）
11	安徽省	6（7）	0（11）	0（8）	0（6）	0（6）
12	山东省	2（8）	4（8）	0（8）	0（6）	0（6）
13	福建省	0（11）	0（11）	3（5）	0（6）	0（6）
14	吉林省	0（11）	0（11）	0（8）	0（6）	0（6）
15	四川省	0（11）	0（11）	0（8）	0（6）	0（6）
16	河北省	0（11）	0（11）	0（8）	0（6）	0（6）
17	江西省	0（11）	0（11）	0（8）	0（6）	0（6）
18	湖北省	0（11）	0（11）	0（8）	0（6）	0（6）
19	内蒙古自治区	0（11）	0（11）	0（8）	0（6）	0（6）
20	海南省	0（11）	0（11）	0（8）	0（6）	0（6）
21	广西壮族自治区	0（11）	0（11）	0（8）	0（6）	0（6）
22	云南省	0（11）	0（11）	0（8）	0（6）	0（6）
23	贵州省	0（11）	0（11）	0（8）	0（6）	0（6）
24	黑龙江省	0（11）	0（11）	0（8）	0（6）	0（6）
25	西藏自治区	0（11）	0（11）	0（8）	0（6）	0（6）
26	山西省	0（11）	0（11）	0（8）	0（6）	0（6）
总计		533	343	122	202	170
平均值		20.50	13.19	4.69	7.77	6.54

资料来源：科技大数据湖北省重点实验室

注：同表4-2

表4-48　2020年金融业十强技术领域

序号	技术领域代码	技术领域含义	累计专利申请量/件
1	G06Q40/02	银行业，例如，利息计算、信贷审批、抵押、家庭银行或网上银行	786
2	G06F17/30	信息检索及其数据库结构	670
3	G06F11/36	通过软件的测试或调试防止错误	527
4	H04L29/08	传输控制规程，例如数据链级控制规程	422
5	H04L29/06	以协议为特征的数字传输技术	418
6	G07F19/00	完整的银行系统；用于收付现金或类似物，并过账到现存账户的编码卡片通过装置，例如自动出纳机（银行记账的数据处理设备入G06Q 40/02）	310
7	G06Q10/06	资源、工作流、人员或项目管理，例如组织、规划、调度或分配时间、人员或机器资源；企业规划；组织模型	292
8	G06Q40/00	金融；保险；税务策略；公司或所得税的处理	273
9	G06Q40/04	交易，例如，股票、商品、金融衍生工具或货币兑换	214

续表

序号	技术领域代码	技术领域含义	累计专利申请量/件
10	G06Q20/40	授权，例如，支付人或收款人识别，审核客户或商店证书；支付人的审核和批准，例如，信用额度或拒绝清单的检查	205
总计			4117
平均值			411.70

资料来源：科技大数据湖北省重点实验室

4.2.17 电力、热力、燃气及水的生产和供应业

2020年，电力、热力、燃气及水的生产和供应业的知识产权指数为0.7159，排名第17位，有效专利拥有量为6819件。该产业共有78家上市公司申请专利，知识产权指数最高的上市公司是中国广核电力股份有限公司，上市板块为中小板，所属地区为广东省（表4-49）。广东省在该产业的近五年有效专利拥有量最多（表4-50）。该产业的优势技术领域包括资源、工作流、人员或项目管理，例如组织、规划、调度或分配时间、人员或机器资源；企业规划；组织模型（G06Q10/06）。监视；测试（G21C17/00）。紧急冷却装置；排除停堆余热（G21C15/18）。计算机辅助设计（静态存储的测试电路的设计入G11C 29/54）（G06F17/50）。燃料元件、控制棒、反应堆芯或慢化剂结合与灵敏仪器的结构组合，例如用于测量放射性、应变（G21C17/10）等（表4-51）。

表4-49 2020年电力、热力、燃气及水的生产和供应业上市公司知识产权指数二十强上市公司

序号	上市公司名称	地区	IPI	近三年专利申请量/件	有效专利拥有量/件	PCT专利数量/件
1	中国广核电力股份有限公司	广东省	5.7819	2583	2873	420
2	中国长江电力股份有限公司	北京市	2.3355	627	1019	0
3	华能国际电力股份有限公司	北京市	1.7069	353	318	1013
4	大唐国际发电股份有限公司	北京市	1.4486	97	405	1
5	华能澜沧江水电股份有限公司	云南省	1.2293	176	144	5
6	深圳市燃气集团股份有限公司	广东省	1.0248	73	153	29
7	广州发展集团股份有限公司	广东省	1.0178	172	216	5
8	大唐华银电力股份有限公司	湖南省	0.7690	140	102	0
9	河南安彩高科股份有限公司	河南省	0.7657	23	93	0
10	华电国际电力股份有限公司	山东省	0.7129	70	68	0
11	广西桂冠电力股份有限公司	广西壮族自治区	0.7019	90	87	2
12	广州迪森热能技术股份有限公司	广东省	0.6746	20	183	3
13	上海电力股份有限公司	上海市	0.5446	30	59	0
14	浙江富春江环保热电股份有限公司	浙江省	0.5277	18	91	2
15	中原环保股份有限公司	河南省	0.5021	62	59	0
16	新疆天富能源股份有限公司	新疆维吾尔自治区	0.4868	40	35	0
17	贵州黔源电力股份有限公司	贵州省	0.4632	20	33	0
18	杭州中泰深冷技术股份有限公司	浙江省	0.4462	25	71	0
19	宁夏银星能源股份有限公司	宁夏回族自治区	0.4198	7	48	0

续表

序号	上市公司名称	地区	IPI	近三年专利申请量/件	有效专利拥有量/件	PCT专利数量/件
20	广东梅雁吉祥水电股份有限公司	广东省	0.3938	0	197	0
总计			21.9531	4626	6254	1480
平均值			1.0977	231.30	312.70	74.00

资料来源：科技大数据湖北省重点实验室

表 4-50　2016～2020 年电力、热力、燃气及水的生产和供应业有效专利拥有量地区分布及排名

序号	地区	2016年有效专利拥有量/件（排名）	2017年有效专利拥有量/件（排名）	2018年有效专利拥有量/件（排名）	2019年有效专利拥有量/件（排名）	2020年有效专利拥有量/件（排名）
1	广东省	534（1）	655（1）	850（1）	586（1）	108（1）
2	北京市	268（2）	279（2）	323（2）	410（2）	59（2）
3	云南省	29（3）	20（6）	20（4）	44（4）	11（3）
4	湖南省	2（13）	7（11）	18（5）	74（3）	2（13）
5	河南省	11（5）	8（9）	27（3）	32（6）	9（4）
6	广西壮族自治区	10（6）	8（9）	10（7）	36（5）	9（4）
7	浙江省	14（4）	28（4）	11（6）	11（9）	8（6）
8	山东省	7（8）	15（7）	5（12）	19（7）	7（7）
9	上海市	3（11）	32（3）	8（9）	4（15）	2（13）
10	贵州省	0（16）	22（5）	3（15）	5（14）	0（21）
11	新疆维吾尔自治区	0（16）	0（17）	9（8）	16（8）	4（9）
12	重庆市	8（7）	6（12）	2（16）	0（21）	6（8）
13	黑龙江省	4（10）	10（8）	8（9）	0（21）	0（21）
14	江西省	1（15）	6（12）	6（11）	4（15）	2（13）
15	四川省	0（16）	0（17）	4（13）	8（10）	3（11）
16	福建省	6（9）	2（15）	1（17）	6（13）	0（21）
17	河北省	0（16）	0（17）	0（20）	8（10）	2（13）
18	江苏省	0（16）	3（14）	1（17）	2（18）	3（11）
19	安徽省	0（16）	0（17）	0（20）	7（12）	2（13）
20	天津市	3（11）	0（17）	0（20）	4（15）	2（13）
21	宁夏回族自治区	2（13）	0（17）	4（13）	0（21）	1（19）
22	陕西省	0（16）	0（17）	0（20）	2（18）	4（9）
23	辽宁省	0（16）	0（17）	0（20）	1（20）	1（19）
24	山西省	0（16）	1（16）	1（17）	0（21）	0（21）
25	吉林省	0（16）	0（17）	0（20）	0（21）	0（21）
26	湖北省	0（16）	0（17）	0（20）	0（21）	0（21）
27	内蒙古自治区	0（16）	0（17）	0（20）	0（21）	0（21）
28	甘肃省	0（16）	0（17）	0（20）	0（21）	0（21）
总计		902	1102	1311	1279	245
平均值		32.21	39.36	46.82	45.68	8.75

资料来源：科技大数据湖北省重点实验室

注：同表 4-2

表 4-51 2020 年电力、热力、燃气及水的生产和供应业十强技术领域

序号	技术领域代码	技术领域含义	累计专利申请量/件
1	G06Q10/06	资源、工作流、人员或项目管理，例如组织、规划、调度或分配时间、人员或机器资源；企业规划；组织模型	179
2	G21C17/00	监视；测试	128
3	G21C15/18	紧急冷却装置；排除停堆余热	98
4	G06F17/50	计算机辅助设计（静态存储的测试电路的设计入 G11C 29/54）	97
5	G21C17/10	燃料元件、控制棒、反应堆芯或慢化剂结合与灵敏仪器的结构组合，例如用于测量放射性、应变	72
6	B01D50/00	用于从气体或蒸气中分离粒子的组合器械	69
7	G05B23/02	电检验式监视	67
8	G01R31/00	电性能的测试装置；电故障的探测装置；以所进行的测试在其他位置未提供为特征的电测试装置；在制造过程中测试或测量半导体或固体器件入 H01L21/66；线路传输系统的测试入 H04B3/46	62
9	G05B19/418	全面工厂控制，即集中控制许多机器，例如直接或分布数字控制（DNC）、柔性制造系统（FMS）、集成制造系统（IMS）、计算机集成制造（CIM）	61
10	F03B11/00	不包含在组 F03B 1/00 至 F03B 9/00 中或与组 F03B 1/00 至 F03B 9/00 无关的部件或零件（控制入 F03B 15/00）	54
总计			887
平均值			88.70

资料来源：科技大数据湖北省重点实验室

4.2.18 仪器仪表制造业

2020 年，仪器仪表制造业的知识产权指数为 0.6967，排名第 18 位，有效专利拥有量为 11 572 件。该产业共有 58 家上市公司申请专利，知识产权指数最高的上市公司是武汉精测电子集团股份有限公司，上市板块为创业板，所属地区为湖北省（表 4-52）。浙江省在该产业的近五年有效专利拥有量最多（表 4-53）。该产业的优势技术领域包括其他计测仪器、设备和装置（10-04）；检验、安全和试验用仪器、设备和装置（10-05）；测量功率或电流的时间积分的仪表的测试或校准（G01R35/04）；传输控制规程，例如数据链级控制规程（H04L29/08）；利用不包括在 G01N 1/00 至 G01N 31/00 组中的特殊方法来研究或分析材料（G01N33/00）等（表 4-54）。

表 4-52 2020 年仪器仪表制造业上市公司知识产权指数二十强上市公司

序号	上市公司名称	地区	IPI	近三年专利申请量/件	有效专利拥有量/件	PCT 专利数量/件
1	武汉精测电子集团股份有限公司	湖北省	1.9645	568	758	1
2	深圳市科陆电子科技股份有限公司	广东省	1.8599	174	755	0
3	宁波三星医疗电气股份有限公司	浙江省	1.8341	361	760	18
4	重庆川仪自动化股份有限公司	重庆市	1.5626	104	716	3
5	福建福光股份有限公司	福建省	1.4172	167	557	27
6	聚光科技（杭州）股份有限公司	浙江省	1.4029	65	469	0
7	杭州海兴电力科技股份有限公司	浙江省	1.1325	152	186	0
8	湖南三德科技股份有限公司	湖南省	1.1285	226	531	4

续表

序号	上市公司名称	地区	IPI	近三年专利申请量/件	有效专利拥有量/件	PCT专利数量/件
9	汉威科技集团股份有限公司	河南省	1.1157	125	274	3
10	江苏天瑞仪器股份有限公司	江苏省	1.0662	87	309	0
11	光力科技股份有限公司	河南省	1.0245	74	335	1
12	北京雪迪龙科技股份有限公司	北京市	1.0184	115	260	0
13	南京埃斯顿自动化股份有限公司	江苏省	1.0105	76	208	1
14	江苏林洋能源股份有限公司	江苏省	1.0093	60	226	0
15	安科瑞电气股份有限公司	上海市	0.9642	131	274	8
16	成都秦川物联网科技股份有限公司	四川省	0.8906	115	386	0
17	武汉理工光科股份有限公司	湖北省	0.8776	73	159	0
18	安徽皖仪科技股份有限公司	安徽省	0.8648	89	183	3
19	无锡信捷电气股份有限公司	江苏省	0.8021	83	116	2
20	宁波水表（集团）股份有限公司	浙江省	0.8003	88	157	0
总计			23.7464	2933	7619	71
平均值			1.1873	146.65	380.95	3.55

资料来源：科技大数据湖北省重点实验室

表 4-53　2016～2020 年仪器仪表制造业有效专利拥有量地区分布及排名

序号	地区	2016 年有效专利拥有量/件（排名）	2017 年有效专利拥有量/件（排名）	2018 年有效专利拥有量/件（排名）	2019 年有效专利拥有量/件（排名）	2020 年有效专利拥有量/件（排名）
1	浙江省	268（1）	387（1）	269（1）	309（1）	102（2）
2	广东省	202（2）	171（2）	129（2）	172（2）	64（3）
3	江苏省	148（3）	143（3）	102（3）	127（4）	50（4）
4	湖北省	106（6）	83（5）	96（4）	137（3）	109（1）
5	湖南省	127（5）	111（4）	86（6）	66（7）	10（10）
6	北京市	128（4）	59（8）	67（8）	65（8）	30（6）
7	河南省	65（8）	62（7）	96（4）	104（5）	16（9）
8	福建省	104（7）	82（6）	79（7）	48（9）	2（14）
9	江西省	14（14）	11（14）	61（9）	75（6）	17（7）
10	上海市	21（13）	19（12）	31（10）	39（11）	47（5）
11	重庆市	49（9）	42（9）	29（11）	15（14）	9（11）
12	安徽省	26（12）	32（10）	22（12）	43（10）	7（12）
13	河北省	29（11）	20（11）	19（13）	19（13）	17（7）
14	四川省	46（10）	19（12）	10（15）	22（12）	7（12）
15	吉林省	7（15）	0（15）	13（14）	11（15）	2（14）
16	广西壮族自治区	0（16）	0（15）	0（16）	0（16）	0（16）
总计		1340	1241	1109	1252	489
平均值		83.75	77.56	69.31	78.25	30.56

资料来源：科技大数据湖北省重点实验室

注：同表 4-2

表 4-54　2020 年仪器仪表制造业十强技术领域

序号	技术领域代码	技术领域含义	累计专利申请量/件
1	10-04	其他计测仪器、设备和装置	922
2	10-05	检验、安全和试验用仪器、设备和装置	382
3	G01R35/04	测量功率或电流的时间积分的仪表的测试或校准	278
4	H04L29/08	传输控制规程，例如数据链级控制规程	219
5	G01N33/00	利用不包括在 G01N 1/00 至 G01N 31/00 组中的特殊方法来研究或分析材料	209
6	G02B13/00	为下述用途专门设计的光学物镜（有可变放大率的入 G02B 15/00）	199
7	G01R11/04	外壳；支架；端子装置	191
8	G07F15/06	有预付基本费用（如仪表租金）的装置的	178
9	G08C17/02	用无线电线路	176
10	G01F1/66	通过测量电磁波或其他波的频率、相位移或传播时间，例如，超声波流量计	175
总计			2929
平均值			292.90

资料来源：科技大数据湖北省重点实验室

4.2.19 科学研究和技术服务业

2020 年，科学研究和技术服务业的知识产权指数为 0.5981，排名第 19 位，有效专利拥有量为 6582 件。该产业共有 48 家上市公司申请专利，知识产权指数最高的上市公司是阿尔特汽车技术股份有限公司，上市板块为创业板，所属地区为北京市（表 4-55）。北京市在该产业的近五年有效专利拥有量最多（表 4-56）。该产业的优势技术领域包括计算机辅助设计（静态存储的测试电路的设计入 G11C 29/54）（G06F17/50）；轮式或履带式车辆（G01M17/08 优先）（G01M17/007）；桥梁零件（E01D19/00）；柱色谱法（G01N30/02）；边坡或斜坡的稳定（E02D17/20）等（表 4-57）。

表 4-55　2020 年科学研究和技术服务业上市公司知识产权指数二十强上市公司

序号	上市公司名称	地区	IPI	近三年专利申请量/件	有效专利拥有量/件	PCT 专利数量/件
1	阿尔特汽车技术股份有限公司	北京市	2.9347	441	1293	9
2	苏交科集团股份有限公司	江苏省	2.2943	265	717	33
3	中国汽车工程研究院股份有限公司	重庆市	1.9463	427	558	7
4	华电重工股份有限公司	北京市	1.7654	358	583	0
5	华设设计集团股份有限公司	江苏省	1.4530	143	284	0
6	贵州省交通规划勘察设计研究院股份有限公司	贵州省	1.2724	139	312	0
7	河南省交通规划设计研究院股份有限公司	河南省	1.2628	191	185	0
8	广州广电计量检测股份有限公司	广东省	1.1746	116	271	9
9	中国建材检验认证集团股份有限公司	北京市	1.1535	96	234	3
10	航天长征化学工程股份有限公司	北京市	0.9835	58	260	3
11	安徽省交通规划设计研究总院股份有限公司	安徽省	0.9559	138	156	0

续表

序号	上市公司名称	地区	IPI	近三年专利申请量/件	有效专利拥有量/件	PCT专利数量/件
12	深圳华大基因股份有限公司	广东省	0.8503	29	82	1
13	永安行科技股份有限公司	江苏省	0.8267	136	184	2
14	钢研纳克检测技术股份有限公司	北京市	0.7570	49	103	0
15	苏州电器科学研究院股份有限公司	江苏省	0.7353	59	115	0
16	中衡设计集团股份有限公司	江苏省	0.7207	26	178	0
17	深圳市建筑科学研究院股份有限公司	广东省	0.6310	28	100	4
18	深圳市华阳国际工程设计股份有限公司	广东省	0.6073	55	63	0
19	华测检测认证集团股份有限公司	广东省	0.6001	26	120	4
20	成都先导药物开发股份有限公司	四川省	0.5829	29	42	3
总计			23.5077	2809	5840	78
平均值			1.1754	140.45	292.00	3.90

资料来源：科技大数据湖北省重点实验室

表4-56　2016～2020年科学研究和技术服务业有效专利拥有量地区分布及排名

序号	地区	2016年有效专利拥有量/件（排名）	2017年有效专利拥有量/件（排名）	2018年有效专利拥有量/件（排名）	2019年有效专利拥有量/件（排名）	2020年有效专利拥有量/件（排名）
1	北京市	290（1）	247（1）	259（1）	363（1）	122（1）
2	江苏省	220（2）	211（2）	166（2）	140（2）	69（2）
3	重庆市	54（5）	111（3）	108（3）	119（3）	32（4）
4	广东省	83（3）	99（4）	52（4）	40（6）	7（6）
5	贵州省	81（4）	27（7）	21（7）	38（7）	33（3）
6	河南省	16（6）	30（6）	25（5）	58（4）	17（5）
7	安徽省	13（7）	31（5）	24（6）	45（5）	6（7）
8	浙江省	6（9）	7（9）	0（12）	14（8）	0（9）
9	天津市	3（11）	11（8）	5（9）	7（9）	0（9）
10	四川省	6（9）	6（10）	4（11）	0（12）	0（9）
11	福建省	1（12）	5（11）	6（8）	2（11）	0（9）
12	上海市	1（12）	4（12）	0（12）	4（10）	3（8）
13	西藏自治区	8（8）	0（13）	0（12）	0（12）	0（9）
14	甘肃省	0（15）	0（13）	5（9）	0（12）	0（9）
15	辽宁省	1（12）	0（13）	0（12）	0（12）	0（9）
16	新疆维吾尔自治区	0（15）	0（13）	0（12）	0（12）	0（9）
17	湖南省	0（15）	0（13）	0（12）	0（12）	0（9）
总计		783	789	675	830	289
平均值		46.06	46.41	39.71	48.82	17.00

资料来源：科技大数据湖北省重点实验室

注：同表4-2

表 4-57　2020 年科学研究和技术服务业十强技术领域

序号	技术领域代码	技术领域含义	累计专利申请量/件
1	G06F17/50	计算机辅助设计（静态存储的测试电路的设计入 G11C 29/54）	166
2	G01M17/007	轮式或履带式车辆（G01M17/08 优先）	126
3	E01D19/00	桥梁零件	98
4	G01N30/02	柱色谱法	93
5	E02D17/20	边坡或斜坡的稳定	83
6	E01D21/00	专用于架设或装配桥梁的方法或设备	77
7	G01N1/22	气体的	64
8	12-16	其他类未包括的车辆零件、设备和附件	62
9	G01N23/223	通过用 X 射线或 γ 射线辐照样品以及测量 X 射线荧光	59
10	G01N3/08	施加稳定的张力或压力（G01N 3/28 优先）	54
总计			882
平均值			88.20

资料来源：科技大数据湖北省重点实验室

4.2.20　铁路、船舶、航空航天和其他运输设备制造业

2020 年，铁路、船舶、航空航天和其他运输设备制造业的知识产权指数为 0.5850，排名第 20 位，有效专利拥有量为 7726 件。该产业共有 47 家上市公司申请专利，知识产权指数最高的上市公司是中国航发动力股份有限公司，上市板块为主板，所属地区为陕西省（表 4-58）。江苏省在该产业的近五年有效专利拥有量最多（表 4-59）。该产业的优势技术领域包括自行车和摩托车（12-11），引擎（15-01），发电机和电动机（13-01），运务中心控制系统（B61L27/00），农业机具（15-03）等（表 4-60）。

表 4-58　2020 年铁路、船舶、航空航天和其他运输设备制造业上市公司知识产权指数二十强上市公司

序号	上市公司名称	地区	IPI	近三年专利申请量/件	有效专利拥有量/件	PCT 专利数量/件
1	中国航发动力股份有限公司	陕西省	3.1892	480	1069	27
2	隆鑫通用动力股份有限公司	重庆市	1.9649	582	1204	16
3	交控科技股份有限公司	北京市	1.9595	417	747	3
4	南京康尼机电股份有限公司	江苏省	1.7391	266	581	0
5	浙江春风动力股份有限公司	浙江省	1.1306	194	510	2
6	内蒙古第一机械集团股份有限公司	内蒙古自治区	1.1054	158	97	0
7	中国航发航空科技股份有限公司	四川省	1.0664	89	147	31
8	浙江钱江摩托股份有限公司	浙江省	0.9674	98	298	3
9	今创集团股份有限公司	江苏省	0.9655	130	260	9
10	江龙船艇科技股份有限公司	广东省	0.8328	156	284	0
11	江苏新日电动车股份有限公司	江苏省	0.8204	140	249	1
12	中航飞机股份有限公司	陕西省	0.7975	3	328	0
13	河南思维自动化设备股份有限公司	河南省	0.7932	36	195	0
14	北京铁科首钢轨道技术股份有限公司	北京市	0.7700	66	86	0

续表

序号	上市公司名称	地区	IPI	近三年专利申请量/件	有效专利拥有量/件	PCT专利数量/件
15	山东朗进科技股份有限公司	山东省	0.6971	63	129	0
16	江苏亚星锚链股份有限公司	江苏省	0.6960	58	141	5
17	青岛威奥轨道股份有限公司	山东省	0.6889	73	143	1
18	亚光科技集团股份有限公司	湖南省	0.6041	32	146	0
19	合肥江航飞机装备股份有限公司	安徽省	0.5843	31	79	0
20	北京天宜上佳高新材料股份有限公司	北京市	0.5655	41	142	2
总计			21.9378	3113	6835	100
平均值			1.0969	155.65	341.75	5.00

资料来源：科技大数据湖北省重点实验室

表4-59　2016～2020年铁路、船舶、航空航天和其他运输设备制造业有效专利拥有量地区分布及排名

序号	地区	2016年有效专利拥有量/件（排名）	2017年有效专利拥有量/件（排名）	2018年有效专利拥有量/件（排名）	2019年有效专利拥有量/件（排名）	2020年有效专利拥有量/件（排名）
1	江苏省	162（4）	207（3）	171（2）	175（1）	81（1）
2	重庆市	165（3）	167（4）	250（1）	123（2）	44（3）
3	北京市	225（2）	227（2）	166（3）	91（4）	13（5）
4	陕西省	292（1）	136（5）	120（4）	44（6）	1（10）
5	浙江省	59（6）	265（1）	84（5）	101（3）	61（2）
6	广东省	65（5）	59（6）	44（7）	91（4）	30（4）
7	山东省	31（7）	39（7）	59（6）	33（7）	13（5）
8	四川省	27（8）	33（8）	39（9）	19（9）	5（8）
9	内蒙古自治区	1（14）	0（14）	41（8）	25（8）	4（9）
10	河南省	26（9）	6（10）	17（10）	5（12）	1（10）
11	安徽省	15（10）	14（9）	8（11）	11（11）	0（13）
12	湖南省	6（11）	4（12）	7（12）	13（10）	6（7）
13	山西省	2（13）	5（11）	4（13）	3（13）	1（10）
14	新疆维吾尔自治区	6（11）	0（14）	0（15）	0（14）	0（13）
15	上海市	0（16）	2（13）	3（14）	0（14）	0（13）
16	河北省	1（14）	0（14）	0（15）	0（14）	0（13）
17	江西省	0（16）	0（14）	0（15）	0（14）	0（13）
18	湖北省	0（16）	0（14）	0（15）	0（14）	0（13）
19	贵州省	0（16）	0（14）	0（15）	0（14）	0（13）
20	黑龙江省	0（16）	0（14）	0（15）	0（14）	0（13）
总计		1083	1164	1013	734	260
平均值		54.15	58.20	50.65	36.70	13.00

资料来源：科技大数据湖北省重点实验室

注：同表4-2

表 4-60 2020 年铁路、船舶、航空航天和其他运输设备制造业十强技术领域

序号	技术领域代码	技术领域含义	累计专利申请量/件
1	12-11	自行车和摩托车	1002
2	15-01	引擎	466
3	13-01	发电机和电动机	214
4	B61L27/00	运务中心控制系统	198
5	15-03	农业机具	197
6	26-06	车辆照明设备	164
7	12-16	其他类未包括的车辆零件、设备和附件	124
8	12-06	船和艇	117
9	B61L23/00	沿线的或车辆之间的或列车之间的控制，报警或类似的安全装置	89
10	B23P15/00	制造特定金属物品，采用不包含在另一个单独的小类中或该小类的一个组中的加工	87
总计			2658
平均值			265.80

资料来源：科技大数据湖北省重点实验室

4.2.21 食品制造业

2020 年，食品制造业的知识产权指数为 0.5133，排名第 21 位，有效专利拥有量为 6542 件。该产业共有 51 家上市公司申请专利，知识产权指数最高的上市公司是内蒙古伊利实业集团股份有限公司，上市板块为主板，所属地区为内蒙古自治区（表 4-61）。内蒙古自治区在该产业的近五年有效专利拥有量最多（表 4-62）。该产业的优势技术领域包括箱、盒、容器、（防腐）罐（09-03），袋、香袋、管和囊（09-05），使用添加物（A23C9/13），瓶、长颈瓶、罐、耐酸瓶、细颈坛和附有喷雾器装置的容器（09-01），含有添加物（含有添加物的发酵奶配制品入 A23C 9/13）（A23C9/152）等（表 4-63）。

表 4-61 2020 年食品制造业上市公司知识产权指数二十强上市公司

序号	上市公司名称	地区	IPI	近三年专利申请量/件	有效专利拥有量/件	PCT 专利数量/件
1	内蒙古伊利实业集团股份有限公司	内蒙古自治区	3.3636	822	2395	8
2	光明乳业股份有限公司	上海市	1.9342	245	924	0
3	佛山市海天调味食品股份有限公司	广东省	1.4361	170	428	0
4	安徽金禾实业股份有限公司	安徽省	1.2494	219	233	24
5	安琪酵母股份有限公司	湖北省	1.1172	48	318	8
6	汤臣倍健股份有限公司	广东省	1.0235	135	281	0
7	江苏恒顺醋业股份有限公司	江苏省	0.8935	77	197	0
8	厦门金达威集团股份有限公司	福建省	0.7720	37	122	0
9	嘉必优生物技术（武汉）股份有限公司	湖北省	0.6758	81	87	0
10	三全食品股份有限公司	河南省	0.6722	38	246	0
11	广东肇庆星湖生物科技股份有限公司	广东省	0.6573	15	81	0
12	江苏苏盐井神股份有限公司	江苏省	0.5921	23	70	0

续表

序号	上市公司名称	地区	IPI	近三年专利申请量/件	有效专利拥有量/件	PCT 专利数量/件
13	北京三元食品股份有限公司	北京市	0.5679	12	75	0
14	青岛蔚蓝生物股份有限公司	山东省	0.5555	21	49	0
15	千禾味业食品股份有限公司	四川省	0.5314	53	57	4
16	克明面业股份有限公司	湖南省	0.5300	24	111	0
17	新希望乳业股份有限公司	四川省	0.5296	37	48	0
18	四川天味食品集团股份有限公司	四川省	0.4773	37	60	0
19	广东燕塘乳业股份有限公司	广东省	0.4659	71	111	0
20	河南金丹乳酸科技股份有限公司	河南省	0.4358	15	30	1
总计			18.4803	2180	5923	45
平均值			0.9240	109	296.15	2.25

资料来源：科技大数据湖北省重点实验室

表 4-62　2016～2020 年食品制造业有效专利拥有量地区分布及排名

序号	地区	2016 年有效专利拥有量/件（排名）	2017 年有效专利拥有量/件（排名）	2018 年有效专利拥有量/件（排名）	2019 年有效专利拥有量/件（排名）	2020 年有效专利拥有量/件（排名）
1	内蒙古自治区	140（1）	134（1）	180（1）	291（1）	161（1）
2	广东省	100（2）	122（2）	98（2）	126（2）	52（2）
3	上海市	79（3）	26（5）	21（6）	15（8）	0（9）
4	河南省	49（4）	31（3）	14（8）	30（3）	0（9）
5	江苏省	35（6）	25（6）	29（3）	16（6）	7（4）
6	安徽省	42（5）	18（7）	25（4）	7（9）	0（9）
7	四川省	16（9）	15（9）	15（7）	26（5）	7（4）
8	湖北省	12（11）	31（3）	25（4）	7（9）	4（7）
9	湖南省	15（10）	11（11）	11（9）	16（6）	8（3）
10	福建省	24（7）	18（7）	10（10）	4（13）	0（9）
11	山东省	4（16）	8（12）	9（11）	27（4）	7（4）
12	天津市	12（11）	13（10）	3（15）	6（11）	0（9）
13	新疆维吾尔自治区	19（8）	0（18）	4（14）	0（17）	0（9）
14	浙江省	5（15）	8（12）	5（13）	0（17）	0（9）
15	重庆市	3（17）	2（15）	3（15）	5（12）	2（8）
16	广西壮族自治区	6（14）	6（14）	0（17）	2（16）	0（9）
17	河北省	0（18）	2（15）	7（12）	4（13）	0（9）
18	北京市	7（13）	1（17）	0（17）	3（15）	0（9）
19	辽宁省	0（18）	0（18）	0（17）	0（17）	0（9）
20	青海省	0（18）	0（18）	0（17）	0（17）	0（9）
21	云南省	0（18）	0（18）	0（17）	0（17）	0（9）
22	甘肃省	0（18）	0（18）	0（17）	0（17）	0（9）
23	西藏自治区	0（18）	0（18）	0（17）	0（17）	0（9）
总计		568	471	459	585	248
平均值		24.70	20.48	19.96	25.43	10.78

资料来源：科技大数据湖北省重点实验室

注：同表 4-2

表 4-63　2020 年食品制造业十强技术领域

序号	技术领域代码	技术领域含义	累计专利申请量/件
1	09-03	箱、盒、容器、(防腐)罐	1174
2	09-05	袋、香袋、管和囊	945
3	A23C9/13	使用添加物	362
4	09-01	瓶、长颈瓶、罐、耐酸瓶、细颈坛和附有喷雾器装置的容器	343
5	A23C9/152	含有添加物(含有添加物的发酵奶配制品入 A23C 9/13)	327
6	19-08	其他印刷品	271
7	C12N1/20	细菌;其培养基	190
8	A23G9/42	含植物或其部分,例如水果、种子、提取物(含树胶入 A23G 9/34)	102
9	A23C9/123	仅应用乳酸杆菌科的微生物;酸奶(A23C9/13 优先)	102
10	C12N1/14	真菌(蘑菇的培养入 A01G 18/00;作为新植物本身入 A01H15/00);其培养基	97
总计			3913
平均值			391.30

资料来源:科技大数据湖北省重点实验室

4.2.22　水利、环境和公共设施管理业

2020 年,水利、环境和公共设施管理业的知识产权指数为 0.4917,排名第 22 位,有效专利拥有量为 5166 件。该产业共有 52 家上市公司申请专利,知识产权指数最高的上市公司是北京高能时代环境技术股份有限公司,上市板块为主板,所属地区为北京市(表 4-64)。北京市在该产业的近五年有效专利拥有量最多(表 4-65)。该产业的优势技术领域包括至少有一个生物处理步骤(C02F9/14);纺织纤维制品(05-05);至少有一个化学处理步骤(C02F9/04);固体废物的破坏或将固体废物转变为有用或无害的东西(B09B3/00);半液相方法,例如使用浆状物(B01D53/80)等(表 4-66)。

表 4-64　2020 年水利、环境和公共设施管理业上市公司知识产权指数二十强上市公司

序号	上市公司名称	地区	IPI	近三年专利申请量/件	有效专利拥有量/件	PCT 专利数量/件
1	北京高能时代环境技术股份有限公司	北京市	1.5325	326	432	0
2	广西博世科环保科技股份有限公司	广西壮族自治区	1.2773	208	255	0
3	无锡华光环保能源集团股份有限公司	江苏省	1.2479	112	339	5
4	博天环境集团股份有限公司	北京市	1.1328	142	308	12
5	中电环保股份有限公司	江苏省	1.0575	23	350	0
6	深圳市铁汉生态环境股份有限公司	广东省	0.9579	48	199	0
7	北京清新环境技术股份有限公司	北京市	0.8743	84	190	2
8	北京东方园林环境股份有限公司	北京市	0.8739	53	280	2
9	内蒙古蒙草生态环境(集团)股份有限公司	内蒙古自治区	0.8735	137	85	4
10	兴源环境科技股份有限公司	浙江省	0.8448	48	150	3
11	岭南生态文旅股份有限公司	广东省	0.8284	107	104	0
12	浙江德创环保科技股份有限公司	浙江省	0.8132	132	181	2

续表

序号	上市公司名称	地区	IPI	近三年专利申请量/件	有效专利拥有量/件	PCT 专利数量/件
13	启迪环境科技发展股份有限公司	湖北省	0.7871	78	108	42
14	浙富控股集团股份有限公司	浙江省	0.6974	72	91	9
15	安徽国祯环保节能科技股份有限公司	安徽省	0.6911	26	104	9
16	安徽艾可蓝环保股份有限公司	安徽省	0.6696	74	142	0
17	维尔利环保科技集团股份有限公司	江苏省	0.6454	23	120	0
18	中持水务股份有限公司	北京市	0.6433	70	106	7
19	南京万德斯环保科技股份有限公司	江苏省	0.6327	85	96	0
20	达刚控股集团股份有限公司	陕西省	0.6324	49	237	2
总计			17.7130	1897	3877	99
平均值			0.8857	94.85	193.85	4.95

资料来源：科技大数据湖北省重点实验室

表 4-65　2016～2020 年水利、环境和公共设施管理业有效专利拥有量地区分布及排名

序号	地区	2016 年有效专利拥有量/件（排名）	2017 年有效专利拥有量/件（排名）	2018 年有效专利拥有量/件（排名）	2019 年有效专利拥有量/件（排名）	2020 年有效专利拥有量/件（排名）
1	北京市	207（1）	186（1）	193（1）	161（1）	48（1）
2	江苏省	128（2）	131（2）	102（2）	116（2）	15（4）
3	广东省	53（3）	113（3）	43（5）	43（6）	17（2）
4	浙江省	46（4）	33（4）	68（3）	84（3）	17（2）
5	广西壮族自治区	33（6）	25（6）	51（4）	46（5）	14（5）
6	安徽省	32（7）	13（9）	13（10）	50（4）	12（6）
7	陕西省	35（5）	22（7）	21（8）	22（8）	1（9）
8	上海市	24（9）	11（11）	33（7）	15（9）	1（9）
9	湖北省	7（14）	12（10）	36（6）	12（10）	0（11）
10	内蒙古自治区	8（11）	27（5）	19（9）	7（11）	2（8）
11	天津市	25（8）	1（16）	5（13）	24（7）	0（11）
12	湖南省	8（11）	20（8）	6（12）	6（12）	5（7）
13	重庆市	12（10）	10（12）	1（15）	5（13）	0（11）
14	河北省	8（11）	7（14）	2（14）	0（14）	0（11）
15	辽宁省	0（16）	2（15）	8（11）	0（14）	0（11）
16	吉林省	0（16）	8（13）	0（16）	0（14）	0（11）
17	山东省	2（15）	1（16）	0（16）	0（14）	0（11）
18	四川省	0（16）	0（18）	0（16）	0（14）	0（11）
19	新疆维吾尔自治区	0（16）	0（18）	0（16）	0（14）	0（11）
20	福建省	0（16）	0（18）	0（16）	0（14）	0（11）
21	云南省	0（16）	0（18）	0（16）	0（14）	0（11）
22	西藏自治区	0（16）	0（18）	0（16）	0（14）	0（11）
总计		628	622	601	591	132
平均值		28.55	28.27	27.32	26.86	6.00

资料来源：科技大数据湖北省重点实验室

注：同表 4-2

表 4-66　2020 年水利、环境和公共设施管理业十强技术领域

序号	技术领域代码	技术领域含义	累计专利申请量/件
1	C02F9/14	至少有一个生物处理步骤	342
2	05-05	纺织纤维制品	230
3	C02F9/04	至少有一个化学处理步骤	207
4	B09B3/00	固体废物的破坏或将固体废物转变为有用或无害的东西	118
5	B01D53/80	半液相方法，例如使用浆状物	115
6	A01G9/02	容器，例如花盆或花箱（自动浇水装置入 A01G 27/00；悬挂花篮、装花盆用的容器入 A47G7/00）；栽培花卉用的玻璃器皿	115
7	B01D25/12	压滤机，即板式或者板框式的	112
8	C02F3/32	以利用动物或植物为特征的，如藻类	110
9	C02F3/30	好氧和厌氧工艺	104
10	B09C1/08	用化学方法	95
总计			1548
平均值			154.80

资料来源：科技大数据湖北省重点实验室

4.2.23　农副食品加工业

2020 年，农副食品加工业的知识产权指数为 0.4238，排名第 23 位，有效专利拥有量为 4144 件。该产业共有 41 家上市公司申请专利，知识产权指数最高的上市公司是北京大北农科技集团股份有限公司，上市板块为中小板，所属地区为北京市（表 4-67）。河南省在该产业的近五年有效专利拥有量最多（表 4-68）。该产业的优势技术领域包括袋、香袋、管和囊（09-05），箱、盒、容器、（防腐）罐（09-03），专门适用于特定动物的（A23K1/18），人造和天然材料之片材类（05-06），其他印刷品（19-08）等（表 4-69）。

表 4-67　2020 年农副食品加工业上市公司知识产权指数二十强上市公司

序号	上市公司名称	地区	IPI	近三年专利申请量/件	有效专利拥有量/件	PCT 专利数量/件
1	北京大北农科技集团股份有限公司	北京市	2.1057	165	865	3
2	通威股份有限公司	四川省	1.4327	89	420	22
3	新希望六和股份有限公司	四川省	1.3161	330	334	3
4	晨光生物科技集团股份有限公司	河北省	1.3016	85	344	0
5	河南双汇投资发展股份有限公司	河南省	1.1989	572	704	2
6	福建安井食品股份有限公司	福建省	0.8775	99	246	0
7	福建傲农生物科技集团股份有限公司	福建省	0.8493	121	107	1
8	保龄宝生物股份有限公司	山东省	0.7290	28	91	1
9	洽洽食品股份有限公司	安徽省	0.7288	95	112	1
10	天康生物股份有限公司	新疆维吾尔自治区	0.7001	85	60	0
11	中粮屯河糖业股份有限公司	新疆维吾尔自治区	0.6476	30	80	0
12	辽宁禾丰牧业股份有限公司	辽宁省	0.5882	23	62	2
13	福建天马科技集团股份有限公司	福建省	0.4809	46	36	0

续表

序号	上市公司名称	地区	IPI	近三年专利申请量/件	有效专利拥有量/件	PCT专利数量/件
14	广东海大集团股份有限公司	广东省	0.4564	8	69	0
15	山东惠发食品股份有限公司	山东省	0.4210	15	41	0
16	唐人神集团股份有限公司	湖南省	0.4018	18	30	24
17	好想你健康食品股份有限公司	河南省	0.3674	26	38	0
18	烟台中宠食品股份有限公司	山东省	0.3635	10	88	4
19	江西正邦科技股份有限公司	江西省	0.3631	22	26	0
20	江苏省农垦农业发展股份有限公司	江苏省	0.3355	15	24	0
总计			15.6651	1882	3777	63
平均值			0.7833	94.10	188.85	3.15

资料来源：科技大数据湖北省重点实验室

表4-68　2016～2020年农副食品加工业有效专利拥有量地区分布及排名

序号	地区	2016年有效专利拥有量/件（排名）	2017年有效专利拥有量/件（排名）	2018年有效专利拥有量/件（排名）	2019年有效专利拥有量/件（排名）	2020年有效专利拥有量/件（排名）
1	河南省	51（6）	100（1）	221（1）	205（1）	73（1）
2	四川省	166（1）	63（3）	92（3）	112（2）	34（3）
3	福建省	113（2）	56（4）	48（4）	34（4）	35（2）
4	北京市	78（3）	66（2）	95（2）	45（3）	1（11）
5	河北省	61（5）	34（5）	26（6）	9（8）	0（13）
6	江西省	66（4）	12（7）	26（6）	11（7）	2（8）
7	新疆维吾尔自治区	14（8）	24（6）	33（5）	16（6）	5（6）
8	安徽省	4（11）	6（9）	9（8）	27（5）	9（4）
9	山东省	31（7）	0（13）	5（10）	3（10）	5（6）
10	湖南省	2（13）	4（10）	6（9）	6（9）	2（8）
11	辽宁省	2（13）	4（10）	0（13）	2（12）	7（5）
12	浙江省	5（9）	4（10）	2（12）	1（13）	2（8）
13	江苏省	5（9）	0（13）	5（10）	3（10）	1（11）
14	广东省	4（11）	10（8）	0（13）	0（14）	0（13）
15	湖北省	0（15）	0（13）	0（13）	0（14）	0（13）
16	内蒙古自治区	0（15）	0（13）	0（13）	0（14）	0（13）
17	海南省	0（15）	0（13）	0（13）	0（14）	0（13）
18	广西壮族自治区	0（15）	0（13）	0（13）	0（14）	0（13）
19	黑龙江省	0（15）	0（13）	0（13）	0（14）	0（13）
总计		602	383	568	474	176
平均值		31.68	20.16	29.89	24.95	9.26

资料来源：科技大数据湖北省重点实验室

注：同表4-2

表 4-69　2020 年农副食品加工业十强技术领域

序号	技术领域代码	技术领域含义	累计专利申请量/件
1	09-05	袋、香袋、管和囊	954
2	09-03	箱、盒、容器、（防腐）罐	559
3	A23K1/18	专门适用于特定动物的	413
4	05-06	人造和天然材料之片材类	386
5	19-08	其他印刷品	237
6	A23K50/80	用于水生动物，如鱼类、甲壳类、软体动物	120
7	A23K50/30	用于猪	114
8	C12N1/20	细菌；其培养基	97
9	A23N17/00	专用于制备牲畜饲料的设备装置	91
10	C09B61/00	由天然原料制备的天然来源的染料	61
总计			3032
平均值			303.20

资料来源：科技大数据湖北省重点实验室

4.2.24　酒、饮料和精制茶制造业

2020 年，酒、饮料和精制茶制造业的知识产权指数为 0.3705，排名第 24 位，有效专利拥有量为 4499 件。该产业共有 40 家上市公司申请专利，知识产权指数最高的上市公司是安徽古井贡酒股份有限公司，上市板块为主板，所属地区为安徽省（表 4-70）。四川省在该产业的近五年有效专利拥有量最多（表 4-71）。该产业的优势技术领域包括瓶、长颈瓶、罐、耐酸瓶、细颈坛和附有喷雾器装置的容器（09-01），箱、盒、容器、（防腐）罐（09-03），用发酵法（C12G3/02），其他印刷品（19-08），柱色谱法（G01N30/02）等（表 4-72）。

表 4-70　2020 年酒、饮料和精制茶制造业上市公司知识产权指数二十强上市公司

序号	上市公司名称	地区	IPI	近三年专利申请量/件	有效专利拥有量/件	PCT 专利数量/件
1	安徽古井贡酒股份有限公司	安徽省	1.7523	456	976	13
2	宜宾五粮液股份有限公司	四川省	1.2634	341	885	10
3	青岛啤酒股份有限公司	山东省	1.2211	171	284	0
4	贵州茅台酒股份有限公司	贵州省	0.7948	76	160	6
5	江苏洋河酒厂股份有限公司	江苏省	0.7234	71	217	0
6	山西杏花村汾酒厂股份有限公司	山西省	0.6719	76	136	0
7	安徽金种子酒业股份有限公司	安徽省	0.6623	111	95	0
8	泸州老窖股份有限公司	四川省	0.6502	93	143	0
9	河北养元智汇饮品股份有限公司	河北省	0.6237	65	142	0
10	北京燕京啤酒股份有限公司	北京市	0.6125	24	60	0
11	江苏今世缘酒业股份有限公司	江苏省	0.5896	38	213	0
12	国投中鲁果汁股份有限公司	北京市	0.5384	39	70	0
13	会稽山绍兴酒股份有限公司	浙江省	0.5306	69	96	4
14	上海金枫酒业股份有限公司	上海市	0.4445	23	66	0

续表

序号	上市公司名称	地区	IPI	近三年专利申请量/件	有效专利拥有量/件	PCT 专利数量/件
15	安徽迎驾贡酒股份有限公司	安徽省	0.4244	49	75	5
16	广州珠江啤酒股份有限公司	广东省	0.4243	8	50	7
17	青海互助青稞酒股份有限公司	青海省	0.3744	31	50	0
18	舍得酒业股份有限公司	四川省	0.3622	62	80	0
19	河北衡水老白干酒业股份有限公司	河北省	0.3573	7	58	0
20	四川水井坊股份有限公司	四川省	0.3229	33	57	0
总计			13.3442	1843	3913	45
平均值			0.6672	92.15	195.65	2.25

资料来源：科技大数据湖北省重点实验室

表 4-71　2016～2020 年酒、饮料和精制茶制造业有效专利拥有量地区分布及排名

序号	地区	2016 年有效专利拥有量/件（排名）	2017 年有效专利拥有量/件（排名）	2018 年有效专利拥有量/件（排名）	2019 年有效专利拥有量/件（排名）	2020 年有效专利拥有量/件（排名）
1	四川省	129（1）	176（1）	166（2）	194（2）	115（1）
2	安徽省	115（2）	126（2）	200（1）	247（1）	89（2）
3	山东省	39（3）	51（4）	58（4）	43（4）	19（3）
4	江苏省	39（3）	54（3）	40（6）	56（3）	12（5）
5	浙江省	1（13）	14（7）	66（3）	35（5）	10（7）
6	河北省	27（6）	37（5）	24（9）	27（6）	8（9）
7	贵州省	11（8）	13（8）	26（8）	24（8）	8（9）
8	山西省	0（16）	6（11）	41（5）	9（9）	14（4）
9	北京市	32（5）	3（13）	6（11）	25（7）	4（11）
10	甘肃省	1（13）	4（12）	28（7）	5（13）	10（7）
11	青海省	7（11）	13（8）	9（10）	9（9）	4（11）
12	上海市	12（7）	2（14）	4（12）	9（9）	12（5）
13	湖南省	10（9）	16（6）	1（14）	8（12）	2（14）
14	福建省	8（10）	8（10）	4（12）	0（14）	3（13）
15	广东省	2（12）	0（16）	1（14）	0（14）	1（15）
16	新疆维吾尔自治区	1（13）	1（15）	1（14）	0（14）	0（16）
17	吉林省	0（16）	0（16）	1（14）	0（14）	0（16）
18	湖北省	0（16）	0（16）	0（18）	0（14）	0（16）
19	海南省	0（16）	0（16）	0（18）	0（14）	0（16）
20	重庆市	0（16）	0（16）	0（18）	0（14）	0（16）
21	西藏自治区	0（16）	0（16）	0（18）	0（14）	0（16）
总计		434	524	676	691	311
平均值		20.67	24.95	32.19	32.90	14.81

资料来源：科技大数据湖北省重点实验室

注：同表 4-2

表 4-72　2020 年酒、饮料和精制茶制造业十强技术领域

序号	技术领域代码	技术领域含义	累计专利申请量/件
1	09-01	瓶、长颈瓶、罐、耐酸瓶、细颈坛和附有喷雾器装置的容器	1826
2	09-03	箱、盒、容器、（防腐）罐	1450
3	C12G3/02	用发酵法	301
4	19-08	其他印刷品	152
5	G01N30/02	柱色谱法	65
6	07-01	陶瓷器、玻璃器皿、餐用盘碟和其他类似物品	62
7	C12G3/00	其他酒精饮料的制备	60
8	C12G3/12	用蒸馏法	56
9	09-05	袋、香袋、管和囊	52
10	C12C12/00	专门适用于制备特殊种类啤酒的方法	42
总计			4066
平均值			406.60

资料来源：科技大数据湖北省重点实验室

4.2.25　家具制造业

2020 年，家具制造业的知识产权指数为 0.3580，排名第 25 位，有效专利拥有量为 7887 件。该产业共有 24 家上市公司申请专利，知识产权指数最高的上市公司是顾家家居股份有限公司，上市板块为主板，所属地区为浙江省（表 4-73）。浙江省在该产业的近五年有效专利拥有量最多（表 4-74）。该产业的优势技术领域包括床和椅子（06-01），存放物品用家具（06-04），桌子及类似家具（06-03），其他家具和家具零件（06-06），床（06-02）等（表 4-75）。

表 4-73　2020 年家具制造业上市公司知识产权指数二十强上市公司

序号	上市公司名称	地区	IPI	近三年专利申请量/件	有效专利拥有量/件	PCT 专利数量/件
1	顾家家居股份有限公司	浙江省	1.3157	1064	1730	0
2	喜临门家具股份有限公司	浙江省	1.0736	257	652	0
3	乐歌人体工学科技股份有限公司	浙江省	1.0674	262	492	7
4	永艺家具股份有限公司	浙江省	1.0585	333	553	0
5	浙江永强集团股份有限公司	浙江省	0.9635	229	385	12
6	麒盛科技股份有限公司	浙江省	0.9451	245	378	74
7	志邦家居股份有限公司	安徽省	0.8682	176	331	0
8	恒林家居股份有限公司	浙江省	0.8673	166	416	0
9	广东顶固集创家居股份有限公司	广东省	0.8551	262	372	0
10	金牌厨柜家居科技股份有限公司	福建省	0.7646	172	352	0
11	宜华生活科技股份有限公司	广东省	0.7460	69	107	0
12	广东皮阿诺科学艺术家居股份有限公司	广东省	0.6904	168	251	0
13	欧派家居集团股份有限公司	广东省	0.6814	102	220	8
14	索菲亚家居股份有限公司	广东省	0.6090	88	222	0
15	深圳市易尚展示股份有限公司	广东省	0.5944	48	106	1

续表

序号	上市公司名称	地区	IPI	近三年专利申请量/件	有效专利拥有量/件	PCT 专利数量/件
16	江山欧派门业股份有限公司	浙江省	0.5733	72	149	0
17	亚振家居股份有限公司	江苏省	0.5697	130	240	0
18	曲美家居集团股份有限公司	北京市	0.5514	248	441	0
19	广州好莱客创意家居股份有限公司	广东省	0.5118	69	130	1
20	中源家居股份有限公司	浙江省	0.4749	64	121	0
总计			15.7813	4224	7648	103
平均值			0.7891	211.20	382.40	5.15

资料来源：科技大数据湖北省重点实验室

表 4-74　2016～2020 年家具制造业有效专利拥有量地区分布及排名

序号	地区	近 5 年有效专利总量/件	2016年有效专利拥有量/件（排名）	2017年有效专利拥有量/件（排名）	2018年有效专利拥有量/件（排名）	2019年有效专利拥有量/件（排名）	2020年有效专利拥有量/件（排名）
1	浙江省	3707	660（1）	667（1）	926（1）	1004（1）	450（1）
2	广东省	1068	190（2）	208（2）	348（2）	277（2）	45（3）
3	北京市	340	16（6）	124（3）	104（3）	96（3）	0（6）
4	江苏省	283	20（5）	61（5）	83（4）	45（6）	74（2）
5	福建省	273	37（4）	77（4）	66（5）	77（5）	16（4）
6	安徽省	257	68（3）	44（6）	58（6）	86（4）	1（5）
总计		5928	991	1181	1585	1585	586
平均值		988.00	165.17	196.83	264.17	264.17	97.67

资料来源：科技大数据湖北省重点实验室

注：同表 4-2

表 4-75　2020 年家具制造业十强技术领域

序号	技术领域代码	技术领域含义	累计专利申请量/件
1	06-01	床和椅子	2945
2	06-04	存放物品用家具	870
3	06-03	桌子及类似家具	825
4	06-06	其他家具和家具零件	685
5	06-02	床	448
6	25-02	预制或预先组合的建筑零件	379
7	A47C7/00	椅子或凳子的部件、零件或配件（安装在地板上的入 A47B 91/08）	175
8	14-99	其他	153
9	06-09	床垫和垫子	100
10	A47C17/04	有可动部件的沙发、长沙发、有靠背及扶手的长椅等；椅式床	84
总计			6664
平均值			666.40

资料来源：科技大数据湖北省重点实验室

4.2.26 批发和零售业

2020年，批发和零售业的知识产权指数为0.3551，排名第26位，有效专利拥有量为2792件。该产业共有67家上市公司申请专利，知识产权指数最高的上市公司是苏宁易购集团股份有限公司，上市板块为中小板，所属地区为江苏省（表4-76）。新疆维吾尔自治区在该产业的近五年有效专利拥有量最多（表4-77）。该产业的优势技术领域包括床和椅子（06-01），桌子及类似家具（06-03），表和手表（10-02），存放物品用家具（06-04），箱、盒、容器、（防腐）罐（09-03）等（表4-78）。

表4-76 2020年批发和零售业上市公司知识产权指数二十强上市公司

序号	上市公司名称	地区	IPI	近三年专利申请量/件	有效专利拥有量/件	PCT专利数量/件
1	苏宁易购集团股份有限公司	江苏省	1.2690	143	112	91
2	飞亚达精密科技股份有限公司	广东省	0.9909	157	322	1
3	美克国际家居用品股份有限公司	新疆维吾尔自治区	0.8657	428	1013	0
4	上海医药集团股份有限公司	上海市	0.7905	30	74	0
5	健民药业集团股份有限公司	湖北省	0.7709	90	87	1
6	广东星徽精密制造股份有限公司	广东省	0.6585	93	232	0
7	马应龙药业集团股份有限公司	湖北省	0.5955	26	153	0
8	三只松鼠股份有限公司	安徽省	0.5592	34	99	0
9	湖北三峡新型建材股份有限公司	湖北省	0.4665	35	42	8
10	良品铺子股份有限公司	湖北省	0.4031	45	40	0
11	天圣制药集团股份有限公司	重庆市	0.3725	6	57	0
12	江苏宏图高科技股份有限公司	江苏省	0.3576	12	101	4
13	中农立华生物科技股份有限公司	北京市	0.2968	12	18	2
14	上海来伊份股份有限公司	上海市	0.2833	21	20	0
15	重药控股股份有限公司	重庆市	0.2722	6	14	0
16	深圳赫美集团股份有限公司	广东省	0.2650	4	29	0
17	莱绅通灵珠宝股份有限公司	江苏省	0.2519	54	103	0
18	广汇汽车服务集团股份公司	辽宁省	0.2483	2	11	1
19	大唐高鸿数据网络技术股份有限公司	贵州省	0.2125	8	3	0
20	苏美达股份有限公司	江苏省	0.1879	0	28	0
总计			10.1178	1206	2558	108
平均值			0.5059	60.30	127.90	5.40

资料来源：科技大数据湖北省重点实验室

表4-77 2016～2020年批发和零售业有效专利拥有量地区分布及排名

序号	地区	2016年有效专利拥有量/件（排名）	2017年有效专利拥有量/件（排名）	2018年有效专利拥有量/件（排名）	2019年有效专利拥有量/件（排名）	2020年有效专利拥有量/件（排名）
1	新疆维吾尔自治区	33（2）	17（4）	211（1）	158（1）	58（1）
2	广东省	69（1）	144（1）	108（2）	99（2）	35（2）
3	湖北省	24（4）	28（3）	43（4）	68（3）	15（3）

续表

序号	地区	2016 年有效专利拥有量/件（排名）	2017 年有效专利拥有量/件（排名）	2018 年有效专利拥有量/件（排名）	2019 年有效专利拥有量/件（排名）	2020 年有效专利拥有量/件（排名）
4	江苏省	32（3）	53（2）	58（3）	30（4）	1（6）
5	安徽省	14（5）	15（5）	0（10）	11（6）	1（6）
6	上海市	12（6）	6（8）	4（5）	7（7）	3（4）
7	北京市	11（7）	5（9）	4（5）	12（5）	0（8）
8	重庆市	1（10）	9（6）	0（10）	0（10）	0（8）
9	云南省	0（11）	1（10）	1（7）	5（8）	2（5）
10	辽宁省	0（11）	7（7）	0（10）	0（10）	0（8）
11	浙江省	2（9）	0（11）	1（7）	0（10）	0（8）
12	贵州省	3（8）	0（11）	0（10）	0（10）	0（8）
13	湖南省	0（11）	0（11）	1（7）	1（9）	0（8）
14	吉林省	0（11）	0（11）	0（10）	0（10）	0（8）
15	四川省	0（11）	0（11）	0（10）	0（10）	0（8）
16	河北省	0（11）	0（11）	0（10）	0（10）	0（8）
17	山东省	0（11）	0（11）	0（10）	0（10）	0（8）
18	江西省	0（11）	0（11）	0（10）	0（10）	0（8）
19	福建省	0（11）	0（11）	0（10）	0（10）	0（8）
20	广西壮族自治区	0（11）	0（11）	0（10）	0（10）	0（8）
21	天津市	0（11）	0（11）	0（10）	0（10）	0（8）
22	甘肃省	0（11）	0（11）	0（10）	0（10）	0（8）
23	宁夏回族自治区	0（11）	0（11）	0（10）	0（10）	0（8）
24	陕西省	0（11）	0（11）	0（10）	0（10）	0（8）
25	黑龙江省	0（11）	0（11）	0（10）	0（10）	0（8）
26	山西省	0（11）	0（11）	0（10）	0（10）	0（8）
总计		201	285	431	391	115
平均值		7.73	10.96	16.58	15.04	4.42

资料来源：科技大数据湖北省重点实验室

注：同表 4-2

表 4-78　2020 年批发和零售业十强技术领域

序号	技术领域代码	技术领域含义	累计专利申请量/件
1	06-01	床和椅子	470
2	06-03	桌子及类似家具	441
3	10-02	表和手表	358
4	06-04	存放物品用家具	332
5	09-03	箱、盒、容器、（防腐）罐	273
6	06-06	其他家具和家具零件	81
7	11-01	珠宝	80
8	A23L25/00	主要含由坚果仁或籽组成的食品；它们的制备或处理	63
9	06-05	组合家具	60
10	G06F17/30	信息检索及其数据库结构	54
总计			2212
平均值			221.20

资料来源：科技大数据湖北省重点实验室

4.2.27 纺织业

2020 年，纺织业的知识产权指数为 0.3377，排名第 27 位，有效专利拥有量为 2970 件。该产业共有 36 家上市公司申请专利，知识产权指数最高的上市公司是鲁泰纺织股份有限公司，上市板块为主板，所属地区为山东省（表 4-79）。浙江省在该产业的近五年有效专利拥有量最多（表 4-80）。该产业的优势技术领域包括毯子或其他覆盖材料、家用亚麻制品和餐巾（06-13），纺织纤维制品（05-05），以使用的纱线或其他经、纬的材料或结构为特征的机织织物（D03D15/00），服装（02-02），混纺或含有不同材料的纱或线（D02G3/04）等（表 4-81）。

表 4-79 2020 年纺织业上市公司知识产权指数二十强上市公司

序号	上市公司名称	地区	IPI	近三年专利申请量/件	有效专利拥有量/件	PCT 专利数量/件
1	鲁泰纺织股份有限公司	山东省	1.3160	186	243	0
2	安徽华茂纺织股份有限公司	安徽省	1.0081	109	301	8
3	罗莱生活科技股份有限公司	江苏省	0.8862	104	192	135
4	华纺股份有限公司	山东省	0.7416	34	71	0
5	旷达科技集团股份有限公司	江苏省	0.7065	45	154	0
6	上海水星家用纺织品股份有限公司	上海市	0.6843	52	147	0
7	孚日集团股份有限公司	山东省	0.6777	53	129	0
8	江苏阳光股份有限公司	江苏省	0.6573	111	22	0
9	稳健医疗用品股份有限公司	广东省	0.6548	39	168	2
10	湖南梦洁家纺股份有限公司	湖南省	0.6136	105	173	2
11	福建凤竹纺织科技股份有限公司	福建省	0.6089	50	73	0
12	欣龙控股（集团）股份有限公司	海南省	0.5876	48	64	0
13	江苏联发纺织股份有限公司	江苏省	0.5840	31	51	0
14	山东如意毛纺服装集团股份有限公司	山东省	0.5737	20	59	5
15	河南新野纺织股份有限公司	河南省	0.5667	59	99	0
16	浙江新澳纺织股份有限公司	浙江省	0.5616	30	132	0
17	浙江台华新材料股份有限公司	浙江省	0.5034	16	94	0
18	杭州诺邦无纺股份有限公司	浙江省	0.4775	20	145	3
19	百隆东方股份有限公司	浙江省	0.4598	20	65	0
20	深圳市富安娜家居用品股份有限公司	广东省	0.4394	85	104	1
总计			13.3087	1217	2486	156
平均值			0.6654	60.85	124.30	7.80

资料来源：科技大数据湖北省重点实验室

表 4-80 2016～2020 年纺织业有效专利拥有量地区分布及排名

序号	地区	2016 年有效专利拥有量/件（排名）	2017 年有效专利拥有量/件（排名）	2018 年有效专利拥有量/件（排名）	2019 年有效专利拥有量/件（排名）	2020 年有效专利拥有量/件（排名）
1	浙江省	67（2）	55（2）	53（2）	77（2）	18（2）
2	山东省	75（1）	36（4）	52（3）	80（1）	15（3）
3	安徽省	66（3）	65（1）	48（5）	17（8）	14（4）

续表

序号	地区	2016年有效专利拥有量/件（排名）	2017年有效专利拥有量/件（排名）	2018年有效专利拥有量/件（排名）	2019年有效专利拥有量/件（排名）	2020年有效专利拥有量/件（排名）
4	江苏省	48（4）	48（3）	80（1）	23（6）	8（6）
5	湖南省	17（7）	11（7）	49（4）	29（4）	24（1）
6	广东省	10（8）	9（8）	44（6）	59（3）	0（9）
7	河南省	20（6）	30（5）	17（8）	19（7）	10（5）
8	福建省	29（5）	19（6）	18（7）	14（9）	2（8）
9	海南省	2（9）	6（9）	4（10）	26（5）	0（9）
10	上海市	1（10）	1（10）	6（9）	9（10）	3（7）
11	宁夏回族自治区	1（10）	0（11）	0（11）	2（11）	0（9）
12	内蒙古自治区	0（12）	0（11）	0（11）	0（12）	0（9）
总计		336.00	280.00	371.00	355.00	94.00
平均值		28.00	23.33	30.92	29.58	7.83

资料来源：科技大数据湖北省重点实验室

注：同表4-2

表4-81　2020年纺织业十强技术领域

序号	技术领域代码	技术领域含义	累计专利申请量/件
1	06-13	毯子或其他覆盖材料、家用亚麻制品和餐巾	1014
2	05-05	纺织纤维制品	785
3	D03D15/00	以使用的纱线或其他经、纬的材料或结构为特征的机织织物	188
4	02-02	服装	174
5	D02G3/04	混纺或含有不同材料的纱或线	100
6	A47G9/10	枕头（枕头夹持器入A47C 21/00）	73
7	A47G9/00	床罩；床单；旅行毯；睡毯；睡袋；枕头（专门适用于防止打鼾的入A61F 5/56）	73
8	D01H13/32	统计、测量、记录或调节设备（通用的见G部适当的小类、如入G01B）	52
9	02-06	手套	51
10	06-09	床垫和垫子	48
总计			2558
平均值			255.80

资料来源：科技大数据湖北省重点实验室

4.2.28　交通运输、仓储和邮政业

2020年，交通运输、仓储和邮政业的知识产权指数为0.3154，排名第28位，有效专利拥有量为1579件。该产业共有59家上市公司申请专利，知识产权指数最高的上市公司是青岛港国际股份有限公司，上市板块为主板，所属地区为山东省（表4-82）。山东省在该产业的近五年有效专利拥有量最多（表4-83）。该产业的优势技术领域包括其他印刷品（19-08），打火机（27-05），其他（07-99），机械的（B65G1/04），船的装载或卸载（船上货物装卸或乘客上下设备的配置入B63B 27/00）（B65G67/60）等（表4-84）。

表 4-82　2020 年交通运输、仓储和邮政业上市公司知识产权指数二十强上市公司

序号	上市公司名称	地区	IPI	近三年专利申请量/件	有效专利拥有量/件	PCT 专利数量/件
1	青岛港国际股份有限公司	山东省	1.3201	280	237	3
2	山东高速股份有限公司	山东省	0.9838	150	142	2
3	唐山港集团股份有限公司	河北省	0.7487	72	168	0
4	日照港股份有限公司	山东省	0.6971	132	90	7
5	秦皇岛港股份有限公司	河北省	0.6224	21	65	2
6	德邦物流股份有限公司	上海市	0.4907	50	45	0
7	中国南方航空股份有限公司	广东省	0.4749	40	13	0
8	广州港股份有限公司	广东省	0.4479	50	48	2
9	中国国际航空股份有限公司	北京市	0.4146	5	63	0
10	南京音飞储存设备（集团）股份有限公司	江苏省	0.3798	29	74	0
11	上海国际港务（集团）股份有限公司	上海市	0.3278	7	16	0
12	江西赣粤高速公路股份有限公司	江西省	0.3170	4	27	0
13	韵达控股股份有限公司	浙江省	0.2751	0	210	0
14	江苏宁沪高速公路股份有限公司	江苏省	0.2501	7	8	0
15	上海国际机场股份有限公司	上海市	0.2382	4	10	2
16	深圳市机场股份有限公司	广东省	0.2235	14	5	4
17	大连港股份有限公司	辽宁省	0.2205	3	23	0
18	山西路桥股份有限公司	山西省	0.2173	2	17	0
19	中远海运特种运输股份有限公司	广东省	0.2150	10	7	0
20	京沪高速铁路股份有限公司	北京市	0.2065	10	4	0
总计			9.0710	890	1272	22
平均值			0.4536	44.50	63.60	1.10

资料来源：科技大数据湖北省重点实验室

表 4-83　2016～2020 年交通运输、仓储和邮政业有效专利拥有量地区分布及排名

序号	地区	2016 年有效专利拥有量/件（排名）	2017 年有效专利拥有量/件（排名）	2018 年有效专利拥有量/件（排名）	2019 年有效专利拥有量/件（排名）	2020 年有效专利拥有量/件（排名）
1	山东省	23（3）	26（2）	96（1）	202（1）	77（1）
2	河北省	33（1）	29（1）	8（6）	53（2）	16（3）
3	广东省	19（4）	24（3）	34（2）	36（3）	23（2）
4	江苏省	15（5）	14（5）	19（3）	21（4）	2（7）
5	上海市	24（2）	17（4）	9（5）	13（5）	4（5）
6	辽宁省	3（8）	2（8）	3（7）	11（6）	1（8）
7	北京市	1（10）	8（6）	3（7）	5（7）	0（12）
8	浙江省	13（6）	1（11）	0（14）	0（11）	0（12）
9	安徽省	0（11）	2（8）	10（4）	0（11）	1（8）
10	江西省	7（7）	2（8）	1（10）	1（9）	0（12）
11	山西省	0（11）	0（12）	1（10）	5（7）	1（8）
12	湖北省	0（11）	0（12）	0（14）	0（11）	6（4）

续表

序号	地区	2016 年有效专利拥有量/件（排名）	2017 年有效专利拥有量/件（排名）	2018 年有效专利拥有量/件（排名）	2019 年有效专利拥有量/件（排名）	2020 年有效专利拥有量/件（排名）
13	河南省	3（8）	3（7）	0（14）	0（11）	0（12）
14	天津市	0（11）	0（12）	1（10）	0（11）	3（6）
15	贵州省	0（11）	0（12）	2（9）	0（11）	1（8）
16	海南省	0（11）	0（12）	0（14）	1（9）	0（12）
17	广西壮族自治区	0（11）	0（12）	1（10）	0（11）	0（12）
18	吉林省	0（11）	0（12）	0（14）	0（11）	0（12）
19	四川省	0（11）	0（12）	0（14）	0（11）	0（12）
20	新疆维吾尔自治区	0（11）	0（12）	0（14）	0（11）	0（12）
21	重庆市	0（11）	0（12）	0（14）	0（11）	0（12）
22	福建省	0（11）	0（12）	0（14）	0（11）	0（12）
23	宁夏回族自治区	0（11）	0（12）	0（14）	0（11）	0（12）
24	黑龙江省	0（11）	0（12）	0（14）	0（11）	0（12）
25	湖南省	0（11）	0（12）	0（14）	0（11）	0（12）
总计		141	128	188	348	135
平均值		5.64	5.12	7.52	13.92	5.40

资料来源：科技大数据湖北省重点实验室

注：同表 4-2

表 4-84　2020 年交通运输、仓储和邮政业十强技术领域

序号	技术领域代码	技术领域含义	累计专利申请量/件
1	19-08	其他印刷品	92
2	27-05	打火机	90
3	07-99	其他	88
4	B65G1/04	机械的	43
5	B65G67/60	船的装载或卸载（船上货物装卸或乘客上下设备的配置入 B63B 27/00）	31
6	G06Q10/06	资源、工作流、人员或项目管理，例如组织、规划、调度或分配时间、人员或机器资源；企业规划；组织模型	27
7	B66C1/12	包括链条、钢丝绳、绳索或吊带的吊具；网（用钢绳或链条悬挂于起重机吊钩上的物件侧面夹具入 B66C 1/42）	27
8	G06Q10/08	物流，例如仓储、装货、配送或运输；存货或库存管理，例如订货、采购或平衡订单	25
9	B66C13/16	显示、记录或称量装置的应用（在起重机吊钩上的入 B66C 1/40；在安全装置内的入 B66C 15/00；称量仪器入 G01G；一般的远距离显示入 G08）	25
10	B66C1/10	用机械装置	24
总计			472
平均值			47.20

资料来源：科技大数据湖北省重点实验室

4.2.29 造纸及纸制品业

2020年，造纸及纸制品业的知识产权指数为0.2867，排名第29位，有效专利拥有量为1945件。该产业共有28家上市公司申请专利，知识产权指数最高的上市公司是美盈森集团股份有限公司，上市板块为中小板，所属地区为广东省（表4-85）。广东省在该产业的近五年有效专利拥有量最多（表4-86）。该产业的优势技术领域包括袋、香袋、管和囊（09-05）；其他类不包括的特种纸，例如由多步骤方法制成（D21H27/00）；箱、盒、容器、(防腐）罐（09-03）；装入物的内部支承或保护元件（用向内折叠由管状主体端部延伸并连续围绕管状主体的壁形成的元件入B65D5/06，隔板入B65D5/48）（B65D5/50）；人造和天然材料之片材类（05-06）等（表4-87）。

表4-85　2020年造纸及纸制品业上市公司知识产权指数二十强上市公司

序号	上市公司名称	地区	IPI	近三年专利申请量/件	有效专利拥有量/件	PCT专利数量/件
1	美盈森集团股份有限公司	广东省	0.9947	199	242	2
2	深圳市裕同包装科技股份有限公司	广东省	0.8851	112	183	2
3	山鹰国际控股股份公司	安徽省	0.8082	128	151	2
4	岳阳林纸股份有限公司	湖南省	0.7523	73	72	0
5	浙江大胜达包装股份有限公司	浙江省	0.6992	100	155	0
6	牡丹江恒丰纸业股份有限公司	黑龙江省	0.6758	44	51	2
7	山东太阳纸业股份有限公司	山东省	0.6571	31	75	0
8	浙江凯恩特种材料股份有限公司	浙江省	0.6171	34	54	0
9	浙江荣晟环保纸业股份有限公司	浙江省	0.5883	60	103	1
10	山东晨鸣纸业集团股份有限公司	山东省	0.5524	39	62	0
11	中冶美利云产业投资股份有限公司	宁夏回族自治区	0.5207	61	42	21
12	山东华泰纸业股份有限公司	山东省	0.5185	36	52	1
13	仙鹤股份有限公司	浙江省	0.5181	42	47	0
14	浙江景兴纸业股份有限公司	浙江省	0.4270	21	44	0
15	龙利得智能科技股份有限公司	安徽省	0.4093	100	148	0
16	广东冠豪高新技术股份有限公司	广东省	0.3272	3	38	0
17	民丰特种纸股份有限公司	浙江省	0.3211	9	18	0
18	杭州豪悦护理用品股份有限公司	浙江省	0.3207	22	61	0
19	厦门合兴包装印刷股份有限公司	福建省	0.3134	22	56	2
20	中顺洁柔纸业股份有限公司	广东省	0.3034	47	128	69
总计			11.2096	1183	1782	102
平均值			0.5605	59.15	89.10	5.10

资料来源：科技大数据湖北省重点实验室

表 4-86 2016～2020 年造纸及纸制品业有效专利拥有量地区分布及排名

序号	地区	2016 年有效专利拥有量/件（排名）	2017 年有效专利拥有量/件（排名）	2018 年有效专利拥有量/件（排名）	2019 年有效专利拥有量/件（排名）	2020 年有效专利拥有量/件（排名）
1	广东省	99（1）	63（2）	104（1）	96（2）	40（1）
2	浙江省	56（2）	64（1）	52（3）	77（3）	21（2）
3	安徽省	40（3）	44（3）	65（2）	98（1）	18（3）
4	山东省	20（4）	28（4）	27（4）	30（4）	18（3）
5	福建省	15（5）	9（5）	17（5）	6（8）	2（7）
6	宁夏回族自治区	0（8）	2（9）	17（5）	20（5）	3（5）
7	湖南省	6（6）	4（8）	10（7）	16（7）	3（5）
8	上海市	5（7）	7（6）	10（7）	5（9）	0（10）
9	黑龙江省	0（8）	0（11）	0（10）	18（6）	1（8）
10	陕西省	0（8）	6（7）	2（9）	2（10）	0（10）
11	四川省	0（8）	1（10）	0（10）	1（11）	1（8）
总计		241	228	304	369	107
平均值		21.91	20.73	27.64	33.55	9.73

资料来源：科技大数据湖北省重点实验室

注：同表 4-2

表 4-87 2020 年造纸及纸制品业十强技术领域

序号	技术领域代码	技术领域含义	累计专利申请量/件
1	09-05	袋、香袋、管和囊	99
2	D21H27/00	其他类不包括的特种纸，例如由多步骤方法制成	76
3	09-03	箱、盒、容器、（防腐）罐	66
4	B65D5/50	装入物的内部支承或保护元件（用向内折叠由管状主体端部延伸并连续围绕管状主体的壁形成的元件入 B65D5/06，隔板入 B65D5/48）	62
5	05-06	人造和天然材料之片材类	54
6	D21F11/00	在造纸机上制造连续的卡纸或卡片纸板或纤维板的湿纸幅的工艺方法	46
7	D21H27/10	包装纸（特殊形状或型号的包装材料入 B65D 65/38）	43
8	D21F7/00	制造连续纸幅的造纸机的其他零件	35
9	D21H15/10	混合纤维	30
10	B65D81/05	使内装物与包装件的壁，或者与其他内装物保持一定间隔关系（B65D 81/03 优先）	30
总计			541
平均值			54.10

资料来源：科技大数据湖北省重点实验室

4.2.30 化学纤维制造业

2020 年，化学纤维制造业的知识产权指数为 0.2830，排名第 30 位，有效专利拥有量为 1785 件。该产业共有 24 家上市公司申请专利，知识产权指数最高的上市公司是上海凯赛生物技术股份有限公司，上市板块为科创板，所属地区为上海市（表 4-88）。浙江省在该产业的近五年有效专利拥有量最多（表 4-89）。该产业的优势技术领域包括其他缩聚物的（D01F6/94），生产化学线的成套设备（D01D13/00），熔融法（D01D5/08），聚酯的（D01F6/92），用聚酰胺（用聚氨基酸或多肽入 D01F 6/68）（D01F6/60）等（表 4-90）。

表 4-88　2020 年造纸及纸制品业上市公司知识产权指数二十强上市公司

序号	上市公司名称	地区	IPI	近三年专利申请量/件	有效专利拥有量/件	PCT 专利数量/件
1	上海凯赛生物技术股份有限公司	上海市	0.9810	119	196	25
2	安徽皖维高新材料股份有限公司	安徽省	0.9177	65	137	0
3	浙江华峰氨纶股份有限公司	浙江省	0.8545	43	203	0
4	桐昆集团股份有限公司	浙江省	0.7580	56	129	0
5	广东新会美达锦纶股份有限公司	广东省	0.7510	44	90	0
6	神马实业股份有限公司	河南省	0.7270	53	68	1
7	烟台泰和新材料股份有限公司	山东省	0.7198	32	95	0
8	威海光威复合材料股份有限公司	山东省	0.6426	74	124	0
9	新乡化纤股份有限公司	河南省	0.5940	29	46	4
10	新凤鸣集团股份有限公司	浙江省	0.5696	86	65	0
11	苏州龙杰特种纤维股份有限公司	江苏省	0.5292	34	88	4
12	浙江尤夫高新纤维股份有限公司	浙江省	0.5175	32	107	0
13	恒力石化股份有限公司	辽宁省	0.4545	0	202	0
14	江苏江南高纤股份有限公司	江苏省	0.4434	28	54	0
15	吉林化纤股份有限公司	吉林省	0.3724	6	19	0
16	义乌华鼎锦纶股份有限公司	浙江省	0.3210	5	30	0
17	浙江海利得新材料股份有限公司	浙江省	0.2845	7	19	0
18	江苏华西村股份有限公司	江苏省	0.2778	6	12	0
19	中简科技股份有限公司	江苏省	0.2469	5	38	0
20	南京化纤股份有限公司	江苏省	0.2180	5	9	1
总计			11.1804	729	1731	35
平均值			0.5590	36.45	86.55	1.75

资料来源：科技大数据湖北省重点实验室

表 4-89　2016～2020 年造纸及纸制品业有效专利拥有量地区分布及排名

序号	地区	2016 年有效专利拥有量/件（排名）	2017 年有效专利拥有量/件（排名）	2018 年有效专利拥有量/件（排名）	2019 年有效专利拥有量/件（排名）	2020 年有效专利拥有量/件（排名）
1	浙江省	78（1）	62（1）	90（1）	58（1）	5（3）
2	山东省	34（2）	29（3）	28（2）	40（2）	4（4）
3	河南省	20（7）	13（5）	14（4）	22（3）	8（1）
4	江苏省	22（5）	19（4）	13（5）	10（4）	6（2）
5	上海市	21（6）	31（2）	3（7）	5（6）	3（5）
6	广东省	25（3）	2（7）	22（3）	5（6）	1（6）
7	安徽省	25（3）	10（6）	10（6）	10（4）	0（7）
8	吉林省	6（8）	0（8）	1（8）	2（8）	0（7）
9	辽宁省	2（9）	0（8）	0（9）	0（9）	0（7）
10	广西壮族自治区	0（10）	0（8）	0（9）	0（9）	0（7）
总计		233	166	181	152	27
平均值		23.30	16.60	18.10	15.20	2.70

资料来源：科技大数据湖北省重点实验室

注：同表 4-2

表 4-90　2020 年造纸及纸制品业十强技术领域

序号	技术领域代码	技术领域含义	累计专利申请量/件
1	D01F6/94	其他缩聚物的	140
2	D01D13/00	生产化学线的成套设备	63
3	D01D5/08	熔融法	53
4	D01F6/92	聚酯的	49
5	D01F6/60	用聚酰胺（用聚氨基酸或多肽入 D01F 6/68）	46
6	C08L77/06	由多元胺与多元羧酸得到的聚酰胺（C08L 77/10 优先）	45
7	D01F6/90	聚酰胺的	41
8	D01F8/14	至少有一种聚酯为其成分	40
9	D01D5/253	具有非圆形截面；其喷丝头组合件（D01D 5/38 优先）	40
10	B29B7/22	零件、部件或附件；辅助操作	32
总计			549
平均值			54.90

资料来源：科技大数据湖北省重点实验室

第5章　中国上市公司知识产权指数企业报告

5.1　中国上市公司知识产权指数（企业）2020年排行榜

按照中国上市公司知识产权指数（企业）公式 $IPI_{某上市公司-某年}=\sqrt[5]{\frac{A_i}{\bar{A}}\times\frac{B_i}{\bar{B}}\times\frac{C_i}{\bar{C}}\times\frac{D_i}{\bar{D}}\times\frac{E_i}{\bar{E}}}$ 计算，得到全部上市公司知识产权指数（企业）2020年排行榜。由于篇幅所限，本书仅列出中国上市公司知识产权指数（企业）2020年排行榜500强（附录），并选择前10强企业展开详细分析。

5.2　中国上市公司知识产权指数（企业）2020年排行榜分析

本节对中国上市公司知识产权指数（企业）2020年排行榜十强上市公司的全球专利申请趋势、在华专利申请趋势、重点专利技术领域分布及未来技术发展趋势展开分析。2020年知识产权指数排行榜十强上市公司包括中国石油化工股份有限公司、珠海格力电器股份有限公司、中国石油天然气股份有限公司、京东方科技集团股份有限公司、中兴通讯股份有限公司、美的集团股份有限公司、比亚迪股份有限公司、海尔智家股份有限公司、长城汽车股份有限公司、安徽江淮汽车集团股份有限公司。

5.2.1　中国石油化工股份有限公司

中国石油化工股份有限公司（简称“中国石化”）是由中国石油化工集团公司依据《中华人民共和国公司法》，以独家发起方式于2000年2月25日设立的股份制企业，公司充分发挥国有企业独特的政治优势，坚定成为国家经济安全、能源安全的有力捍卫者。中国石化是中国最大的一体化能源化工公司之一，主要从事石油与天然气勘探开发、管道运输、销售；石油炼制、石油化工、煤化工、化纤及其他化工生产与产品销售、储运；石油、天然气、石油产品、石油化工及其他化工产品和其他商品、技术的进出口、代理进出口业务；技术、信息的研究、开发、应用。中国石化是中国大型油气生产商，炼油能力排名中国第一位，在中国拥有完善的成品油销售网络，是中国最大的成品油供应商。2019 年，公司实现营业额及其他经营收入 2.97 万亿元人民币，实现营业利润 900 亿元人民币。[1]

截至 2020 年 12 月 31 日，按照简单同族合并计，中国石化在全球共申请 58 538 项专利，近 20 年在全球主要国家和地区的专利申请趋势如表 5-1 所示。总体上看，中国石化的专利申请数量从 2001 年到 2015 年逐年递增，2015 年申请量达到峰值 7360 件，之后专利申请量处于缓慢减少的趋势。从地区分布看，中国石化的专利申请主要集中在中国本土，申请量占比达到 96.1%；海外专利主要布局在美国、欧洲专利局成员国、印度、加拿大、日本、巴西等地区，相对国内的专利数量而言，海外专利数量十分稀少。

表 5-1　2001～2020 年中国石化全球专利申请趋势　（单位：件）

年份	中国	美国	欧洲专利局	世界知识产权组织	印度	加拿大	日本	巴西	韩国	澳大利亚
2001	648	6	18	10	0	0	2	0	0	1
2002	845	22	22	6	6	4	5	0	1	4
2003	673	31	24	18	7	12	2	3	7	5
2004	806	37	26	14	6	9	7	5	4	2
2005	880	23	28	15	6	4	7	8	5	5
2006	958	39	36	20	15	12	2	6	4	2
2007	1055	26	24	20	21	8	1	9	4	5
2008	1115	33	18	14	17	8	3	6	3	12
2009	1869	34	8	13	29	8	3	10	9	3
2010	3867	44	44	19	22	6	12	7	11	0
2011	5208	73	36	27	28	7	16	10	16	11
2012	5871	72	27	21	33	14	11	9	13	16
2013	6051	80	20	21	34	17	14	19	16	16
2014	6880	76	30	16	35	13	20	17	13	8
2015	7360	62	34	13	25	14	12	9	7	10
2016	7295	63	38	17	31	8	10	13	1	0
2017	7296	58	37	33	13	13	19	12	9	5
2018	6872	61	29	32	17	10	10	10	8	4
2019	3464	22	4	59	15	3	3	3	0	4
2020	738	11	0	23	20	0	1	0	0	0

资料来源：科技大数据湖北省重点实验室

2020 年，中国石化的知识产权指数为 22.5947，排名第 1 位；在华发明专利、实用新型专利申请数量分别达到 535 件、203 件（表 5-2）。

表 5-2　2016～2020 年中国石化在华专利布局情况

年份	2016 年	2017 年	2018 年	2019 年	2020 年
发明专利/件	5976	5833	5652	2316	535
实用新型专利/件	1319	1463	1219	1148	203
外观设计专利/件	0	0	0	0	0

资料来源：科技大数据湖北省重点实验室

表 5-3 为中国石化在华专利覆盖的前十大 IPC 分类技术领域，可以看出中国石化研发布局较为集中，主要聚焦于化学或物理方法、无环或碳环化合物、烃油裂化、聚反应与聚合反应等化学反应或反应物。其中专利申请量超过 1 万件的有 4 个技术领域：化学或物理方法领域专利申请量达到 21 282 件，占比为 24.11%；无环或碳环化合物领域专利申请量为 16 134 件，占比达 18.28%；烃油裂化及聚合反应等技术领域专利申请量为 14 490 件，占比为 16.41%；钻进及开采技术领域专利申请量为 10 025 件，占比达到 11.36%。此外，中国石化在物质分离、测试分析等领域也有较多的专利布局。

表 5-3　中国石化申请专利技术领域分布

IPC 分类号（小类）	IPC 分类号含义	专利数量/件	占比/%
B01J	化学或物理方法，例如，催化作用或胶体化学	21 282	24.11
C07C	无环或碳环化合物	16 134	18.28
C10G	烃油裂化；液态烃混合物的制备，例如用破坏性加氢反应、低聚反应、聚合反应；从油页岩、油矿或油气中回收烃油；含烃类为主的混合物的精制；石脑油的重整	14 490	16.41
E21B	土层或岩石的钻进；从井中开采油、气、水、可溶解或可熔化物质或矿物泥浆	10 025	11.36
C08F	仅用碳—碳不饱和键反应得到的高分子化合物	7 344	8.32
C01B	非金属元素；其化合物	4 264	4.83
B01D	分离技术	4 217	4.78
C08L	高分子化合物的组合物	4 106	4.65
G01N	借助于测定材料的化学或物理性质来测试或分析材料	4 005	4.54
C09K	不包含在其他类目中的各种应用材料；不包含在其他类目中的材料的各种应用	3 934	4.46

资料来源：科技大数据湖北省重点实验室

通过分析近期的专利布局可以大致明晰企业新的技术动向。表 5-4 为 2018 年 1 月 1 日至 2020 年 12 月 31 日中国石化的专利覆盖技术领域分布情况，共申请专利 11 882 件。对比所有专利申请和 2018～2020 年专利申请前十技术领域占比可以发现，第一，中国石化近三年高度重视 E21B 技术领域专利布局（钻进开采技术），该技术领域专利申请占比处于近三年第一位；第二，化学或物理方法、烃油裂化、无环或碳环化合物等化学反应领域专利申请占比大幅度下降；第三，分离技术、测试技术、地球物理及示踪技术领域专利申请量占比也显著提升。公司 2019 年年报“业务展望”章节中强调，本公司将加快关键核心技术攻关，提升自主创新能力。具体而言，油气勘探开发领域围绕超深层油气、致密油气、页岩油气等方面，加强勘探开发技术攻关；炼油领域加快重油加工技术攻关，提升油品质量升级技术，推进针状焦等技术实施；化工领域持续提升乙烯、芳烃成套技术水平，加强光电材料、可降解材料研发，加快大丝束、高性能碳纤维等技术产业化进程。同时，着力推进前沿和新领域技术研究，以科技创新引领公司未来业务发展。

表 5-4　2018～2020 年中国石化申请专利技术领域分布

IPC 分类号（小类）	IPC 分类号含义	专利数量/件	占比/%	百分比变化/%
E21B	土层或岩石的钻进；从井中开采油、气、水、可溶解或可熔化物质或矿物泥浆	2140	18.01	+6.65
B01J	化学或物理方法，例如，催化作用或胶体化学	1973	16.60	−7.51

续表

IPC 分类号（小类）	IPC 分类号含义	专利数量/件	占比/%	百分比变化/%
C07C	无环或碳环化合物	1321	11.12	−7.16
C10G	烃油裂化；液态烃混合物的制备，例如用破坏性加氢反应、低聚反应、聚合反应；从油页岩、油矿或油气中回收烃油；含烃类为主的混合物的精制；石脑油的重整	1133	9.54	−6.87
G01N	借助于测定材料的化学或物理性质来测试或分析材料	828	6.97	+2.43
B01D	分离技术	722	6.08	+2.30
G01V	地球物理；重力测量；物质或物体的探测；示踪物	656	5.52	+
C08F	仅用碳—碳不饱和键反应得到的高分子化合物	578	4.86	−3.46
C09K	不包含在其他类目中的各种应用材料；不包含在其他类目中的材料的各种应用	544	4.58	+0.12
C01B	非金属元素；其化合物	446	3.75	−1.08

资料来源：科技大数据湖北省重点实验室

5.2.2 珠海格力电器股份有限公司

珠海格力电器股份有限公司（简称“格力电器”）是一家多元化、科技型的全球工业集团，旗下拥有格力、TOSOT、晶弘三大品牌，产业覆盖空调、生活电器、高端装备、通信设备四大领域，包括以家用空调、商用空调、冷冻冷藏设备、核电空调、轨道交通空调、光伏空调等为主的空调领域；以智能装备、数控机床、工业机器人、精密模具、精密铸造设备等为主的高端装备领域；以厨房电器、健康家电、环境家电、洗衣机、冰箱等为主的生活电器；以物联网设备、手机、芯片、大数据等为主的通信设备领域。格力电器产品远销至 160 多个国家及地区，为全球超过 4 亿用户提供满意的产品和服务，致力创造美好生活①。2019 年，格力电器实现营业总收入 2005.08 亿元人民币，其中空调营收 1386.65 亿元人民币，生活电器营收 55.76 亿元人民币，智能装备营收 21.41 亿元人民币，共实现归母净利润 246.97 亿元人民币。2019 年，格力电器上榜《财富》世界 500 强，位列榜单第 414 位。根据日本经济新闻社 2019 年发布的数据，格力电器以 20.6%的全球市场占有率位列家用空调领域榜首。[2]

截至 2020 年 12 月 31 日，按照简单同族合并计，格力电器在全球共申请 68 186 项专利，近 20 年在全球主要国家和地区的专利申请趋势如表 5-5 所示。总体上看，格力电器的专利申请数量逐年递增，从 2001 年的 57 件增长到 2019 年的 15 974 件，体现了格力电器对技术创新和知识产权的重视，也反映了格力电器在该领域强大的技术实力和丰富的技术积累。从地域分布情况看，格力电器最重视国内市场，累计在国内申请专利 78 239 件，占比达 95.6%；从 2006 年开始重视专利的国际布局，特别是 2014 年以来，海外专利布局数量显著增长，累计在世界知识产权组织申请专利 1752 件，在欧洲专利局申请 539 件，在美国申请 349 件，在日本申请 88 件，在印度申请 69 件，在澳大利亚申请 68 件。

---

① 资料来源：https://www.gree.com/userfiles/3a9daa29921544a0b3e0fc240c264951/files/cms/cmsSoftware/2020/09/%E6%A0%BC%E5%8A%9B%E7%94%B5%E5%99%A8%EF%BC%9A2019%E5%B9%B4%E5%B9%B4%E5%BA%A6%E6%8A%A5%E5%91%8A%20（1）.PDF.

表 5-5 2001～2020 年格力电器全球专利申请趋势 （单位：件）

年份	中国	世界知识产权组织	欧洲专利局	美国	日本	印度	澳大利亚	加拿大	韩国	西班牙	总计
2001	56	0	0	1	0	0	0	0	0	0	57
2002	45	0	0	0	0	0	0	0	0	0	45
2003	72	0	0	0	0	0	0	0	0	0	72
2004	104	0	0	0	0	0	0	0	0	9	119
2005	239	0	0	0	0	0	0	0	0	0	239
2006	375	5	0	1	0	0	0	0	0	0	382
2007	454	15	15	3	0	0	0	0	0	3	510
2008	482	17	6	2	0	0	2	0	0	0	516
2009	616	3	6	3	3	0	4	0	2	1	648
2010	936	32	0	0	0	2	0	0	0	0	984
2011	1 780	28	29	14	11	4	0	0	6	3	1 922
2012	3 428	18	12	10	2	7	1	8	2	1	3 573
2013	3 645	7	12	10	6	0	8	5	1	3	3 787
2014	4 571	101	89	55	30	2	6	5	3	14	5 069
2015	5 850	68	25	18	5	2	5	5	1	3	6 218
2016	8 043	97	55	56	6	1	10	11	11	0	8 706
2017	7 598	297	139	72	7	7	19	13	10	0	8 331
2018	14 262	651	149	88	4	14	9	1	7	0	15 397
2019	15 174	362	2	10	14	14	0	0	0	0	15 974
2020	6 807	51	0	4	0	16	4	0	0	0	8 662

资料来源：科技大数据湖北省重点实验室

2020 年，格力电器的知识产权指数为 21.4254，排名第 2 位；在华发明专利、实用新型专利、外观设计专利申请数量分别为 4729 件、1550 件、477 件（表 5-6）。

表 5-6 2016～2020 年格力电器在华专利布局情况

年度	2016 年	2017 年	2018 年	2019 年	2020 年
发明专利/件	3529	3632	7193	8043	4729
实用新型专利/件	2452	2666	5075	5002	1550
外观设计专利/件	568	474	733	998	477

资料来源：科技大数据湖北省重点实验室

从表 5-7 可知，空调领域（F24F）是格力电器最重要的专利技术布局方向，专利数量占比达到 26.78%，其次分别是制冷及加热系统（F25B）、厨房用具（A47J）、电机（H02K）、非变容式泵（F04D）、电数字数据处理（G06F）、变容式泵（F04C）、加热器（F24H）、吸尘器（A47L）、家用炉或灶（F24C）。

表 5-7 格力电器申请专利技术领域分布

IPC 分类号（小类）	IPC 分类号含义	专利数量/件	占比/%
F24F	空气调节；空气增湿；通风；空气流作为屏蔽的应用（从尘、烟产生区消除尘、烟入 B08B15/00；从建筑物中排除废气的竖向管道入 E04F17/02）	18 260	26.78

续表

IPC 分类号（小类）	IPC 分类号含义	专利数量/件	占比/%
F25B	制冷机，制冷设备或系统；加热和制冷的联合系统；热泵系统（热传导、热交换或热贮存材料，即制冷剂，或通过化学反应而不是燃烧产生热或冷的材料入 C09K5/00；泵、压缩机入 F04；用热泵为住宅或场所供热或提供家用热水入 F24D；空调，空气增湿入 F24F；采用热泵的流体加热器入 F24H）	5 027	7.37
A47J	厨房用具；咖啡磨；香料磨；饮料制备装置	2 785	4.08
H02K	电机（电动继电器入 H01H53/00；直流或交流电力输入变换为浪涌电力输出入 H02M9/00）	2 597	3.81
F04D	非变容式泵（发动机燃料喷射泵入 F02M；离子泵入 H01J41/12；电动泵入 H02K44/02）	2 479	3.64
G06F	电数字数据处理（基于特定计算模型的计算机系统入 G06N）	2 150	3.15
F04C	旋转活塞或摆动活塞的液体变容式机械（液体驱动的发动机入 F03C）；旋转活塞或摆动活塞的变容式泵（发动机燃料喷射泵入 F02M）	2 025	2.97
F24H	一般有热发生装置的流体加热器，例如水或空气的加热器（热传导、热交换或热贮存材料入 C09K5/00；非催化热裂化用的管式炉入 C10G9/20；密闭体通风或充气装置，例如阀入 F16K24/00；疏水器或类似装置入 F16T；蒸汽发生入 F22；燃烧设备本身入 F23；家用炉或灶入 F24B，F24C；住宅或区域供热系统入 F24D；炉、窑、烘炉、蒸馏炉入 F27；热交换器入 F28；电热元件或装置入 H05B）	1 447	2.12
A47L	家庭的洗涤或清扫（刷子入 A46B；大量瓶子或其他同一种类空心物件的洗涤入 B08B9/00；洗衣入 D06F）；一般吸尘器（一般清扫入 B08）	1 337	1.96
F24C	其他家用炉或灶；一般用途家用炉或灶的零部件（流体循环型辐射炉入 F24H）	1 302	1.91

资料来源：科技大数据湖北省重点实验室

表 5-8 为格力电器 2018 年初至今的专利覆盖技术领域分布情况，对比所有专利申请和 2018～2020 年专利申请前十技术领域占比可以发现，第一，纺织品的洗涤、干燥、熨烫、压平或打折（D06F）替换了一般有热发生装置的流体加热器（F24H），表明洗衣机技术当前受到的重视程度在提高，流体加热器技术受到的重视程度在降低。第二，空调技术（F24F）、制冷及加热系统（F25B）、家用炉或灶（F24C）3 个技术领域专利比重在下降，而厨房用具（A47J）、吸尘器（A47L）、电数字数据处理（G06F）、电机（H02K）、非变容式泵（F04D）、家用炉或灶（F24C）5 个技术领域专利申请占比在上升，其中 G06F、A47L、A47J、D06F 4 个技术领域的专利布局增长显著，反映了格力电器近年主要的技术研发新动向。根据格力电器 2019 年年报披露信息，其 2020 年科研创新的重点工作是加大生活电器、冰洗、智能装备等新业务板块的研发投入，完善新业务板块产品布局，同时加强产品平台化、模块化设计，全面提高标准化、通用化水平。通过专利分析我们可以发现，电数字数据处理和生活电器的专利技术布局强度提高，与年报中的战略规划基本吻合。

表 5-8　2018～2020 年格力电器申请专利技术领域分布

IPC 号（小类）	专利数量/件	占比/%	变化百分点/%
F24F	10 719	25.14	−1.64
F25B	2 838	6.66	−0.71
A47J	1 983	4.65	+0.57
G06F	1 798	4.22	+1.07
H02K	1 739	4.08	+0.27
F04D	1 579	3.70	+0.06

续表

IPC 号（小类）	专利数量/件	占比/%	变化百分点/%
A47L	1 238	2.90	+0.94
F04C	1 190	2.79	−0.18
D06F	1 019	2.39	+0.61（新进）
F24C	1 008	2.36	+0.45

资料来源：科技大数据湖北省重点实验室

5.2.3 中国石油天然气股份有限公司

中国石油天然气股份有限公司（简称“中国石油”）是于 1999 年 11 月 5 日在中国石油天然气集团公司（后变更为中国石油天然气集团有限公司）重组过程中按照《中华人民共和国公司法》成立的股份有限公司。中国石油是我国油气行业占主导地位的最大的油气生产和销售商，是我国销售收入最高的公司之一，也是世界最大的石油公司之一。公司主要业务包括：原油及天然气的勘探、开发、生产和销售；原油及石油产品的炼制，基本及衍生化工产品、其他化工产品的生产和销售；炼油产品的销售以及贸易业务；天然气、原油和成品油的输送及天然气的销售。2020 年，公司实现营业额及其他经营收入 19 338.36 亿元人民币，实现营业利润 190.06 亿元人民币。[3]

截至 2020 年 12 月 31 日，按照简单同族合并计，中国石油在全球共申请 43 276 项专利，近 20 年在全球主要国家和地区的专利申请趋势如表 5-9 所示。总体上看，中国石油的专利申请数量从 2001 年到 2015 年逐年递增，2015 年在华专利申请量达到峰值 4645 件，之后专利申请量处于缓慢减少的趋势。从地区分布看，中国石油的专利申请主要集中在中国本土，申请量占比达到 99.7%；海外专利主要布局在美国、欧洲专利局成员国、加拿大、澳大利亚等地区，相对于国内的专利数量而言，海外专利数量十分稀少。

表 5-9 2001～2020 年中国石油全球专利申请趋势（单位：件）

年份	中国	世界知识产权组织	美国	加拿大	欧洲专利局	俄罗斯	澳大利亚	英国	马来西亚	法国
2001	220	0	3	0	0	0	0	0	2	0
2002	233	0	0	0	0	0	0	0	0	0
2003	248	0	1	0	0	0	0	0	0	0
2004	247	0	1	0	0	0	0	0	0	0
2005	276	0	2	0	0	0	0	0	0	2
2006	368	1	3	0	0	0	0	4	0	0
2007	418	2	4	0	3	0	0	0	0	0
2008	640	5	5	0	11	0	0	3	4	0
2009	875	11	2	2	2	0	0	0	0	0
2010	1451	11	6	0	10	1	3	0	0	0
2011	2016	20	12	5	15	0	0	0	0	0
2012	2939	33	33	8	17	0	4	0	0	0
2013	3541	29	15	2	3	0	0	8	0	0
2014	3802	12	6	0	0	0	2	5	0	0
2015	4645	10	18	6	0	0	8	9	0	4

续表

年份	中国	世界知识产权组织	美国	加拿大	欧洲专利局	俄罗斯	澳大利亚	英国	马来西亚	法国
2016	4269	21	10	2	15	0	2	0	0	0
2017	3829	9	16	1	3	1	2	0	0	0
2018	4886	8	60	5	0	1	3	7	0	0
2019	3653	2	49	9	6	2	6	6	0	1
2020	1258	7	9	4	1	0	1	0	0	0

资料来源：科技大数据湖北省重点实验室

2020 年，中国石油的知识产权指数为 20.9197，排名第 3 位；在华发明专利、实用新型专利、外观设计专利申请数量分别达到 965 件、285 件、4 件（表 5-10）。

表 5-10　2016～2020 年中国石油在华专利布局情况

年份	2016 年	2017 年	2018 年	2019 年	2020 年
发明专利/件	1591	1505	2437	1679	965
实用新型专利/件	1632	1600	2033	1901	285
外观设计专利/件	1	5	3	7	4

资料来源：科技大数据湖北省重点实验室

表 5-11 为中国石油在华专利覆盖的前十大 IPC 分类技术领域，可以看出，中国石油研发布局较为集中，主要聚焦于土层或岩石的钻进，从井中开采油、气、水、可溶解或可熔化物质或矿物泥浆，专利申请量超过 10 000 件，占比为 36.52%；化学分析方法或化学检测方法领域专利申请量为 2490 件，占比达 7.83%。此外，中国石油在物质分离、测试分析等领域也有较多的专利布局。

表 5-11　中国石油申请专利技术领域分布

IPC 分类号（小类）	IPC 含义	专利数量/件	占比/%
E21B	土层或岩石的钻进；从井中开采油、气、水、可溶解或可熔化物质或矿物泥浆	11 612	36.52
G01N	化学分析方法或化学检测方法	2 490	7.83
B01J	化学或物理方法，例如，催化作用或胶体化学；其有关设备	1 175	3.70
C09K	不包含在其他类目中的各种应用材料；不包含在其他类目中的材料的各种应用	1 019	3.20
G01V	地球物理；重力测量；物质或物体的探测；示踪物	861	2.71
B25B	不包含在其他类目中的用于紧固、连接、拆卸或夹持的工具或台式设备	841	2.64
C10G	烃油裂化；液态烃混合物的制备，例如用破坏性加氢反应、低聚反应、聚合反应；从油页岩、油矿或油气中回收烃油；含烃类为主的混合物的精制；石脑油的重整；地蜡	802	2.52
C08F	仅用碳—碳不饱和键反应得到的高分子化合物	754	2.37
F04B	液体变容式机械；泵	599	1.88
B01D	分离	540	1.70

资料来源：科技大数据湖北省重点实验室

表 5-12 为中国石油 2018 年 1 月 1 日至 2020 年 12 月 31 日的专利覆盖技术领域分布情况，共申请专利 9797 件。对比所有专利申请和 2018～2020 年专利申请前十技术领域占比可以发现，

第一，中国石油近三年高度重视 E21B 技术领域专利布局（钻进开采技术），该技术领域专利申请占比处于近三年第一位，但占比有所下降；第二，化学分析方法、应用材料、化学或物理方法及其装备领域专利申请占比有小幅下降；第三，地球物理及示踪技术领域专利申请量近三年占比显著上升；第四，电子数字数据处理技术、管道及零配件等领域创新活动频繁，近三年专利申请量占比上升为十强领域。公司 2019 年年报的“业务展望”章节中强调，在勘探与生产业务方面，将推进国内油气增储增产增效，强化气田高效开发，扩大大井丛、水平井的部署实施，抓好页岩气生产组织运行，努力增产上产；在炼油与化工业务方面，将推进从炼油向化工、从燃料型向材料型转型，提升炼化业务整体竞争力和经济效益；在国际业务方面，强化海外新项目开发和生产运行，开拓高端高效市场，创新交易方式和模式，提高议价和跨市场运作水平，持续提升风险防控能力和盈利能力。通过专利分析，近三年专利申请重点领域的布局与年报战略规划基本吻合。

表 5-12　2018～2020 年中国石油申请专利技术领域分布

IPC 分类号（小类）	IPC 分类号含义	专利数量/件	占比/%	百分比变化/%
E21B	土层或岩石的钻进（采矿、采石入 E21C；开凿立井、掘进平巷或隧洞入 E21D）；从井中开采油、气、水、可溶解或可熔化物质或矿物泥浆	3455	35.27	−1.25
G01N	化学分析方法或化学检测方法	709	7.24	−0.59
G01V	地球物理；重力测量；物质或物体的探测；示踪物	332	3.39	+0.68
B25B	不包含在其他类目中的用于紧固、连接、拆卸或夹持的工具或台式设备	283	2.89	+0.25
C09K	不包含在其他类目中的各种应用材料；不包含在其他类目中的材料的各种应用	250	2.55	−0.65
G06F	电子数字数据处理	211	2.15	+
B01J	化学或物理方法，例如，催化作用或胶体化学；其有关设备	184	1.88	−1.82
F16L	管子；管接头或管件；管子、电缆或护管的支撑；一般的绝热方法	169	1.73	+
F04B	液体变容式机械；泵	132	1.35	−0.53
G06Q	专门适用于行政、商业、金融、管理、监督或预测目的的数据处理系统或方法；其他类目不包含的专门适用于行政、商业、金融、管理、监督或预测目的的处理系统或方法	132	1.35	+

资料来源：科技大数据湖北省重点实验室

5.2.4　京东方科技集团股份有限公司

京东方科技集团股份有限公司（BOE，简称“京东方”）创立于 1993 年 4 月，是一家为信息交互和人类健康提供智慧端口产品与专业服务的物联网公司。2019 年，京东方继续坚持物联网转型战略，7 个事业群不断强化转型发展能力建设，挖掘物联网应用场景需求，打造专业细分市场竞争优势，协同 B2B 全球行销平台、B2C 线上与线下（online-mobile-offline，OMO）行销平台、品牌与全球市场推广中心、信息技术研究开发中心等专业组织，不断强化营销、技术和系统能力，深入推进端口器件（D）、智慧物联（S）、智慧医工（H）三大事业板块快速发展。2020 年，公司实现营业额及其他经营收入 1160.60 亿元人民币，归属于上市公司股东的净利润 19.19 亿元人民币。[4]

截至 2020 年 12 月 31 日，按照简单同族合并计，京东方共申请 46 331 项专利。京东方近 20 年在全球主要国家和地区的专利申请趋势如表 5-13 所示。总体上看，2011～2020 年，京东方各年均保持较高的专利申请量，2017 年在华专利申请量达到峰值 7860 件。从地区分布看，京东方的专利申请注重国际化布局，海外专利主要布局在韩国、美国、欧洲专利局成员国、日本等地区。

表 5-13　2001～2020 年京东方全球专利申请趋势　（单位：件）

年份	中国	韩国	世界知识产权组织	美国	印度	欧洲专利局	俄罗斯	日本	德国
2001	19	422	2	14	0	2	0	1	0
2002	30	285	0	20	0	0	0	20	0
2003	45	341	2	25	0	4	0	40	1
2004	5	272	0	16	0	0	0	31	0
2005	19	202	0	11	0	3	0	35	0
2006	119	131	0	2	0	0	0	16	0
2007	77	7	0	0	0	1	0	5	0
2008	144	6	0	3	0	2	0	6	0
2009	74	13	0	9	0	6	0	2	0
2010	232	14	0	3	0	10	0	4	0
2011	1020	34	1	39	0	8	0	20	0
2012	2578	170	417	519	0	280	0	152	0
2013	3846	158	925	1886	0	465	0	164	0
2014	5201	45	1208	2811	0	581	0	46	0
2015	5979	151	1411	3079	5	1173	5	131	0
2016	7075	74	1505	4228	5	632	3	69	0
2017	7860	97	1706	3493	109	780	10	154	0
2018	7125	59	1809	3559	159	552	2	123	0
2019	5656	44	1845	2237	132	38	8	4	0
2020	3204	5	885	427	69	0	0	2	0

资料来源：科技大数据湖北省重点实验室

注：表中中国的数据不包括港澳台地区相关数据

2020 年，京东方的知识产权指数为 19.0394，排名第 4 位；在华发明专利申请、实用新型专利申请、外观设计专利申请数量分别达到 2817 件、289 件、90 件（表 5-14）。

表 5-14　2016～2020 年京东方在华专利布局情况

年份	2016 年	2017 年	2018 年	2019 年	2020 年
发明专利/件	3685	4584	4922	4583	2817
实用新型专利/件	1181	902	792	606	289
外观设计专利/件	112	86	131	169	90

资料来源：科技大数据湖北省重点实验室

表 5-15 为京东方在华专利覆盖的前十大 IPC 分类技术领域，可以看出，京东方的研发布局较为集中，主要聚焦于用于控制光的强度、颜色、相位、偏振或方向的器件或装置领域和半导体器件领域，专利申请量分别为 11 137 件和 10 585 件，占比超过 50%。此外，京东方在静态存储器领域也有较多的专利布局。

表 5-15　京东方申请专利技术领域分布

IPC 分类号（小类）	IPC 含义	专利数量/件	占比/%
G02F	用于控制光的强度、颜色、相位、偏振或方向的器件或装置	11 137	27.65
H01L	半导体器件；其他类目中不包括的电固体器件	10 585	26.28
G09G	对用静态方法显示可变信息的指示装置进行控制的装置或电路	6 506	16.15
G06F	电子数字数据处理	4 099	10.18
G02B	光学元件、系统或仪器	2 554	6.34
G09F	显示；广告	2 409	5.98
G06K	数据处理	1 154	2.86
F21V	照明装置或其系统的功能特征或零部件；不包含在其他类目中的照明装置和其他物品的结构组合物	1 100	2.73
C23C	对金属材料的镀覆；用金属材料对材料的镀覆；表面扩散法、化学转化或置换法的金属材料表面处理；真空蒸发法、溅射法、离子注入法或化学气相沉积法的一般镀覆	1 034	2.57
G11C	静态存储器	1 017	2.52

资料来源：科技大数据湖北省重点实验室

表 5-16 为京东方 2018 年 1 月 1 日至 2020 年 12 月 31 日的专利覆盖技术领域分布情况，共申请专利 15 041 件。对比所有专利申请和 2018～2020 年专利申请前十技术领域占比可以发现，第一，京东方近三年高度重视半导体器件技术领域专利布局，该技术领域专利申请量占比处于近三年第一位；第二，显示、广告、数据处理等领域专利申请占比也有所上升；第三，用于控制光的强度、颜色、相位、偏振或方向的器件或装置，光学元件、系统或仪器，图像通信技术领域专利申请量占比下降幅度显著；第四，近三年前十 IPC 小类技术领域中，图像通信领域为新进入的技术领域；第五，照明装置或其系统的功能特征或零部件近三年专利申请量占比退出前十。

表 5-16　2018～2020 年京东方申请专利技术领域分布

IPC 分类号（小类）	IPC 分类号含义	专利数量/件	占比/%	百分比变化/%
H01L	半导体器件；其他类目中不包括的电固体器件	4611	30.66	+4.38
G09G	对用静态方法显示可变信息的指示装置进行控制的装置或电路	2654	17.65	+1.50
G02F	用于控制光的强度、颜色、相位、偏振或方向的器件或装置	2370	15.76	−11.89
G06F	电子数字数据处理	1537	10.22	+0.04
G09F	显示；广告	1472	9.79	+3.81
G02B	光学元件、系统或仪器	824	5.48	−0.86
G06K	数据处理	795	5.29	+2.43
C23C	对金属材料的镀覆；用金属材料对材料的镀覆；表面扩散法、化学转化或置换法的金属材料表面处理；真空蒸发法、溅射法、离子注入法或化学气相沉积法的一般镀覆	400	2.66	+0.09
G11C	静态存储器	393	2.61	+0.09
H04N	图像通信，如电视	312	2.07	+

资料来源：科技大数据湖北省重点实验室

京东方 2019 年年报的“公司未来发展的展望”章节中强调，公司显示与传感器件事业群将聚焦加快液晶显示器（LCD）传统应用结构优化及创新转型，推动有机电激光显示（OLED）业务能力突破，增加客户黏性，实现超大尺寸销量突破；传感器及解决方案事业群将持续创新转型，深耕医疗影像、智慧视窗、指纹识别、生物检测、微波通信、应用方案等业务方向；智造服务事业群将加快创新转型，加强精益管理，服务细分应用场景解决方案需求，为生态合作伙伴提供在线测试（ICT）终端产品和服务；移动健康事业群将深耕生物芯片、物联网、大数据、人工智能等技术的开发与应用，提升技术产品力及医工创新转化能力，推出自研核心物联网检测终端，强化产品生态体系建设，优化移动健康应用程序（APP）用户体验，并构建基于健康物联网的慢病一体化管理及智慧医疗服务等平台性解决方案，推动示范性项目落地与成功模式的快速复制。近三年专利申请布局的重点技术领域与公司战略规划重点发展 OLED 业务、传感器和物联网等技术相吻合。

5.2.5 中兴通讯股份有限公司

中兴通讯股份有限公司（简称“中兴通讯”）是全球领先的综合通信信息解决方案提供商，为全球多个国家和地区的客户提供创新的技术与产品解决方案。公司拥有通信行业完整的、端到端的产品和融合解决方案，通过全系列的“无线、有线、云计算、终端”等产品，灵活满足全球不同客户的差异化需求，以及快速创新的追求。集“设计、开发、生产、销售、服务”等一体，聚焦于“运营商网络、政企业务、消费者业务”。在运营商网络方面，聚焦运营商网络演进需求，提供无线接入、有线接入、承载网络、核心网、电信软件系统与服务等创新技术和产品解决方案；在政企业务方面，聚焦政企客户需求，基于通信网络、物联网、大数据、云计算等产品，为政府以及企业提供各类信息化解决方案；在消费者业务方面，聚焦消费者的智能体验，兼顾行业需求，开发、生产和销售智能手机、移动数据终端、家庭信息终端、融合创新终端等产品，以及相关的软件应用与增值服务。2020 年，公司实现营业收入 1014.51 亿元人民币，归属于上市公司普通股股东的净利润为 42.60 亿元人民币。[5]

截至 2020 年 12 月 31 日，按照简单同族合并计，中兴通讯在全球共申请 86 222 项专利。中兴通讯近 20 年在全球主要国家和地区的专利申请趋势如表 5-17 所示。总体上看，中兴通讯 2001～2009 年间专利申请量呈现逐年增长趋势，2017 年开始专利申请量显著下降。2017 年，研发投入经费减少，专利申请量有所减少。从地区分布看，中兴通讯的专利申请注重国际化布局，海外专利主要布局在美国、印度、欧洲专利局成员国、俄罗斯等地区。

表 5-17 2001～2020 年中兴通讯全球专利申请趋势 （单位：件）

年份	中国	世界知识产权组织	美国	印度	欧洲专利局	俄罗斯	印度尼西亚	马来西亚
2001	468	2	6	0	3	0	0	0
2002	666	13	9	0	23	4	2	0
2003	1 084	49	18	2	64	23	10	0
2004	1 394	91	23	2	120	20	5	0
2005	2 269	196	41	32	148	10	1	0

续表

年份	中国	世界知识产权组织	美国	印度	欧洲专利局	俄罗斯	印度尼西亚	马来西亚
2006	4 319	245	35	26	84	12	0	0
2007	8 648	445	98	40	388	28	0	0
2008	7 872	392	163	10	520	45	4	0
2009	10 052	1 209	316	61	1 244	74	4	1
2010	9 018	3 456	883	85	2 738	191	6	1
2011	7 783	3 299	841	270	1 537	96	0	1
2012	5 992	2 259	647	390	998	43	0	1
2013	3 333	2 495	1567	70	2 252	100	37	19
2014	4 645	2 999	1456	69	2 225	86	29	39
2015	4 564	3 311	680	158	999	21	7	10
2016	4 347	3 460	548	97	701	7	0	2
2017	2 849	2 541	375	65	691	11	0	0
2018	2 016	1 313	311	17	581	14	0	0
2019	620	1 372	185	45	122	0	0	0
2020	162	648	184	83	0	0	0	0

资料来源：科技大数据湖北省重点实验室

注：表中中国数据不包括港澳台地区相关数据

2020 年，中兴通讯的知识产权指数为 18.9167，排名第 5 位；在华发明专利申请、实用新型专利申请、外观设计专利申请数量分别达到 145 件、10 件、7 件（表 5-18）。

表 5-18　2016～2020 年中兴通讯在华专利布局情况

年份	2016 年	2017 年	2018 年	2019 年	2020 年
发明专利/件	3777	2641	1862	553	145
实用新型专利/件	167	74	48	29	10
外观设计专利/件	93	79	87	35	7

资料来源：科技大数据湖北省重点实验室

表 5-19 为中兴通讯在华专利覆盖的前十大 IPC 分类技术领域，可以看出，中兴通讯的研发布局较为集中，专利布局领域多为点通信技术相关的领域，其中数字信息的传输和无线通信网络布局的专利数量最多，占比超过 36%。

表 5-19　中兴通讯申请专利技术领域分布

IPC 分类号（小类）	IPC 分类号含义	专利数量/件	占比/%
H04L	数字信息的传输，例如电报通信	16 182	19.05
H04W	无线通信网络	14 450	17.01
G06F	电子数字数据处理	5 214	6.14
H04Q	电通信技术中的选择	4 158	4.89
H04B	电通信技术中的传输	3 325	3.91
H04M	电话通信	2 802	3.30
H04N	图像通信，如电视	2 675	3.15

续表

IPC 分类号（小类）	IPC 分类号含义	专利数量/件	占比/%
H04J	多路复用通信	842	0.99
H05K	印刷电路；电设备的外壳或结构零部件；电气元件组件的制造	681	0.80
H01Q	天线	384	0.45

资料来源：科技大数据湖北省重点实验室

表 5-20 为中兴通讯 2018 年 1 月 1 日至 2020 年 12 月 31 日的专利覆盖技术领域分布情况，共申请专利 2798 件。对比所有专利申请和近三年专利申请前十技术领域占比可以发现，第一，中兴通讯近三年高度重视无线通信网络技术、数字信息传输技术领域专利布局，该技术领域专利申请占比处于近三年第一位，且占比达到 61.11%；第二，电子数字数据处理技术领域专利申请占比也大幅度提高。中兴通讯 2019 年年报“业务展望”章节中强调，未来 5 年全球 5G 进入全面加速发展阶段，5G 产业链快速成熟，5G 创新应用蓬勃涌现，通信行业将进入新一轮大繁荣阶段，公司将在 5G 技术及应用两方面持续引领创新，在芯片、算法和网络架构等核心技术方面加大投入，保持技术优势，提供端到端解决方案，帮助运营商快速建设极具竞争力的 5G 网络。同时，与行业头部企业进行合作，开展 5G 应用创新，构建合作共赢的 5G 生态圈。在产品研发方面，在 5G、承载等核心产品和芯片上坚决投入，实现关键技术领先，加强产品安全，确保商业可持续，同时加快企业数字化转型，持续推进创新业务的孵化。公司发展战略规划的布局与近三年专利申请布局的重点领域一致。

表 5-20　2018～2020 年中兴通讯申请专利技术领域分布

IPC 分类号（小类）	IPC 分含义	专利数量/件	占比/%	百分比变化/%
H04W	无线通信网络	873	31.2	+14.19
H04L	数字信息的传输，例如电报通信	837	29.91	+10.86
G06F	电子数字数据处理	437	15.62	+9.48
H04B	电通信技术中的传输	175	6.25	+2.34
H04N	图像通信，如电视	139	4.97	+1.82
H04M	电话通信	103	3.68	+0.38
H04Q	电通信技术中的选择	64	2.29	−2.60
H05K	印刷电路；电设备的外壳或结构零部件；电气元件组件的制造	48	1.72	+0.92
H04J	多路复用通信	37	1.32	+0.33
H01Q	天线	33	1.18	+0.73

资料来源：科技大数据湖北省重点实验室

5.2.6　美的集团股份有限公司

美的集团股份有限公司（简称“美的集团”）是一家覆盖消费电器、暖通空调、机器人与自动化系统、数字化业务四大业务板块的全球科技集团，提供多元化的产品种类与服务，包括以洗衣机、冰箱、厨房家电及各类小家电为核心的消费电器业务，以家用空调、中央空调、供暖及通风系统为核心的暖通空调业务，以库卡集团、美的机器人公司等为核心的机器人与自动化系统业务，以智能供应链、工业互联网和芯片等业务为核心的数字化业务。2019 年，美的集团实现收入 2793.81 亿元人民币，同比增长 6.71%，实现归母净利润 242.11 亿元人民币，同比增长 19.68%。[6]

截至 2020 年 12 月 31 日，按照简单同族合并计，美的集团共申请 53 214 项专利。美的集团近 20 年在全球主要国家和地区的专利申请趋势如表 5-21 所示。总体上看，2013 年以来，美的集团重视技术创新，各年专利申请量均较多，2015 年申请量达到峰值 9955 件。从地区分布看，美的集团海外市场的技术保护主要是采用 PCT 专利保护。

表 5-21　2001～2020 年美的集团全球专利申请趋势　（单位：件）

年份	中国	世界知识产权组织
2001	287	0
2002	259	0
2003	259	0
2004	144	0
2005	0	0
2006	0	0
2007	1	0
2008	1	0
2009	4	0
2010	20	0
2011	110	0
2012	949	6
2013	2581	18
2014	4340	25
2015	9955	134
2016	9392	254
2017	9481	411
2018	8240	370
2019	5714	398
2020	2027	61

资料来源：科技大数据湖北省重点实验室
注：表中中国数据不包括港澳台地区相关数据

2020 年，美的集团的知识产权指数为 15.276，排名第 6 位；在华发明专利申请、实用新型专利申请、外观设计专利申请数量分别达到 790 件、729 件、508 件（表 5-22）。

表 5-22　2016～2020 年美的集团在华专利布局情况

年份	2016 年	2017 年	2018 年	2019 年	2020 年
发明专利/件	3480	3980	3271	2229	790
实用新型专利/件	3512	3309	3588	2791	729
外观设计专利/件	734	919	748	601	508

资料来源：科技大数据湖北省重点实验室

表 5-23 为美的集团在华专利覆盖的前十大 IPC 分类技术领域，可以看出，美的集团的研发布局较为集中，主要聚焦于家电业务。其中，空气调节相关技术专利申请量超过 10 000 件，占比为 25.77%。此外，美的集团在吸尘器、灶具、冰箱、净水器等领域也有较多的专利布局。

表 5-23　美的集团申请专利技术领域分布

IPC 分类号（小类）	IPC 分类号含义	专利数量/件	占比/%
F24F	空气调节；空气增湿；通风；空气流作为屏蔽的应用	12 575	25.77
A47J	厨房用具；咖啡磨；香料磨；饮料制备装置	6 366	13.05
A47L	家庭的洗涤或清扫；一般吸尘器	2 615	5.36
F25D	冷柜；冷藏室；冰箱；其他小类不包含的冷却或冷冻装置	2 372	4.86
F24C	其他家用炉或灶；一般用途家用炉或灶的零部件	2 349	4.81
F25B	制冷机，制冷设备或系统；加热和制冷的联合系统；热泵系统	1 553	3.18
F24H	一般有热发生装置的流体加热器，例如水或空气的加热器	1 224	2.51
F04D	非变容式泵	1 219	2.50
H05B	电热；其他类目不包含的电照明	914	1.87
C02F	水、废水、污水或污泥的处理	876	1.80

资料来源：科技大数据湖北省重点实验室

表 5-24 为美的集团 2018 年 1 月 1 日至 2020 年 12 月 31 日的专利覆盖技术领域分布情况，共申请专利 15 981 件。对比所有专利申请和近三年专利申请前十技术领域占比可以发现，第一，美的集团近三年高度重视核心技术创新，空调技术领域专利布局占比高达 38.37%；第二，家用吸尘器领域近三年专利申请占比有小幅提高；第三，厨房用具、冰箱、灶具相关技术领域专利申请量占比有所下降。

美的集团 2019 年年报“发展战略”章节中强调，将整合全球资源，深化转型，以用户为中心，通过技术创新、品质提升，坚持产品领先；通过管理效率、制造效率及资产效率提升，打造效率驱动下的新成本竞争优势；推进全球化业务布局，提升自有品牌占比，加强海外业务合规管控，夯实全球运营基础；加强机器人及工业自动化领域的产业布局，培育新的增长点与产业平台；推进数字化业务全面发展，以数字化赋能全价值链经营管理，构筑美的工业互联网生态平台。结合近三年专利布局变化趋势，美的集团在机器人和工业自动化技术领域的专利布局速度落后于公司战略规划。

表 5-24　2018～2020 年美的集团申请专利技术领域分布

IPC 分类号（小类）	IPC 分类号含义	专利数量/件	占比/%	百分比变化/%
F24F	空气调节；空气增湿；通风；空气流作为屏蔽的应用	6132	38.37	+12.6
A47L	家庭的洗涤或清扫；一般吸尘器	1181	7.39	+2.03
A47J	厨房用具；咖啡磨；香料磨；饮料制备装置	773	4.84	−8.21
F25D	冷柜；冷藏室；冰箱；其他小类不包含的冷却或冷冻装置	639	4	−0.86
F24C	其他家用炉或灶；一般用途家用炉或灶的零部件	473	2.96	−1.85
F04D	非变容式泵	417	2.61	+0.11
F24H	一般有热发生装置的流体加热器，例如水或空气的加热器	361	2.26	−0.25
F25B	制冷机，制冷设备或系统；加热和制冷的联合系统；热泵系统	343	2.15	−1.03

续表

IPC 分类号（小类）	IPC 分类号含义	专利数量/件	占比/%	百分比变化/%
H02M	用于交流和交流之间、交流和直流之间或直流和直流之间的转换以及用于与电源或类似的供电系统一起使用的设备；直流或交流输入功率至浪涌输出功率的转换；以及它们的控制或调节	258	1.61	+
C02F	水、废水、污水或污泥的处理	256	1.6	−0.20

资料来源：科技大数据湖北省重点实验室

5.2.7 比亚迪股份有限公司

比亚迪股份有限公司（简称“比亚迪”）是一家致力于“用技术创新，满足人们对美好生活的向往”的高新技术企业，主要从事包含新能源汽车及传统燃油汽车在内的汽车业务、手机部件及组装业务、二次充电电池及光伏业务，并积极拓展城市轨道交通业务。比亚迪成立于1995 年 2 月，经过 20 多年的高速发展，已在全球设立 30 多个工业园，实现全球六大洲的战略布局。比亚迪是香港和深圳上市公司，营业额和总市值均超过千亿元人民币。2020 年度，比亚迪实现收入约 1565.9 亿元人民币，同比增长 22.59%，其中汽车、汽车相关产品及其他产品业务的收入约 839.93 亿元人民币，同比增长 32.76%；手机部件、组装及其他产品业务收入约 600.43 亿元人民币，同比增长 12.48%；二次充电电池及光伏业务收入约 120.88 亿元人民币，同比增长 15.06%。三大业务占本集团总收入的比例分别为 53.64%、38.34%和 7.72%。[7]

截至 2020 年 12 月 31 日，按照简单同族合并计，比亚迪共申请 21 492 项专利，比亚迪近 20 年在全球主要国家和地区的专利申请趋势如表 5-25 所示。总体上看，比亚迪在华专利申请从 2001 年的 6 件增长到 2017 年的近 2455 件，体现了其对技术创新和知识产权的重视，也反映了比亚迪在该领域强大的技术实力和丰富的技术积累。从地域分布情况看，比亚迪从 2004 年开始重视专利的国际布局，特别是 2010 年以来，海外专利布局数量显著增长，累计在世界知识产权组织申请专利 1724 件，在欧洲专利局申请 1486 件，在美国申请 1318 件，在日本申请 283 件。

表 5-25　2001～2020 年比亚迪全球专利申请趋势　（单位：件）

年份	中国	世界知识产权组织	欧洲专利局	美国	日本	欧盟	韩国	印度	巴西
2001	6	0	0	0	0	0	0	0	0
2002	27	1	1	2	0	0	0	0	0
2003	129	0	0	1	0	0	0	0	0
2004	411	7	14	5	9	0	0	0	0
2005	1029	12	21	21	16	0	10	0	0
2006	1343	39	48	65	25	0	43	0	0
2007	1798	25	33	22	5	3	19	0	1
2008	1855	48	80	52	15	12	20	0	11
2009	1455	47	84	42	11	12	13	3	0
2010	1576	79	122	47	26	4	18	12	1
2011	1561	74	86	136	28	16	10	2	0

续表

年份	中国	世界知识产权组织	欧洲专利局	美国	日本	欧盟	韩国	印度	巴西
2012	1356	96	118	106	38	9	9	0	0
2013	1447	93	80	102	6	8	1	2	0
2014	1453	133	169	170	32	13	0	0	0
2015	1482	133	181	111	44	8	0	0	4
2016	2439	131	162	155	26	7	0	3	0
2017	2455	239	187	176	1	26	5	6	20
2018	2367	295	72	83	1	39	16	0	15
2019	1330	212	28	22	0	16	0	20	8
2020	303	60	0	0	0	10	0	28	0

资料来源：科技大数据湖北省重点实验室

注：表中中国数据不包括港澳台地区相关数据

2020年，比亚迪的知识产权指数为12.3908，排名第7位；在华发明专利申请、实用新型专利申请、外观设计专利申请数量分别达到21件、210件、58件（表5-26）。

表5-26　2016～2020年比亚迪在华专利布局情况

年份	2016年	2017年	2018年	2019年	2020年
发明专利/件	1089	1285	1364	426	21
实用新型专利/件	557	541	685	719	210
外观设计专利/件	101	127	259	161	58

资料来源：科技大数据湖北省重点实验室

通过专利技术领域分布分析，可以洞察比亚迪的研发布局和技术创新的重点方向。表5-27为比亚迪专利覆盖的前十大IPC分类技术领域，通过计算可以得知前十大技术方向的专利数量占比为30%，专利数量占比超过5%的技术方向共有5个，其中H01M（用于直接转变化学能为电能的方法或装置，例如电池组）专利数量最多（1922件，占比9.14%）；B60K（车辆动力装置或传动装置）领域布局专利891件，占比4.24%；B60R（车辆配件或车辆部件）领域专利741件，占比3.52%。从IPC小类前十技术领域可以推断比亚迪的研发活动主要围绕电池技术、电动汽车、半导体技术、数字电路等领域展开，从各领域占比可以看出比亚迪研发设计的技术领域较多，企业产品及技术储备呈现多元化特征。

表5-27　比亚迪申请专利技术领域分布

IPC分类号（小类）	IPC分类号含义	专利数量/件	占比/%
H01M	用于直接转变化学能为电能的方法或装置，例如电池组	1922	9.14
B60K	车辆动力装置或传动装置的布置或安装；两个以上不同的车辆原动机的布置或安装；车辆辅助驱动装置；车辆用仪表或仪表板；与车辆动力装置的冷却、进气、排气或燃料供给结合的布置	891	4.24
B60R	不包含在其他类目中的车辆、车辆配件或车辆部件	741	3.52
B60L	电动车辆动力装置；车辆辅助装备的供电；一般车辆的电力制动系统；车辆的磁悬置或悬浮；电动车辆的监控操作变量；电动车辆的电气安全装置	641	3.05
G06F	电子数字数据处理	631	3.00

续表

IPC 分类号（小类）	IPC 分类号含义	专利数量/件	占比/%
H01L	半导体器件；其他类目中不包括的电固体器件	530	2.52
B62D	机动车；挂车	514	2.44
H05K	印刷电路；电设备的外壳或结构零部件；电气元件组件的制造	443	2.11
H02J	供电或配电的电路装置或系统；电能存储系统	396	1.88
G01R	测量电变量；测量磁变量	349	1.66

资料来源：科技大数据湖北省重点实验室

表 5-28 为比亚迪 2018 年 1 月 1 日至 2020 年 12 月 31 日的专利覆盖技术领域分布情况，对比所有专利申请和近三年专利申请前十技术领域占比可以发现，第一，电动车动力装置、车辆动力装置、车辆配件、机动车挂车等相关专利占比升高；第二，近三年前十 IPC 小类技术领域中，铁路交通、电机、混动车辆控制、铁路车辆悬架均为新进入的技术领域，是比亚迪这一时期强化专利布局的主要技术方向；第三，半导体技术、电数字数据处理不再处于前十技术领域之列。在比亚迪 2019 年年报“公司未来发展的展望”章节中，强调比亚迪将在新能源车（电池、电机电控模块）、电动公交、燃油车设计、轨道交通、新型智能产品和汽车智能系统等方面积极推进技术研发和应用。

表 5-28 2018～2020 年比亚迪申请专利技术领域分布

IPC 分类号（小类）	IPC 分类号含义	专利数量/件	占比/%	变化百分点/%
H01M	用于直接转变化学能为电能的方法或装置，例如电池组	386	9.65	+0.51
B60L	电动车辆动力装置；车辆辅助装备的供电；一般车辆的电力制动系统；车辆的磁悬置或悬浮；电动车辆的监控操作变量；电动车辆的电气安全装置	336	8.4	+5.35
B60R	不包含在其他类目中的车辆、车辆配件或车辆部件	268	6.7	+3.18
B60K	车辆动力装置或传动装置的布置或安装；两个以上不同的车辆原动机的布置或安装；车辆辅助驱动装置；车辆用仪表或仪表板；与车辆动力装置的冷却、进气、排气或燃料供给结合的布置	217	5.43	+1.19
B62D	机动车；挂车	146	3.65	+1.21
G06F	电子数字数据处理	124	3.1	+0.10
B61L	铁路交通管理；保证铁路交通安全	113	2.83	+
H02K	电机	83	2.08	+
B61F	铁路车辆的悬架，如底架、转向架，或轮轴装置；在不同宽度的轨道上使用的铁路车辆；铁路车辆预防脱轨；铁路车辆护轮罩、障碍物清除器或类似装置	80	2	+
B60W	不同类型或不同功能的车辆子系统的联合控制；专门适用于混合动力车辆的控制系统；不与某一特定子系统的控制相关联的道路车辆驾驶控制系统	75	1.88	+

资料来源：科技大数据湖北省重点实验室

5.2.8 海尔智家股份有限公司

海尔智家股份有限公司（简称“海尔智家”）主要从事冰箱/冷柜、洗衣机、空调、热水器、厨电、小家电等智能家电产品与智慧家庭场景解决方案的研发、生产和销售，通过丰富的产品、品牌、方案组合，创造全场景智能生活体验，满足用户定制美好生活的需求。2019 年公司实现收入 2007.62 亿元人民币，同比增长 9.1%，归母净利润 82.06 亿元人民币，同比增长 9.7%；智慧家庭平台、工业互联网平台 2019 年合计投入 7.6 亿元人民币，以更好培育生态品牌，实现以场景替代产品、生态覆盖行业的转型。[8]

截至 2020 年 12 月 31 日，按照简单同族合并计，海尔智家共申请 21 728 项专利。海尔智家近 20 年在全球主要国家和地区的专利申请趋势如表 5-29 所示。总体上看，2011～2019 年，海尔智家的专利申请数量呈现波动增长趋势，2019 年在华专利申请量达到峰值 5788 件。从地区分布看，海尔智家的专利申请注重国际化布局，海外专利布局覆盖日本、美国、欧洲专利局成员国、澳大利亚、韩国等地区。

表 5-29　2001～2020 年海尔智家全球专利申请趋势　（单位：件）

年份	中国	世界知识产权组织	日本	欧洲专利局	美国	欧盟	澳大利亚	韩国
2001	18	0	1	0	0	0	0	0
2002	77	0	0	0	0	0	0	0
2003	66	0	0	0	0	0	0	0
2004	36	0	0	0	0	0	0	0
2005	164	2	0	0	0	0	0	0
2006	127	1	0	0	0	3	0	0
2007	76	2	0	0	0	0	0	0
2008	58	0	0	0	0	0	0	0
2009	75	4	0	0	0	0	0	0
2010	75	1	0	0	0	0	0	0
2011	276	0	0	0	0	0	0	0
2012	297	11	0	0	0	0	0	0
2013	365	33	0	0	0	0	0	0
2014	541	70	0	0	0	0	0	0
2015	858	83	24	0	0	0	0	0
2016	1173	100	10	0	0	0	0	0
2017	1238	138	0	0	0	0	0	0
2018	1126	454	5	87	46	0	28	0
2019	5788	475	0	45	36	0	19	5
2020	1698	491	0	6	2	2	0	1

资料来源：科技大数据湖北省重点实验室

注：表中中国数据不包括港澳台地区相关数据

2020 年，海尔智家的知识产权指数为 8.8231，排名第 8 位；在华发明专利申请、实用新型专利申请、外观设计专利申请数量分别达到 747 件、601 件、350 件（表 5-30）。

表 5-30　2016～2020 年海尔智家在华专利布局情况

年份	2016 年	2017 年	2018 年	2019 年	2020 年
发明专利/件	574	659	649	2848	747
实用新型专利/件	166	143	193	2230	601
外观设计专利/件	20	27	56	660	350

资料来源：科技大数据湖北省重点实验室

表 5-31 为海尔智家在华专利覆盖的前十大 IPC 分类技术领域，可以看出，海尔智家的研发布局较为集中，主要聚焦于冰箱、空调、洗涤等技术领域，上述三个技术领域专利申请量达到 8817 件，占比为 64.68%。此外，海尔智家在吸尘器、灶具、热水器等领域也有较多的专利布局。

表 5-31 海尔智家申请专利技术领域分布

IPC 分类号（小类）	IPC 分类号含义	专利数量/件	占比/%
F25D	冷柜；冷藏室；冰箱；其他小类不包含的冷却或冷冻装置	4493	32.96
F24F	空气调节；空气增湿；通风；空气流作为屏蔽的应用	2636	19.34
D06F	纺织品的洗涤、干燥、熨烫、压平或打折	1688	12.38
A47L	家庭的洗涤或清扫；一般吸尘器	396	2.9
F25B	制冷机，制冷设备或系统；加热和制冷的联合系统；热泵系统	369	2.71
F24H	一般有热发生装置的流体加热器，例如水或空气的加热器	254	1.86
F24C	其他家用炉或灶；一般用途家用炉或灶的零部件	236	1.73
F25C	冰的制造、加工或冰处理	213	1.56
E05D	门、窗或翼扇的铰链或其他悬挂装置	133	0.98
F04B	液体变容式机械；泵	124	0.91

资料来源：科技大数据湖北省重点实验室

表 5-32 为海尔智家 2018 年 1 月 1 日至 2020 年 12 月 31 日的专利覆盖技术领域分布情况，共申请专利 8612 件。对比所有专利申请和近三年专利申请前十技术领域占比可以发现，第一，海尔智家近三年高度重视空调技术领域专利布局，该技术领域专利申请占比处于近三年第一位；第二，洗涤技术专利占比仅次于空调和冰箱，且有超过冰箱专利占比的趋势；第三，近三年冰箱技术领域的专利布局下降幅度较大，主要因为这一领域技术发展已进入成熟期；第四，近三年前十 IPC 小类技术领域中，非变容式泵、电子数字数据处理技术均为新进入的技术领域。海尔智家 2019 年年报“经营情况讨论与分析”章节中强调，冰箱主打“保鲜、健康”，洗衣机聚焦直接驱动直流变频带来的静音节水节电及免清洗，空调首推“空净一体变频”等引领技术，反映出公司的创新重点仍然是冰箱、洗衣机和空调三大核心业务。

表 5-32 2018～2020 年海尔智家申请专利技术领域分布

IPC 分类号（小类）	IPC 分类号含义	专利数量/件	占比/%	百分比变化/%
F24F	空气调节；空气增湿；通风；空气流作为屏蔽的应用	2564	29.77	+10.43
F25D	冷柜；冷藏室；冰箱；其他小类不包含的冷却或冷冻装置	1934	22.46	−10.50
D06F	纺织品的洗涤、干燥、熨烫、压平或打折	1562	18.14	+5.76
A47L	家庭的洗涤或清扫；一般吸尘器	391	4.54	+1.64
F25B	制冷机，制冷设备或系统；加热和制冷的联合系统；热泵系统	260	3.02	+0.31
F24H	一般有热发生装置的流体加热器，例如水或空气的加热器	253	2.94	+1.08
F24C	其他家用炉或灶；一般用途家用炉或灶的零部件	235	2.73	+1.00
F25C	冰的制造、加工或冰处理	151	1.75	+0.19
F04D	非变容式泵	102	1.18	+
G06F	电子数字数据处理	95	1.1	+

资料来源：科技大数据湖北省重点实验室

5.2.9 长城汽车股份有限公司

长城汽车股份有限公司（简称“长城汽车”）是中国最大的 SUV 制造企业之一。目前，旗下拥有哈弗、WEY、长城皮卡、欧拉四个品牌，并与宝马合作，成立合资公司光束汽车有限公司并运作，产品涵盖 SUV、轿车、皮卡三大品类，以及相关主要汽车零部件的生产及供应。2019 年，公司的哈弗品牌全球累计销量近 600 万辆，连续 10 年保持中国 SUV 销量冠军；WEY 品牌创立 3 年，已成为首个突破 30 万辆的中国豪华 SUV 品牌；长城皮卡连续 22 年保持国内、出口销量双第一，国内市场占有率超 35%；在新能源汽车市场，欧拉品牌实现 A00 细分市场销量增速第一。公司全年总销量实现 106 万辆，连续 4 年实现产销量超百万辆；全年实现营业总收入逾 960 亿元人民币，净利润达 45.3 亿元人民币。[9]

截至 2020 年 12 月 31 日，按照简单同族合并计，长城汽车共申请 9652 项专利。长城汽车近 20 年在全球主要国家和地区的专利申请趋势如表 5-33 所示。总体上看，2003～2012 年，长城汽车各年在华专利申请数量较少，均不足 1000 件，2013 年在华专利申请量突破 1000 件。从地区分布看，长城汽车的专利申请海外专利主要布局较少。

表 5-33　2001～2020 年长城汽车全球专利申请趋势　（单位：件）

年份	中国	欧盟	俄罗斯	世界知识产权组织	美国	澳大利亚	智利
2001	0	0	0	0	0	0	0
2002	0	0	0	0	0	0	0
2003	24	0	0	0	0	0	0
2004	12	0	0	0	0	0	0
2005	3	0	0	0	0	0	0
2006	58	3	3	0	0	0	0
2007	67	16	16	0	13	5	8
2008	89	2	2	0	0	0	1
2009	123	0	0	0	0	0	0
2010	213	2	2	0	1	4	0
2011	807	0	0	0	0	0	0
2012	946	0	0	0	0	0	0
2013	1332	4	7	3	1	7	5
2014	1223	2	3	0	2	3	2
2015	907	1	5	0	0	2	1
2016	1231	3	3	0	0	0	0
2017	1078	3	0	10	4	0	0
2018	1172	3	13	27	19	6	0
2019	1056	12	3	55	18	3	0
2020	400	0	1	37	2	0	0

资料来源：科技大数据湖北省重点实验室

2020 年，长城汽车的知识产权指数为 8.2561，排名第 9 位；在华发明专利申请、实用新型专利申请、外观设计专利申请数量分别达到 90 件、126 件、184 件（表 5-34）。

表 5-34　2016～2020 年长城汽车在华专利布局情况

年份	2016 年	2017 年	2018 年	2019 年	2020 年
发明专利/件	338	287	396	290	90
实用新型专利/件	511	549	547	529	126
外观设计专利/件	213	143	199	232	184

资料来源：科技大数据湖北省重点实验室

表 5-35 为长城汽车在华专利覆盖的前十大 IPC 分类技术领域，专利申请量前三的技术领域分别为机动车、车辆零部件和传动装置。长城汽车前十大 IPC 分类技术领域专利申请量共 3656 件，仅占全部申请专利的 38.02%，研发布局较为分散，涉及汽车产业链的多个技术领域，企业产品向全产业生态链布局。

表 5-35　长城汽车申请专利技术领域分布

IPC 分类号（小类）	IPC 分类号含义	专利数量/件	占比/%
B62D	机动车；挂车	753	8.03
B60R	不包含在其他类目中的车辆、车辆配件或车辆部件	656	7.00
F16H	传动装置	516	5.50
B60K	车辆动力装置或传动装置的布置或安装；两个以上不同的车辆原动机的布置或安装；车辆辅助驱动装置；车辆用仪表或仪表板；与车辆动力装置的冷却、进气、排气或燃料供给结合的布置	430	4.59
B60N	用于车辆的特殊位置；不包含在其他类目中的车辆乘客用设备	267	2.85
F02M	一般燃烧发动机可燃混合物的供给或其组成部分	221	2.36
B60H	车辆客室或货室专用加热、冷却、通风或其他空气处理设备的布置或装置	197	2.10
B60W	不同类型或不同功能的车辆子系统的联合控制；专门适用于混合动力车辆的控制系统；不与某一特定子系统的控制相关联的道路车辆驾驶控制系统	184	1.96
F02B	活塞式内燃机；一般燃烧发动机	183	1.95
B60J	车辆的窗、挡风玻璃、非固定车顶、门或类似装置；专门适用于车辆的可移动的外部护套	158	1.68

资料来源：科技大数据湖北省重点实验室

表 5-36 为长城汽车 2018 年 1 月 1 日至 2020 年 12 月 31 日的专利覆盖技术领域分布情况，共申请专利 2628 件。对比所有专利申请和近三年专利申请前十技术领域占比可以发现，第一，长城汽车近三年的技术领域布局重点未发生显著变化；第二，车辆零配件技术、汽车空调系统、混合动力技术专利布局有小幅上升；第三，近三年前十 IPC 小类技术领域中，车辆的电力制动系统技术均为新进入的技术领域。长城汽车 2019 年年报“未来展望”章节中强调，在持续提升整车销量规模的同时，公司已经设立蜂巢易创科技有限公司、诺博汽车系统有限公司、曼德电子电器有限公司及精诚工科汽车系统有限公司。四家零部件公司持续提升零部件产品质量，开拓外部市场业务，未来也将成为公司业绩的增长极。在新技术方面，公司积极利用新技术、新变革，与市场中的龙头企业开展深度合作，目前已与华为、百度、高通等企业合作，同时本集团内部积极开展新技术应用开发，自动驾驶技术已达 L2 级别水平，反映出长城汽车正在积极布局汽车零部件和自动驾驶技术。

表 5-36　2018～2020 年长城汽车申请专利技术领域分布

IPC 分类号（小类）	IPC 分类号含义	专利数量/件	占比/%	百分比变化/%
B62D	机动车；挂车	289	11	+2.97
B60R	不包含在其他类目中的车辆、车辆配件或车辆部件	259	9.86	+2.86
B60K	车辆动力装置或传动装置的布置或安装；两个以上不同的车辆原动机的布置或安装；车辆辅助驱动装置；车辆用仪表或仪表板；与车辆动力装置的冷却、进气、排气或燃料供给结合的布置	122	4.64	+0.05
B60H	车辆客室或货室专用加热、冷却、通风或其他空气处理设备的布置或装置	121	4.6	+2.50
B60W	不同类型或不同功能的车辆子系统的联合控制；专门适用于混合动力车辆的控制系统；不与某一特定子系统的控制相关联的道路车辆驾驶控制系统	119	4.53	+2.57
B60N	用于车辆的特殊位置；不包含在其他类目中的车辆乘客用设备	82	3.12	+0.27
F16H	传动装置	81	3.08	−2.42
B60J	车辆的窗、挡风玻璃、非固定车顶、门或类似装置；专门适用于车辆的可移动的外部护套	80	3.04	+1.36
B60L	电动车辆动力装置；车辆辅助装备的供电；一般车辆的电力制动系统；车辆的磁悬置或悬浮；电动车辆的监控操作变量；电动车辆的电气安全装置	78	2.97	+
F02B	活塞式内燃机；一般燃烧发动机	61	2.32	0.37

资料来源：科技大数据湖北省重点实验室

5.2.10　安徽江淮汽车集团股份有限公司

安徽江淮汽车集团股份有限公司（简称“江淮汽车”）是一家集商用车、乘用车及动力总成研发、制造、销售和服务于一体的综合型汽车厂商，公司产品主要是整车和客车底盘，其中整车产品分为乘用车和商用车，乘用车包括思皓品牌、SUV、瑞风品牌 MPV、思皓品牌轿车、思皓纯电动乘用车等产品，商用车包括轻型货车、重型货车、多功能商用车、客车等产品。2020 年，销售各类汽车 45.34 万辆，营业总收入 429.06 亿元人民币，归属于母公司净利润 1.43 亿元人民币。[10]

截至 2020 年 12 月 31 日，按照简单同族合并计，江淮汽车共申请 18 045 项专利。江淮汽车近 20 年在全球主要国家和地区的专利申请趋势如表 5-37 所示。总体上看，2005～2015 年，江淮汽车的专利申请数量整体呈现逐年递增趋势，2015 年申请量达到峰值 3680 件。从地区分布看，江淮汽车专利申请的海外布局以 PCT 专利为主，总体来看，江淮汽车的专利申请以国内为主。

表 5-37　2001～2020 年江淮汽车全球专利申请趋势　（单位：件）

年份	中国	世界知识产权组织	巴西
2001	0	0	0
2002	0	0	0
2003	8	0	0
2004	7	0	0
2005	28	0	0
2006	39	0	0
2007	80	0	0

续表

年份	中国	世界知识产权组织	巴西
2008	152	0	0
2009	178	0	0
2010	212	0	0
2011	349	0	0
2012	668	6	0
2013	1809	10	1
2014	2770	16	7
2015	3680	5	5
2016	2932	0	0
2017	3608	0	0
2018	2731	10	0
2019	578	0	0
2020	429	0	0

资料来源：科技大数据湖北省重点实验室

2020年，江淮汽车的知识产权指数为7.6593，排名第10位；在华发明专利申请、实用新型专利申请、外观设计专利申请数量分别达到404件、6件、19件（表5-38）。

表5-38　2016～2020年江淮汽车在华专利布局情况

年份	2016年	2017年	2018年	2019年	2020年
发明专利/件	848	970	1236	439	404
实用新型专利/件	1245	1522	649	19	6
外观设计专利/件	318	563	247	25	19

资料来源：科技大数据湖北省重点实验室

表5-39为江淮汽车在华专利覆盖的前十大IPC分类技术领域。江淮汽车专利申请量前三的技术领域为车辆、车辆零配件、车辆动力装置。江淮汽车前十大IPC技术领域专利申请量共17 280件，仅占全部申请专利的38.11%，研发布局较为分散。此外，江淮汽车在汽车用板材、仪表、传动装置、汽车加工制造技术等领域也有专利布局。

表5-39　江淮汽车申请专利技术领域分布

IPC分类号（小类）	IPC分类号含义	专利数量/件	占比/%
B62D	机动车；挂车	1096	6.34
B60R	不包含在其他类目中的车辆、车辆配件或车辆部件	918	5.31
B60K	车辆动力装置或传动装置的布置或安装；两个以上不同的车辆原动机的布置或安装；车辆辅助驱动装置；车辆用仪表或仪表板；与车辆动力装置的冷却、进气、排气或燃料供给结合的布置	913	5.28
B21D	金属板或管、棒或型材的基本无切削加工或处理；冲压金属	909	5.26
G01B	长度、厚度或类似线性尺寸的计量；角度的计量；面积的计量；不规则的表面或轮廓的计量	550	3.18
F16H	传动装置	512	2.96
B25B	不包含在其他类目中的用于紧固、连接、拆卸或夹持的工具或台式设备	448	2.59
F02M	一般燃烧发动机可燃混合物的供给或其组成部分	428	2.48
G01M	机器或结构部件的静或动平衡的测试；其他类目中不包括的结构部件或设备的测试	421	2.44

续表

IPC 分类号（小类）	IPC 分类号含义	专利数量/件	占比/%
B23K	钎焊或脱焊；焊接；用钎焊或焊接方法包覆或镀敷；局部加热切割，如火焰切割；用激光束加工	392	2.27

资料来源：科技大数据湖北省重点实验室

表 5-40 为江淮汽车 2018 年 1 月 1 日至 2020 年 12 月 31 日的专利覆盖技术领域分布情况，共申请专利 3788 件。对比所有专利申请和近三年专利申请前十技术领域占比可以发现，第一，江淮汽车近三年的技术领域布局重点未发生显著变化；第二，近三年前十 IPC 小类技术领域中，机器或结构部件的静或动平衡的测试为新进入的技术领域。江淮汽车 2019 年年报“发展战略”章节中强调，公司将继续推进技术领先化、产品平台化、开发迭代化、制造精益化和市场国际化，大力推进质量变革、效率变革、动力变革，推动企业迈向高质量发展。结合专利布局重点和公司发展战略可以预测，江淮汽车未来的发展重点依然是汽车整车制造、车辆零配件、车辆动力装置、板材、仪表、传动装置等领域。

表 5-40 2018～2020 年江淮汽车申请专利技术领域分布

IPC 分类号（小类）	IPC 分类号含义	专利数量/件	占比/%	百分比变化/%
B60R	不包含在其他类目中的车辆、车辆配件或车辆部件	188	5.03	−0.28
B62D	机动车；挂车	179	4.79	−1.55
G01M	机器或结构部件的静或动平衡的测试；其他类目中不包括的结构部件或设备的测试	174	4.65	+2.21
B21D	金属板或管、棒或型材的基本无切削加工或处理；冲压金属	122	3.26	−2.00
F16H	传动装置	119	3.18	+0.22
G01B	长度、厚度或类似线性尺寸的计量；角度的计量；面积的计量；不规则的表面或轮廓的计量	109	2.92	−0.26
B60K	车辆动力装置或传动装置的布置或安装；两个以上不同的车辆原动机的布置或安装；车辆辅助驱动装置；车辆用仪表或仪表板；与车辆动力装置的冷却、进气、排气或燃料供给结合的布置	101	2.7	−2.58
C08L	高分子化合物的组合物	84	2.25	+
B25B	不包含在其他类目中的用于紧固、连接、拆卸或夹持的工具或台式设备	83	2.22	−0.37
F02M	一般燃烧发动机可燃混合物的供给或其组成部分	83	2.22	−0.26

资料来源：科技大数据湖北省重点实验室

参 考 文 献

[1] 中国石油化工股份有限公司. 公司报告[EB/OL][2021-06-24]. http://www.sinopec.com/listco/investor_centre/reports/.
[2] 珠海格力电器股份有限公司. 投资者关系[EB/OL][2021-06-24]. https://www.gree.com/about/investor.
[3] 中国石油天然气股份有限公司. 定期报告[EB/OL][2021-06-24]. http://www.petrochina.com.cn/petrochina/dqbg/dqbg.shtml.
[4] 京东方科技集团股份有限公司. 公司公告[EB/OL][2021-06-24].https://www.boe.com/investorRelations/companyAnnouncements.
[5] 中兴通讯股份有限公司.定期报告. [EB/OL][2021-06-24]. https://www.zte.com.cn/china/about/investorrelations/corporate_report.
[6] 美的集团股份有限公司. 投资者关系[EB/OL][2021-06-24]. https://www.midea.com/cn/Investors.
[7] 比亚迪股份有限公司. 定期报告[EB/OL][2021-06-24]. https://www.byd.com/cn/Investor/InvestorAnnals.html.
[8] 海尔智家股份有限公司. 投资者关系[EB/OL][2021-06-24]. https://smart-home.haier.com/cn/?spm=net.31671_pc.hg2020_ralationship_c1_20210 420.4.
[9] 长城汽车股份有限公司. 投资者关系[EB/OL][2021-06-24]. https://www.gwm.com.cn/quarterlyreport.html.
[10] 安徽江淮汽车集团股份有限公司. 定期报告[EB/OL][2021-06-24]. https://www.jac.com.cn/jacweb/report2020/.

附录　中国上市公司知识产权指数企业排行榜 500 强

公司（简称）	IPI 排名	IPI	累计专利申请数量/件（排名）	近三年专利申请数量/件（排名）	有效专利拥有量/件（排名）	专利寿命/年（排名）	专利申请发明人数量/个（排名）
中国石化	1	22.594 7	70 270（2）	11 074（4）	41 979（2）	6.56（793）	36 767（2）
格力电器	2	21.425 4	67 499（3）	36 243（1）	46 000（1）	3.91（2 588）	14 430（4）
中国石油	3	20.919 7	31 796（6）	9 797（5）	29 073（6）	5.78（1 236）	45 983（1）
京东方	4	19.039 4	48 721（5）	15 985（2）	33 175（5）	4.53（2 181）	11 088（6）
中兴通讯	5	18.916 7	84 946（1）	2 798（13）	35 782（4）	9.49（110）	20 273（3）
美的集团	6	15.276 0	48 790（4）	15 981（3）	39 363（3）	4.23（2 389）	7 047（11）
比亚迪	7	12.390 8	21 036（7）	4 000（8）	16 209（7）	7.37（448）	10 195（7）
海尔智家	8	8.823 1	13 633（9）	8 612（6）	8 687（10）	3.34（2 851）	3 558（28）
长城汽车	9	8.256 1	9 378（16）	2 628（14）	8 382（11）	5.3（1 569）	8 702（8）
江淮汽车	10	7.659 3	17 280（8）	3 738（9）	9 175（9）	4.82（1 944）	4 144（21）
海油工程	11	7.054 5	9 375（17）	481（122）	7 725（12）	7.17（519）	11 244（5）
中国神华	12	6.858 5	6 222（25）	1 531（29）	5 633（18）	5.67（1 312）	7 645（9）
长安汽车	13	6.700 7	11 115（11）	2 340（22）	5 865（15）	5.79（1 229）	5 905（14）
鞍钢股份	14	6.541 1	7 424（21）	1 538（28）	4 883（21）	6.29（928）	5 079（17）
海油发展	15	6.541 0	4 916（31）	1 392（34）	4 112（26）	5.09（1 746）	6 722（12）
潍柴动力	16	6.476 8	6 666（23）	3 315（11）	5 479（19）	4.35（2 307）	3 080（31）
歌尔股份	17	6.384 3	8 088（18）	2 326（23）	5 682（17）	4.72（2 032）	2 577（38）
四川长虹	18	6.347 8	10 303（13）	2 511（19）	5 809（16）	5.58（1 373）	2 865（32）
宝钢股份	19	6.206 4	10 036（14）	787（66）	4 568（25）	8.2（268）	7 140（10）
国电南瑞	20	6.147 5	3 430（45）	1 453（32）	2 568（41）	4.83（1 936）	6 133（13）
中国广核	21	5.781 9	3 955（37）	2 583（15）	2 873（34）	2.97（2 995）	5 263（16）
海康威视	22	5.744 1	6 074（27）	2 964（12）	4 058（27）	3.88（2 600）	2 297（42）
大族激光	23	5.705 1	5 552（28）	2 513（18）	4 617（23）	4.75（2 006）	2 702（35）
中海油服	24	5.681 2	3 667（41）	1 289（38）	2 618（38）	5.55（1 393）	5 741（15）

续表

公司（简称）	IPI 排名	IPI	累计专利申请数量/件（排名）	近三年专利申请数量/件（排名）	有效专利拥有量/件（排名）	专利寿命/年（排名）	专利申请发明人数量/个（排名）
烽火通信	25	5.659 9	3 540（43）	1 504（31）	3 391（30）	5.67（1 312）	2 368（39）
中联重科	26	5.597 6	7 072（22）	739（73）	6 223（13）	6.81（660）	2 811（33）
九阳股份	27	5.394 0	11 476（10）	5 020（7）	10 366（8）	4.15（2 437）	1 047（93）
视源股份	28	5.354 3	7 625（20）	3 630（10）	5 916（14）	3.3（2 864）	1 168（82）
广汽集团	29	5.300 2	5 018（30）	2 466（20）	4 640（22）	3.97（2 559）	2 627（37）
福田汽车	30	5.162 5	7 977（19）	820（62）	4 923（20）	6.21（965）	4 506（18）
中集集团	31	5.063 9	5 183（29）	994（51）	3 314（31）	6.98（590）	3 373（29）
许继电气	32	4.998 5	2 970（54）	973（52）	2 366（47）	4.81（1 952）	3 788（24）
马钢股份	33	4.743 9	3 073（50）	1 243（40）	2 405（44）	5.17（1 676）	2 762（34）
上汽集团	34	4.711 8	3 827（40）	1 126（45）	2 360（48）	5.16（1 686）	4 306（19）
大华股份	35	4.576 5	3 887（39）	2 561（16）	2 603（39）	3.2（2 911）	1 813（49）
海信视像	36	4.551 9	6 151（26）	1 074（48）	3 308（32）	5.81（1 210）	1 641（56）
工商银行	37	4.370 7	2 723（64）	1 960（24）	982（113）	3.64（2 721）	3 763（25）
宁德时代	38	4.222 7	4 180（35）	1 694（26）	2 592（40）	3.27（2 874）	1 656（53）
建设银行	39	4.200 0	2 664（67）	1 699（25）	853（139）	3.54（2 772）	3 813（23）
河钢股份	40	3.988 1	2 360（76）	1 542（27）	1 553（70）	2.72（3 082）	3 670（27）
太钢不锈	41	3.908 3	3 503（44）	465（125）	1 924（57）	6.73（707）	3 119（30）
TCL 科技	42	3.861 8	4 007（36）	496（116）	3 249（33）	6.2（968）	1 106（87）
金螳螂	43	3.837 8	1 863（90）	829（59）	1 419（78）	4.48（2 217）	4 264（20）
中国铝业	44	3.832 5	2 393（75）	218（287）	1 538（72）	9.92（87）	4 077（22）
中国西电	45	3.733 2	2 669（66）	538（107）	2 325（49）	6.39（880）	2 311（41）
南钢股份	46	3.672 4	2 159（77）	933（54）	1 454（76）	5.1（1 734）	1 613（57）
徐工机械	47	3.646 3	3 563（42）	694（78）	2 791（37）	5.81（1 210）	1 575（58）
龙腾光电	48	3.636 2	2 734（63）	1 114（47）	2 793（36）	4.48（2 217）	936（108）
时代新材	49	3.611 7	2 085（80）	702（77）	1 814（60）	5.32（1 558）	1 407（66）
迈瑞医疗	50	3.606 2	2 881（56）	664（84）	1 248（88）	6.84（643）	1 427（65）
山东钢铁	51	3.538 7	3 057（51）	1 021（50）	1 104（95）	3.48（2 802）	3 679（26）
中航光电	52	3.472 0	2 975（53）	859（57）	1 814（60）	5.16（1 686）	998（97）
振华重工	53	3.455 1	2 002（84）	772（71）	1 660（66）	4.73（2 020）	1 784（50）
航天信息	54	3.394 0	2 694（65）	783（67）	1 416（79）	5.25（1 606）	1 373（70）
东软集团	55	3.383 2	2 023（83）	780（68）	1 740（63）	4.29（2 346）	996（98）
伊利股份	56	3.363 6	3 275（46）	822（60）	2 395（45）	6.38（884）	980（103）
浪潮信息	57	3.340 2	6 518（24）	584（99）	1 346（82）	5.54（1 404）	1 773（51）
四方股份	58	3.334 3	1 086（157）	258（230）	1 298（86）	6.38（884）	2 146（43）
海洋王	59	3.331 9	9 519（15）	275（212）	4 593（24）	8.35（247）	427（251）
欧普照明	60	3.244 5	3 930（38）	1 522（30）	2 873（34）	4.3（2 341）	556（194）
万华化学	61	3.204 0	1 650（104）	1 118（46）	919（126）	2.99（2 989）	1 308（76）
航发动力	62	3.189 2	1 171（142）	480（123）	1 069（99）	4.62（2 107）	1 873（47）

续表

公司（简称）	IPI 排名	IPI	累计专利申请数量/件（排名）	近三年专利申请数量/件（排名）	有效专利拥有量/件（排名）	专利寿命/年（排名）	专利申请发明人数量/个（排名）
宇通客车	63	3.173 2	3 180（48）	805（64）	1 474（75）	4.33（2 324）	1 822（48）
科大讯飞	64	3.110 2	1 498（113）	875（56）	1 040（103）	3.98（2 552）	1 329（74）
新宝股份	65	3.085 0	4 341（34）	1 240（41）	3 473（29）	5.72（1 279）	562（190）
汇顶科技	66	3.067 4	2 881（56）	1 284（39）	1 054（101）	2.95（3 004）	661（160）
北新建材	67	3.047 8	3 125（49）	660（85）	2 384（46）	5.83（1 196）	768（132）
安徽合力	68	3.025 0	3 032（52）	1 207（44）	2 469（42）	4.24（2 382）	823（124）
力帆股份	69	3.022 7	10 906（12）	640（89）	2 253（50）	5.72（1 279）	1 402（67）
阳光电源	70	3.013 4	1 764（94）	777（69）	1 758（62）	4.42（2 263）	744（141）
正泰电器	71	3.001 3	2 770（61）	643（88）	2 463（43）	5.15（1 695）	884（115）
阿尔特	72	2.934 7	1 293（131）	441（132）	1 293（87）	6.36（897）	1 115（86）
江铃汽车	73	2.929 8	1 947（85）	815（63）	1 376（81）	4.64（2 096）	1 650（54）
中国银行	74	2.923 0	2 876（58）	2 439（21）	366（361）	1.79（3 280）	2 058（44）
杰赛科技	75	2.911 9	1 631（108）	525（111）	1 570（68）	5.65（1 326）	706（148）
新北洋	76	2.901 4	1 926（86）	719（74）	1 556（69）	5.25（1 606）	618（172）
新兴铸管	77	2.860 8	2 141（78）	598（96）	1 387（80）	5.46（1 456）	1 279（77）
威创股份	78	2.858 1	2 056（82）	249（242）	2 000（53）	7.22（498）	560（193）
平高电气	79	2.821 6	1 123（151）	286（204）	1 090（97）	5.93（1 134）	1 393（69）
长虹美菱	80	2.793 6	2 770（61）	1 435（33）	1 711（65）	3.95（2 572）	565（188）
德赛西威	81	2.718 0	1 731（97）	687（79）	1 061（100）	3.95（2 572）	1 002（96）
楚天科技	82	2.708 2	2 513（74）	646（87）	2 200（51）	5.48（1 445）	553（197）
华帝股份	83	2.677 2	3 196（47）	2 518（17）	1 921（58）	2.22（3 211）	379（296）
新华医疗	84	2.671 3	2 790（60）	554（104）	1 899（59）	5.71（1 289）	948（107）
光迅科技	85	2.669 1	998（179）	434（135）	892（131）	4.94（1 856）	816（125）
金发科技	86	2.620 2	2 618（69）	295（194）	1 248（88）	7.5（416）	698（151）
海能达	87	2.619 5	1 428（115）	430（138）	938（123）	4.8（1 957）	783（129）
网宿科技	88	2.599 7	1 295（130）	744（72）	645（199）	3.48（2 802）	724（146）
中国建筑	89	2.595 8	1 273（133）	425（142）	810（147）	4.62（2 107）	1 510（59）
柳工	90	2.581 5	1 678（100）	458（127）	1 033（104）	5.46（1 456）	1 094（89）
安凯客车	91	2.579 8	2 616（70）	625（93）	1 515（73）	4.25（2 374）	880（117）
中信重工	92	2.570 8	1 084（158）	264（222）	952（119）	6.44（854）	1 337（73）
横店东磁	93	2.570 1	1 363（120）	630（91）	1 124（92）	5.01（1 798）	570（184）
天地科技	94	2.559 2	1 297（129）	633（90）	616（209）	3.87（2 606）	1 487（61）
惠而浦	95	2.548 4	1 122（152）	402（151）	772（157）	5.71（1 289）	1 217（80）
机器人	96	2.518 0	1 338（124）	383（158）	720（174）	5.3（1 569）	1 104（88）
广电运通	97	2.489 0	1 507（112）	258（230）	1 424（77）	6.38（884）	576（182）
韶钢松山	98	2.481 5	1 057（165）	598（96）	556（232）	3.74（2 668）	1 953（45）
首钢股份	99	2.473 0	749（259）	419（143）	788（156）	3.74（2 668）	1 309（75）
潞安环能	100	2.470 8	1 124（150）	433（136）	554（234）	4.14（2 444）	2 699（36）

续表

公司（简称）	IPI排名	IPI	累计专利申请数量/件（排名）	近三年专利申请数量/件（排名）	有效专利拥有量/件（排名）	专利寿命/年（排名）	专利申请发明人数量/个（排名）
杰克股份	101	2.458 0	1 806（92）	706（76）	1 551（71）	4.28（2 352）	372（302）
天马	102	2.446 9	2 561（72）	46（1 157）	3 621（28）	5.63（1 338）	986（102）
山推股份	103	2.435 2	1 653（103）	492（119）	1 327（83）	5.38（1 515）	921（110）
河钢资源	104	2.384 0	953（190）	671（82）	669（192）	2.61（3 110）	1 758（52）
冀东装备	105	2.345 6	920（200）	669（83）	664（193）	2.54（3 127）	1 649（55）
长江电力	106	2.335 5	1 407（116）	627（92）	1 019（107）	3.63（2 728）	1 345（71）
康佳集团	107	2.332 6	4 889（32）	166（366）	1 313（85）	7.5（416）	993（99）
兖州煤业	108	2.331 0	983（183）	391（155）	574（222）	4.23（2 389）	2 363（40）
卧龙电驱	109	2.314 6	1 711（98）	455（130）	1 008（111）	4.71（2 040）	987（101）
亚厦股份	110	2.301 1	2 520（73）	1 331（35）	1 953（56）	2.9（3 026）	324（350）
苏交科	111	2.294 3	906（205）	265（221）	717（175）	4.93（1 862）	1 397（68）
迪普科技	112	2.287 9	1 645（106）	672（81）	687（182）	3.73（2 676）	593（178）
恒瑞医药	113	2.287 9	1 025（173）	290（199）	435（302）	5.52（1 416）	761（136）
深信服	114	2.277 7	1 281（132）	822（60）	530（246）	3.3（2 864）	625（171）
星宇股份	115	2.273 2	1 657（102）	845（58）	1 104（95）	3.96（2 567）	523（210）
安泰科技	116	2.268 0	704（271）	159（380）	735（170）	7.41（438）	867（119）
天合光能	117	2.265 3	1 571（109）	230（269）	1 001（112）	6.88（630）	743（142）
金风科技	118	2.254 0	860（214）	367（162）	842（142）	4.27（2 356）	761（136）
奇安信	119	2.221 5	927（197）	676（80）	498（264）	3.13（2 949）	637（165）
振华科技	120	2.215 6	1 147（146）	278（210）	757（161）	5.36（1 528）	1 007（95）
老板电器	121	2.205 7	1 918（87）	1 223（42）	1 484（74）	2.93（3 011）	390（285）
森源电气	122	2.200 7	1 705（99）	777（69）	940（122）	4.06（2 507）	627（170）
大连重工	123	2.193 1	918（201）	292（196）	686（183）	4.99（1 813）	991（100）
太原重工	124	2.177 5	1 451（114）	218（287）	905（129）	6.79（669）	895（113）
中铁工业	125	2.165 8	543（347）	233（265）	447（294）	6.93（614）	1 248（79）
三一重工	126	2.165 2	2 864（59）	61（935）	978（114）	8.11（289）	1 900（46）
思特奇	127	2.149 9	984（182）	406（149）	523（250）	4.29（2 346）	646（163）
上海石化	128	2.124 9	822（233）	95（630）	624（208）	10.01（84）	881（116）
科华恒盛	129	2.112 5	1 061（163）	623（94）	750（166）	3.23（2 897）	629（168）
康缘药业	130	2.107 6	676（285）	142（426）	704（180）	7.89（335）	562（190）
大北农	131	2.105 7	815（235）	165（368）	865（137）	6.52（816）	683（154）
深南电路	132	2.097 5	997（180）	237（260）	811（146）	6.46（843）	472（231）
上海电气	133	2.094 2	1 046（169）	520（112）	436（300）	4.15（2 437）	839（122）
理邦仪器	134	2.091 7	1 027（171）	313（187）	1 012（110）	5.72（1 279）	417（261）
明阳智能	135	2.061 4	962（189）	457（128）	754（164）	4.49（2 212）	567（186）
共进股份	136	2.051 4	880（209）	211（295）	802（149）	5.8（1 225）	554（195）
大洋电机	137	2.050 4	1 381（118）	436（134）	968（117）	5.46（1 456）	323（351）
光峰科技	138	2.046 8	1 676（101）	373（159）	852（141）	4.76（1 994）	224（528）

续表

公司（简称）	IPI 排名	IPI	累计专利申请数量/件（排名）	近三年专利申请数量/件（排名）	有效专利拥有量/件（排名）	专利寿命/年（排名）	专利申请发明人数量/个（排名）
南玻集团	139	2.046 5	836（227）	419（143）	566（225）	4.13（2 456）	763（135）
中天科技	140	2.036 8	811（236）	367（162）	470（279）	4.14（2 444）	892（114）
亨通光电	141	2.029 2	1 003（176）	293（195）	546（238）	4.54（2 170）	961（105）
长飞光纤	142	2.026 0	668（292）	322（184）	664（193）	3.75（2 663）	539（202）
八一钢铁	143	2.010 3	2 109（79）	805（64）	674（189）	2.67（3 096）	1 063（91）
汉王科技	144	2.002 6	1 249（135）	130（481）	973（116）	8.59（200）	453（240）
苏博特	145	1.998 7	777（247）	176（347）	1 028（106）	5.48（1 445）	322（352）
东旭光电	146	1.997 7	966（186）	545（106）	815（145）	3.09（2 959）	632（167）
瑞芯微	147	1.993 6	840（221）	214（292）	953（118）	5.76（1 251）	286（405）
四创电子	148	1.992 2	966（186）	240（257）	806（148）	4.46（2 235）	767（133）
苏州科达	149	1.990 9	636（308）	399（153）	525（248）	3.48（2 802）	637（165）
沃尔核材	150	1.986 7	1 304（128）	410（147）	1 013（108）	4.89（1 893）	398（274）
华域汽车	151	1.977 9	1 226（140）	1 209（43）	792（153）	1.79（3 280）	533（205）
用友网络	152	1.977 0	847（217）	95（630）	749（168）	7.03（572）	735（144）
软控股份	153	1.968 2	1 010（175）	242（256）	650（198）	6.82（652）	597（175）
隆鑫通用	154	1.964 9	2 577（71）	582（100）	1 204（90）	4.05（2 510）	482（226）
精测电子	155	1.964 5	854（215）	568（102）	758（160）	3.26（2 878）	320（356）
交控科技	156	1.959 5	792（241）	417（145）	747（169）	3.84（2 625）	303（382）
石化机械	157	1.952 0	712（266）	346（173）	498（264）	5.25（1 606）	766（134）
重庆建工	158	1.950 4	811（236）	392（154）	521（251）	3.33（2 856）	1 147（83）
上海建工	159	1.949 1	1 115（153）	504（114）	598（212）	3.37（2 843）	628（169）
酒钢宏兴	160	1.946 5	1 339（123）	486（121）	496（266）	2.85（3 044）	1 173（81）
中国汽研	161	1.946 3	651（302）	427（141）	558（228）	3.26（2 878）	782（130）
光明乳业	162	1.934 2	1 027（171）	245（251）	924（125）	5.87（1 165）	247（467）
盐湖股份	163	1.934 2	533（355）	365（164）	408（318）	2.86（3 039）	1 467（63）
安恒信息	164	1.907 0	1 080（159）	904（55）	337（391）	2.23（3 210）	523（210）
宝信软件	165	1.899 8	556（335）	59（969）	535（241）	9.38（122）	968（104）
龙净环保	166	1.899 5	837（225）	253（238）	653（196）	5.29（1 575）	723（147）
本钢板材	167	1.897 0	1 000（177）	487（120）	303（435）	3.05（2 970）	1 344（72）
兆易创新	168	1.892 2	1 032（170）	268（216）	946（120）	5.96（1 120）	191（636）
风华高科	169	1.885 4	573（329）	146（412）	541（239）	6.66（744）	659（161）
和而泰	170	1.878 6	924（199）	404（150）	634（205）	6.03（1 075）	299（387）
新和成	171	1.865 0	356（563）	136（448）	366（361）	7.06（560）	579（180）
三花智控	172	1.862 0	1 144（147）	277（211）	873（135）	6.97（596）	192（631）
科陆电子	173	1.859 9	1 064（161）	174（351）	755（163）	6.55（800）	525（207）
一拖股份	174	1.859 6	841（219）	227（273）	631（207）	4.91（1 875）	1 075（90）
良信电器	175	1.854 0	1 104（154）	519（113）	861（138）	4.41（2 270）	347（327）
科伦药业	176	1.848 1	1 832（91）	209（299）	1 578（67）	6.72（710）	407（269）

续表

公司（简称）	IPI 排名	IPI	累计专利申请数量/件（排名）	近三年专利申请数量/件（排名）	有效专利拥有量/件（排名）	专利寿命/年（排名）	专利申请发明人数量/个（排名）
兴森科技	177	1.835 0	862（213）	275（212）	794（151）	4.41（2 270）	317（361）
三星医疗	178	1.834 1	1 102（155）	361（165）	760（159）	5.03（1 782）	370（306）
柳钢股份	179	1.820 1	546（343）	330（180）	343（387）	3.47（2 805）	1 122（85）
美亚柏科	180	1.815 9	564（333）	262（225）	401（323）	4.69（2 053）	516（215）
中国一重	181	1.811 9	953（190）	157（385）	574（222）	5.93（1 134）	737（143）
格林美	182	1.806 6	870（211）	347（170）	802（149）	5.49（1 434）	232（504）
亿纬锂能	183	1.799 1	743（262）	341（175）	579（219）	4.12（2 467）	435（248）
南京熊猫	184	1.796 5	1 257（134）	202（310）	575（221）	5.82（1 203）	756（139）
大富科技	185	1.794 1	1 091（156）	463（126）	677（185）	4.96（1 840）	217（546）
农业银行	186	1.780 0	463（415）	140（432）	363（366）	5.18（1 663）	917（111）
科达制造	187	1.777 3	1 318（125）	245（251）	721（172）	6.24（948）	373（300）
福耀玻璃	188	1.769 4	521（363）	246（250）	473（277）	5.12（1 726）	449（241）
士兰微	189	1.766 8	866（212）	209（299）	767（158）	6.24（948）	285（408）
华电重工	190	1.765 4	789（243）	358（168）	583（216）	4.25（2 374）	483（225）
中微公司	191	1.761 4	773（250）	101（599）	1 029（105）	7.01（579）	252（456）
古井贡酒	192	1.752 3	1 242（138）	456（129）	976（115）	4.63（2 101）	522（212）
奥飞娱乐	193	1.749 7	4 662（33）	1 304（36）	2 154（52）	3.81（2 641）	117（1 026）
亚太股份	194	1.748 0	1 062（162）	650（86）	918（127）	3.51（2 788）	358（321）
鹏鼎控股	195	1.748 0	757（257）	111（557）	596（213）	7.66（380）	359（318）
先导智能	196	1.746 7	1 735（95）	1 295（37）	1 327（83）	2.48（3 144）	129（944）
康尼机电	197	1.739 1	801（240）	266（219）	581（218）	4.65（2 086）	524（209）
华海药业	198	1.736 2	543（347）	103（589）	386（339）	7.26（478）	568（185）
神州泰岳	199	1.731 0	535（353）	115（533）	558（228）	6.28（930）	425（253）
科沃斯	200	1.723 7	967（184）	257（233）	708（179）	5.21（1 641）	269（422）
松霖科技	201	1.722 3	1 312（126）	174（351）	721（172）	6.35（903）	307（375）
东风汽车	202	1.719 8	1 351（121）	253（238）	466（284）	4.64（2 096）	1 266（78）
开立医疗	203	1.710 0	832（228）	339（177）	439（298）	4.33（2 324）	389（287）
绿盟科技	204	1.708 5	426（460）	145（413）	401（323）	5.41（1 490）	486（223）
达意隆	205	1.706 9	1 053（166）	214（292）	882（134）	5.81（1 210）	268（425）
华能国际	206	1.706 9	694（276）	353（169）	318（414）	3.14（2 935）	1 054（92）
积成电子	207	1.706 1	387（510）	165（368）	306（429）	4.12（2 467）	840（121）
生益科技	208	1.702 4	1 220（141）	112（549）	711（177）	6.81（660）	395（279）
通宇通讯	209	1.701 5	926（198）	306（190）	751（165）	4.16（2 429）	389（287）
长电科技	210	1.695 3	1 380（119）	165（368）	943（121）	7.34（456）	297（390）
国民技术	211	1.690 6	1 058（164）	55（1 018）	868（136）	8.41（234）	364（316）
英威腾	212	1.686 0	788（244）	153（393）	829（143）	5.99（1 102）	332（342）
掌阅科技	213	1.679 2	632（310）	568（102）	577（220）	2.32（3 190）	221（534）
新安股份	214	1.673 8	388（506）	132（472）	342（388）	7.69（377）	495（222）

续表

公司（简称）	IPI 排名	IPI	累计专利申请数量/件（排名）	近三年专利申请数量/件（排名）	有效专利拥有量/件（排名）	专利寿命/年（排名）	专利申请发明人数量/个（排名）
驰宏锌锗	215	1.670 2	456（421）	126（493）	424（310）	5.3（1 569）	911（112）
瑞斯康达	216	1.666 9	470（411）	84（713）	659（195）	6.22（955）	411（265）
保变电气	217	1.665 2	753（258）	309（188）	558（228）	4.17（2 421）	554（195）
江河集团	218	1.664 1	666（294）	183（335）	633（206）	5.56（1 386）	583（179）
攀钢钒钛	219	1.664 0	1 130（149）	80（754）	206（636）	7.96（326）	1 463（64）
杭叉集团	220	1.662 7	747（260）	431（137）	525（248）	4.14（2 444）	420（257）
同洲电子	221	1.647 0	1 903（88）	63（916）	484（271）	8.17（273）	789（126）
厦门钨业	222	1.637 0	448（431）	247（248）	333（397）	4.74（2 012）	386（292）
伟星股份	223	1.632 0	841（219）	336（178）	711（177）	4.6（2 119）	302（383）
罗欣药业	224	1.628 6	364（554）	227（273）	396（329）	4.11（2 474）	352（324）
信维通信	225	1.624 7	953（190）	504（114）	731（171）	3.34（2 851）	247（467）
四维图新	226	1.624 1	448（431）	128（488）	386（339）	6.64（756）	406（271）
汇川技术	227	1.619 1	691（278）	173（354）	566（225）	6.31（921）	392（281）
金钼股份	228	1.616 4	456（421）	115（533）	470（279）	5.95（1 125）	522（212）
全志科技	229	1.610 0	437（444）	177（344）	401（323）	4.89（1 893）	342（334）
东方通信	230	1.604 9	660（297）	261（228）	602（210）	5.45（1 466）	304（381）
新筑股份	231	1.601 2	780（245）	150（406）	533（242）	6.18（989）	565（188）
洲明科技	232	1.597 1	953（190）	526（110）	677（185）	3.54（2 772）	230（511）
特锐德	233	1.591 6	764（254）	292（196）	637（203）	4.24（2 382）	502（220）
东阿阿胶	234	1.588 8	840（221）	177（344）	674（189）	5.54（1 404）	342（334）
海格通信	235	1.585 4	478（402）	177（344）	504（261）	4.69（2 053）	509（218）
万和电气	236	1.578 6	1 134（148）	361（165）	853（139）	5.5（1 426）	225（526）
顺络电子	237	1.578 5	545（345）	182（336）	428（307）	5.32（1 558）	328（345）
创世纪	238	1.568 8	891（207）	100（605）	677（185）	5.88（1 161）	496（221）
国星光电	239	1.568 2	691（278）	239（259）	516（255）	5.65（1 326）	367（311）
川仪股份	240	1.562 6	830（229）	104（584）	716（176）	6.31（921）	386（292）
新美星	241	1.557 2	1 156（145）	290（199）	794（151）	4.7（2 050）	189（644）
温氏股份	242	1.555 8	495（386）	210（297）	358（371）	3.98（2 552）	676（157）
天士力	243	1.552 7	948（195）	10（2 300）	910（128）	12.91（19）	573（183）
豪迈科技	244	1.548 4	574（328）	223（280）	486（270）	4.04（2 513）	470（234）
中泰化学	245	1.547 1	426（460）	237（260）	368（359）	3.72（2 681）	867（119）
湘电股份	246	1.546 6	850（216）	76（778）	531（244）	7.08（551）	788（128）
天正电气	247	1.544 9	996（181）	289（203）	636（204）	4.76（1 994）	372（302）
万润股份	248	1.544 2	395（495）	99（612）	476（274）	4.66（2 078）	391（282）
高能环境	249	1.532 5	658（299）	326（182）	432（304）	3.6（2 743）	390（285）
万向钱潮	250	1.531 8	1 158（144）	285（205）	327（408）	6.82（652）	566（187）
龙源技术	251	1.527 6	543（347）	160（379）	398（327）	6（1 095）	474（228）
白银有色	252	1.525 7	790（242）	121（511）	434（303）	5.31（1 565）	958（106）

续表

公司（简称）	IPI 排名	IPI	累计专利申请数量/件（排名）	近三年专利申请数量/件（排名）	有效专利拥有量/件（排名）	专利寿命/年（排名）	专利申请发明人数量/个（排名）
瑞尔特	253	1.525 7	1 236（139）	527（109）	1 105（94）	4.12（2 467）	151（816）
拓邦股份	254	1.519 5	730（263）	439（133）	474（276）	3.12（2 951）	294（395）
建霖家居	255	1.518 7	758（256）	620（95）	559（227）	2.38（3 175）	293（396）
七一二	256	1.515 9	712（266）	180（340）	511（258）	5.45（1 466）	394（280）
公牛集团	257	1.507 9	776（248）	361（165）	680（184）	3.96（2 567）	313（367）
万集科技	258	1.506 8	747（260）	248（244）	638（202）	4.1（2 481）	326（347）
银轮股份	259	1.502 0	610（317）	240（257）	388（337）	5.35（1 535）	396（278）
华东科技	260	1.495 3	492（388）	347（170）	322（411）	2.72（3 082）	366（313）
阳光照明	261	1.486 2	687（280）	430（138）	379（345）	4（2 539）	359（318）
江西铜业	262	1.484 4	847（217）	143（423）	362（370）	4.39（2 281）	1 123（84）
江丰电子	263	1.478 9	779（246）	284（206）	369（358）	5.65（1 326）	190（641）
金溢科技	264	1.478 6	672（290）	110（565）	677（185）	5.85（1 183）	270（420）
澳柯玛	265	1.468 0	1 249（135）	290（199）	493（267）	4.91（1 875）	355（322）
海立股份	266	1.466 6	645（305）	415（146）	503（263）	3.34（2 851）	307（375）
康力电梯	267	1.463 1	1 245（137）	206（305）	588（215）	5.98（1 108）	239（490）
华设集团	268	1.453 0	347（574）	143（423）	284（452）	4.8（1 957）	678（156）
大唐发电	269	1.448 6	488（393）	97（624）	405（320）	5.04（1 778）	789（126）
小熊电器	270	1.448 1	1 306（127）	966（53）	1 051（102）	2.4（3 170）	132（929）
陕鼓动力	271	1.438 9	303（667）	144（419）	232（568）	5.86（1 178）	759（138）
海天味业	272	1.436 1	481（399）	170（359）	428（307）	5.27（1 591）	370（306）
通威股份	273	1.432 7	570（330）	89（678）	420（311）	5.58（1 373）	529（206）
三聚环保	274	1.432 6	424（463）	69（854）	539（240）	6.83（647）	232（504）
小康股份	275	1.431 8	1 050（168）	190（324）	894（130）	4.8（1 957）	266（431）
中材科技	276	1.428 0	423（465）	70（844）	396（329）	6.95（607）	426（252）
欣旺达	277	1.423 6	458（419）	203（309）	330（402）	4.43（2 253）	389（287）
紫金矿业	278	1.422 6	332（607）	122（505）	299（440）	5.87（1 165）	408（267）
福光股份	279	1.417 2	621（313）	167（364）	557（231）	4.89（1 893）	198（614）
海正药业	280	1.408 7	482（398）	71（831）	162（802）	7.38（447）	681（155）
玲珑轮胎	281	1.405 7	677（284）	201（311）	516（255）	5.03（1 782）	441（245）
泰豪科技	282	1.404 5	999（178）	136（448）	517（254）	7.55（402）	361（317）
聚光科技	283	1.402 9	695（275）	65（890）	469（282）	7.15（525）	449（241）
东土科技	284	1.395 9	449（430）	126（493）	389（336）	5.67（1 312）	244（472）
东方雨虹	285	1.395 9	479（400）	113（546）	414（315）	6.03（1 075）	268（425）
国电南自	286	1.394 7	508（373）	63（916）	317（416）	8.23（265）	706（148）
金山办公	287	1.394 0	679（283）	258（230）	257（514）	4.75（2 006）	207（581）
天奇股份	288	1.392 6	806（239）	219（285）	644（201）	4.32（2 331）	240（484）
长盈精密	289	1.392 0	666（294）	298（192）	469（282）	4.14（2 444）	182（672）
新时达	290	1.388 9	452（426）	101（599）	432（304）	5.59（1 367）	345（331）

续表

公司（简称）	IPI 排名	IPI	累计专利申请数量/件（排名）	近三年专利申请数量/件（排名）	有效专利拥有量/件（排名）	专利寿命/年（排名）	专利申请发明人数量/个（排名）
一汽解放	291	1.386 2	471（410）	385（157）	269（485）	3.19（2 917）	539（202）
葛洲坝	292	1.386 2	967（184）	39（1 273）	465（285）	7.44（429）	1 486（62）
通鼎互联	293	1.385 1	661（296）	216（290）	363（366）	5.37（1 521）	311（371）
中粮科技	294	1.384 8	316（638）	111（557）	279（465）	6.08（1 038）	315（365）
易事特	295	1.384 0	761（255）	101（599）	645（199）	6.33（910）	258（447）
扬农化工	296	1.380 7	332（607）	101（599）	271（479）	6.79（669）	306（378）
蒙娜丽莎	297	1.380 6	824（231）	391（155）	817（144）	3.63（2 728）	143（863）
联合光电	298	1.378 5	822（233）	256（235）	555（233）	4.63（2 101）	221（534）
巨星科技	299	1.375 0	2 058（81）	547（105）	1 201（91）	4.95（1 846）	63（1 705）
中科曙光	300	1.371 5	541（350）	70（844）	472（278）	7.23（493）	320（356）
迪瑞医疗	301	1.370 7	439（441）	215（291）	276（470）	5.24（1 616）	299（387）
诺普信	302	1.367 5	637（307）	67（873）	460（288）	8.98（153）	201（602）
铜陵有色	303	1.366 3	402（485）	231（267）	218（599）	3.2（2 911）	662（159）
芭田股份	304	1.363 0	687（280）	136（448）	440（297）	5.73（1 273）	229（517）
神马电力	305	1.362 1	491（389）	186（329）	379（345）	4.68（2 063）	249（461）
海亮股份	306	1.359 0	524（360）	263（224）	363（366）	5.26（1 601）	316（363）
远光软件	307	1.349 7	439（441）	247（248）	132（993）	3.55（2 768）	594（177）
飞天诚信	308	1.337 0	1 733（96）	343（174）	1 980（54）	7.6（391）	8（3 039）
山河智能	309	1.333 2	584（324）	119（521）	439（298）	5.74（1 264）	313（367）
道通科技	310	1.332 2	669（291）	408（148）	379（345）	2.85（3 044）	144（859）
青岛港	311	1.320 1	531（356）	280（209）	237（555）	2.27（3 201）	931（109）
环旭电子	312	1.319 2	375（537）	38（1 289）	375（352）	7.74（368）	419（258）
通富微电	313	1.317 0	702（272）	76（778）	569（224）	6.73（707）	207（581）
新希望	314	1.316 1	490（391）	330（180）	334（395）	2.46（3 149）	370（306）
鲁泰纺织	315	1.316 0	457（420）	186（329）	243（541）	4.71（2 040）	485（224）
顾家家居	316	1.315 7	2 652（68）	1 064（49）	1 730（64）	3.66（2 711）	85（1 345）
大丰实业	317	1.312 4	720（264）	198（315）	478（273）	4.51（2 195）	202（598）
浔兴股份	318	1.309 3	837（225）	87（690）	931（124）	6.36（897）	157（788）
千金药业	319	1.308 9	823（232）	208（301）	377（349）	5.23（1 623）	228（519）
银江股份	320	1.306 4	226（870）	104（584）	267（491）	4.62（2 107）	321（354）
苏大维格	321	1.305 5	430（452）	206（305）	348（383）	4.34（2 316）	190（641）
得邦照明	322	1.304 2	525（359）	234（263）	380（344）	4.27（2 356）	253（454）
晨光生物	323	1.301 6	324（623）	85（704）	344（385）	6（1 095）	244（472）
奥拓电子	324	1.297 3	651（302）	266（219）	418（313）	4.47（2 225）	155（798）
奥佳华	325	1.295 1	549（338）	475（124）	398（327）	2.12（3 240）	297（390）
江苏神通	326	1.285 6	667（293）	224（279）	364（364）	5.21（1 641）	216（548）
新华制药	327	1.282 7	321（630）	120（518）	202（647）	6.42（864）	322（352）
瑞泰科技	328	1.281 3	256（789）	125（496）	233（565）	4.83（1 936）	300（384）

续表

公司（简称）	IPI 排名	IPI	累计专利申请数量/件（排名）	近三年专利申请数量/件（排名）	有效专利拥有量/件（排名）	专利寿命/年（排名）	专利申请发明人数量/个（排名）
安利股份	329	1.280 0	453（425）	141（429）	408（318）	4.97（1 832）	371（305）
安阳钢铁	330	1.279 7	258（782）	75（786）	175（755）	5.87（1 165）	1 034（94）
博世科	331	1.277 3	381（524）	208（301）	255（518）	4.1（2 481）	387（291）
古鳌科技	332	1.275 3	717（265）	233（265）	458（290）	4.92（1 869）	154（806）
勘设股份	333	1.272 4	391（499）	139（436）	312（424）	4.09（2 485）	547（200）
奥特维	334	1.270 6	632（310）	402（151）	459（289）	3（2 986）	177（692）
苏宁易购	335	1.269 0	398（491）	143（423）	112（1 130）	3.86（2 616）	688（153）
三角轮胎	336	1.268 9	540（351）	94（643）	340（389）	7.17（519）	419（258）
西部超导	337	1.265 8	236（835）	124（500）	259（509）	4.16（2 429）	274（418）
五粮液	338	1.263 4	911（204）	341（175）	885（132）	3.93（2 581）	221（534）
设研院	339	1.262 8	299（680）	191（323）	185（709）	2.97（2 995）	782（130）
粤水电	340	1.261 7	267（750）	192（322）	231（572）	3.74（2 668）	339（337）
包钢股份	341	1.258 8	1 785（93）	3（2 689）	1 085（98）	6.19（980）	1 496（60）
潍柴重机	342	1.257 6	391（499）	230（269）	321（413）	3.41（2 832）	374（299）
东南网架	343	1.254 8	390（503）	81（744）	337（391）	5.62（1 347）	438（247）
爱仕达	344	1.253 0	2 917（55）	535（108）	1 974（55）	5.97（1 114）	48（2 010）
金禾实业	345	1.249 4	406（483）	219（285）	233（565）	4.31（2 335）	207（581）
美亚光电	346	1.248 2	519（366）	194（319）	449（293）	4.27（2 356）	220（539）
华光环能	347	1.247 9	593（320）	112（549）	339（390）	6.24（948）	263（434）
中利集团	348	1.246 4	436（446）	174（351）	297（442）	5.33（1 550）	246（470）
航天晨光	349	1.236 9	395（495）	109（567）	329（405）	5.29（1 575）	386（292）
中国中铁	350	1.235 0	158（1 193）	79（759）	146（894）	5.4（1 497）	746（140）
中国电研	351	1.234 0	401（488）	93（652）	350（379）	5.27（1 591）	388（290）
华能水电	352	1.229 3	291（697）	176（347）	144（908）	2.78（3 067）	875（118）
中新药业	353	1.226 6	687（280）	34（1 389）	412（316）	9.04（148）	326（347）
康美药业	354	1.226 5	438（443）	212（294）	267（491）	4.66（2 078）	237（493）
隧道股份	355	1.225 9	345（579）	28（1 546）	252（521）	7.68（378）	599（174）
广联达	356	1.221 9	370（544）	290（199）	204（641）	2.39（3 172）	465（238）
青岛啤酒	357	1.221 1	436（446）	171（358）	284（452）	5.91（1 142）	215（553）
高新兴	358	1.220 0	372（542）	297（193）	161（804）	2.91（3 019）	321（354）
中国长城	359	1.218 7	443（437）	90（671）	285（450）	7（582）	336（339）
中通客车	360	1.218 2	494（387）	118（524）	316（419）	4.93（1 862）	408（267）
株冶集团	361	1.214 0	413（477）	38（1 289）	265（497）	7.98（319）	471（233）
华测导航	362	1.211 6	454（423）	134（462）	161（804）	4.13（2 456）	535（204）
赛轮轮胎	363	1.208 4	450（428）	189（326）	328（406）	4.13（2 456）	350（325）
晨光文具	364	1.206 6	1 544（111）	495（117）	757（161）	3.91（2 588）	182（672）
三维通信	365	1.205 6	387（510）	112（549）	252（521）	6.17（998）	231（508）
双汇发展	366	1.198 9	1 650（104）	572（101）	704（180）	3.26（2 878）	247（467）

续表

公司（简称）	IPI 排名	IPI	累计专利申请数量/件（排名）	近三年专利申请数量/件（排名）	有效专利拥有量/件（排名）	专利寿命/年（排名）	专利申请发明人数量/个（排名）
昊志机电	367	1.197 7	700（274）	163（375）	505（260）	4.91（1 875）	145（855）
佛山照明	368	1.196 5	772（251）	292（196）	533（242）	4.93（1 862）	201（602）
拓斯达	369	1.189 6	517（367）	372（160）	363（366）	2.6（3 112）	234（500）
伟星新材	370	1.187 3	633（309）	184（332）	550（237）	5.32（1 558）	178（685）
东信和平	371	1.186 1	388（506）	116（529）	244（538）	4.94（1 856）	277（413）
奥来德	372	1.185 3	383（518）	207（303）	218（599）	4.05（2 510）	149（829）
贵绳股份	373	1.185 1	462（416）	151（401）	194（673）	5.13（1 715）	317（361）
宁波韵升	374	1.182 2	303（667）	48（1 120）	259（509）	7.55（402）	338（338）
菲达环保	375	1.181 1	414（476）	133（465）	247（530）	5.91（1 142）	313（367）
以岭药业	376	1.179 3	410（479）	147（411）	310（426）	4.4（2 278）	259（445）
正业科技	377	1.176 6	383（518）	159（380）	279（465）	3.87（2 606）	293（396）
焦点科技	378	1.176 1	213（928）	94（643）	227（580）	4.83（1 936）	228（519）
海尔生物	379	1.175 4	413（477）	244（254）	344（385）	3.92（2 586）	264（433）
昆药集团	380	1.174 9	388（506）	48（1 120）	364（364）	7.57（399）	211（565）
广电计量	381	1.174 6	350（571）	116（529）	271（479）	4.27（2 356）	333（341）
威海广泰	382	1.172 6	548（340）	124（500）	306（429）	5.74（1 264）	330（344）
华脉科技	383	1.171 8	547（341）	138（440）	527（247）	5.01（1 798）	263（434）
杭齿前进	384	1.170 1	504（376）	115（533）	374（353）	6.14（1 016）	262（438）
华中数控	385	1.168 3	224（882）	83（726）	182（724）	4.72（2 032）	421（255）
深科技	386	1.165 7	402（485）	109（567）	306（429）	6.26（941）	287（404）
航天电器	387	1.165 2	653（300）	104（584）	220（593）	6.96（601）	259（445）
海信家电	388	1.165 2	916（202）	84（713）	263（500）	6.95（607）	419（258）
大豪科技	389	1.163 7	505（374）	307（189）	387（338）	3.56（2 759）	210（575）
南都电源	390	1.160 3	315（642）	132（472）	236（560）	5.81（1 210）	248（465）
新疆众和	391	1.158 8	280（723）	103（589）	190（689）	5.72（1 279）	318（359）
龙马环卫	392	1.155 1	516（369）	234（263）	376（351）	3.83（2 630）	196（617）
国检集团	393	1.153 5	268（745）	96（628）	234（564）	4.97（1 832）	373（300）
诺力股份	394	1.151 3	462（416）	181（339）	314（422）	5.25（1 606）	207（581）
郑煤机	395	1.150 5	343（584）	94（643）	239（549）	6.6（776）	340（336）
汉宇集团	396	1.149 8	447（433）	154（391）	429（306）	4.73（2 020）	187（652）
胜宏科技	397	1.147 9	390（503）	122（505）	270（483）	4.82（1 944）	249（461）
禾望电气	398	1.147 2	417（471）	156（387）	349（382）	5.1（1 734）	187（652）
苏泊尔	399	1.146 7	827（230）	133（465）	504（261）	6.97（596）	213（559）
三棵树	400	1.144 8	522（362）	66（881）	436（300）	5.99（1 102）	172（711）
双良节能	401	1.143 5	491（389）	144（419）	366（361）	5.77（1 240）	133（918）
奥普家居	402	1.139 2	839（223）	272（214）	519（253）	4.65（2 086）	184（662）
惠达卫浴	403	1.138 8	546（343）	347（170）	427（309）	3.26（2 878）	188（648）
金卡智能	404	1.138 7	476（406）	269（215）	392（333）	3.3（2 864）	187（652）

续表

公司（简称）	IPI 排名	IPI	累计专利申请数量/件（排名）	近三年专利申请数量/件（排名）	有效专利拥有量/件（排名）	专利寿命/年（排名）	专利申请发明人数量/个（排名）
东方电子	405	1.137 1	161（1 174）	60（950）	143（917）	5.28（1 582）	577（181）
共达电声	406	1.135 8	432（448）	179（342）	352（376）	4.77（1 983）	147（847）
松芝股份	407	1.135 4	409（481）	133（465）	301（436）	5.56（1 386）	238（492）
恒银科技	408	1.134 2	607（318）	454（131）	390（335）	2.3（3 195）	132（929）
传音控股	409	1.133 3	675（286）	598（96）	99（1 265）	1.27（3 332）	398（274）
博天环境	410	1.132 8	366（550）	142（426）	308（428）	4.12（2 467）	236（494）
海兴电力	411	1.132 5	300（673）	152（396）	186（708）	3.69（2 696）	368（310）
春风动力	412	1.130 6	617（315）	194（319）	510（259）	4.19（2 410）	211（565）
三德科技	413	1.128 5	651（302）	226（275）	531（244）	4.13（2 456）	90（1 285）
通用股份	414	1.127 1	673（288）	231（267）	454（291）	4.65（2 086）	93（1 253）
东安动力	415	1.123 9	477（405）	107（576）	331（399）	5.38（1 515）	543（201）
捷昌驱动	416	1.122 7	585（322）	302（191）	465（285）	3.54（2 772）	120（1 006）
中船应急	417	1.122 5	323（625）	137（444）	205（638）	3.99（2 546）	265（432）
佳讯飞鸿	418	1.122 5	387（510）	60（950）	245（537）	7.84（343）	193（625）
深天地	419	1.120 8	415（475）	221（283）	218（599）	3.14（2 935）	300（384）
彩虹股份	420	1.120 7	444（435）	150（406）	213（618）	5.85（1 183）	257（449）
航天科技	421	1.118 8	381（524）	122（505）	198（660）	4.5（2 203）	255（452）
运达股份	422	1.117 3	366（550）	199（313）	204（641）	3.61（2 736）	281（411）
安琪酵母	423	1.117 2	490（391）	48（1 120）	318（414）	7.6（391）	252（456）
汉威科技	424	1.115 7	395（495）	125（496）	274（473）	5.84（1 190）	263（434）
鱼跃医疗	425	1.115 2	485（395）	222（282）	355（375）	4.41（2 270）	206（589）
特变电工	426	1.115 0	428（455）	98（618）	177（745）	5.91（1 142）	472（231）
华兴源创	427	1.113 9	374（540）	267（218）	271（479）	2.95（3 004）	185（660）
阳泉煤业	428	1.110 2	294（691）	151（401）	139（953）	3.02（2 978）	692（152）
安克创新	429	1.109 7	497（384）	281（207）	260（504）	2.54（3 127）	204（592）
永高股份	430	1.107 5	424（463）	100（605）	372（356）	5.74（1 264）	214（557）
内蒙一机	431	1.105 4	286（706）	158（384）	97（1 291）	3.29（2 867）	828（123）
上海家化	432	1.105 2	1 343（122）	117（526）	419（312）	5.62（1 347）	308（374）
鼎信通讯	433	1.103 6	342（587）	255（237）	110（1 154）	2.37（3 178）	473（230）
浪潮软件	434	1.102 2	472（409）	161（378）	79（1 483）	3.96（2 567）	467（237）
海目星	435	1.101 6	386（514）	168（362）	295（443）	3.66（2 711）	204（592）
乾照光电	436	1.101 3	343（584）	137（444）	314（422）	4.44（2 246）	114（1 053）
卫士通	437	1.098 6	282（716）	75（786）	164（791）	6.22（955）	268（425）
巨力索具	438	1.096 3	378（529）	91（662）	255（518）	6.08（1 038）	365（315）
浙江龙盛	439	1.094 3	214（922）	38（1 289）	257（514）	9.04（148）	158（782）
普利特	440	1.093 7	484（396）	127（491）	216（607）	6.22（955）	121（999）
多氟多	441	1.092 0	251（801）	43（1 198）	192（679）	7.46（425）	332（342）
华友钴业	442	1.091 3	177（1 090）	87（690）	151（855）	5.65（1 326）	277（413）

续表

公司（简称）	IPI 排名	IPI	累计专利申请数量/件（排名）	近三年专利申请数量/件（排名）	有效专利拥有量/件（排名）	专利寿命/年（排名）	专利申请发明人数量/个（排名）
锐明技术	443	1.090 7	437（444）	169（361）	306（429）	4.39（2 281）	99（1 191）
上海贝岭	444	1.089 2	547（341）	50（1 088）	271（479）	8.5（220）	275（416）
亚普股份	445	1.088 4	385（516）	120（518）	330（402）	5.04（1 778）	179（680）
杰普特	446	1.088 3	398（491）	248（244）	284（452）	3.01（2 981）	150（823）
杭氧股份	447	1.085 8	238（831）	98（618）	158（819）	5.71（1 289）	315（365）
拓普集团	448	1.082 9	355（564）	121（511）	213（618）	4.52（2 186）	310（372）
浙江医药	449	1.082 0	401（488）	30（1 496）	142（925）	9.05（144）	469（235）
中电兴发	450	1.081 5	1 052（167）	74（795）	336（393）	5.28（1 582）	355（322）
凌云股份	451	1.078 3	337（595）	121（511）	281（459）	5.16（1 686）	261（441）
翰宇药业	452	1.076 3	425（462）	42（1 215）	383（343）	6.75（694）	115（1 045）
海天精工	453	1.074 9	498（382）	88（684）	331（399）	5.34（1 540）	246（470）
喜临门	454	1.073 6	772（251）	257（233）	652（197）	4.5（2 203）	123（981）
纳思达	455	1.073 5	376（533）	114（541）	293（444）	4.54（2 170）	181（677）
盈趣科技	456	1.073 3	429（453）	264（222）	292（446）	3.4（2 837）	157（788）
南微医学	457	1.072 1	366（550）	134（462）	203（644）	4.42（2 263）	201（602）
奥士康	458	1.070 2	553（336）	325（183）	259（509）	2.85（3 044）	143（863）
捷顺科技	459	1.070 0	473（407）	87（690）	330（402）	6.05（1 058）	162（757）
晶晨股份	460	1.069 2	420（470）	252（240）	106（1 196）	2.86（3 039）	202（598）
平煤股份	461	1.067 9	218（903）	117（526）	123（1 051）	3.19（2 917）	665（158）
乐歌股份	462	1.067 4	775（249）	262（225）	492（268）	4.39（2 281）	93（1 253）
江苏雷利	463	1.066 9	552（337）	225（277）	476（274）	4.43（2 253）	133（918）
航发科技	464	1.066 4	169（1 134）	89（678）	147（891）	4.17（2 421）	313（367）
天瑞仪器	465	1.066 2	500（380）	87（690）	309（427）	6.12（1 024）	191（636）
长荣股份	466	1.065 3	503（377）	71（831）	394（331）	6.88（630）	134（912）
东华科技	467	1.062 7	224（882）	75（786）	148（882）	5.44（1 475）	380（295）
晶盛机电	468	1.062 5	432（448）	145（413）	351（378）	4.74（2 012）	175（698）
南山铝业	469	1.061 9	285（710）	137（444）	128（1 023）	3.54（2 772）	468（236）
永艺股份	470	1.058 5	839（223）	333（179）	553（236）	4.04（2 513）	85（1 345）
利亚德	471	1.057 7	505（374）	109（567）	377（349）	6.01（1 092）	124（977）
兴发集团	472	1.057 7	337（595）	59（969）	216（607）	6.13（1 019）	416（262）
中电环保	473	1.057 5	443（437）	23（1 709）	350（379）	8.09（292）	423（254）
中科三环	474	1.057 1	511（372）	20（1 833）	403（322）	8.5（220）	258（447）
云南铜业	475	1.056 3	141（1 313）	48（1 120）	138（958）	6.72（710）	510（217）
贵研铂业	476	1.056 1	217（908）	65（890）	83（1 432）	6.67（733）	397（277）
天山铝业	477	1.054 8	576（326）	196（317）	461（287）	4.31（2 335）	173（707）
盘江股份	478	1.054 8	348（572）	135（454）	187（704）	3.7（2 691）	480（227）
英飞拓	479	1.052 9	311（649）	62（921）	277（469）	5.72（1 279）	188（648）
国盾量子	480	1.050 7	319（634）	140（432）	216（607）	4.42（2 263）	177（692）

续表

公司（简称）	IPI 排名	IPI	累计专利申请数量/件（排名）	近三年专利申请数量/件（排名）	有效专利拥有量/件（排名）	专利寿命/年（排名）	专利申请发明人数量/个（排名）
万孚生物	481	1.047 5	351（569）	145（413）	269（485）	4.35（2 307）	157（788）
振德医疗	482	1.045 3	398（491）	243（255）	256（517）	3.16（2 927）	201（602）
锐科激光	483	1.041 6	379（527）	193（321）	247（530）	3.79（2 649）	175（698）
隆基股份	484	1.037 7	308（656）	113（546）	210（630）	4.96（1 840）	240（484）
兔宝宝	485	1.037 4	326（619）	91（662）	218（599）	5.07（1 761）	232（504）
昊华能源	486	1.036 9	261（770）	124（500）	248（529）	3.83（2 630）	440（246）
万里扬	487	1.036 0	428（455）	112（549）	301（436）	5.34（1 540）	251（459）
东方钽业	488	1.034 1	230（855）	23（1 709）	183（718）	7.12（535）	366（313）
寒武纪	489	1.029 2	536（352）	316（186）	323（410）	2.79（3 066）	42（2 135）
好太太	490	1.028 7	694（276）	370（161）	554（234）	3.49（2 798）	77（1 455）
西部矿业	491	1.027 9	193（1 006）	71（831）	125（1 040）	5.01（1 798）	610（173）
欣锐科技	492	1.026 6	445（434）	235（262）	305（434）	2.86（3 039）	109（1 106）
深圳燃气	493	1.024 8	229（857）	73（809）	153（842）	4.39（2 281）	435（248）
光力科技	494	1.024 5	386（514）	74（795）	335（394）	6.05（1 058）	218（542）
汤臣倍健	495	1.023 5	332（607）	135（454）	281（459）	3.96（2 567）	178（685）
雪迪龙	496	1.018 4	333（603）	115（533）	260（504）	5.54（1 404）	127（963）
广州发展	497	1.017 8	275（733）	172（355）	216（607）	2.63（3 104）	407（269）
威胜信息	498	1.017 1	382（521）	129（486）	283（456）	4.69（2 053）	214（557）
达安基因	499	1.016 9	176（1 097）	55（1 018）	157（823）	8.9（159）	159（773）
景旺电子	500	1.016 8	172（1 118）	95（630）	199（657）	4.14（2 444）	158（782）